21 世纪高等学校教材

普通高等教育"十一五"汽车类专业（方向）规划教材

运 输 组 织 学

主　编　戴彤焱　孙学琴

副主编　姜　华

参　编　倪新正　庞　然　张文会

主　审　胡永举

机械工业出版社

本书以汽车运输为主线，全面、系统地介绍了公路运输组织的理论、形式、方法、手段等基本知识，同时对铁路、水运、航空等其他客、货运输组织理论和方法亦进行了简要介绍。全书共分十二章：运输组织概论，客、货流分析和运输量预测，汽车运输组织评价，汽车货运组织技术，公路货物运输组织，集装箱运输与国际多式联运，其他运输方式的货物运输组织，公路旅客运输组织，城市公交客运组织，其他运输方式的旅客运输组织，装卸工作组织以及电子信息技术在运输中的应用。

本书是高等院校交通运输专业主干课教材，同时可供从事交通运输生产、物流管理和物流工程工作的技术人员和管理人员参考。

图书在版编目（CIP）数据

运输组织学/戴彤焱，孙学琴主编. —北京：机械工业出版社，2006.8
（2024.1 重印）
21世纪高等学校教材. 普通高等教育"十一五"汽车类专业（方向）规划教材

ISBN 978-7-111-19454-5

Ⅰ. 运… Ⅱ. ①戴…②孙… Ⅲ. 公路运输—交通运输管理—高等学校—教材 Ⅳ. U491

中国版本图书馆 CIP 数据核字（2006）第 070241 号

机械工业出版社（北京市百万庄大街22号 邮政编码100037）
责任编辑：赵爱宁 版式设计：张世琴
责任校对：王 欣 责任印制：单爱军
北京虎彩文化传播有限公司印刷
2024 年 1 月第 1 版第 12 次印刷
184mm×260mm ·19.25 印张·474 千字
标准书号：ISBN 978-7-111-19454-5
定价：49.80 元

普通高等教育汽车类专业（方向）
教 材 编 审 委 员 会

序

汽车被称为"改变世界的机器"。由于汽车工业具有很强的产业关联度，因而被视为一个国家经济发展水平的重要标志。近 10 年来，我国汽车工业快速而稳步发展，汽车产量年均增长 15%，是同期世界汽车产量增长量的 10 倍。汽车工业正在成为拉动我国经济增长的发动机。汽车工业的繁荣，使汽车及其相关产业的人才需求量大幅度增长。与此相应地，作为人才培养主要基地的汽车工业高等教育也得到了长足发展。据不完全统计，迄今全国开办汽车类专业的高等院校已达百余所。

从未来发展趋势看，打造我国自主品牌、开发核心技术是我国汽车工业的必然选择，但当前我国汽车工业还处在以技术引进、加工制造为主的阶段，这就要求在人才培养时既要具有前瞻性，又要与我国实际情况相结合。要在注重培养具有自主开发能力的研究型人才的同时，大力培养知识、能力、素质结构具有鲜明的"理论基础扎实，专业知识面广，实践能力强，综合素质高，有较强的科技运用、推广、转换能力"特点的应用型人才。这也意味着对我国高等教育的办学体制、机制、模式和人才培养理念等提出了全新的要求。

为了满足新形势下对汽车类高等工程技术人才培养的需求，在中国机械工业教育协会机械工程及自动化学科教学委员会车辆工程学科组的领导下，成立了教材编审委员会，组织制定了多个系列的普通高等教育规划教材。其中，为了解决高等教育应用型人才培养中教材短缺、滞后等问题，组织编写了"普通高等教育'十一五'汽车类专业（方向）规划教材"。

本系列教材在学科体系上适应普通高等院校培养应用型人才的需求；在内容上注重介绍新技术和新工艺，强调实用性和工程概念，减少理论推导；在教学上强调加强实践环节。此外，本系列教材将力求做到：

1）全面性。目前本系列教材包括汽车设计与制造、汽车运用与维修、汽车服务工程、物流工程等专业方向，今后还将扩展其他专业领域，更全面地涵盖汽车类专业方向。

2）完整性。对于每一个专业方向的系列教材，今后还将继续根据行业变化对教学提出的要求填平补齐，使之更加完善。

3）优质性。在教材编审委员会的领导下，继续优化每一本教材的规划、编审、出版和修订过程，让教材的生产过程逐步实现优质和高效。

4）服务性。根据需要，为教材配备 CAI 课件和教学辅助教材，召开新教材讲习班，在相应网站开设研讨专栏等。

相信本系列教材的出版将对我国汽车类专业的高等教育产生积极的影响，为我国汽车行业应用型人才培养模式作出有益的探索。由于我国汽车工业还处于快速发展阶段，对人才不断提出新的要求，这也就决定了高等教育的人才培养模式和教材建设也处于不断变革之中。我们衷心希望更多的高等院校加入本系列教材建设的队伍中来，使教材体系更加完善，以更好地为高等教育培养汽车专业人才服务。

中国汽车工程学会　常务理事
中国机械工业教育协会车辆工程学科组　副主任

林 逸

前　言

交通运输是国民经济的重要组成部分，是保证人们在政治、经济、文化、军事等方面联系交往的手段，在整个社会机制中起着纽带作用。

改革开放以来，我国的交通基础设施建设和运输装备发展迅速，客、货运输总量不断攀升，运输服务水平和质量不断提高，公路运输和航空运输在运输系统中的比重不断增加，运输系统的结构明显改善，已初步形成了综合运输网络系统，交通运输的瓶颈制约和全面紧张状况得以缓解。但是必须看到，目前我国的运输组织、服务和管理水平仍然落后于基础设施发展水平，重建设、轻管理，重效益、轻服务的现象仍然突出，这在一定程度上制约着运输系统整体功能的发挥和整体效率的提高。因此，现代化的运输不仅需要具备现代化的运输通路、港站和运载工具等设施和设备，同时还必须采用科学的方法和手段合理组织运输生产，充分发挥各种运输方式的运能和优势，以便更好地满足社会生产和人民生活的需要。运输组织学系统地研究运输组织理论、形式、方法、手段和制度，实现运输生产力诸要素的最优结合和各环节、各工序的紧密配合，争取以一定的劳动消耗获得最高的运输效率、最好的服务质量和最佳的经济效益，满足社会对运输服务的需要。

本书是根据全国普通高等教育"十一五"汽车类专业（方向）教材编审委员会确定的教材规划编写的。本书内容是在公路运输组织的基础上，考虑到运输生产组织的现状和综合运输生产的需要，适当地增加了铁路、水运、航空等其他运输方式的客、货运输组织的基本知识，同时增加了 GPS、EDI 和电子商务等信息技术内容，以适应交通运输发展对人才知识结构的要求。

本书共分十二章，具体内容包括：运输组织概论，客、货流分析和运输量预测，汽车运输组织评价，汽车货运组织技术，公路货物运输组织，集装箱运输与国际多式联运，其他运输方式的货物运输组织，公路旅客运输组织，城市公交客运组织，其他运输方式的旅客运输组织，装卸工作组织以及电子信息技术在运输中的应用。参加本书编写工作的有黑龙江工程学院戴彤焱（第一章、第八章、第十章），山东交通学院孙学琴（第二章、第三章、第七章），山东交通学院姜华（第四章、第五章），山东交通学院倪新正（第六章），黑龙江工程学院庞然（第九章），东北林业大学张文会（第十一章、第十二章）。全书由戴彤焱和孙学琴主编，东北林业大学胡永举教授主审。

　　本书在编写过程中参考了大量的文献资料，在此谨向这些专家、学者致以诚挚的谢意！同时，对参与和支持本书出版的所有同志表示衷心的感谢！

　　由于本书涉及的内容较为广泛，错误和不足之处在所难免，恳请广大读者批评指正。

编　者

目　　录

第一章　运输组织概论

　　运输是人们借助于运输工具，在一定的交通线路上实现运输对象（人或物）空间位移的有目的的活动。它把社会生产、分配、交换和消费各个环节有机地联系起来，是保证社会经济活动得以正常进行和发展的前提条件。

　　现代化的运输不仅需要具备现代化的运输通路、港站和运载工具等设施设备，同时还必须采用科学的方法和手段合理组织运输生产，充分发挥各种运输方式的运能和优势，提高运输效率，降低运输成本，方便旅客和货主，并密切同其他物流环节的协调配合，以便更好地满足社会生产和人民生活的需要。

第一节　运输业的类型与作用

一、运输业的类型

现代运输业按不同的标准可划分为不同的类型，通常有下述分类方法。

1. 按运输对象分类

（1）旅客运输　为实现人的空间位移所进行的运输服务活动，简称客运。

（2）货物运输　为实现物的空间位移所进行的运输服务活动，简称货运。

2. 按服务性质分类

（1）公共运输　为社会性运输需求提供服务，发生各种方式的费用结算。

（2）自用运输　为本单位内部工作、生产、生活服务，不发生费用结算的运输，具有非营业性质。

3. 按服务区域分类

（1）城市运输　其服务区域范围为一座城市的市区之间以及市区与郊区之间的运输。

（2）城间运输　其服务区域范围为不同城市间广大地区的运输。

4. 按运输工具分类

（1）铁路运输　是以铺设的轨道为移动通路，以铁路列车为运输工具的运输方式。

（2）公路运输　是以城间公路及城市道路为移动通路，以汽车为主要运输工具的运输方式。

（3）水路运输　是以水路（江、河、湖、海等）为移动通路，以船舶为主要运输工具的运输方式。

（4）航空运输　是以空路为移动通路，以飞机为主要运输工具的运输方式。

（5）管道运输　是以管路为移动通路和运输工具的一种连续运输方式。

5. 按运输作用与距离分类

（1）干线运输　是利用铁路、公路的干线，大型船舶和飞机的固定航线进行的长距离、大运量的运输。干线运输是运输的主体。

（2）支线运输 是与干线相接的分支线路上的运输。支线运输路程较短、运输量相对较小。支线的建设水平和运输水平往往低于干线，因而速度较慢。

（3）城市内运输 又称末端运输，一般具有运量小、运距短、送达地点不固定且较分散的特点。

二、运输业的性质、地位与作用

（一）运输业的性质

运输是人们借助于运输工具，在一定的交通线路上实现运输对象（人或物）空间位移的有目的的活动。随着社会生产力的发展，运输工具发生了相应的变革。人类从原始的利用人力、畜力进行搬运开始，逐步发展到利用各种复杂的水上、陆地和空中的交通运输工具。各种现代化交通运输方式的出现，是人类社会生产力高度发展的结果。

人类社会生活的基础是从事各种生产活动。在生产过程中，必然会发生生产工具、劳动对象和劳动者本身的位置变化。离开这种位置变化，一切生产活动将无法进行。

工业和农业是人类社会两个最基本的物质生产部门。在农业生产中，种子、肥料和农作物的运送工作，要由田间运输来完成。就工业生产而言，在一个企业内部，它的生产工具、劳动对象的搬移或传送，有时还包含劳动者本身的移动，是由企业内部的运输工具，如传送带、起重机、汽车及厂内铁路机车车辆等来完成的（通常叫做厂内运输）。这种发生在企业生产过程中或生产范围内的运输活动，是作为每一个企业生产过程的必要条件而存在的，离开它，企业就不能进行生产。可以说，生产运输活动是工业、农业等物质生产过程能够顺利进行的必要条件，是人类社会物质生产的组成因素。

资本主义的产生和发展，尤其是18世纪后期蒸汽机和其他机器的相继出现，引起了工业生产技术的革命，促使交通运输业走上了机械化的道路，并成为一个独立的物质生产部门——公共运输业。

运输业作为国民经济流通领域中一个专门担当客货运输任务的物质生产部门，必须为企业与企业、企业与供销部门、工业与农业、城市与乡村的相互联系服务，这是运输业存在的前提。

作为物质生产部门的运输业又是公共服务业，属于第三产业，也是国民经济的基础结构之一。"基础结构"强调运输业是社会化大生产和现代社会发展的先决条件，强调交通运输建设必须与经济发展的水平相适应。因此，我国已经把发展交通运输业作为国民经济建设的战略重点来抓。

（二）运输业的地位与作用

1．运输业在国民经济和社会发展中的地位与作用

交通运输是国民经济的重要组成部分，是经济发展的基本需要和先决条件。运输业和各个国民经济部门是紧密联系的。运输业担负着社会产品的流通任务，发达的运输业是保证工农业生产之间和国家各地区之间可靠而稳固的经济联系、衔接生产和消费的必要条件。生产的社会化程度越高，商品经济越发达，生产对流通的依赖性越大，运输在再生产中的作用越重要。

交通运输推动现代工业的发展。在经济发达的社会中，交通运输不仅可以通过不断扩大人与物空间位移的规模来刺激流通，而且可以通过本身提出的巨大需求来刺激建筑、能源、

采矿、冶金以及机械加工等工业的发展，推动工业和科技的进步。可以说，交通发展运输业就是发展工业。

交通运输保持市场供需的平衡。在运输业发达的地区或国家，交通运输不但可以保证工农业生产和内外贸易渠道的畅通，而且可以保持市场供需的平衡。当产品供过于求或供不应求时，通过交通运输的物资调运功能，实现产品供应的宏观调控，从而保证了国民经济健康稳定地发展。

发展交通运输可降低社会产品的流通费用。发展现代化交通运输业是缩短社会产品流通时间的重要手段。通过缩短流通时间，不仅可以降低运输成本，而且可以相对减少流通过程中的产品数量，减少资金占用，加速资金周转。这不仅是货畅其流、人便其行的问题，而且关系到整个社会劳动生产率的提高，其经济效益也是十分可观的。

交通运输业在国防建设与防务方面有着不可低估的作用。交通运输平时为经济建设服务，战时为军事服务，其军民两用的性质是非常鲜明的。高速公路可供军用飞机起降，铁路、水运大通道可保证部队的快速集结和居民、工厂的疏散等等。交通运输是联系前方和后方、运送武器弹药和粮食等物资的保证。因此，交通运输业具有半军事性质，是国家战斗实力的组成部分。

交通运输也是国际间交流的重要桥梁和纽带，可以促进各国之间的物资交换、经济发展和人民之间的友好往来，是经济全球化的重要保证。

总之，交通运输业的发展影响着社会生产、流通、分配和消费的各个环节，对人民生活、政治和国防建设以及国际间的经济发展和合作都有重要意义。

2．运输业在物流系统中的地位与作用

运输是物流活动的核心内容，物流过程中的其他各项活动，如包装、装卸、搬运、信息处理等，都是围绕着运输进行的。运输子系统是物流系统中最重要的组成部分。只有通过运输活动，才能将物流系统的各环节有机地联系起来，物流系统的最终目标才能得以实现。可以说，稳定可靠、灵活快捷的运输系统支持是任何物流系统成功运作的关键之所在。

运输与物流系统的各个方面都有着千丝万缕的联系，如运输成本直接影响生产企业、仓库、供应商等的选址决策，企业的存货水平很大程度上受所选运输方式的影响（高速、高质运输系统可以降低距离客户较近地点的存货水平），所选运输方式决定所使用的包装，集中运输可以为企业赢得运费折扣等。因此，现代物流要求在组织货物运输生产时，应从物流系统的全局出发，改变经营观念和经营方式，不断提高运输服务水平，降低社会物流成本。

综上所述，运输业无论是在国民经济中还是在物流系统中都发挥着重要作用。运输生产组织的好坏将直接影响社会生产和物资流通，必须对其加强组织和管理。

第二节　运输系统结构与运输发展趋势

一、运输系统结构

现代交通运输系统由五种基本运输方式构成，各种运输方式可提供不同的运输服务，其结构如图 1-1 所示。

```
                              ┌─ 普通铁路  ┐
                              ├─ 高速铁路  ├─ 干线运输/支线运输
                              ├─ 磁悬浮铁路┘
                    ┌─ 铁路 ─┤
                    │        ├─ 地下铁道  ┐
                    │        ├─ 轻轨铁路  │
                    │        ├─ 有轨电车  ├─ 城市内（含市郊）运输
                    │        ├─ 单轨铁路  │
                    │        └─ 其他      ┘
                    │
                    │        ┌─ 普通公路  ┐─ 干线运输/支线运输
                    ├─ 公路 ─┤  高速公路  ┘
            交      │        └─ 城市道路 ─ 城市内运输
            通      │
            运  ────┤        ┌─ 远洋运输  ┐
            输      │        ├─ 近海运输  ├─ 干线运输/支线运输
            系      ├─ 水运 ─┤  沿海运输  ┘
            统      │        └─ 内河（包括湖泊）运输 ─ 城市内（含市郊）运输
                    │
                    ├─ 航空 ─ 民用航空 ─ 干线运输/支线运输
                    │
                    │        ┌─ 原油管道   ┐
                    └─ 管道 ─┤  成品油管道 ├─ 干线运输/支线运输/城市运输
                             │  天然气管道 │
                             └─ 固体料浆管道┘
```

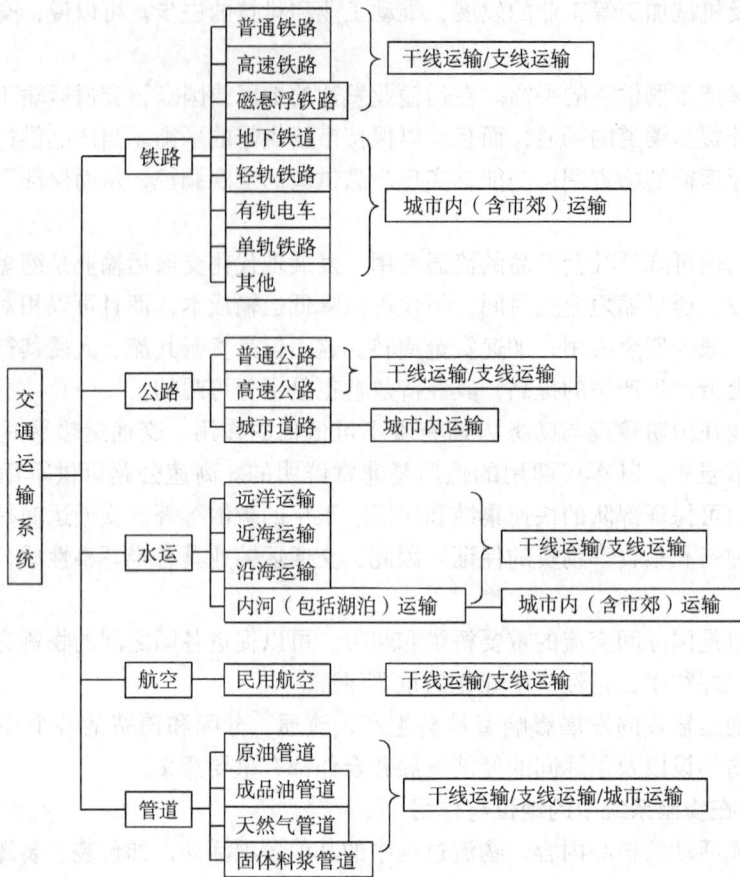

图 1-1　交通运输系统结构图

（一）五种基本运输方式

1. 铁路运输

铁路运输是陆地长距离运输的主要方式。

铁路运输与公路运输相比，其优点表现为：运能大、成本低；运行速度快（仅次于航空运输）；不受气候和季节的影响，正点率高；铁路运输行驶阻力小，不需频繁起动、停止，因而能耗小、对环境污染小。铁路运输的缺点主要表现为：原始投资大，建设周期长；在运输过程中需要有列车的编组、解体和中转改编等作业环节，因而增加了旅客和货物的在途时间；只能在固定线路上运输，机动性差；由于装卸次数较多，货损率比较高。

铁路运输主要适用于中、长距离的客（货）运输，也可作为都市与卫星城市及郊区间的通勤、通学运输。

近年来，由于部分旅客出行更注重旅行运输过程的舒适、快捷，以及运输货物高档化，食品、农畜产品等保鲜、冷藏要求较高，因此更多地选择了快速及时、货损货差小的公路运输，致使铁路运输在运输系统中所占的比例逐渐下降；但电气化铁路、高速铁路和磁悬浮列车的研制与运营，将会增强铁路的竞争力。

2.　公路运输

公路运输（狭义）即指汽车运输，具有运送速度快、机动灵活、方便、可实现"门到门"直达运输、客（货）适应性较高、货损率低等优点，已成为高档工农业产品及中、短距离客（货）运输的重要力量。由于高速公路的兴建，重型车、专用车和拖挂运输的发展，以及客运班车的高档化，公路运输逐渐形成短、中、长途运输并举的局面，运输量所占的比重不断上升，具有强劲的发展势头。部分发达国家的公路客运比重远高于铁路运输。

汽车运输的缺点主要表现在：装载量小，运输成本高；燃料消耗大，环境污染也比其他运输方式严重得多。

3.　水路运输

水路运输是一种既古老又现代的运输方式。

水路运输具有运量大、成本低、线路投资少等优点。但也存在船舶平均航速较低，受自然条件（特别是气候条件）影响较大，难以实现均衡生产，可达性较差，对货物装卸的要求比较高等缺点。

水路运输主要承担远距离、大运量、不要求快速抵达的客、货（如低值原料和散装货物）运输。同时，水路运输也是国际货物运输的主要方式。

4.　航空运输

由于航空运输突出的高速直达性，使之在交通大系统中具有特殊的地位并且拥有很大的发展潜力。目前，在世界范围内，航空运输都处在高速增长阶段。

航空运输的优点主要是高速直达、安全性高、乘坐舒适、货损率小。但也存在运能小、运输成本高、容易受气候条件限制、可达性差等缺点。

航空运输在长途旅客运输方面占有重要地位，而且成为鲜活易腐等特种货物以及电子产品等高附加值、低质量、小体积物品运输的主要方式。

5.　管道运输

管道运输是主要利用管道，通过一定的压力差而完成商品（多为液、气体货物）运输的一种现代运输方式。

管道运输的优点是运量大、占地少、受气候影响小、投资少、成本低，运输石油、天然气等易燃、易爆、易挥发、易泄漏的物资既安全又可减少挥发损耗和污染等。其缺点是机动灵活性差，承运的货物比较单一，不能改变运输路线。

管道运输主要承担单向、定点、量大的流体状货物运输。另外，在管道中利用容器包装运送固态货物（如粮食、砂石、邮件等），也具有良好的发展前景。

由于五种基本运输方式在运载工具、设备线路和运营方式等方面各不相同，并且它们有着不同的技术经济特征，说明它们之间的关系必然也应该是相互补充、相互协作的。纵观交通运输业的发展史，尽管从世界范围内交通运输业发展的侧重点和起主导作用的角度出发，可以将其发展历程划分为水运阶段，铁路阶段，公路、航空和管道运输阶段以及综合运输阶段，但是任何时期都没有单独使用某一种运输方式的先例，都是几种运输方式同时并存的。综合运输的关键就是科学、合理地利用各种运输方式，扬长避短，相互协作，组织高效率和高效益的运输生产。

（二）运输系统结构形式

按照系统论和运输经济学的观点，建立合理的运输结构，不仅要科学地确定各种运输方式在综合运输系统中的地位和作用，而且还必须根据运输方式的合理分工和社会经济发展对运输的需求，做到宜铁则铁、宜公则公、宜水则水、宜空则空，逐步建立一个经济协调、合理发展的综合运输系统。

运输系统结构的形式，从不同国家或地区来看，主要有以下几种形式。

1．并联结构

各运输子系统间为单一的并联关系，由一个运输子系统独立完成运输任务，如图 1-2 所示，一般在区域面积大、经济发达的国家或区域可能出现这种结构。根据需要，可能是两种或几种运输方式之间的选择。

2．串联结构

各运输子系统间为单一的串联关系，如图 1-3 所示，亦称多式联运。根据运输需求不同，串联的运输方式可能是其中的两种或几种，串联的顺序亦可不同，可为公—铁联运、公—水联运、铁—水—公联运等多种形式。

图 1-2　综合运输并联结构图

图 1-3　综合运输串联结构图

3．混联结构

混联结构是一个国家和地区最常见的运输系统组成结构，如图 1-4 所示。当然，混联结构的运输子系统可能有不同的组合形式。

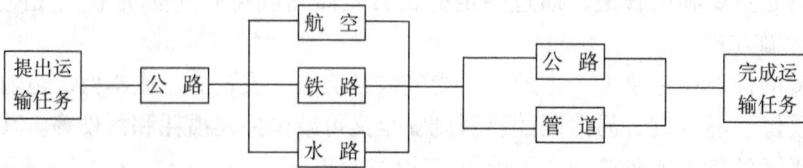

图 1-4　综合运输混联结构图

二、运输业的发展趋势

随着经济的发展、科技的进步和市场竞争的加剧，运输业采用的现代化技术装备日益增多，各种运输方式的技术经济特点和合理使用范围也随之发生变化，运输组织和营销策略变得更加灵活。无论是铁路、公路，还是航空、水运，在运输快速化和直达化、重载化、物流化、智能化、大力提倡多式联运以及环境保护等方面，已成为运输业的发展方向。

1．运输快速化和直达化

快速化、直达化是近半个世纪以来世界运输业发展的一个重要趋势。

1964 年日本东海道新干线开通运营，旅客列车的最高速度达到 210 km/h，开始了铁路高速化进程。20 世纪 90 年代以来，高速铁路发展进入了新阶段，从单一高速线向高速运输网发展。欧盟成员国准备在 2010 年前后完成 29000km 的泛欧高速铁路网，用以连接欧洲所有的重要城市，并还将向亚洲延伸，形成洲际的高速铁路网。目前，世界新建和改建的高速铁路已超过了 10000km，最高速度达到了 300km/h。欧洲还推行在 1500～2000km 距离范围内开行国际夜行高速旅客列车，这些列车设备豪华、服务周到而方便，被称为"城间夜间号"，旅客夜间乘车，白天到达，工作、休息两不误，因此受到旅客的欢迎。

铁路快捷货物运输是利用先进的运输组织手段，提高货物列车行车速度，改善货物运输服务质量的一种快速货物运输形式。日本铁路于 1984 年取消编组站后，已全部实现直达化运输，开行整列直达货物列车和集装箱直达列车。德国铁路从 1991 年 6 月起，利用既有铁路线与新投入运营的高速铁路线套跑的办法开行城市间特快货物列车，最高速度达到 160km/h，在全国最重要的 23 个经济中心之间每天开行 70 列联合运输快速直达货物列车，运送集装箱和流动式货箱。这些列车大都在夜间开行，运行等级优先于其他等级列车，甚至优先于夜间开行的旅客列车。

公路运输也有了很大的变化。高速公路的出现解决了中程及城市间的高速运输问题。由于高速公路采用了技术较完备的交通设施，从而为汽车大量、快速、安全、舒适、连续地运行提供了条件和保证。在发达国家，高速公路大多成网，平均经济运距在 600km 以上。公路运输广泛开展公路快速客、货运输业务，大力开展集中运输、集装箱运输等。在货物运输组织形式上，采用多班运输、甩挂运输、直达运输、联合运输等方式，快速、便捷地满足货物运输的需求。

2. 运输重载化

以铁路为例，通常一列货物列车的载质量为 3000t 左右，如果提高到 6000t/列，则运输效率将提高 1 倍。现代重载列车技术可使载质量提高到 10000～25000t/列，最高纪录达到 75000t/列。开一列重载列车相当于开行十余列普通列车，可见采用新技术能带来巨大的效益。

公路货运汽车也是向大吨位、专用化、低能耗方向发展，半挂汽车列车是发展的重点。当半挂汽车列车有效载质量为 24～28t 时，其在高速公路上的平均车速已达 70～80km/h，与单车相比，其运输效率提高 30%～50%，运输成本降低 30%～40%，额定百吨公里油耗已下降到 1L 左右。目前，重载挂车（可以是全挂车，也可以是半挂车）载质量通常可达 200～300t。

其他运输方式的货物运输同样有此发展趋势。船舶大型化十分明显。特大散货船的吨位已达 36.5 万 t，液货船的最大吨位达到 56.3 万 t，最大的集装箱船能装载 6797TEU⊖；载质量 300t 的货运飞机已投入使用，俄罗斯正在研制能装载 1000～2000t 货物的热气球，以解决特大货物在特困地区的运送问题。

重载货运是综合运用一系列高新技术的结果。超强材料和结构的采用、超常功率的牵引和制动、大宗货物的集散和管理等，都是各种运输方式实现重载化时所面临的共同问题。

3. 运输物流化

现代运输正逐步向物流的全过程拓展。目前在发达国家，物流社会化已成为发展的大趋

⊖　TEU（Twenty-feet Equivalent Units），是计算集装箱箱数的换算单位，又称 20ft 换算单位。目前世界各国普遍采用 20ft 和 40ft 两种长度尺寸的集装箱。为使集装箱数的计算统一化，把 20ft 集装箱作为一个计算单位，把 40ft 集装箱作为两个计算单位，以利于统一计算集装箱的营运量。

势。专业运输经营者在不断拓宽经营领域，由单一的运输服务向物流全过程渗透，为工商企业提供产品的包装、储存、流通加工和运输等服务。越来越多的运输企业通过提供物流社会化服务来扩大市场份额，提高经济效益。

4．运输智能化

在走向信息社会的 21 世纪，交通运输现代化的必由之路是信息化，全面采用由计算机技术、通信技术和测控技术组成的信息技术。信息化的高级阶段就是智能化。智能运输系统是当前发展的重点方向。

公路运输智能化首当其冲，如高速公路和城市道路的智能控制系统、城市交通流诱导系统、车辆定位及通信系统、车辆安全系统、收费管理系统等，都亟待开发和推广。铁路在开发列车自动驾驶系统、调度管理信息系统、运输信息管理系统等基础上，有待统一集成，发展现代智能铁路系统。水路运输智能化包括船舶智能化、岸上支持系统智能化和水上运输系统智能化。航空运输系统智能化，即新航空系统，包括通信导航及监视和空中交通自动化管理。交通运输智能化内涵十分丰富，是信息技术应用的广阔天地。

5．积极发展多式联运

由于五种基本运输方式在运输工具、线路设备和运营方式等方面各不相同，各有其不同的技术经济特征和适用范围，在运输系统中它们是相互协调、相互竞争、相互制约、不可完全替代的。因此，需要综合考虑各种运输方式之间的关系，取长补短、实行分工协作，建立协同高效的综合运输系统。

发达国家通过广泛地采用多式联运，大大提高了运输中转的装卸效率，减少了货物的在途时间。有资料表明，美国以公路和铁路联运完成的货运量约占铁路货运总量的 1/3，公铁联运是近些年来美国铁路货运得以复苏的一个重要因素。

6．环境保护

在环境持续性危机中，交通运输的影响很大。交通运输的污染源具有流动、分散、种类多等特点，故防止运输污染是一项较复杂、工作量较大、耗资较多的工作。汽车尾气对大气的污染，油船漏泄和垃圾排放等造成的重大水污染，公路和铁路施工中的不合理取土和填方对环境、生态、植被、水土流失等的影响，飞机、汽车、火车等噪声污染，电气化铁路和通信线路的电磁干扰等，都说明建设生态洁净型的现代交通运输系统非常重要。

为此，世界各国正在积极研制电动汽车和推广应用清洁燃料汽车，以解决汽车尾气排放对大气的污染问题；铁路电气化也是成熟的环保运输技术，高速铁路是生态最洁净的现代交通；城市轨道交通能减少汽车用量，不仅可以缓解日益严重的交通堵塞问题，而且是城市交通走向洁净化的重要途径。此外，世界各国还制定了相关的法律、条文，成立各类组织机构等进行监督、管理和制约，以保证人类有一个良好的生存环境和经济的可持续发展。

第三节　运输生产过程及其要素

一、运输生产过程

1．运输生产过程的涵义

运输业是一个特殊的物质生产部门，它具有自己独特的生产过程，即运输过程。运输过程有狭义和广义之分。

狭义的运输过程是指劳动者直接运用运输工具，完成旅客上车（船、飞机）入座或货物装载，运输工具承载后运行，将旅客、货物运送到预定目的地下车（船、飞机）或卸货的运行过程。在这一段时间内运输工具的负载运行，是运输企业提供运输使用价值（运输劳务），同时又被客货所消费，从而完成客货运输，取得营运收入的生产过程。通常所讲的运输过程或基本生产过程，都是指狭义的运输过程。

广义的运输过程（运输全过程），是指从准备运输旅客、货物开始，直到将客、货送到目的地下车（船、飞机）、卸货，并办完一切商务手续为止的全部运输活动。

运输组织工作应以运载工具的运行为中心，系统地研究分析运输生产活动的全过程，才能有效地组织客、货运输，提高运输质量，保证运输任务的完成。

2．运输生产过程的构成

由于各种运输方式所采用的运输工具及运输过程的组织方法不同，其运输生产过程也各有特色。但是，不论哪种运输方式，根据各项活动在运输生产中所起的作用不同，均可将运输全过程分为运输准备过程、基本运输过程和辅助运输过程。

下面以公路运输为例来阐述运输生产全过程的构成。

（1）运输准备过程　是指运输客、货前所进行的全部准备工作过程。有些工作需要在运输前进行较长时间的准备，如运输经济调查与运输工作量预测、营运线路的开辟、营运作业站点的设置、运力配置、运输生产作业计划安排等；有些工作是经常性、不间断地进行的准备工作，如客、货源组织与落实，办理承运业务等。

（2）基本运输过程　即狭义的运输过程。它又分为旅客上车入座（货物装车）、车辆负载运行、旅客下车（货物卸车）三个主要环节以及必需的车辆调空作业等。

（3）辅助运输过程　是指为保证基本运输过程正常进行所必需的各种辅助生产活动，主要包括车辆技术保养维修、站务工作、运行材料（如燃料、润滑油、轮胎等）的组织供应与保管工作、运输劳动组织工作等。

上述三个组成部分既有区别又有联系，是构成汽车运输过程的有机整体。其中，基本运输过程是最主要的工作过程，需要经过许多作业环节才能完成。

二、运输生产要素

运输生产要素是指运输生产所必须具备的基本因素，主要包括运载工具、运输通路和场站设施、运输对象、动力、通信、经营管理人员和经营机构等。

1．运载工具

运输方式不同，其运载工具也就不同。常见的运载工具有汽车、火车、船舶、飞机等。其中有的运载工具与动力完全分离，如铁路的货车、海上的驳船、集装箱拖车等；有的则与动力同体，如汽车、飞机、轮船等。理想的运载工具应具备结构简便、安全、轻巧、易于操纵管理、造价低、宽敞舒适、耐用、少故障、易维修、容量大、振动小、耗用能源少、污染少等特性。

2．运输通路

通路是在运输网络中，连接运输始发地、到达地，供运输工具安全、便捷运行的线路。通路有些是自然形成的，如空运航线、水运的江河湖泊、海洋的航路；有些则是人工修建的专门设施，如铁路、公路、运河、管道等。良好的通路应具备安全可靠、建造与维护费用低、便于迅速通行及运转、不受自然气候及地理条件影响、使用寿命长、距离短等条件。其中，铁路线路按它们在铁路网中的作用、性质和远期的客货运量不同，可划分为不同的等级。我国《铁路线路设计规范》规定设三个等级，每级允许的最高行车速度不同，Ⅰ级最高，双线行驶速度为140km/h，单线行驶速度为120km/h。我国公路依据交通量、使用性质和任务主要分为两类五个等级：第一类为汽车专用公路，包括高速公路、一级公路和二级公路；第二类为一般公路，即汽车与拖拉机及非机动车等混合行驶的公路，包括二级公路、三级公路和四级公路。

3. 场站设施

场站设施是指运输工具出发、经过和到达的地点，为运输工具到发停留、客货集散装卸、售票待运、运输工具维修、驾驶及服务人员休息提供服务，以及完成运输过程中转连接等任务的场所，如车站、港口、机场等。理想的场站应具备地理位置适中、设备优良齐全、交通便利、自然气候条件良好、场地宽广等条件。

现代枢纽港站已经成为支持世界经济和国际贸易发展的国际大流通体系的重要组成部分，成为连接全世界生产、交换、分配和消费的中心环节。为了适应客、货运量的不断增加，要求港站的货物运输和装载运具应提高标准化和集装箱化程度，应为用户提供人性化、高效化、自动化的服务。另外，现代物流业的兴起使得整个物流作业将疏运、装卸、储存、配送、运输、信息等业务合为一体，要求现代交通枢纽在运输方式衔接、组织管理上实行一体化服务，有效地将用户、运输企业、客货站场有机地联系起来，为高效、快捷、经济、安全地完成货物运输全过程发挥组织管理作用。

现代枢纽港站对中心城市及其腹地的经济发展具有强大的带动作用，其在功能上的扩展已使其在国际贸易和地区经济发展中占据了越来越重要的地位。另一方面，中心城市及其经济腹地也为枢纽港站提供了强大的支撑和保障。世界上大多数交通枢纽城市都十分重视港站的发展，制定了港站与中心城市相互促进、共同发展的战略，并采取各种措施积极扶持和鼓励港站的发展。

4. 运输对象

（1）旅客　旅客的社会经济条件、自然条件、身体状况以及出行目的，是决定其所选客运形式及服务水平的主要因素。

旅客按运输距离可分为长途旅客和短途旅客。长途旅客乘距较长，所以对运输车辆的舒适性有较高要求，另外还要考虑长途旅客对候车条件的要求。长途旅客往往还要转乘其他运输工具，因此，编制行车时刻表时应与其他运输方式的运输时刻相衔接。短途旅客乘车距离较短，主要指城市市区和郊区客运服务对象。因其乘距较短，所以对发车间隔比较关注，希望等车时间越短越好，而对乘车舒适性的要求相对差一些。经济收入水平较高、公费出行旅客的运输费用支付能力较高，通常选择快捷、舒适的客运服务形式。另外，身体状况欠佳、老年人或携带婴幼儿出行的旅客，通常选择舒适性较好的客运形式；而有急事出行的旅客通常选择快速、直达客运形式等。

（2）货物　货物需借助外力才能实现装载、运输和卸载。货物运输中装、卸环节的物力及人力投入，运送环节和装卸环节的协调配合是货物运输的基本要求。货物本身的特性及货主的运输需求特性，是决定所用运载工具类型及装卸设备的主要因素。货物通常按其装卸方法、运输和保管条件及货物批量进行分类。如货物按装卸方法，可分为计件货物、堆积货物、灌装货物；按运输和保管条件，可分为普通货物与特殊货物；按批量还可分为零担（小批）货物和整车货物等。

5. 动力

古老运载工具的动力都是自然的，如人力、畜力、风力等。现代运载工具的动力则大多是人造的，如蒸汽机、内燃机、电动机、核能发动机等，是利用空气、煤、水、石油、电力、核燃料等能源的燃烧运转作用，产生推动运载工具所需的动力。良好的动力设备应具备构造简单、操作方便、维修容易、成本低、获取能源方便价廉、能源使用效率高、排放污染少等条件。

6. 通信

通信设备的功能在于营运管理人员能迅速、真实地掌握运输服务的进展情况，提高运输服务质量与运输效率，以及遇有突发事故时能迅速处理，以确保运输持续与安全。对于现代化的运输事业，运输速度越快，乘客或托运人因收入提高或商场上竞争激烈而对运输服务质量的要求越高，则通信越重要，对通信迅速、准确与灵活的要求也就更加迫切。良好的运输通信设备应具备优良、迅速、操作简便、维修容易等条件。

现代交通的通信方式多样，如电话通信、卫星通信、计算机网络通信等。

7. 经营管理人员和经营机构

运载工具、通路、场站等都属于交通运输的硬件要素。实际上，只具备了这些设施和设备仍然无法从事运输服务，更不足以成功地经营运输业务。一切管理事务的原动力和中心都在于人，所以在交通运输的构成中，人是最重要的一个构成要素。提供运输服务需要驾驶人员、机械维修养护人员、运输工具上的服务人员（如列车员、空中小姐等）及运输工具外的服务人员（如铁路、公路运输的售票员、货运员，空运的地勤、售票、划位人员），以及许多其他业务管理与经营人员的参与，才能使那些硬件要素或设施真正发挥作用。胜任的经营管理人才及合理的组织，更是构成交通运输不可缺少的关键因素。管理人才及运输企业的组织功能在于建立规章与制度，以有效利用所有运输设备的运力，达到企业的经营目标，并充分发挥交通运输业的功能和作用，满足社会的运输需求，促进经济和社会发展。因此，良好的运输管理与组织，必须具备组织体系与制度完整、分工合理、调度指挥灵活等条件。

第四节　运输服务的基本特征

运输服务是一种通过市场形式进行的有偿服务。与其他服务相比，运输服务具有以下特征。

一、运输服务的公共性

运输业必须以服务作为前提向全社会提供运输产品，必须公平地为社会所有成员服务，所以具有公共性的特征。

在现代社会生活中，运输服务的公共性主要表现在两个方面：

（1）能够满足人们的出行需要，可以为各类人群提供运输服务　人们在生产和生活中有出行需要，如工作、购物、上学、探亲访友等。当出行距离超过一定步行距离范围时，就要乘用交通工具。根据国外部分城市的统计资料，平均每个城市居民日乘用交通工具的出行次数为 2~3.4 次。我国长春市曾对部分居民出行情况进行过抽样调查，被调查的居民总数为 61834 人。调查结果表明，长春市居民的人均日出行次数（包括各种出行方式）为 2.08 次。上述资料表明，因人的移动而产生的运输需要是非常广泛的。

（2）可以克服"物"的空间间隔，能够满足生产和流通需要　工农业生产要求各种不同的生产原料和加工设备，需要在分布广泛的地理空间进行采购和运输，同时还需要开辟和拓展产品市场，这些生产活动均离不开运输。与此同时，工农业产品最后均需进入流通领域，特别是人民生活的必需品、消费品在流通过程中的运输，几乎与每个家庭甚至每个居民的生活都密切相关。因此，物质移动而产生的运输需要也十分广泛。

总之，无论是人的出行还是物质的移动，都是在整个社会范围内普遍发生的运输需要，因而运输服务对整个社会的经济发展和人民生活水平的提高，均有着广泛的影响，从而表现出运输服务的公共性特征。

二、运输产品的特殊性

运输产品与工农业产品相比，其特殊性体现在以下方面。

1. 运输产品是无形产品

在广义的生产概念中，就生产结果的形式而言，分为有形产品和无形产品。工业产品，如汽车、机器、计算机以及农业产品，如粮食、果蔬等，均为有形产品。运输生产并没有给人或物以质和形态的变化，只是使它们在保持原样的情况下进行空间场所的移动，使之具有移动价值。运输生产为社会提供的效用不是实物形态的产品，而是一种服务，其产品是无形产品。

2. 运输产品是即时产品

即时产品，是指它只能在其生产与消费过程中即时存在的产品。

运输生产活动，就是将运输服务提供给有运输需要的用户。运输生产必须在用户需要时即时进行生产，又必须在生产的同时有用户即时消费。因为运输过程对于运输供给者（运输公司）来说是生产过程；对于运输需求者（用户）来说，则是消费过程。在运输生产过程中，运输服务本身既是被加工对象，又是消费对象。一旦被加工对象离开生产过程，运输生产即告结束，而其生产成果也被即时消费完毕。因此，运输产品的生产过程与消费过程是不可分割的，它们在时间上和空间上相重合。运输产品只能在生产与消费过程中即时存在，不能脱离生产过程而独立存在。这就是运输服务的即时性。

因此，运输产品不同于有形产品的生产，它不能储存，不能调拨，更不能像有形产品那样，由于质量不合格而进行退换或修复性再加工。这就要求运输生产过程必须保证质量，保证运输对象移动迅速和完整无损。一旦运输产品不合格，将无法挽回损失，因此运输生产必须保证一次成功。

3. 运输产品以复合指标为主要计量单位

运输企业的生产，是通过提供运输工具来实现人或物的移动，因而运输产品的产生同时体现了两种数量：运输对象的数量和其被移动距离的数量。因此，一般运输产品的产量是以两者的乘积来计量，即以复合指标"人·km"或"t·km"来表示，分别称为旅客周转量和货物周转量。这也是运输产品在计量形式上不同于工农业产品的特点。

以复合指标为计量单位的优点，主要是便于对各种运输工具所完成的运输产品的产量进行统计、分析、比较，用以计算企业或单个车辆的产量，并可作为计算运费的依据，因而被国内外广泛采用。其缺点是不能准确地表示运输对象的全部移动内容，例如，运输生产结果为 10t·km，则所运货物的不同吨数与被移动距离的相应公里数的组合可以有几种：可能是 1t 货物被移动 10km，也可能是 10t 货物被移动 1km，也可能是 2t 货物移动 5km 等等。因此，运输企业又常以运输对象的数量，即乘客人数或货物吨数来辅助计量运输产品，称为运量。

三、运输服务的准公费服务性

准公费服务是介于纯私费服务和纯公费服务之间的一种收费服务方式。纯私费服务是指社会成员通过市场按等价交换原则用私人费用购买的所需服务，是由服务供给者提供的有偿服务。纯公费服务是指由社会公共事业部门支付费用，免费向各社会成员提供的服务，如社会治安保障、免费教育等。纯公费服务不适于通过市场机构进行，而是由社会公共事业部门免费提供。

运输服务介于纯私费和纯公费二者之间。这是因为，一方面运输业与其他有形产品的生产一样，运输产品中也凝结着服务供给者创造的劳动价值，其产品也具有商品的属性，可进行交换，可获取营利。为了保证运输业劳动者的劳动所得及运输企业的扩大再生产，运输业也应根据运输产品的价值，按等价交换的原则，通过市场形式向用户提供有偿运输服务。另一方面，由于运输服务具有公共性，为了减轻人民的负担，运输产品的价格不能过高，特别是旅客运输。因此，运输产品不能完全按企业经营效果来确定价格，尚须由社会公共事业部门通过费用补贴等方式对价格进行调整。这样，既保证了人民最低生活水平的合理负担，也保证了运输企业及其劳动者的基本利益，有利于国民经济的健康发展，这就是运输服务的准公费服务特性。

有些发达国家对城市公共客运，甚至对偏僻山区的公共客（货）运输实施准公费服务，提供不同程度的财政补贴。例如，美国波特兰市公共汽车公司 70% 的经费由政府补贴，并规定在闹市区可免费乘坐公共汽车，以限制私人小汽车进入市区。

根据实际情况，我国一般由国家或地方政府给予财政补贴，如我国许多城市对公共交通企业提供财政补贴，对通勤或通学月票实行补贴等。同时，运输企业应结合其经营效果，实行经济承包责任制，以利于整个城市建设和公共交通事业的健康发展。有些城市在这方面取得了成功的经验并获得了良好的效果。

第五节　运输组织学的研究内容

运输生产与工业生产不同，其生产和消费是同一个过程，而且是在流动分散、点多线长、广阔的空间范围内进行的。因此，运输组织是组织生产和组织销售交织在一起的过程，组织工作尤为复杂，是运输企业经营管理的中心环节。

总体来说，运输组织学是以研究运输生产过程中生产力诸要素和各环节、各工序的整体结合运动为研究对象，系统地研究运输组织理论、形式、方法、手段和制度，寻求有效的组织途径和措施，实现运输生产力诸要素的最优结合和各环节、各工序的紧密配合，形成有序、协调、均衡、连续的整体运动，争取以一定的劳动消耗，获得最高的运输效率、最好的服务质量和最佳的经济效益，以发展各种运输方式的生产力，充分发挥其最大效力，满足社会对运输服务的需要。其核心问题是运用现代科学管理方法，组织旅客、货物与运输工具在空间上和时间上进行有效的结合，提高运输生产能力和服务质量。

交通运输生产过程就其运输工作性质的不同，可以划分为运输工具载运工作和客、货运输的经营业务两部分。因此，运输组织工作包括运输工具的运行组织和客、货运输的经营业务组织两方面。

随着运输现代化建设步伐的加快，运输组织应采用科学的组织方法和先进的技术手段，以促进运输生产的发展，满足社会对运输服务的需要。因此，加强运输组织的研究，是一项极为重要的工作。

复习思考题

1-1 简述运输业在国民经济和物流系统中的地位和作用。

1-2 五种基本运输方式各有什么特点？其适用范围如何？

1-3 运输系统有哪些结构形式？

1-4 简述运输业的发展趋势。

1-5 运输生产过程由哪几部分构成？公路运输生产过程各部分的主要工作内容有哪些？

1-6 运输生产包括哪些生产要素？它们对运输生产有何作用？

1-7 运输服务有哪些基本特征？

1-8 运输组织学的研究内容是什么？

第二章 客、货流分析和运输量预测

第一节 客、货流分析

对客、货流进行分析，掌握客、货流分布及其变化规律，是合理组织客、货运输工作的基础，是组织与安排车流的依据。运输量调查与预测，是正确把握客、货流变化规律的重要手段。因此，加强运输市场的调查与预测，对运输企业科学、合理地进行运输组织活动，提高生产经营决策水平都有着重要意义。

一、运输对象的分类及特性

运输对象包括旅客和货物。所有被接受运输的人员和物资，从接受承运起至运达目的地为止，分别称为旅客和货物。充分认识运输对象的种类及各种特性，对提高运输效率，确保运输服务质量，降低运输成本，增强物流企业及运输企业的竞争力均具有现实意义。

1. 旅客的分类及特性

旅客运输的基本任务就是要最大限度地满足人民群众对于出行乘车的需要，确保安全、迅速、经济、便利地将旅客送往目的地。旅客通常有以下几种分类方法。

（1）按旅客出行目的分类 按旅客出行目的，可以将旅客分为公务出差、商务、旅游、探亲、通勤、外出打工、生活购物等不同类型。

就市、县间长途客运而言，一般探亲访友的旅客数量较大，其次是经商和出差的旅客；在城市公交客运中，通勤乘客所占比重较大。近年来，农村外出打工人数急剧增加，在春节前后形成巨大的客流量。不同类型的旅客有不同的运输服务要求，针对不同出行目的的旅客展开有关服务，可以大大提高旅客运输服务水平和运输组织水平。

根据旅客出行特点不同，可将客运工作分为两类：

1）工作性客运是一种因公外出、通勤、上学等乘客出行需要而产生的客运。这类客运的主要特点是运输时间比较集中，运量较大且有规律性，乘客对运送时间方面要求较高。

2）消费性客运是一种因探亲访友、旅游观光等乘客出行需要而产生的客运。其主要特点是随机性大，流量与流向难以掌握。

（2）按发送旅客的区域分类 按发送旅客的区域可分为市内乘客、城乡旅客、城间旅客和国际旅客。

1）市内乘客。旅客出行范围主要在城区，此类乘客在时间、空间上分布很不均衡。客运工作的主要特点是行车频率高，运输距离短，交替频繁，停车次数多，大多由城市公交系统提供相应服务。

2）城乡旅客。旅客出行范围主要在城市与乡村之间，此类旅客多为早进城市晚回乡，出行距离较短，多由短途客运系统提供相应服务。

3）城间旅客。旅客出行范围主要在城市之间，此类旅客流量相对稳定，在短时间内不会出现偶然性的高峰；旅客平均运距长，多由长途客运系统提供相应服务。

4）国际旅客。旅客出行范围在国与国之间，这部分旅客流量较小且较集中，多由航空客运系统和铁路客运系统提供相应服务。

一般而言，长途旅客构成的客流较稳定，对舒适性、定时性和快速性要求较高，特别是有些旅客还要转乘其他运输工具，因此编制行车（航班）时刻表或船期表时应与其他运输方式的运输时刻相衔接；而短途旅客构成的客流在时间与空间上分布往往不均匀。

（3）按旅客是否包租运输工具分类　可将旅客分为团体旅客和零散旅客。

1）团体旅客指一次出行人数较多且目的地一致，由运输企业安排专车（船、机）运送的旅客。这类旅客运输具有直达运输、统一结算运费、规定旅行线路等特点。

2）零散旅客指同时出行人数不多，到达地点各异，搭乘既定线路的运输工具的旅客。

2．货物的分类及特性

货物是运输的直接对象，是物流中的流体，它与运输组织工作有密切的关系。货物的种类繁多、性质各异，在其被运送的过程中，操作工艺、作业要求不完全一样。货物的种类与特性不同，对运输工具的类型及装卸工作均提出不同要求，如散装货物、灌注的液体货物、长大货物、笨重货物等，需要使用不同的专用运输工具和装卸机械来组织运输工作。货物的批量、流向、流时、运输区域和运输距离以及运达期限等影响着运输工作组织、装卸机械化程度及运输工具的选择。市内运输，货物种类繁多，可以根据不同运输对象使车辆专业化；城市间长途运输，其特点是具有较严格的定期性，而且运距长，可以组织定线、定点、定时运输，采用大载质量的运输工具等。

因此，充分认识各类货物的特性，对确保货运服务质量，提高运输的安全性、时效性和降低运输成本具有重要的现实意义；同时也与运输的固定设施、移动设备的规划、配置、运用等有密切的关系。

为了有效地实现货物的运输组织工作，常常将货物按运输组织工作的需要进行分类。一般可按货物装卸方法、运输和保管条件、托运批量、物理属性等因素进行分类。

（1）按货物的装卸方法分类　可以将货物分为计件货物和散装货物。

1）计件货物是可以用件计数的货物。每一件货物都有一定的质量、形状和体积，可按件重或体积计量装运。带运输包装的件装货物，按其包装物的形状可分为桶装、箱装和袋装货物等多个种类；按其包装物的性质，又可分为硬质包装、软质包装和专业包装。集装货物可以视为成件货物的一种特殊形式，如采用托盘、集装箱、集装袋等运输的货物。

2）散装货物又可分为堆积货物和灌装货物。堆积货物是指不能计点件数，可以用堆积方法来装卸的货物，即允许散装散卸的货物，如煤炭、砂石、矿石、土等。灌装货物一般指液体货物，如油类、液体燃料、水等，用罐装方法进行装卸搬运的货物。

大批量运输或专门运输散装货物，对车辆性能、装卸设施、承载器具等均有一定的要求。

（2）按货物的运输和保管条件分类　可以将货物分为普通货物和特种货物。

1）普通货物指在运输、配送、保管及装卸搬运过程中，不必采用特殊方式或手段进行特别防护的一般货物。

2）特种货物指在运输、配送、保管及装卸搬运等过程中必须采取特别措施，才能保证其完好无损和安全的货物。特种货物又可分为危险货物、大件（长大、笨重）货物、鲜活易腐货物和贵重货物等。

（3）按照货物的托运批量分类　可分为整车货物和零担货物。

1）整车货物。汽车运输整车货物是指一次托运货物的质量在3t以上或虽不足3t，但其性质、体积、形状需要一辆汽车运输的货物；铁路运输整车货物是指一批货物的质量、体积或形状需要一辆30t或30t以上货车运输的货物。整车货物的特点是货流较稳定，装卸地点变动较少，如粮食、煤炭、建筑材料等，因此宜采用大载质量运输工具运输，并使用高生产率的装卸机械。

2）零担货物。汽车运输零担货物是指一次托运货物的质量在3t及3t以下或不满一整车的小批量货物；铁路运输零担货物是指不够整车运输条件的货物，且一件体积最小不得小于0.02m³（一件质量在10kg以上的除外），每批货物不得超过300件。零担货物的主要特点是货物种类繁多，批量小，货流不稳定，装卸地点经常变动，因此宜采用小载质量运输工具进行运输。

（4）按货物的物理属性分类　可以将货物划分为固体、液体和气体三种不同性质的货物。

在不同地理和经济区域以及产业发展的不同阶段，三种不同物理属性的货物量构成是不同的。就我国现阶段的货物物理属性构成而言，以固体货物的运输量为最大，而其中又以块状货物（如煤炭、矿石等）和粉末状货物（如水泥、化肥等）居多。

在同一类货物中，其密度也是一项重要的物理性质。密度不同的货物对车辆载质量、容积的利用以及装载与运输过程的安全性和服务质量，都会有较大的影响。

（5）按运输对象的重要程度分类　可分为重点物资货物和一般物资货物。货物运输时间的缓急，主要是依据国家政策及有关规定确定的。

1）重点物资货物指在运输时间上对国民经济、人民生活、宏观效益等方面有重要影响的物资，如抢险救灾、战备急需的物资。

2）一般物资货物指相对重点物资货物而言的其他各种货物。一般物资货物在运输时间上没有特殊的要求。托运人自己要求优先运输的货物，一般不算重点物资货物。有些一般物资货物也有较强的时间性，如农业生产用的种子、农药、化肥、薄膜等。为了不误农时，承运人应以支农物资对待，优先安排运送。

二、货流的分布特点及影响因素

（一）货流及货流图

1. 货流

货流是在一定时期和一定范围内，一定种类和一定数量的货物，沿一定方向进行有目的的位移。货流是一个经济范畴的概念，本身包含着货物的类别、数量、方向、运距和时间五个方面的要素。货流的大小通常可借助货流量表示。

路段货流量（t/h）是指在一定时间内沿该路段的一个方向通过的货物数量。流向是指货流沿路段的流动方向。当沿路段上两个方向都有货流时，货流量大的方向称为该路段的货流顺向，货流量小的方向一般称为货流反向。路段货流量的计算公式为

$$I = \frac{Q}{T} \tag{2-1}$$

式中　I——路段的货流量（t/h）；

　　　Q——统计期内沿路段单方向通过的货物数量（t）；

　　　T——统计期时间（h）。

2. 货流图

为了清晰地反映货物种类、数量、方向等因素构成的货流量和流向，可以采用货流图来描述。货流图是用于表示一定时期内沿某运输路线货流特征的图形。

绘制货流图时，把货物沿实际运输路线的曲线流动表示成直线。从起运点开始，以运输路线的轴线为横坐标，按比例绘出各有关货运点间的距离；再将不同种类的货物数量按一定比例，用不同符号（或颜色）标在纵坐标上，将同一方向（如顺向）的货流表示在横坐标的一侧，而将相反方向的货流表示在另一侧，这样就得出一个表明不同货物种类构成的流向和流量的货流图。货流图上的每个矩形面积表示不同货物种类构成的货物周转量。

货流图可针对某一地区、某一调度区、某车站、车队或班组营运范围的主要货物种类或重要物资来绘制。对一些运量较大的主要路线，也可视情况需要分别绘制。为了便于绘制货流图和分析货流，可先编制各货运点的货流表，见表2-1。据此可以很方便地绘出货流图，如图2-1所示。

表 2-1　货流表　　　　　　　　　　　　　　　　　　(t)

收货点＼发货点	A	B	C	共计发送
A		200	300	500
B	500		300	800
C	200	400		600
共计到达	700	600	600	1900

货流图的主要作用体现在以下几方面：①货流图能够清晰地表明各种货物的流量、流向、运距，便于进行有计划的组合与安排；②便于发现运输组织计划中存在的问题，增强货物流向的合理性；③便于根据货流特点组织车辆，进行装卸设备等的配置与调度；④便于编制和检查车辆运行作业计划，组织合理运输；⑤便于确定线路的通过能力、装卸站点的作业能力，为线路、站点的新建、扩建提供必要的基础资料。

利用计算机作为手段，开发有关的应用软件，则可使得货流图的绘制工作变得更为简单、实用和高效。

（二）货流的影响因素及分布规律

货流能在一定程度上反映国民经济各部门、各地区、各企业间的经济联系。货流的变化对运输组织工作影响很大。货流的数量、结构、性质决定了站场设施、运输工具、装卸机械等的类型、结构和能力，决定了运输工艺和装卸工艺、运输组织方式和劳动组织形式，进而决定了劳动生产率水平和运输成本。因此，了解货流的影响因素，掌握货流的变化规律，是合理组织货物运输的基础，从而也可进一步促进社会物流合理化。

1. 货流的影响因素

货物运输的数量及其增长速度、内部构成、运输距离等，主要取决于下列因素：

(1) 工农业生产发展水平与速度　工农业生产的发展水平是影响货物运输量的决定性因素。随着工农业生产的日益发展，基本建设规模的不断扩大，地区之间、城乡之间、工农业之间货物流通的增长，必然引起货物运量的相应增长。工农业生产的发展与货运量的增长通常不是以相等速度增长的。在一般情况下，货运量增长速度高于工农业生产的增长速度。

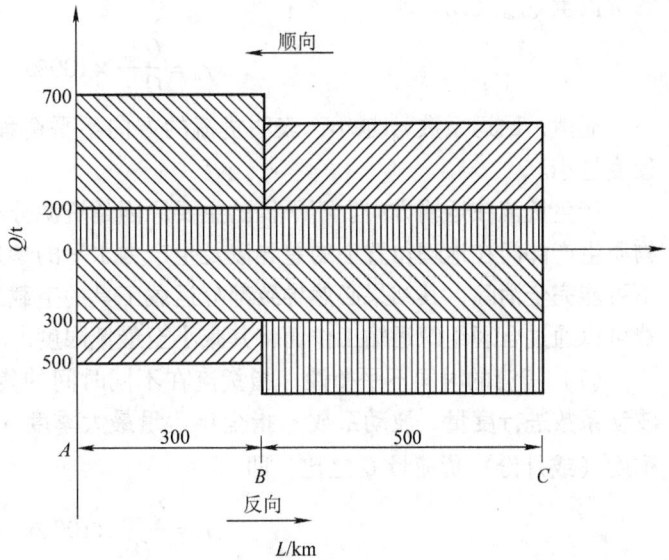

图 2-1　货流图

(2) 产品运输系数　当产品数量一定时，运量的大小取决于运输系数的大小。产品运输系数就是产品运量与生产量之比。运输系数越大，其运量也越大，二者成正比例关系。

一般来说，商品率高的产品，其运输系数较大；商品率低的产品，其运输系数也较小。由于同一产品在不同时期产销关系的变化，其运输系数也会发生变化。一般而言，随着生产专业化与协作化的发展，各地区经济优势的发挥，产品商品率的提高以及传统商品、名牌商品的增长等，运输系数会相应提高。

(3) 产业结构的调整　一般来说，工业分布相对集中，其生产的社会化、专业化程度高，而农业分布相对比较平衡，而且工业产品的商品率高于农产品的商品率，所以工业结构的变化对货流的影响要比农业大。因此，不同的产业结构，运输系数将不同，产业结构的变化，会直接影响货流的结构变化。

(4) 生产布局和资源分布状况　生产布局不仅影响着生产的发展，也决定着运输网以及运力的布局，决定着货物的流量、流向和运距。因此，合理的生产布局有巨大的经济意义。资源的分布与开采状况对货流的影响极大。一般来说，资源的分布与开采状况如何，在宏观上决定了货流的基本情况。例如，我国煤炭资源与开采大多集中在北方和西北地区，因此，决定了北煤南运，西煤东运的煤炭货流格局。道路运输作为城乡之间联系的纽带，从农村到城市时，装运的大多是各种农副产品；而从城市到农村时，装运的则大多是工业品。

(5) 其他影响因素　主要包括国家的经济政策，运输网布局和各种运输方式之间的分工协作情况，科学技术的进步，流通体制的改变以及对外贸易货物进出口状况等。

2. 货流分布的不平衡性

货流分布在时间和方向上是不平衡的。货流的不平衡状态是货流布局研究的重点内容之一。

(1) 货流的方向不平衡性　指货流沿运输路线两个方向的货流量不相等。这种不平衡的程度可用回运系数进行度量。回运系数 r_d 指运量较小方向的货流量 Q_{min} 与运量较大方向的货流量 Q_{max} 之比，即

$$r_d = \frac{Q_{min}}{Q_{max}} \times 100\% \qquad (2\text{-}2)$$

显然，回运系数 r_d 越小，表明货流的方向不平衡程度越大；反之，则表明方向不平衡程度越小。

产生货流在运输方向上不平衡的主要原因是资源分布的不均衡性与开发程度不同，社会物质生产部门在地理位置上的差异以及生产力水平的参差不齐等。货流的方向不平衡性一般不可能完全消除，其结果必然导致部分运载工具的空载运行，造成部分运力的浪费。这种浪费可以通过合理组织运输工作而将其减小至最低限度。

（2）货流的时间不平衡性 指货流在不同时间的货流量不相等。这种不平衡程度可用波动系数进行度量。波动系数 r_t 指全年运量最大季度（或月份）的货流量 Q_{max} 与全年平均季度（或月份）货流量 $\overline{Q}$ 之比，即

$$r_t = \frac{Q_{max}}{\overline{Q}} \times 100\% \qquad (2\text{-}3)$$

显然，波动系数 r_t 越小，表明货流的时间不平衡程度越小；反之，则表明不平衡程度越大。

货流在时间上的不平衡主要是由生产、消费以及其他条件（如自然条件）造成的。一般而言，大部分工业制成品形成的货流，在时间上的不平衡性较小；而农产品、支农工业品以及以农产品为原料的工业品所形成的货流，在时间上的不平衡性较高。此外，由于某些自然因素（如冰冻、台风、水灾、地震等）的作用，也可能会增加上述不平衡的程度。

3. 货流的分布规律

货流的分布规律是指货流在其起、终点的发运量或运达量在某段时间内的分布特征。正确掌握货流（有时可表现为车辆流）的分布规律，是合理选择车辆类型、合理规划装卸设施现场布局以及构建运输系统的基础。

由于货流的分布规律主要取决于有关物品的生产与消费过程中各随机因素的影响程度，因此，若将货流量（按货物批量计）作为随机变量，则货流按运输时间分布规律不同可分为离散型、连续型及混合型。

（1）离散型分布 如果货流量是离散型的随机变量，则对同类货流来说，最简单的分布为泊松分布。由概率理论可知，如按泊松分布处理，在长度为 t 的时间内发生货物批量数为 n 个的概率 $P_n(t)$ 为

$$P_n(t) = \frac{(\lambda_t)^n}{n!} e^{-\lambda_t} \qquad (n = 1,2,3\cdots) \qquad (2\text{-}4)$$

式中 λ_t——单位时间货物批量的均值。

实践表明，多数情况下，简单货流发生概率的计算均可按泊松分布处理。当式（2-4）中的 λ_t 值很大时（通常 $\lambda_t > 10$），泊松分布将近似于正态分布，此时的货物批量为连续型随机变量。

上述理论可用于车站、码头等的作业场有关组织设计中的组建模型工作。例如，一些货场、装卸现场的车辆源分布通常可视为泊松分布。

（2）连续型分布　如果货流量是连续型随机变量，则多数服从或近似服从于正态分布。例如，大批量货物运达火车站或港口时，其批量的分布即为正态分布，如图2-2所示。正态分布的随机变量概率密度函数$f(x)$为

$$f(x) = \frac{1}{\sqrt{2\pi}\sigma} e^{-\frac{1}{2\sigma^2}(x-\bar{x})^2} \tag{2-5}$$

式中　x、$\bar{x}$——分别表示货流量的随机变量及其均值；

　　　　σ——随机变量x分布的标准差。

另外，在某些情况下，货流量还可能有其他类型的分布形式，如指数分布等。

（3）混合型分布　如果货流量x是兼有连续和离散两种特性的随机变量，则服从混合型分布。混合型分布比较复杂，这里不再进行讨论。

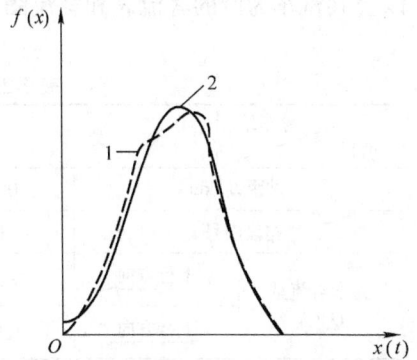

图2-2　货流量的正态分布
1—经验分布　2—正态分布

三、客流的分布特点及影响因素

（一）客流的形成及其影响因素

客流是旅（乘）客因生产、工作和生活需要，在一定时期内沿运输路线某一方向有目的的流动。客流同样包括流量、流向、运距、时间和类别五个基本因素。其中，类别是指旅（乘）客的构成，流量表示旅（乘）客数量的多少，流向即旅（乘）客流动的方向，时间表示旅（乘）客出行所耗费的时间。客流量是反映一定时期社会经济发展、人民物质文化生活水平以及旅游业发展和人口增长速度等因素的一个综合性指标。

客流是合理组织客运业务的基本依据，也是规划客运站场、进行客运基础设施建设的基础数据资料。根据旅（乘）客活动范围，一般可将客流分为以下几种：

（1）市区客流　主要指城市道路上流动的乘客；其中，城市公共交通客流占很大比重。

（2）郊区客流　主要指在相邻城市公路干线上流动的乘客。

（3）县区客流　主要指在县境范围内流动的乘客。

（4）区内客流　通常指在行政专区范围内流动的乘客。

（5）跨区客流　通常指经过两个以上专区范围内流动的乘客。

（6）跨省客流　通常指经过两个以上省境范围内流动的乘客。

（7）跨国客流　通常指经过两个以上国家范围内流动的乘客。

影响客流形成的因素很多，通常有人口数量及其分布、人口构成、人均收入、经济发展水平、运输业的发展和运输网布局、旅游业的发展及客运服务质量等。此外，经济体制也在很大程度上影响客流的形成。例如，随着农业经济体制改革和农业机械化的发展，农业人口中已形成了较多的富余劳动力，这些劳动力向城市的移动就形成了巨大的民工客流，而且这种民工客流在时间和空间上的分布是极不均衡的，在很大程度上影响到运输组织工作。因此，在铁路、公路、航空、水运等各种运输方式之间，要协调组织、密切配合，努力做好客流组织与分流工作。

（二）客流图

客流的基本表示方法可以用客流量和流向表示。为便于研究客流的特性，亦可采用编制

客流表和绘制客流图的方法，其编制和绘图过程与货流表及货流图相似。表2-2 和图2-3 是以公共汽车为例的客流表和客流图。

表2-2　公共汽车路段小时客流统计表

项目 \ 停车站		交　路	八　桥	西　场	经五路	经七路
站距 L_j/km		0.9	0.8	1	0.7	
路段序号 i		1	2	3	4	
路段客流量 Q_i/人	上行方向	800	1000	1200	800	
	下行方向	1000	1400	1600	1200	

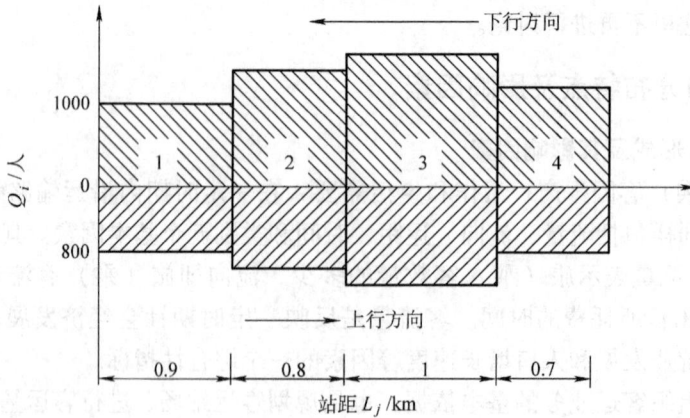

图 2-3　客流图

在编制客流图时，在客运服务区域很大的情况下，因区域内客运点较多，客流方向也多变，为使编制工作简化，可以将整个服务区域划分为若干小区，而把各小区视为客运点，并按主要客流线路去绘制和编制整个区域的客流图和客流表。

（三）客流分布的波动性

客流在地区、方向和时间上的分布极不平衡，这可称之为客流分布的波动性。这种客流分布的波动性实质上反映了运输需求在时间分布及空间分布的不均匀性。运输需求的不均匀性，在旅（乘）客运输方面表现得十分明显。

旅（乘）客运输需求在运输空间上分布的波动性主要表现为：客流量在运输区域分布的不均匀性和在运输方向分布的不均衡性。例如，经济发达区域客流量高于经济落后区域，市区客流量高于郊区；春节后流向经济发达地区的民工客流剧增，而春节前返乡过年的民工客流量很大；清晨，客流多向工作地点流动，傍晚客流多向住所方向流动等。

通过研究旅（乘）客运输沿运输时间、方向及区域分布的波动性，可以向旅（乘）客提供适宜的运输服务项目、优质的服务水平及合理的运输组织方式和方法。旅（乘）客运输需求的波动性，势必要求客运经营者所提供的运输能力、组织水平与之相适应。

1. 客流的地区分布

无论是区域客流，还是城市客流，它们在地区上的分布都是不平衡的。相对而言，区域客流较城市客流的这种不平衡程度更高。

对区域客流而言，一般情况是经济发达、人口稠密的地区，客流量比较高而集中，如我国东部地区的客流量就大大高于西部地区。就一个省区范围分析，区域客流的地区分布通常也具有很大的不平衡性。一般随着研究地域范围的扩大，这种不平衡性也就愈加明显。

对城市客流而言，一般在生产、商贸、社区生活密集的地区，较其他地区和郊区的客流量大。为了度量城市客流的这种不平衡（不均匀）程度，常采用以下两个指标：

（1）路段不均匀系数 K_{Li}　指统计期内营运线路某路段客流量 Q_{Li} 与该营运线路各路段平均客流量 $\overline{Q}_L$ 之比，用以评价客流沿路段分布的不均匀程度，即

$$K_{Li} = \frac{Q_{Li}}{\overline{Q}_L} \qquad (i = 1, 2, \cdots, n) \qquad (2\text{-}6)$$

式中　K_{Li}——营运线路第 i 路段的路段不均匀系数；

　　　Q_{Li}——第 i 路段的客流量（人）；

　　　$\overline{Q}_L$——平均路段客流量（人）；

　　　n——营运线路的路段数。

通常将 $K_L > 1$ 的路段称为客流高峰路段。当 K_L 值较高时，应采用诸如加开区间车等措施，以改进运输服务质量。

（2）站点不均匀系数 K_{Zj}　指统计期内营运线路某停车站乘客集散量 Q_{Zj} 与各停车站平均集散量 $\overline{Q}_Z$ 之比，用以评价客流沿营运线路各站点分布的不均匀程度，即

$$K_{Zj} = \frac{Q_{Zj}}{\overline{Q}_Z} \qquad (j = 1, 2, 3, \cdots, m) \qquad (2\text{-}7)$$

式中　K_{Zj}——营运线路第 j 站点不均匀系数；

　　　Q_{Zj}——第 j 站点旅客集散量（人）；

　　　$\overline{Q}_Z$——各站点平均集散量（人）；

　　　m——营运线路的停车站数目。

上述站点集散量系指某一停车站在统计期内上、下车的乘客人数之和。一般当 K_{Zj} 较高时，可以开设只在这类站点停靠的营运快车，以缓和这类站点乘客上下车的拥挤程度和及时疏散滞留在这类站点的乘客。

对于区域客流评价其营运线路流量的不均匀性，上述评价方法也具有参考价值。

2. 客流的方向分布

客流沿运输方向的分布，表现为长期和短期的分布规律差别很大。

从长期看，客流在方向上的分布具有较大的平衡性。因为旅（乘）客乘车，一般总是有去有回，只有少数旅（乘）客因某种原因（如改变居住地点、旅游等）而例外。一般而言，这种平衡性在线路客流中的表现更为明显。但形成上述平衡，线路客流经历的时间通常要长于城市客流，如前者可能需一年，后者可能只需一周。

从短期看，客流在方向上的分布具有较大的不平衡性。这种不平衡性随着选取的时间跨度越短，表现得越充分。为了评价客流在方向分布上的不均匀程度，通常采用方向不均匀系数 K_f 这一指标。其定义是统计期内营运线路的高单向客运量 Q_{fmax} 与平均单向客运量 $\overline{Q}_f$ 之

比，即

$$K_f = \frac{Q_{fmax}}{\overline{Q}_f}$$ (2-8)

式中 K_f——某线路方向不均匀系数；

Q_{fmax}——线路高单向客运量（人）；

$\overline{Q}_f$——线路平均单向客运量（人）。

如果 K_f 过高，运输企业也应采取某些措施，如增加车次、开设线路快车等，以提高运输服务质量。尽管这些措施可能会导致另一单向的车辆运力未能充分利用，但相对社会效益和企业获取的经济效益而言，上述措施的采用仍是值得的。

3. 客流的时间分布

客流沿运输时间的分布是极不均匀的。这种不均匀性在一年内各季（月）、一月（周）内各日，乃至一日内各小时之间，均很突出。为了评价客流时间分布的不均匀性，常采用以下三种指标：

（1）月不均匀系数 K_{yi} 指营运线路在一年内某月运送的客运量 Q_{yi} 与全年平均每月客运量 $\overline{Q}_y$ 之比，即

$$K_{yi} = \frac{Q_{yi}}{\overline{Q}_y} \qquad (i=1, 2, \cdots, 12)$$ (2-9)

式中 K_{yi}——第 i 月的月不均匀系数；

Q_{yi}——第 i 月的客运量（人）；

$\overline{Q}_y$——平均每月客运量（人）。

月不均匀系数在旅游旺季、春节期间时较高。

（2）日不均匀系数 K_{ri} 指营运线路在统计期内，某日客运量 Q_{ri} 与平均日客运量 $\overline{Q}_r$ 之比，即

$$K_{ri} = \frac{Q_{ri}}{\overline{Q}_r} \qquad (i=1, 2, \cdots, 30)$$ (2-10)

式中 K_{ri}——第 i 日的日不均匀系数；

Q_{ri}——第 i 日的客运量（人）；

$\overline{Q}_r$——平均日客运量（人）。

（3）小时不均匀系数 K_{si} 指营运线路日营运时间内，某一小时的客运量 Q_{si} 与平均每小时客运量 $\overline{Q}_s$ 之比，用以表示客流在日营运时间内各小时分布的不均匀程度，即

$$K_{si} = \frac{Q_{si}}{\overline{Q}_s} \qquad (i=1, 2, \cdots, n)$$ (2-11)

式中 K_{si}——第 i 小时的小时不均匀系数；

Q_{si}——第 i 小时的客运量（人）；

$\overline{Q}_s$——平均每小时客运量（人）；

n——日营运时间（h）。

通常，$K_{si} \geqslant 1.8 \sim 2.2$ 时，称为客流高峰小时；当 $K_{si} < 1.0$ 时，称为客流低峰小时；其他时间为客流平峰小时。

以上分析讨论了客流的分布规律。其中，客流沿运输方向的分布和地区分布，通常合称为按运输空间的分布。上述分布规律及客流的波动，本质上反映了运输需求沿运输时间、方向及区域分布的波动性，而正确识别运输需求及其变化是正确提供运输服务的前提。运输服务供给必须根据运输需要的变化而调整。

第二节 运输调查与运输量预测

运输调查与运输量预测是运输组织活动的基础，是制订运输发展规划、运输生产计划和组织客、货运输的客观依据。

一、运输调查

运输调查就是运用一定的调查方法和调查形式，对一定范围（地区）内的运量需求和运力供给的有关情况进行系统而有计划、有目的的搜集、整理和分析，并最终形成调查报告的过程，也称为运输市场调查，通常叫作客、货源调查。

运输调查的结果可以为运输市场预测和某类决策提供依据。从宏观看，它对于交通运输主管部门摸清实情，编制交通运输事业发展规划，引导运输经营者正确地展开经营活动，提高交通运输的管理水平，促进运输业与国民经济协调发展均具有重要意义。从微观看，它也有利于运输企业（或经营者）发现经营机会，改进运输组织工作，提高运输服务质量，增强市场竞争能力。

（一）运输调查的基本理论

1. 运输调查的形式

运输调查的形式一般有综合（全面）调查、专题调查、典型调查、日常调查等形式：

1）综合调查是对营运区域内客货源的形成及其影响因素进行全面调查。综合调查所得资料比较全面，但人力、物力和财力的消耗大。因此，一般都是在年度开始前两个月进行一年一次的调查。为开辟新的营运路线，则应及时对该路线的沿线区域进行全面调查。

2）专题调查是对某些重点部门、特定任务或在特定的时间（如节假日）进行调查，使计划安排适应变化的情况。

3）典型调查是选择有代表性的区域或路线进行调查，探讨类似区域或路线的客货流规律。

4）日常调查是通过车站（港口、机场）等的售票、检票、服务和组织货源、业务联系等环节的日常工作，向旅客或货主了解客、货流的变化情况以及运输要求，并作出各项记录。

2. 运输调查的基本方法

运输调查的基本方法有访问法、观察法和经常性调查法。

（1）访问法 是将拟订的调查提纲及调查表交被调查单位，请予以回答。一般分为面谈法、电话询问法、邮送法三种形式。比较而言，面谈法全面、具体、灵活、准确，是普遍使用的一种方法；电话询问法的优点是联系迅速，缺点是调查事项不易深入具体；邮送法回收率低，而且在近距离范围内不需采用。

（2）观察法 是调查人员深入现场，直接观察并作好各项记录。如公路客运的驻站（点）观察法，是通过对主要站点进行定期或不定期的观察，了解该站（点）上下车旅客交替人数和留站（点）人数，掌握该站（点）全日各时间段客流量的变化程度和高、低峰时间，判明车次安排是否合理，站点设置是否适当，为调整班次和行车时间及站点设置提供资料。驻站观察记录表见表2-3。此方法具有调查材料比较真实客观，有较高的准确性和可靠性等优点。但也存在只看到当时的表面情况，而且需要进行大量的观察才能保证较高的正确性，需要时间长等缺点。因此，只限于作重点调查。

表2-3　驻站观察记录表　　　　　年　　月　　日

车次	车号	到站时间	正点或晚点	乘客流动人数				留站人数		备注
				到达人数	下车人数	上车人数	发车人数	近程	远程	

（3）经常性调查法　也称统计调查法，是利用售票、检票等原始记录，通过表格整理，得到调查资料。其特点是可以在原表上直接加总，并便于了解某路线、班次对客运要求的适应程度和客运效果，容易分析。公路客运班车载客动态整理表见表2-4。

表2-4　公路客运班车载客动态整理表　　　　　年　　月　　日

项目	站名	始发站A		中间站B			终点站C		合计	
旅客动态	站距									
班次	班名	发车时间	发车人数	下车人数	上车人数	发车人数	到达时间	到达人数	发送人数	旅客周转量

3. 运输调查的步骤

运输调查的步骤如下：

（1）建立调查组织机构　在开始调查前，应以企业营运调度部门为主，组成运输经济调查组或联合其他运输方式相关部门组成联合经济调查组，并取得当地政府的支持，召开调查工作会议。

（2）确定调查目的　即拟订提纲，确定调查项目、主要调查对象及调查的时间。调查时间包括两种时间概念，一是调查开始和结束的时间，二是要调查的资料所属的时间。

（3）明确分工　即明确每个人（或小组）负责哪个小区或哪几个单位的调查工作。

（4）资料搜集　根据确定的调查项目和人员分工，先分头进行一般性的已有资料的收集，如先向当地经贸委等有关部门，调查本地区生产、流通、分配、消费等计划，查阅本企业已有的各项统计资料等。对调查的主要对象先作一般性的调查摸底，以便明确需要深入调查的问题及需作进一步调整、补充的调查项目，为制定调查方案提供依据。

（5）确定调查方案和调查表　制定方案要明确、具体。制定调查方案就是根据调查总目标进行目标分解，作好系统设计，确定调查的方法与形式，安排工作计划，确定各阶段的工作目标等。调查方案具体包括调查项目、调查范围、调查的具体内容、调查对象、调查方法、时间安排、调查要求和注意事项、调查的资金安排、提供调查资料的形式等，并附有各种调查表，如表 2-5 所示的货源调查表。

表 2-5　货源调查表

货物名称	货　源　量					运　输　量													
	年产量	期末库存量	进货量	当地供销量	其他	运　输　线　路					铁路		水运		公路		航空		管道	
						起	止	距离	运量	周转量	运量	周转量	运量	周转量	运量	周转量	运量	周转量	运量	周转量
对运输部门的意见和要求																				

调查方案完成后，调查组便要拟定调查问题。这些问题的范围不应超出调查目标所限定的范围。在此基础上，调查组应针对每个问题或同类问题，设计调查表格。上述问题（题目）和表格设计得好坏，直接关系到调查活动的效果，也体现着调查组的工作水平。

（6）组织学习　组织调查人员进行学习，明确调查目的，熟悉调查方案的内容和调查表的填制要求、方法等，以利于展开调查工作。

（7）方案实施　按制定的方案进行实地调查。实地调查除了按设计方案进行外，应注意研究和处理调查过程中出现的各种问题，及时制定解决问题的方法。同时，应注意了解调查工作的进展情况，做好控制工作，以保证如期完成调查任务。

（8）资料整理　通过对资料的整理和分析，作出总结，提出建议。首先，对调查获取的资料应分门别类地整理和分析，如进行运量分析、运量发展趋势分析、市场占有率分析、货主反映分析等，同时应审查资料之间的偏差以及是否存在矛盾；其次，调查组还应从调查资料中优选信息，总结出几种典型观点或意见。

（9）编写调查报告　在对资料进行整理分析的基础上，编写调查报告，为运输量预测提供客观依据。同时，积极与物资单位联系，签订运输合同，巩固货源基础。

4. 运输调查的主要内容

运输调查的内容较为广泛，主要包括货运调查和客运调查。货运调查是对货物运输需求状况的调查，通常包括货流起讫点调查与货运车辆出行调查；客运调查是指对客运服务区域内客运动态特征的调查，主要包括客运需求调查和客运服务调查。

（二）货运调查的基本内容

1. 货流起讫点调查

货流起讫点调查是指对货物发生与吸收的地点分布、货物流向与流量的调查，通常称为OD 调查（Origin Destination Survey），见表 2-6。

当营运服务区域内货运点数量很多、分布面很广时，为了便于调查和统计，通常将整个

表 2-6　货流 OD 调查表

终点 j 起点 i	1	2	…	n	G_i
1	Q_{11}	Q_{12}	…	Q_{1n}	G_1
2	Q_{21}	Q_{22}	…	Q_{2n}	G_2
…	…	…	…	…	…
n	Q_{n1}	Q_{n2}	…	Q_{nn}	G_n
q_j	q_1	q_2	…	q_n	$\sum q = \sum G$

注：1. i，j 是货流起讫点（小区）序号。i，$j=1$，2，3，…，n。

　　2. Q_{ij} 是起点为 i、终点为 j 的货流量（t）。

　　3. G_i 是起点为 i 区的发货量总计（t）。

　　4. q_j 是终点为 j 区的收货量总计（t）。

区域划分为有限个小区，以小区为货流的起讫点进行调查。当小区内货运点数量较多时，可在各小区内进行货物发生与吸收地点抽样调查，据此推算出小区的货物运入、运出数量，然后将调查结果汇总到 OD 调查表中。

OD 调查的主要项目包括：货物种类、数量及流向；货流起讫点及其地理位置；货流按时间及空间的分布；货物转运、装卸、途中保管地点及分布；货物运输需用运输工具或车辆类型。

2. 运输工具出行调查

以货运汽车为例，其出行调查的主要项目包括：车型、核定载质量、牌照号、车主；起、讫地点名称以及经过的路段；装载货物的种类及质量；出发时间与到达时间；重车里程与空车里程；车辆总行程及总运次数。这类调查的车辆对象为营运服务区域内的所有货运车辆，当车辆数目较多时也可以采取抽样调查。货运汽车的调查形式通常采取询访（车主）调查，并辅之以路旁调查的方式进行。

通过调查运输工具的出行情况，了解营运区域内的货运供求信息，可以为改进货运服务质量、编制运输网（包括道路网、航线网等）规划、加强运行管理提供基础资料。

（三）客运调查的基本内容

1. 客运需求调查

客运需求调查是指对企业客运服务区域内居民的客运需求目的、需求地点分布以及需求量等状况的调查。

（1）客运需求地点分布调查　主要指对居民居住与工作（学习）地点分布调查，用以明确居民工作地点分布规律、生产（学习）出行的基本特征，进而制订城市或地区客运总体规划与运输组织方案。

客运需求地点分布调查的主要调查项目有：被调查者性别、年龄、职业、工作单位；被调查者住址（出发地）与目的地；被调查者乘车前步行时间、路程长度；被调查者换乘次数、换乘地点、换乘的运输工具、各次换乘所需时间；被调查者到达终点站后步行至单位所需的时间、路程长度；被调查者由家到工作（学习）地点需用的总时间。

通过本项调查，可以得到服务区域居民的出行方式、通过路线、换乘地点、出行时间及客流量等主要资料。

（2）客运需求量调查　指对居民的客运需求量及出行目的的综合调查。本项调查所得的资料一般比前项调查广泛得多，其调查项目主要有：被调查者的社会人口统计特征（如性别、年龄、社会单位或居住区域、家庭情况、文化程度、职业等）；一昼夜间的出行情况（出行目的、出发地点、到达地点、出行方式、出行时间、所经路线等）。

2. 客运服务调查

客运服务调查是用以了解客运服务现状满足客运需求程度的调查，包括乘行调查、客流量调查和满载率调查。

（1）乘行调查　即乘客沿线乘行起终点调查，用以获取下述资料：某路线各停车站间对应的客运量、各路段（断面）客流量、各停车站点乘客集散量、路段或路线的车辆满载情况以及客流沿不同乘行方向的分布等。

（2）客流量调查　即路线客流调查，通常不调查乘客沿线乘行对应的起终点，用以改进城市客运某一环节的运输服务工作。此项调查通常可与前项调查结合进行。

（3）满载率调查　即对客运网或某一路段的车辆利用程度的调查。其调查通常也可与前两项调查合并进行。常采用驻站观察法，调查人员目测后，在调查表相应满载率栏目处作好记录。

二、运输量预测

运输量预测，就是在客、货运输调查和对调查资料进行全面、系统研究的基础上，预测未来期间客、货运输量的发展趋势及其概率特征。进行运输量预测具有非常重要的意义，从整个交通运输业来说，它是研究未来交通运输任务、发展交通运输能力、研究各种运输方式之间运量的合理分配以及建立合理运输结构的依据；对运输企业来说，这是做好计划工作的前提条件，是进行决策和制订企业发展规划、开辟营运路线、合理布局运力、设置站点以及进行设备配置的依据。

运输量预测，按时间长短可分为短期、中期和长期预测。短期预测是制订年度、季度运输生产计划的基础，而中期（3~5年）和长期预测（5年以上）则是制订企业运输战略规划的基础。

（一）运输量预测的步骤

运输量预测的步骤可归纳为八个程序：研究预测目标、制订预测计划、搜集和整理资料、选定预测方法和模型、进行实际预测、分析预测误差、提出预测报告以及追踪检验和模型更新。

（二）运输量预测的方法

运输量预测的方法有多种，归纳起来大体可分为两大类：定性预测法和定量预测法。在进行运输量预测时，要根据社会经济现象的不同特点和所掌握的资料等，选择合适的预测方法进行预测。由于预测方法对预测结果有很大影响，所以不同的预测方法会有不同的预测结果，甚至会得出不同的结论。

1. 定性预测法

定性预测主要依据调查研究，采用少量数据和直观材料，预测人员再利用自己的知识和经验，从而对预测对象作出预测。定性预测法主要用于对预测对象的未来性质、发展趋势和发展转折点进行预测，适合于缺乏充分数据的预测场合。常用的定性预测法有以下几种：

（1）德尔菲（Delphi）法 定性预测最常用的方法是德尔菲法。它是在20世纪40年代由美国兰德公司创立并使用的。其预测过程大体包括：

1）由预测组织人员将需要预测的问题一一拟出，然后将这些问题连同本次预测活动的目的、意义等背景材料，一并寄给预测专家。

2）预测专家各自独立地回答各个预测问题，并将答案回寄给预测组织人员。

3）预测组织人员对收集到的专家意见进行汇总、分类和整理，将那些专家意见相差较大的问题再抽出来，附上几种典型意见请专家进行第二轮预测。

4）重复上述过程，直到专家的意见趋向一致或更加集中在一两种意见上为止。以上述专家的最终意见作为预测结果。

德尔菲预测方法的基本特点包括：①参与预测的专家比较多，有尽可能广阔的代表面；②征集意见的方法是背靠背，彼此不见面、不通气，避免了受"权威"人士的影响，从而有利于预测活动的民主性和科学性；③多次反复，以便能够充分运用所有参与者的知识、经验和能力，这样可以获得更为准确的结果。

（2）经验判断法 经验判断法的基本特点是在资料缺乏的情况下，依据有关人员的经验和判断能力，根据已掌握的情况，对运输量的发展趋势作出分析和预测。根据参加预测人员的不同，此方法可分为两大类：

1）领导干部判断法。由运输部门负责人召集部门管理人员，通过会议听取他们的预测意见，然后由负责人在听取意见的基础上进行最后预测。此方法简便迅速，但主要取决于领导者的经验和判断能力，有时会不准确。

2）专业人员分析法。召集有关专业人员通过会议进行预测。由于专业人员的工作范围有限，不掌握全部资料，故他们的看法也有局限性，易出现预测数过大或过小的现象。为克服这一缺点，可采用推定平均值的方法加以预测，其计算公式为

$$推定平均值 = \frac{最高估计值 + 4 \times 最可能估计值 + 最低估计值}{6} \tag{2-12}$$

2. 定量预测法

定量预测法是依据必要的统计资料，借用一定的数学模型，对预测对象的未来状态和性质进行定量测算等方法的总称。运输量预测常用的定量预测法有：

（1）增长率统计法 增长率统计法是指根据预测对象在过去的年均增长率，类推未来某期预测值的一种简便的预测方法，即

$$\hat{Y}_t = Y_n (1 + r)^t \tag{2-13}$$

$$r = \left(\sqrt[n]{\frac{Y_n}{Y_0}} - 1 \right) \times 100\% \tag{2-14}$$

式中 $\hat{Y}_t$——预测对象在未来第 t 期的预测值；

Y_0——预测对象在统计期期初的统计值；

Y_n——预测对象在统计期期末的统计值；

n——统计期包含的时期数减1；

t——预测期离统计期末的时期数；

r——预测变量在统计期内的年均增长率。

例 2-1　某运输企业 2004 年 1~11 月份的货运量见表 2-7。试用增长率统计法预测 2005 年 3 月份的货运量。

表 2-7　某企业货运量统计表

月　　份	1	2	3	4	5	6	7	8	9	10	11
货运量/万 t	10	11	10	12	16	12	15	13	19	18	20

解　$r = \left(\sqrt[n]{\dfrac{Y_n}{Y_0}} - 1 \right) \times 100\% = \left(\sqrt[10]{\dfrac{20}{10}} - 1 \right) \times 100\% = 7.2\%$

$\hat{Y}_t = Y_n (1 + r)^t = 20 \times (1 + 7.2\%)^4$ 万 t $= 26.4$ 万 t

2005 年 3 月份的货运量预测值为 26.4 万 t。

（2）最小平方法　这是测定长期趋势最普遍使用的方法，所以也称为趋势延伸法。其基本思想是将历年的运量实绩按年顺序排序，构成一统计数列，建立适宜的数学模型，配合一条较为理想的趋势线，并使其延伸来预测运输量未来的发展趋势。

数学模型一般通过计算历年运量逐年的增减量，并观察增减量的变化情况来确定。常用的数学模型有三种：直线型、指数型和抛物线型。例如，运量逐年增减量大致相同，则用直线方程；运量逐年增减率大致相同，则用指数方程；运量逐年增减量的差分数值大体相同，则用抛物线型方程。下面以配合一条趋势直线为例来进行说明。趋势直线方程为

$$Y_t = a + bt \tag{2-15}$$

式中　Y_t——第 t 期的预测运输量；

　　　a、b——常数；

　　　t——时间变量。

运用最小平方法，可求得标准方程组

$$\begin{cases} \sum y = na + b \sum t \\ \sum (ty) = a \sum t + b \sum t^2 \end{cases} \tag{2-16}$$

式中　n——统计期包含的时期数。

设法使 $\sum t = 0$，求常数 a、b，即

$$a = \frac{\sum y}{n}, \quad b = \frac{\sum (ty)}{\sum t^2} \tag{2-17}$$

然后将 a、b 代入趋势方程式（2-15）进行运量预测。

例 2-2　某汽车运输公司连续 6 年的客运量统计资料见表 2-8，试利用最小平方法预测第 7 年的客运量。

表 2-8　某汽车运输公司客运量

年　　次	第 1 年	第 2 年	第 3 年	第 4 年	第 5 年	第 6 年	合　　计
客运量 y/万人	100	105	110	115	110	120	660

解　首先做出趋势方程计算表（表 2-9）。

表 2-9 趋势方程计算表

年 次	客运量 y/万人	t	t^2	ty
第1年	100	−5	25	−500
第2年	105	−3	9	−315
第3年	110	−1	1	−110
第4年	115	+1	1	115
第5年	110	+3	9	330
第6年	120	+5	25	600
合计	660	0	70	120

然后将计算表中的计算数据代入式（2-17），得

$$a = \frac{\sum y}{n} = \frac{660}{6} = 110$$

$$b = \frac{\sum (ty)}{\sum t^2} = \frac{120}{70} = 1.7$$

趋势方程为 $\qquad Y_t = 110 + 1.7t$

第7年客运量预测为 $\qquad y_7 = (110 + 1.7 \times 7)$ 万人 $= 121.9$ 万人

（3）回归分析法 回归分析是最常用的预测模型之一。所谓回归分析，是指利用大量统计数据找出不具备一一对应函数关系的变量之间的数量统计规律，利用得出的回归方程进行预测。

通常情况下，一元线性回归预测模型较简便，使用较多，但预测精度受到限制，主要用于中、短期预测。其模型的标准形式为

$$y = a + bx \qquad (2-18)$$

式中 $\quad y$——预测值，即预测对象所代表的变量；

$\qquad x$——影响因素，即相关变量；

$\quad a$、b——回归系数。

回归系数 a、b 的计算公式为

$$a = \frac{\sum y_i - b \sum x_i}{n} \qquad (2-19)$$

$$b = \frac{n \sum x_i y_i - \sum x_i \sum y_i}{n \sum x_i^2 - (\sum x_i)^2} \qquad (2-20)$$

式中 $\quad x_i$，y_i——原始观察值；

$\qquad n$——统计数据项数。

上述模型建立后，必须对模型进行检验。只有经检验合格的模型，方可用于实际预测。这种检验常通过计算相关系数 r（$0 \leq |r| \leq 1$）来进行。$|r|$ 值越大，说明 x 与 y 线性相关程度越高，具体计算见例 2-3。

例 2-3 居民的人均收入与客运量之间存在相关关系，根据表 2-10 的统计资料（实际工作中一般要取 20 对以上的数据，这里为简化计算，只取了 6 对数据），利用回归分析法预测 2005 年的客运量（设 2005 年的人均年收入为 33000 元）。

表 2-10 某地 1998～2003 年居民人均收入与客运量

序 号	年 份	人均年收入 x/百元	年客运量 y/千万人
1	1998	116	43.5
2	1999	149	58.0
3	2000	158	69.3
4	2001	177	102.6
5	2002	208	129.9
6	2003	292	207.5

解 经过初步分析,人均年收入与年客运量之间存在一元线性相关的关系。若 x 表示人均年收入,y 表示年客运量,则建立的回归模型为 $y = a + bx$。由于 $n = 6$,所以回归系数

$$b = \frac{n \sum x_i y_i - \sum x_i \sum y_i}{n \sum x_i^2 - (\sum x_i)^2} = \frac{18415.56}{18811.34} = 0.979$$

$$a = \frac{\sum y_i - b \sum x_i}{n} = \frac{610.8 - 0.979 \times 1100}{6} = -77.68$$

因此,回归模型就可确定为

$$y = -77.68 + 0.979x$$

计算相关系数 r

$$r = \frac{n \sum x_i y_i - \sum x_i \sum y_i}{\sqrt{(n \sum x_i^2 - (\sum x_i)^2)(n \sum y_i^2 - (\sum y_i)^2)}} = 0.992$$

x 与 y 为高度相关,故可以利用人均年收入对年客运量进行预测,预测 2005 年的客运量为

$$y = -77.68 + 0.979x = (-77.68 + 0.979 \times 330) \text{千万人次} = 245.39 \text{千万人}$$

(4)指数平滑法 指数平滑法的原理就是通过对历史观察值进行加权处理,平滑掉部分随机信息,并根据观察值的表现趋势,建立一定模型,据此对预测对象作出预测。指数平滑法包括一次指数平滑、二次指数平滑和三次指数平滑。其中,一次指数平滑计算公式为

$$\hat{Y}_{t+1} = \alpha Y_t + (1 - \alpha)\hat{Y}_t \tag{2-21}$$

式中 $\hat{Y}_{t+1}$——$t+1$ 期的预测运输量;

Y_t——t 期的实际运输量;

α——平滑系数 $(0 \leq \alpha \leq 1)$;

$\hat{Y}_t$——t 期的预测运输量。

平滑系数 α 的值越小,说明近期数据对预测值影响越小,预测得到的结果会比较平稳;反之,则近期数据对预测值的影响大,远期数据对预测值的影响小。

α 取值问题的确定有两种方法:一是由经验确定,若统计资料实际值的长期趋势为接近稳定的常数,应取居中的 α 值(一般取 0.4～0.6);若统计资料实际值呈明显的季节性波动(即波动大),则应取较大的 α 值(一般取 0.6～0.9),使近期的实际值在指数平滑值中有较大的作用,从而使近期的实际值能迅速反映在未来的预测值中;若统计资料实际值长期趋势变动较缓慢(即波动小),则应取较小的 α 值(一般取 0.1～0.4),使远期资料值的特征

也能反映在指数平滑值中。二是试验法，选择几个不同的 α 值进行试算，取其平均误差小者进行预测。

例 2-4　试用一次指数平滑法预测例 2-1 中 12 月份的货运量（$\alpha = 0.8$）。

解　计算过程略，计算结果见表 2-11。通过表 2-11 的平滑计算可知，12 月份货运量的预测值为 19.6 万 t。

表 2-11　指数平滑法数据计算表　　　　　　　　　（万 t）

项目 月份	Y_t ①	αY_t ②	$(1-\alpha)\hat{Y}_t$ ③	$\hat{Y}_{t+1}$ ④=②+③
1	10	—	—	10
2	11	8.0	2.0	10
3	10	8.8	2.0	10.8
4	12	8.0	2.2	10.2
5	16	9.6	2.0	11.6
6	12	12.8	2.3	15.1
7	15	9.6	3.0	12.6
8	13	12.0	2.5	14.5
9	19	10.4	2.9	13.3
10	18	15.2	2.6	17.8
11	20	14.4	3.6	18.0
12		16.0	3.6	19.6

（三）预测实践中应注意的几个问题

预测人员在进行实际预测活动时，应注意以下几个问题：

（1）预测结果的可信度　前述几种模型中，只有回归模型提供了可信度结论，而其他模型都没有给出结果的可信度。

（2）预测方案　实际预测活动中应尽量给出多个预测方案，以增加决策的适应性和可调整性，避免因单方案造成决策的偏差。

（3）拟合度与精度　拟合度是指预测模型对历史观察值的模拟程度。一般地讲，对既定的历史数据总可以找到拟合程度很高的模型。但预测人员也不应过分相信拟合度越高，预测结果就越准确的结论。预测准确性的高低属于精度问题。拟合度好不一定精度也高，当然模型的拟合度太差也是不妥当的。

（4）预测的期限　一般来说，对短期预测较好的模型，不一定对长期预测也较好，反之亦然。从预测精度上讲，对短期预测精度的要求应高于长期预测。

（5）预测模型　现在有将预测模型复杂化、多因素化的趋势，一般有利于提高预测的精度，但预测模型也就越复杂。有时复杂模型不一定比简单模型好，而且因素过多，对这些因素的未来值也不易判断。

（6）数据处理与模型调整　如果某个模型的预测误差较大，人们通常采取对原始数据进行平滑处理和修改模型的方法解决，这是错误的做法。数据异常总有原因，预测人员应首先对此加以研究，以便在预测活动中考虑这些原因的影响。

（7）实际与想象　很多预测人员在预测活动一开始就对预测对象的未来发展进行了想象，并以此为依据来不断地修正预测结果，这是一种本末倒置的做法，应力求避免这种易犯的错误。

复习思考题

2-1　什么是货流？它包括哪些构成要素？

2-2　货物的分类方法有哪些？研究货物的分类对运输组织工作有何作用？

2-3　货流图有何作用？说明货流图的绘制过程。

2-4　已知某企业各货运点的货运量如表 2-12 所示。其中，AB 距离为 20km，BC 距离为 50km，A 为起点。试绘制出货流图。

表 2-12　某企业各货运点的货运量统计表　　（t）

收货点 发货点	A	B	C	共计发送
A	0	500	200	700
B	300	0	600	900
C	600	700	0	1300
共计到达	900	1200	800	2900

2-5　客流的波动性主要包括哪些内容？用哪些指标表示？

2-6　简述运输调查的形式和方法。

2-7　什么是定性预测？常用的定性预测方法有哪些？各有何优缺点？

2-8　某城市客运量统计资料如表 2-13 所示。要求分别用增长率预测法、最小平方法预测 2005 年的客运量。

表 2-13　某城市客运量统计表

年份	1998	1999	2000	2001	2002	2003
年客运量/万人	30000	65000	75000	110000	140000	190000

第三章 汽车运输组织评价

汽车运输工作的正常开展是在一定的环境条件下进行的。同时，在一定环境条件下，不同的运输企业所完成的运输工作，以及所提供的运输服务质量也不尽一致。为此，必须采用一套科学的评价指标去评价汽车运输组织工作。它为企业改善生产经营活动，以及加强汽车运输行业管理提供了科学而有效的方法。

企业拥有的车辆包括营运车辆和非营运车辆。营运车辆是指企业专门用于从事营业性运输的车辆；非营运车辆是指企业用于其他用途的车辆，如工程急救车、公务车、教练车等。本章以营运车辆为讨论对象。

第一节 汽车运用程度评价的单项指标

汽车运用程度评价指标，按其评价范围可以分为综合指标和单项指标。综合指标主要是指汽车运输生产率；单项指标包括车辆的时间利用指标、速度利用指标、行程利用指标、载质（客）量利用指标及动力利用指标等。

汽车运输生产率是指营运车辆在运输生产活动中的效率，它是车辆在时间、速度、里程、载质量和动力利用等方面的一个综合性指标。为了阐明汽车运输生产率的分析公式及各使用因素对生产率的影响，必须首先分析评价车辆运用程度的各个单项指标。评价车辆利用程度的单项指标应满足下列要求：

1）清楚地概括车辆的运输过程及其有关的各种现象。
2）明确地表明车辆各方面的利用程度及其有关的各项数值。
3）客观地反映车辆利用程度与运输生产率之间的关系。
4）有利于加强企业管理基础工作，有利于信息的储存和使用。

一、车辆时间利用指标

在汽车运输企业中，评价车辆利用程度及统计车辆工作状况时，常常要同时考虑车辆和时间这两个数据因素，因此，采用"车日"和"车时"这两个复合指标作为统计车辆工作状况和确定车辆时间利用程度指标的基本计量单位。

车日是指运输企业的在册营运车辆在企业内的保有日数。我国有关部门规定，凡企业的营运车辆，不论其技术状况如何，是工作还是停驶，只要在本企业保有一天，就计为一个车日，即营运车日或营运车辆的在册车日。在统计期内，企业所有营运车辆的总车日 U，等于同一保有日数的营运车辆数与其在企业内保有的日历天数的乘积之和。

企业的营运车辆按技术状况可以分为完好（即技术状况完好，具备参加营运的条件）和非完好（即技术状况不好，不具备参加营运的条件）两种情况。车况完好的营运车辆又可能处于正在进行运输作业或在车场（库）内等待运输工作两种状态；非完好的营运车辆也可能处于维修（维护或修理）状态或处于等待报废状态（车辆已被封存，待从企业资产帐目中清除）。因此，根据营运车辆可能所处的各种状态，总车日可以分为完好车日 U_a 和非完好车日 U_n。其中，前者又包括工作车日 U_d 和待运车日 U_w，后者则包括维修车日 U_{mr} 和待废车日 U_b。由于在待运车日、维修车日和待废车日中，车辆均处于非运输作业或停驶状态，因而这三种车日又统称为停驶车日 U_p。由此可见，总车日又由停驶车日和工作车日组成。营运总车日的构成如图 3-1 所示。

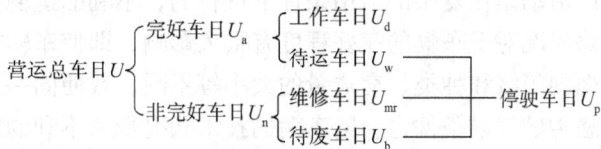

图 3-1　营运车日构成示意图

车时（车辆小时）是指营运车辆在企业内保有的小时数。企业所有营运车辆的车时总数，等于同一保有小时数的营运车辆数与其在企业内保有日历小时数的乘积之和，亦叫做营运车时。营运车时的构成也可以按车辆所处的状态进行划分。由于车辆或者处于在路线上工作，或者处于在库（场）内停驶，因而车时也可以分为工作车时 H_d 和停驶车时 H_p。其中，车辆在路线上的工作状态，又包括行驶状态和停歇状态，相应的车时即为行驶车时 H_t 和停歇车时 H_s。处于行驶状态的车辆又可能处于重车行驶状态，也可能处于空车行驶状态，其相应的车时即分别为重车行驶车时 H_{tl} 和空车行驶车时 H_{tv}。处于停歇状态的车辆，其停歇原因可能是：因装载而停歇、因卸载而停歇、因车辆技术故障而停歇以及因组织原因而停歇，故停歇车时可以分为装载车时 H_l、卸载车时 H_u、技术故障车时 H_{st} 及组织故障车时 H_{so}。依据前述对车辆停驶原因的分析，可以将库内停驶车时分为维修车时 H_{mr}（由维护车时 H_m 和修理车时 H_r 构成）、待运车时 H_w 和待废车时 H_b。以上对营运总车时的构成分析如图 3-2 所示。

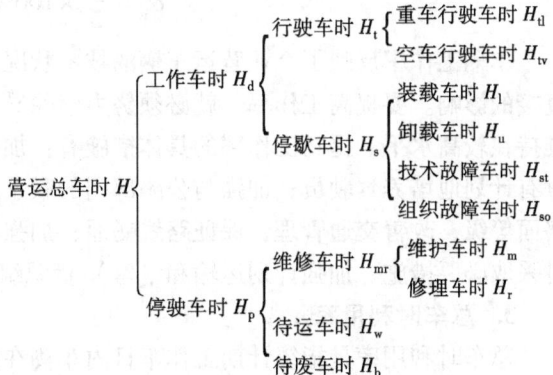

以车日和车时为基础，用以反映车辆时间利用的指标主要有：完好率、工作率、总车时利用率和工作车时利用率 4 项。

1. 完好率 α_a

完好率是指统计期内企业营运车辆的完好车日与总车日的百分比。完好率表明了总车日可以用于运输工作的最大可能性，故又称完好车率。完好率与非完好率 α_n 是互补指标，两者之和是 100%，即

图 3-2　营运总车时构成示意图

$$\alpha_a = \frac{U_a}{U} \times 100\% = \frac{U - U_n}{U} \times 100\% \tag{3-1}$$

$$\alpha_n = \frac{U_n}{U} \times 100\% = 1 - \alpha_a \tag{3-2}$$

完好率是一种车辆技术管理指标，用以表示企业营运车辆的技术完好状况和维修工作水平。完好率指标的高低虽不直接影响车辆生产率，但它能说明企业进行运输生产活动时，车辆在时间利用方面可能达到的程度。只有提高了完好率，提高车辆工作率才有可能。

完好率的高低受很多因素的影响，车辆本身所特有的技术性能就是一个很主要的方面，例如车辆的使用寿命、坚固性和可靠性，对维护和修理的适应性，行车安全性等。车辆的生产活动是在复杂的运用条件下进行的，不利的运输条件常会导致车辆技术状况的恶化，如道路状况对于车辆的完好程度有很大影响，即使车辆在城市道路和公路干线上行驶，也会因路面的等级和种类、交通量的大小等不同，致使同一种型号车辆的技术状况出现很大的差别。恶劣的气候条件也会给车辆的技术状况带来不利的影响。

在上述条件一定的情况下，车辆完好率主要取决于企业对车辆的技术管理、使用状况以及维修质量。汽车运输企业应加强技术管理和维修工作，特别要注意车辆的例行维护。除了要合理地改进维护作业的劳动组织，改进操作工艺和方法，改进机具设备和广泛采用新技术外，还应建立和健全岗位责任制，不断提高维修工人的技术水平和管理人员的管理水平，保证原材料的质量和供应及时等。驾驶员的技术操作水平和熟练程度，对于车辆的技术状况也有很大的影响。科学地采用定车、定挂、定人的管理方式，经常注意对驾驶员的技术培训和安全教育等，也是提高完好率的重要措施。

2. 工作率 α_d

工作率是指统计期内工作车日与总车日的百分比，反映企业总车日的实际利用程度，故又称工作车率或出车率。工作率与停驶率 α_p 是互补指标，两者的和是100%，即

$$\alpha_d = \frac{U_d}{U} \times 100\% = \frac{U - U_n - U_w}{U} \times 100\% \tag{3-3}$$

$$\alpha_p = \frac{U_p}{U} \times 100\% = 1 - \alpha_d \tag{3-4}$$

车辆工作率反映了企业营运车辆的技术状况及运输组织工作水平，它对于车辆生产率有直接的影响。要提高工作率，就必须努力消除导致车辆停驶的各种原因，才有可能使工作率维持在较高水平。提高工作率的具体措施有：加强企业的物资管理工作和生产调度工作，注意有计划地培养驾驶员；加强与公路部门的联系和协作，逐步有计划地改善路面质量，提高路面等级，改善交通管理，保证路线畅通；加强与气象部门的联系，注意天气变化规律，及时采取必要措施；加强计划运输和（客）货源组织工作，提高车辆完好率等。

3. 总车时利用率 ρ

总车时利用率是指统计期工作车日内车辆在路线上的工作车时与总车时的百分比，用以表示平均一个工作车日的24h中，有多少时间用于出车工作，因此也称作昼夜时间利用系数，即

$$\rho = \frac{H_d}{24U_d} \times 100\% \tag{3-5}$$

对于单辆车辆，在一个工作车日内的总车时利用率为

$$\rho = \frac{T_d}{24} \times 100\% \tag{3-6}$$

式中 T_d——车辆一个工作车日内在路线上的工作时间（h）。

提高总车时利用率，就是要延长车辆在工作车日内的出车时间。所谓出车时间是指车辆由车场驶出，直到返回车场时止的延续时间（扣除计划规定的驾驶员进餐、休息等时间）。要延长出车时间，除了提高完好率外，还应努力开拓运输市场，提高企业的运输组织工作水

平。实践证明，采用适宜的运输组织形式（如实行多班制或双班制工作制度），是提高总车时利用率和提高车辆运用效率的有效措施。

4. 工作车时利用率 δ

工作车时利用率是指统计期内车辆在路线上的行驶车时与路线上的工作车时的百分比，即统计期内车辆的纯运行时间在出车时间中所占的百分比，又称出车时间利用系数，即

$$\delta = \frac{H_t}{H_d} \times 100\% = \frac{H_d - H_s}{H_d} \times 100\% \tag{3-7}$$

提高工作车时利用率的主要途径是最大限度地减少车辆在路线上的停歇时间，即减少装卸停歇时间、因技术故障停歇时间及因组织工作不善而造成的车辆停歇时间等。要减少上述停歇时间，所采取的措施主要是提高企业的装卸机械化水平及运输组织工作水平。

总车时利用率 ρ 和工作车时利用率 δ，不能全面评价车辆是否得到有效的利用。这是因为车辆可能在路线上工作，即 ρ 值较大，但由于某种原因却在路线上停歇着；或者车辆可能在行驶，δ 值较大，但却没有载货（客）；同时，当充分利用车辆时，如增加出车次数，这两个系数还有可能下降。因为出车次数增加后，可能使维修停歇时间增加而使 ρ 值下降，也可能使装卸停歇时间增加而使 δ 值下降。因此，总车时利用率 ρ 和工作车时利用率 δ，宜作为企业内的辅助评价指标并与其他有关指标结合使用。

上述车辆完好率、工作率、总车时利用率以及工作车时利用率四个指标，从不同角度综合反映了车辆的时间利用程度。其中，某一项指标的提高，不一定能保证车辆全部时间的利用程度必然提高。反过来说，每一项指标均降低，则表现为车辆时间利用程度的降低，因此会影响车辆生产率的提高。

二、车辆速度利用指标

车辆速度是指车辆单位时间内的平均行驶里程。反映车辆速度利用程度的指标有技术速度、运送速度、营运速度及平均车日行程。

1. 技术速度 v_t

技术速度是指车辆在行驶车时内实际达到的平均行驶速度，即在纯运行时间内平均每小时行驶的里程，用以表示车辆行驶的快慢，计算公式为

$$v_t = \frac{L}{T_t} \tag{3-8}$$

式中　v_t——车辆的技术速度（km/h）；

　　　L——车辆行驶距离（km）；

　　　T_t——车辆行驶时间（h），包括与交通管理、会车等因素有关的短暂停歇时间。

汽车在实际行驶过程中，其技术速度受多种因素的影响。汽车本身的技术性能（尤其是速度性能，如动力性能、最高速度、加速性能等）、车辆的结构、制动性能、行驶平顺性和稳定性、车辆的外型和新旧程度等，都是影响技术速度的主要因素。在车辆本身的技术性能一定的条件下，道路条件往往也是影响车辆技术速度发挥的一个重要原因。具有良好速度性能的车辆，在恶劣的道路条件下，也不可能达到较高的技术速度。道路条件对于车辆技术速度的影响，主要表现在道路的等级、宽度、坡度、弯度、视距、路面状况和颜色等等。在

城市运输中，道路的交通量、照明条件、法定的行驶速度等，对车辆技术速度有很大的影响。另外，天气情况、装载情况、拖挂情况、驾驶员操作技术水平的高低等，也对技术速度有一定的影响。

技术速度一般低于设计速度，它们之间差距的大小，反映了车辆速度的利用程度。技术速度越高，车辆速度利用得就越充分。在保证行车安全的前提下，尽量提高技术速度，意味着在相同的运行时间内可以行驶更多的里程，使旅客或货物移动更远的距离。但盲目地追求高技术速度，有可能造成行车事故次数的增加，使运输安全性下降，还可能造成燃料消耗的不合理增加，使运输成本提高。

2. 运送速度 v_c

运送速度是指车辆在运送时间内运送货物或旅客的平均速度，用以表示客、货运送的快慢，也是评价运输服务质量的一个指标，计算公式为

$$v_c = \frac{L}{T_c} \tag{3-9}$$

式中　v_c——车辆的运送速度（km/h）；

　　　T_c——车辆自起点至终点到达时刻所经历的时间（h），不包括始、末点的装卸作业（或上、下旅客）时间，但包括途中的各类停歇时间。

影响运送速度的主要因素有：技术速度、企业的营运组织工作水平、驾驶员的驾驶水平、途中乘客的乘车秩序及货物装卸技术水平等。

运送速度是一个重要的质量指标。对用户而言，运送速度快，可以节省旅客的旅行时间，减少旅客的旅途疲劳；可以减少货物在途资金的占用，加快货物及资金的周转速度和商品流通的速度，具有良好的经济和社会效益。对企业而言，不仅可以提高车辆生产率，而且较高的运送速度还有利于提高企业在运输市场中的竞争能力。

3. 营运速度 v_d

营运速度是指车辆在路线上工作时间内的平均速度，即车辆在出车时间内实际达到的平均速度，用以表示车辆在路线上工作时间内有效运转的快慢，计算公式为

$$v_d = \frac{L}{T_d} = \frac{L}{T_t + T_s} \tag{3-10}$$

式中　v_d——车辆的营运速度（km/h）；

　　　T_d——车辆在路线上的工作车时（h）；

　　　T_s——车辆的各类停歇时间（h），包括始、末点的装卸作业或上、下旅客的车时。

营运速度也是反映技术速度利用程度的指标。营运速度既受技术速度的限制，又受工作车时利用率的影响，三者之间的关系为

$$v_d = v_t \delta \tag{3-11}$$

凡是影响技术速度和工作车时利用率的因素，同时也都是影响营运速度的因素。影响营运速度的主要因素有：技术速度的大小、运输组织工作水平、装卸机械化水平、车辆技术状况及运输距离等。

营运速度高，意味着在相同的出车时间内可以行驶更多的里程，完成更多的运输工作量。营运速度一般比技术速度小 10% ~ 20%。当运输距离很长时，装卸停歇时间所占比重较小，则 v_d 趋近于 v_t。

4. 平均车日行程 $\overline{L_d}$

平均车日行程 $\overline{L_d}$（km），是指统计期内全部营运车辆平均每个工作车日内行驶的里程，是以车日作为时间单位计算的综合性速度指标，计算公式为

$$\overline{L_d} = \frac{L}{U_d} \tag{3-12}$$

式中 L——车辆在统计期工作车日内的总行程（km）。

由于

$$\overline{L_d} = T_d v_d = T_d \delta v_t \tag{3-13}$$

所以，平均车日行程指标是一个反映营运车辆在时间和速度两方面利用程度的综合性指标。延长出车时间可以提高车日行程，但在出车时间一定的条件下，应从速度方面加以考虑。影响平均车日行程的主要因素有车辆的营运速度、车辆的工作制度及调度形式等。

在编制车辆运用计划，确定平均车日行程这一指标的计划值时，应分析计划期内平均每日出车时间、工作车时利用率、营运速度以及技术速度可能达到的水平。如果以上期平均车日行程的实际值为依据来确定本期平均车日行程的计划值，必须分析上期平均每日出车时间、技术速度、工作车时利用率、营运速度这四个指标各自对平均车日行程指标的影响程度，并测算这四个指标在计划期内可能发生的变动情况，然后对上期的实际平均车日行程数据作必要的修正调整。

三、车辆行程利用指标

营运车辆在一定统计期内出车工作行驶的里程称为总行程（总车公里）。总行程由重车行程和空车行程两部分构成。车辆载有旅客或货物行驶的里程，称为重车行程（亦称重车公里）。重车行程是实现运输生产的有效行程，是对总行程的有效利用，属于生产行程。车辆完全无载行驶的里程，称为空车行程（空车公里）。空车行程包括空载行程和调空行程，空载行程是指车辆由卸载地点空驶到下一个装载地点的行程；调空行程是指空车由车场（库）开往装载地点，或由最后一个卸载地点空驶回车场（库）的行程。

车辆的行程利用指标，即里程利用率 β，是指统计期内车辆的重车行程与总行程的百分比，用以表示车辆总行程的有效利用程度，计算公式为

$$\beta = \frac{L_1}{L} \times 100\% = \frac{L_1}{L_1 + L_v} \times 100\% \tag{3-14}$$

式中 L——统计期内的车辆总行程（km）；

L_1——统计期内车辆的重车行程（km）；

L_v——统计期内车辆的空车行程（km）。

例 3-1 某市汽车运输公司 2001 年平均营运车数 200 辆，车辆工作率 80%，平均车日行程 300km，全年空车行程为 4380000km，试计算该公司 2001 年营运车辆的里程利用率。

解 由已知条件，可计算出该公司 2001 年的工作车日数为

工作车日数 = 平均营运车数 × 工作日数 = $200 \times 365 \times 80\%$ 车日 = 58400 车日

总行程为

$$L = \overline{L_d} U_d = 300 \times 58400 \text{km} = 17520000 \text{km}$$

则里程利用率

$$\beta = \frac{17520000 - 4380000}{17520000} \times 100\% = 75\%$$

里程利用率是一个十分重要的指标。在总行程一定的前提下，要提高里程利用率，必须增加重车行程的比重，车辆只有在有载运行下才会进行有效的生产。车辆空驶是一种很大的浪费，它不仅没有产生运输工作量，相反却消耗了燃料和轮胎，增加了机械的磨损，从而致使运输成本上升。车辆空驶距离越长，这种影响也就越严重。

提高里程利用率，是提高车辆运输工作生产率和降低运输成本的有效措施，对经济效益有重要影响。企业实际里程利用率不高，主要是里程利用率受客流量、货流量在时间上和空间上分布不均衡，以及车辆运行调度等主、客观因素的影响。加强运输组织工作是提高里程利用率的一项重要措施。为此，应积极做好货（客）源组织工作，正确掌握营运区内货（客）源的形成及其货（客）流的规律，确保生产均衡性；应加强运输市场的管理，坚持合理运输；应不断提高车辆运行作业计划的准确性，积极推广先进的调度方法；应科学地确定收、发车点和组织车辆行驶路线；正确选择双班运输的交接地点；应尽量调派与装运货物相适宜的车型，组织回程的专用车辆装运普通货物；应加强经济调查，合理规划车站、车队、车间（包括修理厂）、加油站之间的平面位置等等。

编制运输生产计划时，通常要先确定里程利用率，然后再计算重车行程。重车行程的计算公式为

$$L_1 = L\beta \tag{3-15}$$

确定里程利用率的计划值时，一般以上期实际达到的里程利用率指标值为参考依据，并通过预测分析计划期内客流量和货流量在时间和空间分布的均衡程度测算确定。

四、车辆载质（客）量利用指标

车辆的载重能力是指车辆的额定载质量或额定载客量。反映车辆载重能力利用程度的指标，是重车载质（客）量利用率［又称吨（客）位利用率］和实载率。

1. 重车载质（客）量利用率 γ

重车载质（客）量利用率是指车辆在重车行程中实际完成的周转量与重车行程载质（客）量的百分比。重车行程载质（客）量，是指车辆重车行程的载运能力。重车行程载质（客）量的计算方法，是以每辆车的重车行程分别乘以其额定载质（客）量加总求得。

重车载质（客）量利用率的计算方法有两种：

（1）静态的重车载质（客）量利用率　它是按一辆营运车的一个运次（班次）来考察其载重能力的利用程度。其计算公式为

$$\gamma = \frac{P}{P_0} \times 100\% = \frac{qL_1}{q_0 L_1} \times 100\% = \frac{q}{q_0} \times 100\% \tag{3-16}$$

式中　P——某运次（班次）车辆实际完成的周转量（t·km 或人·km）；

　　　P_0——某运次（班次）车辆的重车行程载质（客）量（吨位·km 或客位·km）；

　　　q——车辆实际完成的载质（客）量（t 或人）；

　　　q_0——车辆额定载质（客）量，也称额定吨（客）位（吨位或客位）。

可见，静态的重车载质（客）量利用率表示车辆额定载质（客）量的利用程度，与重车行程无关。

例 3-2　某额定载质量为 8 吨位的货车，某运次实际装卸货物 4t；某额定载客量为 45 客位的客车，某班次实际载客 40 人。求这两辆营运车的重车载质（客）量利用率。

解　货车的重车载质量利用率为

$$\gamma_H = \frac{q}{q_0} \times 100\% = \frac{4}{8} \times 100\% = 50\%$$

客车的重车载客量利用率（也称满载率）为

$$\gamma_K = \frac{q}{q_0} \times 100\% = \frac{40}{45} \times 100\% = 88.9\%$$

（2）动态的重车载质（客）量利用率　它是按全部营运车辆一定时期内的全部运次，综合考察其载重能力的利用程度。计算公式为

$$\gamma = \frac{\sum P}{\sum P_0} \times 100\% = \frac{\sum (qL_1)}{\sum (q_0 L_1)} \times 100\% \qquad (3\text{-}17)$$

式中　$\sum P$——统计期内所有营运车辆实际完成的周转量之和（t·km 或人·km）；

$\sum P_0$——重车行程载质（客）量（吨位·km 或客位·km）。

考核企业营运车辆载质（客）量利用程度，一般都是考核全部营运车辆。因此，这种动态的重车载质（客）量利用率应用较广。

例3-3　11 月份某企业 A 车（额定载质量为 5 吨位）总行程为 6400km，其中重车行程4460km，共完成货物周转量 22160t·km；B 车（额定载质量为 5 吨位）总行程为 6300km，其中重车行程 4200km，共完成货物周转量 18160t·km；C 车（额定载质量为 10 吨位）总行程为 6000km，其中重车行程 3600km，共完成货物周转量 36000t·km。试计算 A、B、C三车的重车载质量利用率。

解　由已知条件可求得 A、B、C 三车 11 月份的重车行程载质量为

$$\sum P_0 = \sum (q_0 L_1) = (4460 \times 5 + 4200 \times 5 + 3600 \times 10) 吨位·km = 79300 吨位·km$$

A、B、C 三车实际完成的货物周转量之和为

$$\sum P = \sum (qL_1) = (22160 + 18160 + 36000) t·km = 76320 t·km$$

由此可知，其载重能力没有被充分利用，则 A、B、C 三车的重车载质量利用率为

$$\gamma = \frac{\sum P}{\sum P_0} \times 100\% = \frac{76320}{79300} \times 100\% = 96.2\%$$

车辆额定载质（客）量的大小与利用程度的高低，对车辆生产率有显著的影响。一般情况下，额定载质（客）量大的车辆具有较高的生产能力，但能力的发挥还取决于载质（客）量的利用程度。载质（客）量利用得越充分，车辆生产率就越高。在车辆额定载质（客）量既定的情况下，影响载质（客）量利用程度的因素主要有：客、货源条件，车辆调度水平，客运线网密度和发车频率，客运服务质量和服务水平，货物特性及货运种类，车辆类型及车厢几何尺寸，装车方式及装载技术，有关的装载规定和车货适应程度等。

2. 实载率 ε

实载率又称载质（客）量利用率，是按全部营运车辆一定时期内的总行程计算的载重能力利用指标，是指车辆实际完成的周转量占其总行程载质（客）量的百分比，用以反映总行程载质（客）量的利用程度。实载率的计算公式为

$$\varepsilon = \frac{\sum P}{\sum P_0'} \times 100\% = \frac{\sum (qL_1)}{\sum (q_0 L)} \times 100\% \qquad (3\text{-}18)$$

式中　$\sum P_0'$——总行程载质（客）量（吨位·km 或客位·km）。

总行程载质（客）量的计算方法，是以每辆车的总行程分别乘以其额定载质（客）量，

加总求得。

例 3-4 求例 3-3 中 A、B、C 三车 11 月份的实载率。

解 A、B、C 三车 11 月份的总行程载质量为

$$\sum P_0' = \sum (q_0 L) = (6400 \times 5 + 6300 \times 5 + 6000 \times 10) \text{吨位} \cdot \text{km} = 123500 \text{吨位} \cdot \text{km}$$

即三辆车在 11 月份总行程可能完成的最大运输工作量为 123500 吨位·km，但其实际完成的运输工作量为 76320 吨位·km，所以其实载率为

$$\varepsilon = \frac{\sum P}{\sum P_0'} \times 100\% = \frac{76320}{123500} \times 100\% = 61.8\%$$

对于单辆车或一组吨（客）位相同的车辆，则其实载率可表示为

$$\varepsilon = \frac{\sum (qL_l)}{q_0 \sum L} \times 100\% = \frac{\sum (qL_l)}{q_0 \frac{\sum L_l}{\beta}} \times 100\% = \gamma\beta \tag{3-19}$$

因此，实载率是反映车辆在行程利用和载质（客）量利用方面的一个综合性指标。要提高实载率，一方面要努力提高重车载质（客）量利用率，另一方面要减少车辆空车行程，提高里程利用率。

实载率虽然能够综合反映车辆行程和载重能力的利用程度，较全面地评价车辆有效利用程度，但在组织运输过程时不能完全以实载率代替里程利用率和重车载质（客）量利用率。分析车辆生产率诸多影响因素的影响程度时，也应对里程利用率和重车载质（客）量利用率分别进行分析。这是因为这两个指标的性质、内涵不同，对组织运输生产各有不同的要求。以实载率代替里程利用率和重车载质（客）量利用率，会掩盖超载等问题的存在。例如，假设有甲、乙、丙、丁四个货车车组，他们各自的实际里程利用率、重车载质量利用率和实载率见表 3-1。

表 3-1 各车组车辆利用程度数据

组　别	里程利用率 β（%）	重车载质量利用率 γ（%）	实载率 ε（%）
甲	83.3	96	80
乙	66.7	120	80
丙	50.0	160	80
丁	40.0	200	80

单就实载率而言，四个车组都是 80%。但从里程利用率和重车载质量利用率两个指标看，情况就大不相同。假如四个车组的货车额定载质量都是 5 吨位，各组车辆平均每次装卸的货物按甲、乙、丙、丁依次是 4.8t、6t、8t 和 10t。由此可以看出，甲组的运输生产组织工作基本正常，乙组有违章超载现象但不严重，丙组严重违章超载，丁组则更加严重，超载一倍。另外，在车辆运行中空驶浪费严重，特别是丁组有 60% 的行程是空驶。如果只考核实载率，这些情况就都被掩盖了。

五、车辆动力利用指标

车辆的动力利用指标即拖运率 θ，是指挂车完成的周转量与主、挂车合计完成的总周转

量的百分比。拖运率反映了拖挂运输的开展情况以及挂车的载质量利用程度，其计算公式
为

$$\theta = \frac{\sum P_{\text{t}}}{\sum P_{\text{m}} + \sum P_{\text{t}}} \times 100\% \tag{3-20}$$

式中　$\sum P_{\text{t}}$——统计期内挂车完成的周转量（t·km）；

　　　$\sum P_{\text{m}}$——统计期内主车完成的周转量（t·km）。

例3-5　某汽车运输公司2003年挂车完成货物周转量27600000t·km，汽车本身完成货
物周转量58632000t·km。据此可计算该公司2003年的拖运率为

$$\theta = \frac{\sum P_{\text{t}}}{\sum P_{\text{m}} + \sum P_{\text{t}}} \times 100\% = \frac{27600000}{58632000 + 27600000} \times 100\% = 32\%$$

影响拖运率的主要因素有：汽车与挂车性能、驾驶技术水平、道路条件以及运输组织工
作水平等。

开展拖挂运输的经济效益十分显著。在一定的货源、道路、现场等条件下，拖运率水平
的高低，与运输组织水平、汽车与挂车的性能、车辆配备及构成以及运输法规等密切相关。
开展拖挂运输，是提高运输效率和降低运输成本的一个有效途径。

综上所述，评价车辆利用程度的单项指标共有五类12项指标，如图3-3所示。各项指
标均从某一方面反映出车辆的利用程度以及运输工作条件对车辆利用的影响。

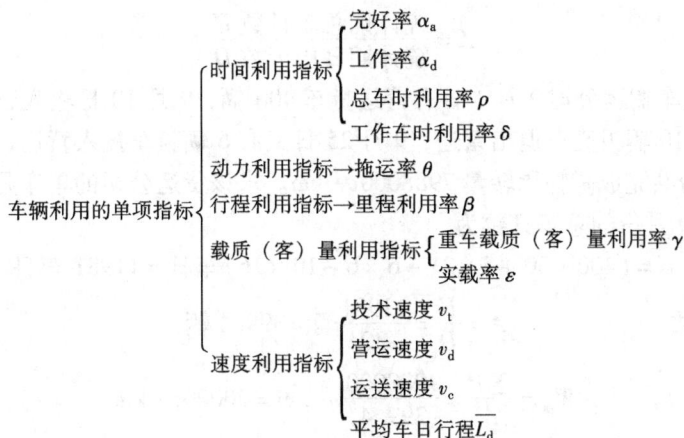

图3-3　车辆利用的单项指标体系

第二节　汽车运输生产率的计算与分析

一、汽车运输生产率及计算

运输生产率是汽车运输企业反映营运车辆运用效率的综合指标，通常用单车期产量、车
吨（客）位期产量和车公里产量表示。单车期产量是指统计期单位时间内平均每辆车所完成
的货物（旅客）周转量，它反映汽车单车运用的综合效率；车吨（客）位期产量是指统计
期单位时间内平均每个吨（客）位所完成的货物（旅客）周转量，它反映汽车每个吨

（客）位运用情况的综合效率；车公里产量是指统计期内车辆平均每行驶 1km 所完成的货物（旅客）周转量。

在按车辆运用效率指标计算车辆生产率时，各指标值一般应取车辆在统计期内的平均值。

（一）单车期产量指标

按照计算的时间单位不同，单车期产量指标包括单车年产量、单车季产量、单车月产量、单车日产量以及单车车时产量等多个指标。其中，用单车日产量指标来比较不同时期的车辆生产率时，可以避免计算期日历天数可能不同而造成的影响。

1. 单车期（年、季、月、日）产量

单车期（年、季、月、日）产量指标可用下述方法计算：

（1）按周转量和平均营运车数计算　计算公式为

$$W_{\mathrm{pt}} = \frac{\sum P}{A} \tag{3-21}$$

式中　W_{pt}——单车期产量（t·km 或人·km），是指统计期单位时间（年、季、月、日）内单车完成的货物（旅客）周转量；

　　　$\sum P$——统计期单位时间（年、季、月、日）内全部营运车辆实际完成的货物（旅客）周转量之和（t·km 或人·km）；

　　　A——平均营运车数（辆），是指统计期内平均每天拥有的营运车辆数，可按下式计算：

$$A = \frac{\text{统计期总车日数 } U}{\text{统计期日历天数 } D} \tag{3-22}$$

例 3-6　某汽车货运公司 9 月 1 日有营运货车 400 辆，9 月 10 日租入营运车 5 辆投入营运，9 月 15 日有 10 辆报废车退出营运，9 月 25 日又有 6 辆新车投入营运，到月底再无车辆增减变动，9 月份共完成货物周转量 7988000t·km。求该货运公司的单车月产量。

解　该公司 9 月份的总车日数为

$$U = (400 \times 30 + 5 \times 21 + 6 \times 6 - 10 \times 16)\text{车日} = 11981 \text{ 车日}$$

平均营运车数　　　　　　$A = \dfrac{U}{D} = \dfrac{11981}{30}\text{辆} = 399.4 \text{ 辆}$

则单车月产量为　　　$W_{\mathrm{pt}} = \dfrac{\sum P}{A} = \dfrac{7988000}{399.4}\text{t·km} = 20000\text{t·km}$

（2）按车辆运用效率指标计算　计算公式为

$$W_{\mathrm{pt}} = \frac{D\alpha_{\mathrm{d}}\, \overline{L_{\mathrm{d}}}\, \beta\, \overline{q_0}\gamma}{1 - \theta} \tag{3-23}$$

2. 单车车时产量

单车车时产量是指运输车辆的工作生产率和总生产率，常用车辆运用单项指标来表示，以便分析各单项指标对运输生产率的影响特性和影响程度。工作生产率是车辆在路线上每一工作车时所完成的运量或周转量，又称为工作车辆生产率；总生产率是指车辆平均每一总车时所完成的运量或周转量。按运输形式的不同，又可以分为载货汽车、公共汽车和出租汽车的工作生产率和总生产率。

下面就按运输形式的不同，分别确定载货汽车、公共汽车和出租汽车的工作生产率和总生产率。

（1）载货汽车的工作生产率和总生产率

1）工作生产率。载货汽车的运输工作通常是以运次为基本运输过程进行组织的。由于在一个运次中的货运量 Q_c 为

$$Q_c = q_0 \gamma$$

一个运次完成的周转量 P_c 为

$$P_c = Q_c L_1 = q_0 \gamma L_1$$

完成一个运次的工作车时 t_c 为

$$t_c = t_t + t_{lu} = \frac{L_1}{\beta v_t} + t_{lu}$$

式中　t_c——车辆完成一个运次的工作车时（h）；

　　　t_t——车辆在一个运次中的行驶时间（h）；

　　　t_{lu}——车辆在一个运次中的停歇时间（h），主要是用于装卸货物而停歇的时间。

工作生产率是单位工作车时所完成的货运量 W_q（t/h）及货物周转量 W_p（t·km/h），即

$$W_q = \frac{Q_c}{t_c} = \frac{q_0 \gamma}{\frac{L_1}{\beta v_t} + t_{lu}} \tag{3-24}$$

$$W_p = \frac{P_c}{t_c} = \frac{q_0 \gamma L_1}{\frac{L_1}{\beta v_t} + t_{lu}} \tag{3-25}$$

2）总生产率。在统计期平均每一总车时内，车辆在路线上的工作车时 T_d' 为

$$T_d' = \frac{U_d T_d}{24 U} = \left(\frac{U_d}{U} \right) \times \left(\frac{T_d}{24} \right) = \alpha_d \rho$$

因此，平均每一总车时车辆所完成的货运量 W_q'（t/h）和货物周转量 W_p'（t·km/h）分别为

$$W_q' = W_q T_d' = \frac{q_0 \gamma \alpha_d \rho}{\frac{L_1}{\beta v_t} + t_{lu}} \tag{3-26}$$

$$W_p' = W_p T_d' = \frac{q_0 \gamma \alpha_d \rho L_1}{\frac{L_1}{\beta v_t} + t_{lu}} \tag{3-27}$$

由上述计算公式可知，影响载货汽车工作生产率的因素有：额定载质量 q_0、重车载质量利用率 γ、重车行程 L_1、里程利用率 β、技术速度 v_t 以及装卸停歇时间 t_{lu} 共六项。影响总生产率的因素还有工作率 α_d 及总车时利用率 ρ。

在一定的运输工作条件下，上述各指标值都反映了工作条件对车辆生产率的影响，均是对生产率有影响的使用因素。实际工作中，汽车运输企业可以通过优化各使用因素的状态来提高生产率指标。

（2）公共汽车的工作生产率和总生产率

1）工作生产率。公共汽车（含公路客运）一般是以单程（也称车次）为基本运输过程进行组织的。公共汽车工作生产率，是指平均每工作车时车辆所完成的客运量或乘客周转

量，用以评价公共汽车在路线上工作车时内的利用效果。

公共汽车在路线上工作时，由于在一个车次内车辆所载运乘客在沿线各停车站不断交替变化（乘客上、下车），客流沿各路段的分布具有不均匀性，所以车辆在各路段的实际载客量可能各不相同。因此，在一个车次内，车辆实际完成的载客量 Q_n（人）及乘客周转量 P_n（人·km）分别为

$$Q_n = q_0 \gamma \eta_a$$
$$P_n = Q_n \overline{L_p}$$

式中　q_0——额定载客量（客位）；

　　　γ——满载率（%）；

　　　η_a——乘客交替系数；

　　　$\overline{L_p}$——平均运距（km），指统计期内所有乘客的平均乘车距离。

其中，乘客交替系数 η_a 是指在一个车次时间内，各路段平均载客客位中，每客位实际运送的乘客人数，以车次的路线长度 L_n 与平均运距 $\overline{L_p}$ 之比表示，即

$$\eta_a = \frac{L_n}{\overline{L_p}}$$

公共汽车在一个车次中的工作车时 t_n 为

$$t_n = t_{nr} + t_{ns} = \frac{L_n}{\beta v_t} + t_{ns}$$

式中　t_{nr}——公共汽车在一个车次中的行驶时间（h）；

　　　t_{ns}——公共汽车在一个车次中的沿线各站停歇时间（h）。

因此，公共汽车在一个车次中的单位工作时间内完成的客运量 W_q（人/h）和乘客周转量 W_p（人·km/h）分别为

$$W_q = \frac{Q_n}{t_n} = \frac{q_0 \gamma \eta_a}{\dfrac{L_n}{\beta v_t} + t_{ns}} \tag{3-28}$$

$$W_p = \frac{Q_n \overline{L_p}}{t_n} = \frac{q_0 \gamma \eta_a \overline{L_p}}{\dfrac{L_n}{\beta v_t} + t_{ns}} = \frac{q_0 \gamma L_n}{\dfrac{L_n}{\beta v_t} + t_{ns}} \tag{3-29}$$

载货汽车和公共汽车的 W_p 在形式上是一样的，所以各个相应的使用因素对生产率的影响也是相似的，但各使用因素的意义不同。而载货汽车和公共汽车的 W_q，在形式上稍有差别，这是由于公共汽车运输是以车次为基本运输过程这一特点所致，故在形式上多了乘客交替系数 η_a。

2）总生产率。公共汽车总生产率的确定方法类似于载货汽车总生产率的确定方法，即单位总车时内公共汽车所完成的客运量 W_q'（人/h）和乘客周转量 W_p'（人·km/h），计算公式为

$$W_q' = \alpha_d \rho W_q \tag{3-30}$$

$$W_p' = \alpha_d \rho W_p \tag{3-31}$$

公共汽车运输的总生产率在形式上与载货汽车完全一致。

（3）出租汽车的工作生产率和总生产率　出租汽车运输，通常按行驶里程与等待乘客

的停歇时间收费，所以出租汽车生产率通常用每小时完成的收费行驶里程和收费停歇时间来度量。出租汽车的运输组织通常按运次进行组织，每个运次的时间由四部分组成，即收费里程 L_g 的行驶时间、收费停歇时间 t_g、不收费里程 L_n 的行驶时间和不收费停歇时间 t_n。出租汽车的工作车时 t_c 为

$$t_c = \frac{L_g + L_n}{v_t} + t_g + t_n$$

出租汽车的里程利用率 β 表明了出租汽车总行程的利用程度，是收费里程 L_g 与总里程 L 之比，故又称为收费行程系数，计算公式为

$$\beta = \frac{L_g}{L} = \frac{L_g}{L_g + L_n}$$

因此，出租汽车的工作车时 t_c 也可表示为

$$t_c = \frac{L_g}{\beta v_t} + t_g + t_n$$

1）工作生产率。出租汽车在单位工作车时内完成的收费里程 W_1（km/h）及收费停歇时间 W_t（h/h）即为出租汽车的工作生产率，可分别表示为

$$W_1 = \frac{L_g}{t_c} = \frac{L_g}{\dfrac{L_g}{\beta v_t} + t_g + t_n} \tag{3-32}$$

$$W_t = \frac{t_g}{t_c} = \frac{t_g}{\dfrac{L_g}{\beta v_t} + t_g + t_n} \tag{3-33}$$

2）总生产率。出租汽车在单位总车时内完成的收费里程 W_1'（km/h）和收费停歇时间 W_t'（h/h）即为出租汽车的总生产率，分别为

$$W_1' = \alpha_d \rho W_1 \tag{3-34}$$

$$W_t' = \alpha_d \rho W_t \tag{3-35}$$

由以上公式可知，影响出租汽车工作生产率的因素有：收费行程 L_g、收费行程系数 β、技术速度 v_t、每个运次的收费停歇时间 t_g 及不收费停歇时间 t_n。

（二）车吨（客）位期产量指标

车吨（客）位期产量是指统计期单位时间内平均每个吨（客）位所完成的周转量，包括车吨（客）位年产量、车吨（客）位季产量、车吨（客）位月产量及车吨（客）位日产量等多个指标。

用车吨（客）位期产量指标反映和比较车辆运输生产率时，可以消除不同车辆额定吨（客）位不同的影响。其中，车吨位日产量和车客位日产量指标，在反映和比较不同单位或不同时期的运输生产率时，既可消除车辆不同吨位（客位）的影响，也可消除计算期日历天数可能不一致的影响。因此，车吨（客）位日产量指标，可以比较准确地反映汽车运输企业生产组织工作的质量和水平。

车吨（客）位期产量的计算方法有两种：

（1）按周转量与平均总吨（客）位计算　计算公式为

$$W_{pt}' = \frac{\sum P}{N} \tag{3-36}$$

式中 W'_{pt}——车吨（客）位期（年、季、月、日）产量（t·km 或人·km）；

$\sum P$——统计期单位时间内全部营运车辆实际完成的周转量之和（t·km 或人·km）；

N——平均总吨（客）位，是指统计期内平均每天在用营运车辆的总吨（客）位数。

（2）按车辆各项运用效率指标计算　计算公式为

$$W'_{pt} = \frac{D\alpha_d \overline{L_d} \beta\gamma}{1-\theta} \tag{3-37}$$

（三）车公里产量指标

车公里产量是指统计期内车辆平均每行驶 1km 所完成的周转量，可按下述两个公式计算：

（1）按周转量和总行程计算　计算公式为

$$W_{pk} = \frac{\sum P}{L} \tag{3-38}$$

式中 W_{pk}——车公里产量（t·km 或人·km）；

L——统计期全部车辆的总行程（km），可以根据每辆营运车累计，也可以按下式计算：

$$L = AD\alpha_d \overline{L_d} \tag{3-39}$$

（2）按有关车辆运用效率指标计算　计算公式为

$$W_{pk} = \frac{\beta \overline{q_0} \gamma}{1-\theta} \tag{3-40}$$

显然，为完成同样的周转量而采用提高车公里产量的办法，所增加的运行费用不多，增加总行程则会较多地增加运行费。但片面追求较高的车公里产量，可能会引起超载现象的发生。由此可见，车公里产量是一个很重要的、敏感性较强的指标。

二、汽车运输生产率分析

要提高汽车运输生产率，必须了解各使用因素对生产率的影响特性及影响程度，以便结合企业自身的条件，确定优先改进哪个因素对生产率的提高更为有利。由于公共汽车、出租汽车的工作生产率均相似于载货汽车，因此下面以载货汽车工作生产率为例进行分析。

由载货汽车工作生产率的计算公式可知，影响生产率的因素共有六项，即 q_0、γ、β、v_t、t_{lu} 及 L_1，而工作生产率又分为以货运量计算的 W_q 和以周转量计算的 W_p 两种。上述六项使用因素，除平均运次重车行程 L_1 对 W_q 和 W_p 的影响不同外，其他使用因素对其的影响是一致的。因此，下面以 W_q 的生产率关系式为对象来分析各使用因素对生产率的影响特性和影响程度。

（一）各使用因素的影响特性分析

由于各使用因素对生产率的影响关系很复杂，为了分析简便，在分析某一使用因素的变化对生产率的影响时，可以假设其他因素为常数。各使用因素中，除平均运次重车行程 L_e 对载货汽车的工作生产率和总生产率影响不同外，其余指标对它们的影响特性均相同。

1. 装卸作业停歇时间的影响

由载货汽车的工作生产率公式

$$W_q = \frac{q_0 \gamma}{\dfrac{L_1}{\beta v_t} + t_{1u}}$$

假设其他使用因素均为常数，只有装卸停歇时间为变量时，令 $b = q_0 \gamma$，$c = \dfrac{L_1}{\beta v_t}$，则

$$W_q = \frac{b}{c + t_{1u}} \qquad (3\text{-}41)$$

式（3-41）为等轴双曲线方程，如图 3-4 所示。当装卸停歇时间 t_{1u} 减少时，生产率 W_q 就会增加，但生产率提高的极限值为 b/c。

当装卸停歇时间很长时，生产率将降低而趋近于零，因为横坐标轴为双曲线的渐近线；而且 c 值越小（即 L_1 越小、v_t 及 β 值越大）时，装卸停歇时间的变化对生产率的影响程度越大。即当运距较短、车辆行驶速度较快时，装卸停歇时间对生产率的影响更为显著。

因此，要提高生产率必须将装卸工作停歇时间压缩到最低限度。为了缩短装卸停歇时间，应合理组织装卸工作，实现装卸工作机械化，制定汽车装卸作业时间表，有节奏地进行装卸工作，并应简化手续，以减少装卸停歇时间。

2. 平均运次重车行程 L_1 的影响

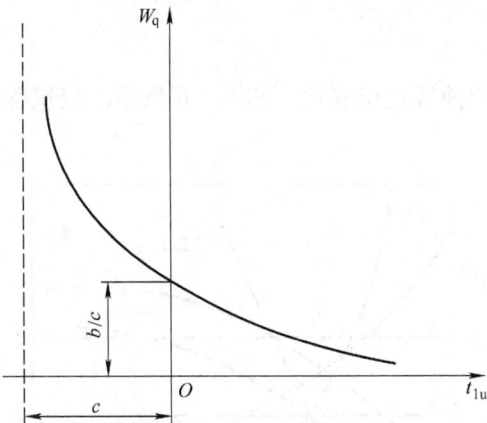

图 3-4 车辆工作生产率与装卸停歇时间的关系

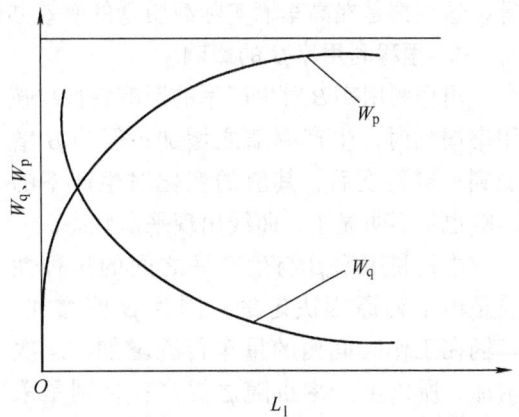

图 3-5 车辆工作生产率与重车行程的关系

由式

$$W_q = \frac{q_0 \gamma}{\dfrac{L_1}{\beta v_t} + t_{1u}}$$

可知

$$W_q = \frac{q_0 \gamma \beta v_t}{L_1 + t_{1u} \beta v_t}$$

设 $a = q_0 \gamma \beta v_t$，$d = t_{1u} \beta v_t$，则

$$W_q = \frac{a}{d + L_1} \qquad (3\text{-}42)$$

式（3-42）和装卸停歇时间与生产率的关系式相似，为等轴双曲线，如图 3-5 所示。

同理，若 $a = q_0 \gamma \beta v_t$，$d = t_{1u} \beta v_t$，则

$$W_p = \frac{aL_1}{L_1 + d} \tag{3-43}$$

式（3-43）和技术速度与生产率的关系式相似，为等轴双曲线，如图3-5所示。

由图3-5可知，随着平均运次重车行程 L_1 的增加，以 t·km/h 为单位的生产率 W_p 增加，而以 t/h 为单位的生产率 W_q 则下降。当重车行程的初值很大时，L_1 的变化实际上对 W_q 和 W_p 的影响很小；反之，当 L_1 的初值较小时，甚至它的变化很小，也会对生产率产生很大影响。

采用类似的方法，可分析其他使用因素对运输工作生产率和总生产率的影响特性。分析结果如下所述。

3. 实际载质量 $q_0 \gamma$ 的影响

实际载质量对生产率的影响关系按直线规律变化，如图3-6所示。实际载质量 $q_0 \gamma$ 越大，生产率 W_q 越高，且提高车辆的平均额定载质量与重车载质量利用率对提高车辆生产率的影响是极为明显的。

为了提高实际载质量，应该适当选择车辆的型式和车身型式，使其适应所运货物的种类和性质；同时应该预先集中货物以增加批量；在装车时采用有效的装车技术；采用拖挂运输等，这些都是提高车辆实际载质量的有效办法。

4. 里程利用率 β 的影响

里程利用率 β 对生产率的影响特性也按等轴双曲线规律变化，如图3-6所示。当里程利用率增加时，生产率随之增加；但当 β 增加到一定程度后，其值的变化对生产率的影响也就不明显了，曲线出现平滑状态。

里程利用率 β 与生产率之间的这种性质是由下列原因决定的：因为 β 值增加，车辆在工作时间内的重车行程增加，运次增加，所以生产率也随之提高；特别是采用大载质量汽车以高速行驶时，β 对生产率的影响更为显著。但是，当 β 初值很大时，由于重车行程的增加比例较小，所以对生产率的影响也较小。

为了提高里程利用率，应采取如下措施：做好货源的调查工作，组织好回程货源；认真编制运输作业计划，选择合理的行驶路线及合理调度车辆；根据货运点的分布情况，合理规划汽车维修场、加油站的位置，减少调空行程。

5. 技术速度 v_t 的影响

技术速度对生产率的影响关系也按等轴双曲线规律变化，如图3-6所示。技术速

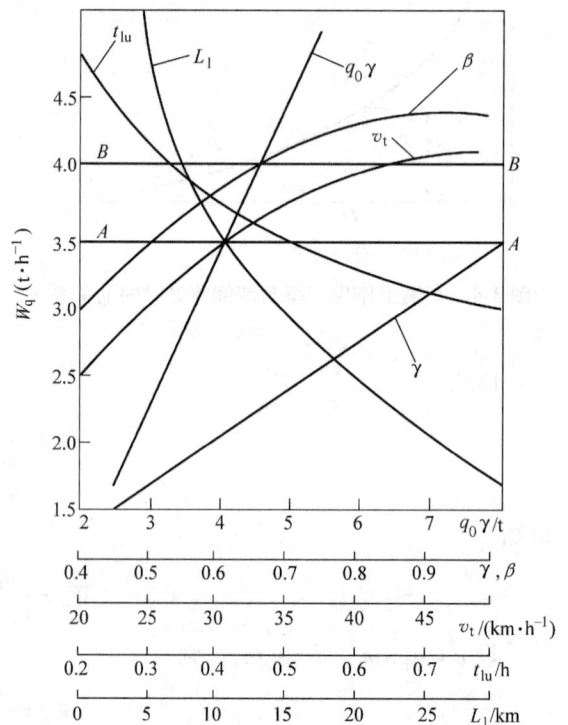

图 3-6　载货汽车工作生产率特性

度增加，会使工作生产率 W_q 增加。技术速度的初值越小，其值的变化对生产率的影响程度越大；当技术速度越大时，其值的变化对生产率的影响程度越小。

因此，要提高生产率必须提高技术速度 v_t。为了提高车辆的技术速度，要求车辆具有良好的动力性能，驾驶员具有良好的驾驶技术。

（二）各使用因素的影响程度分析

分析各使用因素对生产率的影响程度，可采用绘制生产率特性图的方法。首先，逐一分析各使用因素与生产率之间的变化关系。当分析某一使用因素的影响时，假设其他各因素为常量，这样便得到一组各使用因素与生产率之间的变化关系曲线。然后，将这些曲线叠加绘制在一张坐标图上，坐标图的纵轴表示生产率，横轴分别表示各使用因素，如图3-6所示。

由图3-6可知，各使用因素对汽车运输生产率的影响程度由高到低依次为：实际载质量 $q_0\gamma$ 及重车载质量利用率 γ、平均运次重车行程 L_1、装卸停歇时间 t_{lu}、里程利用率 β 及车辆技术速度 v_t。

因此，利用生产率特性图可以确定出在某一具体运输条件下提高生产率最合理的方法，如提高吨（客）位利用率和额定载质量是提高生产率最有效的方法，缩短装卸停歇时间也是提高生产率的有效方法；而提高里程利用率及技术速度，对生产率的影响不显著，但对运输成本却有显著的影响。这在本章第三节会对此作进一步分析。

第三节　汽车运输成本的计算与分析

汽车运输成本不仅是评价运输企业经营效果的综合指标，也是考核运输企业的主要经营指标之一。在汽车运输生产过程中，运输生产率的高低、运输服务质量的好坏、运输组织水平的优劣、车辆维修技术的高低等，都最终以货币形式反映到成本指标上来，进而影响汽车运输企业、物流企业的经济效益。因此，在保证运输服务质量的前提下，不断降低运输成本，对于物流企业、运输企业的生存和发展具有重要意义。

一、汽车运输成本的计算

汽车运输成本 S 通常是指完成每单位运输产品产量所支付的费用，以统计期内汽车运输企业所支出的全部费用 $\sum C$ 与所完成的运输产品产量 $\sum P$ 的比值来表示，即

$$S = \frac{\sum C}{\sum P} \tag{3-44}$$

汽车运输成本的计算单位因运输对象、运输条件等不同而异。对于载货汽车与公共汽车运输，S 是指完成每单位运输工作量所支付的全部费用，其计算单位分别为元/（t·km）与元/（人·km）；对于出租汽车运输，S 是按照每单位收费行程或单位收费停歇时间分摊的全部费用计算，其计算单位为元/km 与元/h。

汽车运输企业所支出的全部费用，按照与车辆行驶的关系，一般可分为三部分，即变动费用 $\sum C_c$、固定费用 $\sum C_f$ 和装卸费用 $\sum C_{lu}$。其中，装卸费用 $\sum C_{lu}$ 在运输企业中实行单独核算，所以汽车运输企业的运输成本通常只包括前两项费用，即

$$\sum C = \sum C_c + \sum C_f \tag{3-45}$$

在汽车运输企业中，变动费用 $\sum C_c$ 是指与车辆行驶有关的费用，又叫车辆运行费用。

变动费用包括燃料费、润滑油费、轮胎费、车辆折旧费、车辆维修费、计件工资、附加费及其他与车辆行驶有关的杂项费用等。固定费用 $\sum C_f$ 是指与车辆行驶无直接关系的费用，又叫企业管理费，常按车辆的在册车日或车时计算。这部分费用不论车辆行驶与否，汽车运输企业为组织运输生产都必须支付。固定费用包括职工月工资（计时工资等）、行政办公费、水电费、仓储费、房屋修缮费、牌照费、职工培训费、宣传费及业务手续费等。

1. 载货汽车的运输成本

载货汽车单位运输成本可表示为每吨公里的变动费用与每吨公里的固定费用之和，即

$$S_g = S_c + S_f \tag{3-46}$$

式中　S_g——载货汽车的单位运输成本 [元/（t·km）]；

S_c——统计期内单位产量分摊的变动成本 [元/（t·km）]；

S_f——统计期内单位产量分摊的固定成本 [元/（t·km）]。

又

$$S_c = \frac{LC_c}{\sum P} = \frac{(L/H_d)\, C_c}{(\sum P)\,/H_d} = \frac{v_d C_c}{W_p}$$

$$S_f = \frac{\sum C_f}{\sum P} = \frac{(\sum C_f)\,/H_d}{(\sum P)\,/H_d} = \frac{C_f}{W_p}$$

式中　L——统计期内车辆总行程（km）；

C_c——单位行程的变动费用（元/km）；

$\sum P$——统计期内完成的总周转量（t·km）；

H_d——统计期内车辆在路线上的工作车时（h）；

v_d——车辆营运速度（km/h）；

W_p——车辆工作生产率 [（t·km）/h]；

$\sum C_f$——统计期内企业支付的全部固定费用（元）；

C_f——车辆单位工作车时的固定费用（元/h）。

则

$$S_g = S_c + S_f = \frac{v_d C_c}{W_p} + \frac{C_f}{W_p} \tag{3-47}$$

又

$$v_d = \frac{L}{H_d} = \frac{L_1/\beta}{\dfrac{L_1}{\beta v_t} + t_{lu}} = \frac{L_1 v_t}{L_1 + \beta v_t t_{lu}}$$

$$W_p = \frac{q_0 \gamma L_1}{\dfrac{L_1}{\beta v_t} + t_{lu}}$$

所以，载货汽车的单位运输成本为

$$S_g = \frac{1}{q_0 \gamma \beta}\Big[C_c + \frac{C_f(L_1 + t_{lu}\beta v_t)}{v_t L_1} \Big] \tag{3-48}$$

2. 公共汽车的运输成本

公共汽车的单位运输成本同样可以表示为每人公里的变动成本与每人公里的固定成本之和。类似于载货汽车运输成本的求解方法，可得到公共汽车的单位运输成本为

$$S_b = \frac{1}{q_0 \gamma \beta}\Big[C_c + \frac{C_f(L_n + t_{ns}\beta v_t)}{v_t L_n} \Big] \tag{3-49}$$

式中　S_b——公共汽车的单位运输成本 [元/（人·km）]；

　　　L_n——线路长度（km）；

　　　t_{ns}——沿线各站停站时间（h）。

3. 出租汽车的运输成本

出租汽车的单位运输成本可按照每公里收费里程和每小时收费停歇时间确定。计算公式分别为

$$S_c = \frac{\sum C_c}{\sum L_g} = \frac{\sum C_c}{\beta L} = \frac{\sum C_c/L}{\beta} = \frac{C_c}{\beta}$$

$$S_f = \frac{\sum C_f}{\sum L_g} = \frac{\sum C_f}{\beta L} = \frac{\sum C_f/H_d}{\beta\,(L/H_d)} = \frac{C_f}{\beta v_d}$$

其中

$$v_d = \frac{L}{H_d} = \frac{L_g/\beta}{\dfrac{L_g}{\beta v_t} + t_g + t_n} = \frac{L_g v_t}{L_g + (t_g + t_n)\,\beta v_t}$$

所以出租汽车每公里收费里程的运输成本为

$$S_L = \frac{\sum C}{\sum L_g} = S_c + S_f = \frac{1}{\beta}\left(C_c + \frac{C_f}{v_d} \right) = \frac{1}{\beta}\left\{ C_c + \frac{C_f\,[L_g + \beta v_t\,(t_n + t_g)]}{v_t L_g} \right\} \tag{3-50}$$

式中　S_L——出租汽车单位收费里程的运输成本（元/km）；

　　　C_c——出租汽车单位行程的变动费用（元/km）；

　　　C_f——出租汽车单位工作车时的固定费用（元/h）；

　　　L_g——收费里程（km）；

　　　β——收费行程系数（%）；

　　　t_g——收费停歇时间（h）；

　　　t_n——不收费停歇时间（h）。

同理，可以推出出租汽车单位收费停歇时间的运输成本 S_t（元/h）为

$$S_t = \frac{1}{t_g \beta}\left\{ C_c L_g + \frac{C_f[L_g + \beta v_t\,(t_g + t_n)]}{v_t} \right\} \tag{3-51}$$

二、各使用因素对汽车运输成本的影响分析

降低汽车运输成本，是汽车运输企业经营的重要工作内容。为此，必须了解每个使用因素对运输成本的影响特性及影响程度，以便确定企业的改进措施。

利用上述公式，不仅可计算汽车运输成本，而且可以确定各使用因素对运输成本的影响特性和程度，为寻找降低汽车运输成本的有效途径提供理论依据。

1. 各使用因素对运输成本的影响特性

可采用与分析汽车运输生产率同样的方法，来分析各使用因素对运输成本的影响特性。以载货汽车运输成本为例，在假设其他使用因素的当前值保持不变的前提下，只考察一个变量因素，结果可以发现：

1）随着汽车实际载质量及重车载质量利用率的增加，运输成本将降低，而且固定费用和变动费用越高，重车行程越短，行驶速度越低，这种影响越显著。此外，随着载质量的增

加，它对运输成本的影响程度将降低。

2）当里程利用率、技术速度及重车行程提高时，每吨公里的运输成本将降低，而且当这些数值越小时，其影响程度越显著。

3）每个运次中，车辆装卸停歇时间越长，则运输成本越高。当实际载质量较小，重车行程较短，而每小时工作的固定费用较大时，装卸停歇时间对运输成本的影响特别大。但是，当运距很长时，装卸停歇时间对运输成本的影响将明显减小。

2. 各使用因素对运输成本的影响程度

分析各使用因素对运输成本的影响程度，可以仿照汽车运输生产率分析方法进行，从而得到汽车运输成本特性，如图 3-7 所示。

由图 3-7 可以看出，各使用因素对运输成本的影响程度，按由高到低的排列顺序为：重车载质量利用率 γ、里程利用率 β、装卸停歇时间 t_{lu} 以及技术速度 v_t。由此可知，提高重车载质量利用率及里程利用率是降低运输成本最有效的方法。

降低运输成本和提高运输生产率，是汽车运输企业的两项重要任务。由于各使用因素对运输成本和运输生产率的影响结果不尽相同，所以在运输企业中应当视不同的运输任务，有针对性地选择不同的措施，以优先满足降低运输成本或提高运输生产率的要求。

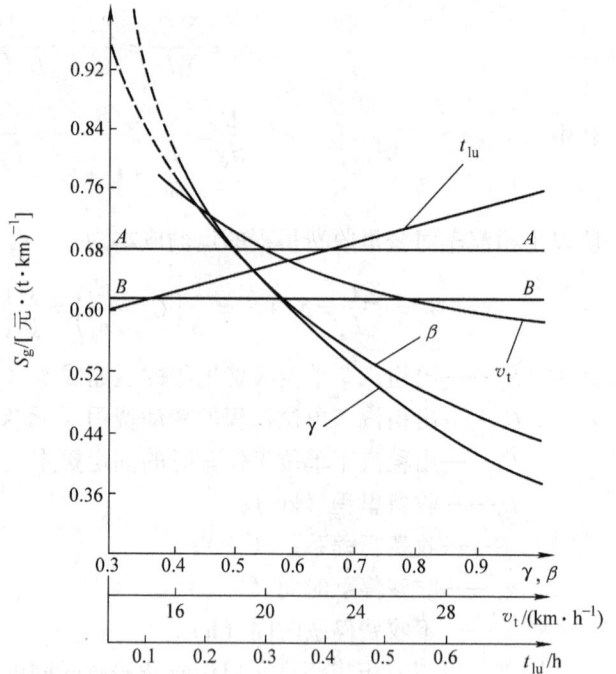

图 3-7　载货汽车运输成本特性

第四节　汽车运输服务质量

质量是企业的生命。不断地提高汽车运输服务质量，是汽车运输企业在激烈的市场竞争中谋求生存和发展的重要手段。汽车运输服务质量，是指汽车运输企业的营运工作满足客、货运输需求者运输需要的程度。满足程度越高，表明运输服务质量越好。

一、汽车运输服务质量的评价

汽车运输服务质量，通常可以概括为安全、迅速、准确、经济、方便和舒适等六个方面。

（一）安全性

汽车运输安全性包括运送对象的安全和车辆运行的交通安全。前者系指从起运地点至运达目的地的全程中，应保证货物不发生货损、货差，保证旅客乘车安全，不得发生任何危及旅客人身安全及其财产安全的企业责任事故；后者系指运输车辆在运行过程中，应保证有关行人、其他交通车辆及沿线交通设施的安全。根据以上要求，安全性质量评价指标应包括下述内容。

1. 事故发生频率 R_a

事故频率包括货运事故频率与客运事故频率，分别针对货运和客运来评价运输安全质量。

（1）货运事故频率 R_{ag}　指统计期内货运质量事故次数 Z_{ag} 与企业完成的货物周转量 $\sum P$ 之比，又称货运质量事故频率，计量单位为次/（$10^6 \mathrm{t \cdot km}$），即

$$R_{ag} = \frac{Z_{ag}}{\sum P} \tag{3-52}$$

（2）客运事故频率 R_{ap}　指统计期内发生的企业责任事故次数 Z_{ap} 与车辆总行程 L 之比，又称行车责任事故频率，计量单位为次/（$10^4 \mathrm{km}$），即

$$R_{ap} = \frac{Z_{ap}}{L} \tag{3-53}$$

2. 事故损失率 R_L

事故损失率用以评价事故发生的严重程度，常以事故造成的直接经济损失计算。

（1）货运事故损失率 R_{Lg}　指统计期内因企业货运责任事故造成的直接经济损失 C_{Lg} 与企业的营运总收入 C_i 的百分比，即

$$R_{Lg} = \frac{C_{Lg}}{C_i} \times 100\% \tag{3-54}$$

（2）客运事故损失率 R_{Lp}　指统计期内因企业客运责任事故造成的直接经济损失 C_{Lp} 与车辆总行程 L 之比，计量单位为元/（$10^3 \mathrm{km}$），即

$$R_{Lp} = \frac{C_{Lp}}{L} \tag{3-55}$$

（二）迅速性

运输的迅速性是指运送迅速，包括及时派车起运（货运或出租汽车运输）、迅速乘车（客运）和迅速运达。

1. 货运的迅速性

它是指货运企业按用户要求及时派车起运，并以尽可能快的运送速度或按运输合同规定迅速地将货物运达目的地。

2. 公路客运及出租汽车客运的迅速性

它是指旅客乘车的准备时间及乘行所花费的时间尽可能短。

公路客运旅客乘车的准备时间主要包括旅客购票时间及候车时间。购票时间的长短主要取决于售票服务窗口的数目、售票员的业务熟练程度以及售票方式，如采用计算机售票和自动收款机均有利于减少旅客的购票时间。候车时间与发车频次有密切的关系。旅客乘行时间的长短主要取决于车辆的运送速度。

出租汽车客运乘客的乘车准备时间，主要取决于出租汽车的运行路线及发车频率。如运行路线尽量贴近居民的生活、学习和工作地点，便于乘客节约步行时间。同样，加强对出租汽车车辆的运行调度，增加发车频次，便于节约乘客等候车辆的时间。

3. 城市公共汽车客运的迅速性

它是指乘客的步行时间、候车时间、乘车时间及换乘时间应尽量短，即乘客的出行时间短。

步行时间指乘客由出发地点到公共汽车站的步行时间。城市公交企业应力求使其服务区域内所有乘客的平均步行时间尽可能短。

候车时间指乘客到达公共汽车站后，至乘上公共汽车所等候的时间，其长短主要取决于行车间隔时间。为此，城市公交企业应根据各条公共汽车路线客流量的大小及其分布规律，提供相应的车辆类型，如小型车辆就比大型车辆有利于缩短行车间隔和乘客的候车时间。

乘车时间指乘客在公共汽车上实际乘车的时间，其长短主要取决于车辆的运送速度。因此，公共汽车运输应组织好各站乘客的上下车秩序、保持良好的车况以及遵守良好的城市交通秩序。

换乘时间指乘客一次出行须沿两条或两条以上的营运路线乘行才能到达目的地时，乘客因变更乘车路线而换乘车的时间，其长短主要取决于公共汽车运行路线的布局及换乘站点的衔接状况。

综上所述，提高汽车运输的迅速性应根据各种汽车运输服务的具体特点而展开。

（三）准确性

汽车运输的准确性，是指客、货运输服务的准时、正确、无差错等。因各种运输服务的差异，其准确性的含义及评价方法也有差别。

1. 货运的准确性

对于货物运输，其准确性的含义指办理托运手续、安排车辆及货物交接准确无误；对货物起讫地点、运达期限、计费里程、装卸工艺及客户的特殊要求等内容的记载、计算和安排准确无误。

货物运输服务准确性的评价，常采用差错率 R_m 指标，即统计期内货运企业所受理业务在接受、装车、起运、卸货至交付等各环节上出现差错的件数 I_m 与受理业务总件数 $\sum I$ 的百分比，即

$$R_m = \frac{I_m}{\sum I} \times 100\% \tag{3-56}$$

2. 城市公共汽车客运的准确性

对于城市公共客运，其准确性的含义主要指行车的准点运行，即车辆在路线起点准点发车，在中间站及终点站按行车时刻表准点到达。其评价指标常采用行车准点率 R_o，即统计期内准点行车的车次数 Z_o 与全部行车车次 $\sum Z_r$ 数的百分比，即

$$R_o = \frac{Z_o}{\sum Z_r} \times 100\% \tag{3-57}$$

3. 公路客运的准确性

对于公路旅客运输，其准确性的含义除包括车辆准点运行外，还应包括旅客的正确运送，即在运输过程中，不得发生旅客无票或持废票乘车、旅客错乘车以及旅客行包出现差错、损坏、漏运等现象。因此，其评价指标除了行车准点率 R_o 以外，还包括正运率 R_c，即统计期内正确运输的旅客人数 Q_{pc} 与客运总人数 $\sum Q_p$ 的百分比，即

$$R_c = \frac{Q_{pc}}{\sum Q_p} \times 100\% \tag{3-58}$$

（四）经济性

运输的经济性，主要指运输需求者获得运输服务所支付的运输费用要少。对于货物运输，其经济性主要指客户支付的运费。对于各类客运，其经济性主要指车票价格便宜。

评价运输服务的经济性可以直接采用单位运输产品的运价进行，如单位吨公里的运价（货运）、单位人公里的运价（客运）、单位收费行程或停歇时间的收费（出租客运）等。不同的运输企业在价格上的差别，反映了各企业在运输服务经济性方面的质量差别。

（五）方便性

汽车运输的方便性，也因各类运输服务的差异而含义各不相同。

1．货运的方便性

对于货物运输，方便性的含义是指客户办理托运手续简便、迅速、环节少，得到周到的服务等。

2．公共汽车客运的方便性

对于城市公共客运，方便性的含义包括乘客各种目的出行均有车可乘且换乘次数少，上、下车方便，车辆、车站的各种服务标记、服务设施齐全等。

所谓车站设施齐全，系指站牌、站杆齐全，站牌字迹清晰、所载信息内容完整。对于始、末站及重要的中间站，还应具备站篷、护栏及向导器具，夜间照明设施足够等。对于公路客运，方便性的含义主要指乘车手续简便，通常可以采用前已述及的乘车准确、迅速性指标予以综合评价。

（六）舒适性

运输的舒适性指各种客运服务中旅客乘车舒适。随着人们物质文化生活水平的提高及交通运输业的发展，人们对旅行中的舒适性要求不断提高，因此要求不断改善道路条件、车辆的技术性能及车厢的内部设施、车站设施及站务工作质量等，以使旅客的乘车舒适性不断提高。

二、提高汽车运输服务质量的措施

为了提高汽车运输服务质量，根据我国汽车运输部门的实践经验，一般主要采取以下措施。

（1）实行全面质量管理　汽车运输企业的全面质量管理是以汽车运输企业向社会提供最满意的运输服务为目的的，以汽车运输企业内部各部门、各环节中的人为主体，应用数理统计方法，充分发挥业务和技术在运输生产中的作用，以保证运输服务达到最优的科学管理方法。

汽车运输企业实行全面质量管理，一般要抓好以下几项工作：

1）必须树立六个基本观点，即"质量第一"、"为用户服务"、"预防为主"、"全面管理"、"下道工序是用户"、"一切用数据说话"的观点。这六个基本观点是全面质量管理的指导思想和核心。

2）建立和健全全面质量管理体系。汽车运输企业建立以经理或总工程师为首的全面质量管理领导小组，并设质量管理科。车队、车站、车间设质量管理小组，班组设质量管理员，开展群众性的质量管理活动。

3）把 PDCA 工作循环贯穿于企业运输活动的全过程，借以不断改进工作，确保运输服务质量。PDCA 循环是汽车运输企业全面质量管理的思想方法和工作步骤。它把质量管理、运输生产活动、科学管理等所有活动都划分为：计划（Plan）、执行（Do）、检查（Check）、处理（Action）四个阶段。凡是有目的、有过程的活动，都要按照这四个阶段进行，使运输工作条理化、科学化，使之达到高效率，确保高质量。

（2）建立和健全岗位责任制，实行营运工作标准化 通过建立和健全岗位责任制，实行营运工作标准化，来提高营运工作质量，以确保运输服务质量。为此，必须认真贯彻和执行部颁汽车运输规则。

（3）提高公路等级，改善站场设施 提高公路等级和改善站场设施，以确保车辆行驶的平顺性和安全性，并提供良好的服务设施。

（4）改进车辆结构，提高车辆性能 提高车辆的技术性能，改进车厢内部的设计，使车辆行驶平稳，振动减少，旅客座位舒适，有一定的娱乐设施，确保旅客旅行的舒适性和货物运输质量。

（5）加强运输组织工作 掌握公路客、货流变化规律，改进客、货运站站务工作及车辆运行组织工作，以不断提高运输服务工作质量。

复习思考题

3-1 简述车辆利用指标体系的构成。

3-2 什么是车辆完好率？如何通过提高车辆完好率来提高运输生产率？

3-3 什么是里程利用率？如何通过提高里程利用率来提高运输生产率？

3-4 提高运输生产率的途径有哪些？

3-5 分析说明 q_0、γ、β、v_t、t_{lu}、L_1 对 W_q 的影响。

3-6 分析说明各使用因素对运输成本的影响。

3-7 怎样评价汽车运输服务质量？

3-8 某运输公司有 50 辆 10 吨位的货车，11 月份共完成周转量 1.5×10^7t·km，重车行程 1.6×10^6km，空车行程 2×10^5km，共完成 20000 个运次的货运任务，出车时间为 3.2×10^4h，行驶时间为 3×10^4h，工作车日为 1400 车日。试计算 11 月份的 W_q、W_P、W'_q、W'_p？

第四章 汽车货运组织技术

运输组织是企业运输经营活动的主要内容。运输企业通过编制运输量计划、车辆计划、车辆运用计划、车辆运行作业计划，对汽车运输进行生产组织和调度。在车辆调度中，应规划和选择合理的运输路线和运输工具，以最短的路径、最少的环节、最快的速度和最少的费用，并选用合适的运输组织方式来组织运输活动，以使企业在运输经营中获得最大的经济效益。

第一节 汽车货运企业生产计划的编制

汽车货运生产计划是指货运企业对计划期内本企业应该完成的货物运输量、货运车辆构成情况和车辆利用程度等方面进行必要的布署和安排。

货运生产计划是组织运输生产的重要依据，在货物运输经营管理工作中具有十分重要的作用。首先，合理制定货运生产计划，能充分满足市场对运输服务的需求，保证工农业生产的快速发展；其次，可不断提高汽车货运企业的经济效益、降低运输费用；再次，能促进各种运输方式的综合利用和合理分工；最后，合理制定货运生产计划也是确定企业经营目标的依据。

汽车货运生产计划的基本任务是：

1）摸清货源情况，掌握货流的规律，落实货源。

2）科学、合理地将运输任务分解到各基层单位。

3）与其他运输方式紧密配合，合理分流，组织好多式联运。

4）尽可能组织合理运输和直达运输。

5）组织连续、均衡生产，充分利用现有的运力。

一、汽车货运生产计划内容

汽车货运生产计划是企业经营计划的重要组成部分，是实施运输生产的纲领。汽车货运生产计划由运输量计划、车辆计划和车辆运用计划三部分组成。其中，运输量计划和车辆计划是货运生产计划的基础部分，车辆运用计划是车辆计划的补充。运输量计划表明社会对货运服务的需求，车辆计划和车辆运用计划则表明运输企业能够提供的运输生产能力。

编制货运生产计划的目的就是要在需要与可能之间建立起一种动态的平衡，即根据货物运输市场的运输需求变化以及企业的运输能力，来确定本企业计划年度、季度或月度的运输量计划；根据企业运输量计划的具体要求，计算出计划期应配备的运输车辆（包括挂车）的数量、车型及其装载能力等，确定车辆计划；借助于车辆运用指标，计算车辆运用水平和车辆生产率，确定车辆运用计划。

1. 运输量计划

运输量计划以货运量和货物周转量为基本内容，主要包括货运量与货物周转量的上年度的实绩、本年度及各季度的计划值以及本年度计划与上年度实绩之间的比较等内容，见表4-1。

表4-1 运输量计划

指 标	上年度实绩	本 年 度 计 划					本年度计划为上年度实绩（%）	备 注
		全年合计	一季度	二季度	三季度	四季度		
1. 货运量/t								
其中：零担货物/t								
合同货物/t								
集装箱货物/t								
特种货物/t								
2. 货物周转量/（t·km）								
其中：零担货/（t·km）								
合同货物/（t·km）								
集装箱货物/（t·km）								
特种货物/（t·km）								

2. 车辆计划

车辆计划是企业计划期内的运输能力计划，主要反映企业在计划期内营运车辆的类型及各类车辆数量的增减变化情况及其平均运力。它是衡量企业运输生产能力大小的重要指标。

车辆计划的主要内容包括：车辆类型，年初、年末及全年平均车辆数，各季度车辆增减数量，额定吨位等，见表4-2。

表4-2 车辆计划

类 别	额定吨位	年 初		增（+）或减（-）			年 末		全年平均	
		车数	吨位	季度	车数	吨位	车数	吨位	车数	总吨位
1. 货车										
大型货车										
中型货车										
零担货车										
集装箱车										
拖车										
2. 挂车										
全挂车										
半挂车										

3. 车辆运用计划

运输量计划中所确定的运输任务能否如期完成，不但与车辆计划所确定的车辆有关，还与车辆运用效率有直接关系。同等数量、同样类型的车辆，若运用效率有高有低，则完成的运输工作量也不会相等。因此，车辆计划必须与车辆运用计划紧密结合。

车辆运用计划是货运企业在计划期内全部营运车辆生产能力利用程度的计划，是计划期内车辆的各项运用效率指标应达到的具体水平。车辆运用计划是根据运输量计划、车辆计划来确定的，是平衡运力与运量的主要依据之一，同时也是企业生产经营计划、技术计划、财务计划和核算的重要组成部分。

车辆运用计划由一套完整的车辆运用效率指标体系所组成。通过这些指标的计算，最后可以求出车辆的计划运输生产效率。车辆运用计划见表4-3。

表4-3　车辆运用计划

指标		上年度实绩	本年度完成					本年度计划与上年度实绩比较
			全年	一季度	二季度	三季度	四季度	
汽车	营运总车日/车日							
	平均营运车辆数/辆							
	平均总吨位							
	平均吨位							
	车辆完好率（%）							
	车辆工作率（%）							
	工作车日/车日							
	平均车日行程/km							
	总行程/km							
	里程利用率（%）							
	重车行程/km							
	重车行程载质量/(t·km)							
	重车载质量利用率（%）							
	货物周转量/(t·km)							
挂车	拖运率（%）							
	货物周转量/(t·km)							
汽挂车综合	货物周转量/(t·km)							
	平均运距/km							
	货运量/t							
	车吨位期产量/(t·km)							
	单车期产量/(t·km)							
	车公里产量/(t·km)							

二、汽车货运生产计划的编制方法

（一）运输量计划的编制

运输量计划通常可根据下列资料来制定：

1）国家有关产业结构及运输业结构等方面的方针政策。

2）运输合同等资料。

3）各种运输方式的发展情况及可能发生的运输量转移情况。

4）公路网的发展情况。

5）企业长期计划中的有关指标和要求。

6）运输市场调查及预测的结果。

7）企业的运输生产能力。

运输量的确定通常有下述二种方法：

（1）当运力小于运量时，应以车定产 公路货物运输产业活动中经常存在着运力与运量的矛盾。当运力不能满足社会需要时，只能通过对运输市场的调查（即掌握公路货物运输的流量、流向、运距），确定实载率和平均车日行程后，按照确保重点、照顾一般的原则，采取以车定产的办法确定公路货物运输量的计划值。汽车货运企业计划期能够完成的货物周转量为

$$P = \frac{AD\alpha_d \overline{L_d}\beta \overline{q_0}\gamma}{1 - \theta} \tag{4-1}$$

式中 P——计划货物周转量（t·km）；

A——平均营运车数（辆）；

D——计划期天数（d）；

α_d——车辆工作率（%）；

$\overline{L_d}$——平均车日行程（km）；

β——里程利用率（%）；

$\overline{q_0}$——营运车辆平均额定载质量（吨位）；

γ——重车载质量利用率（%）；

θ——拖运率（%）。

计划期能够完成的货运量为

$$Q = \frac{P}{\overline{L_1}} \tag{4-2}$$

式中 Q——计划货运量（t）；

$\overline{L_1}$——计划期货物的平均运距（km）。

（2）当运力大于社会需要时，应以需定产 即根据运输需求量，决定汽车货运服务供给投入运力的多少。一般情况下，此种汽车货运服务供给应在保持合理车辆运用效率指标水平的基础上，预测投入的车辆数，并将剩余运力另作安排。其测算方法是

$$A' = \frac{P}{D\alpha_d \overline{L_d}\beta \overline{q_0}\gamma}(1 - \theta) \tag{4-3}$$

式中 A'——运输量计划需投入（占用）的车辆数（辆）；

P——已定周转量计划值（t·km）。

此时的剩余运力为

$$\Delta A = A - A' \tag{4-4}$$

式中 ΔA——剩余运力（辆）。

需注意的是，运距的长短、装卸停歇时间的长短等，都影响车日行程，并连锁反映到影响周转量上。因此，实载率和平均车日行程，必须根据不同情况分别测算后进行综合确定。运输量的计划值，还必须通过与车辆运用计划平衡后确定。

（二）车辆计划的编制

1. 确定车辆数

表 4-2 中的车辆数是指平均车数，可按式（3-22）计算。

平均总吨位是指汽车货运企业在计划期内平均每天实际在用的营运车辆的总吨位数，其计算公式为

$$平均总吨位 = \frac{计划期总车吨位日}{计划期日历日数} \tag{4-5}$$

或

$$平均总吨位 = \frac{\Sigma（计划期营运车日 \times 额定吨位）}{计划期日历天数} \tag{4-6}$$

平均车数和平均总吨位反映的是货运企业在计划期内可以投入营运的运力规模的大小，不能等同于企业拥有的车辆数和吨位，其区别在于是否投入营运。平均车数和平均总吨位是整个车辆计划的主要数据。

平均吨位与平均总吨位不同，它是指营运车辆的平均吨位，计算公式为

$$平均吨位 = \frac{计划期总车吨位日}{计划期总车日数} \tag{4-7}$$

车吨位日是营运车日与额定吨位的乘积，表明车辆总的载重能力，计算公式为

$$车吨位日 = 营运车日 \times 额定吨位 \tag{4-8}$$

编制车辆计划时，年初车辆数及吨位根据前一统计期末的实有数据列入。对于这些车辆，首先应对其技术状况进行鉴定。对于性能降低、燃油耗费高、维修频繁的车辆，应考虑是否需要淘汰。再根据编制的运输量计划和预测的运输需求资料，研究原有车辆在类型上的适用程度：哪些类型的车辆多余，哪些类型的车辆不足，最后确定其应该增减的数量。

计划增加车辆，包括由其他单位调入和新增加的车辆。对于欲增加的车辆，还应考虑车型是否合适、是否具备相应的技术人员及配套设施等情况。减少车辆包括报废车辆、调给其他单位的车辆、经批准封存的车辆和由营运改为非营运的车辆。对于欲减少的车辆，应确定一个合理可行的处置方法。

车辆的额定吨位，应以记载于行车执照上的数据（核定吨位）为准，不得随意更换改动。若车辆进行过改装，则应以改装后的数据为准。年末车辆数及吨位，按计划期车辆增、减变化后的实际数据统计。

2. 确定车辆增减时间

增减车辆的时间通常采用"季中值"法确定，即不论车辆是季初还是季末投入或退出营运，车日增减计算均以每季中间的那天算起。这是因为在编制计划时很难预定车辆增减的具体的月份和日期。为简化计算工作，可采用表 4-4 所列近似值作为计算各季度车辆增加后或减少前在企业内的保有日数。

表 4-4　增减车辆季中计算日数

	第一季度	第二季度	第三季度	第四季度
增加后计算日/d	320	230	140	45
减少前计算日/d	45	140	230	320

例 4-1　某汽车运输企业计划三季度增加营运车辆 10 辆，则增加的营运车日为多少？

解　　　　　　　　　增加车日 = 10 × 140 车日 = 1400 车日

例 4-2　某汽车运输企业年初有额定载质量为 5 吨位的货车 30 辆，4 吨位的货车 50 辆。二季度增加 5 吨位的货车 40 辆，四季度减少 4 吨位的货车 30 辆，计算该车队年初车数、年末车数、总车日、平均车数、全年总车吨位日、全年平均总吨位、全年平均吨位。

解　年初车数 = (30 + 50) 辆 = 80 辆

年末车数 = (30 + 50 + 40 − 30) 辆 = 90 辆

总车日 = [30 × 365 + (50 − 30) × 365 + 40 × 230 + 30 × 320] 车日 = 37050 车日

平均车数 = 37050/365 辆 = 101.51 辆

全年总车吨位日 = (30 × 365 × 5 + 20 × 365 × 4 + 40 × 230 × 5 + 30 × 320 × 4) 车吨位日

　　　　　　　 = 168350 车吨位日

全年平均总吨位 = $\dfrac{168350}{365}$ 吨位/日 ≈ 461.23 吨位/日

全年平均吨位 = $\dfrac{168350}{37050}$ 吨位 ≈ 4.54 吨位

（三）车辆运用计划的编制

车辆运用计划编制的最关键的问题是确定各项车辆运用效率指标值。各指标的确定应以科学、合理、可行、先进而又留有余地为原则，应能使车辆在时间、速度、行程、载质量和动力等方面得到充分合理的利用。科学合理的指标为组织汽车货运生产提供了可靠的保证；反之，不切实际的指标必然直接影响运输计划的顺利贯彻执行。

编制车辆运用计划的方法有两种，即顺编法和逆编法。

1. 顺编法

顺编法是以"可能"为出发点，即先确定各项车辆运用效率指标值，在此水平上确定计划可完成的运输工作量。其具体计算过程是：首先根据计算汽车运输生产率的顺序，逐项确定各项效率指标的计划数值，如工作车日数、总行程、重车行程载质量等；再计算保持相同水平时，可能完成的运输工作量；最后与运输量计划相对照，如果符合要求，表明可以完成任务，就可根据报告期的统计资料和计划期的货源落实情况，编制车辆运用计划。如果计算的结果与运输量计划有较大差异，特别是低于运输量计划时，则应调整各项车辆运用效率指标直至两者基本相等时，才能据以编制车辆运用计划。

例 4-3　某汽车货运企业第一季度平均营运车数为 100 辆，其额定载质量为 5 吨位。经分析测算，全年平均车辆完好率可达 93%，工作率为 90%，技术速度为 50km/h，工作车时利用率为 80%，平均每日出车时间为 10h，里程利用率为 70%，重车载质量利用率为 100%；运输量计划中列示的平均运输距离为 80km，货物周转量为 10200000t·km。根据这些资料，确定各项车辆运用效率指标的计划值，并据此编制车辆运用计划底稿。

解　编制车辆运用计划过程见表 4-5。

根据各项车辆运用效率指标计划值的计算，该货运企业可完成的货物周转量为 11340000t·km，与已定运输量计划指标 10200000t·km 相对照，略有超额，符合要求，可据此编制车辆运用计划。

表4-5 车辆运用计划底稿

序 号	指 标	计算过程	计 划 值
1	营运车日/车日	100×90	9000
2	平均营运车辆数/辆		100
3	平均总吨位	9000×5/90	500
4	平均吨位		5
5	完好率		93%
6	工作率		90%
7	工作车日/车日	9000×90%	8100
8	工作车时利用率		80%
9	平均车日行程/km	50×80%×10	400
10	总行程/km	400×8100	3240000
11	里程利用率		70%
12	重车行程/km	3240000×70%	2268000
13	重车行程载质量/（t·km）	2268000×5	11340000
14	重车载质量利用率		100%
15	可完成货物周转量/（t·km）	11340000×100%	11340000
16	平均运距/km		80
17	可完成货运量/t	11340000/80	141750
18	车吨位季产量/（t·km）	11340000/500	22680
19	单车季产量/（t·km）	11340000/100	113400
20	车公里产量/（t·km）	11340000/3240000	3.5

2. 逆编法

逆编法是以"需要"为出发点，通过既定的运输工作量来确定各项车辆运用效率指标必须达到的水平。各指标值的确定必须经过反复测算，保证其有完成运输任务的可能；同时也要注意不应完全受运输量计划的约束，若把各项车辆运用效率指标的计划值压得过低，则会抑制运输生产能力的合理发挥。

例4-4 某汽车货运公司某年第一季度运输量计划中确定的计划货物周转量为7290000t·km，货运量为91125t，车辆计划中确定的营运车辆数为100辆，额定载质量为5吨位，完好率为95%，工作率为85%~95%，平均车日行程为178~200km，里程利用率为65%~75%，重车载质量利用率为90%~100%，拖运率为30%。试用逆编法编制车辆运用计划。

解 主车产量 = 7290000×(1-0.3)t·km = 5103000t·km

总车吨位日 = 100×90×5 车吨位日 = 45000 车吨位日

$$车吨位日产量 = \frac{计划期主车完成周转量}{同期总车吨位日} = \frac{5103000}{45000}t·km = 113.4t·km$$

即第一季度每一个车吨位日必须完成113.4t·km的周转量才能完成运输量计划。

下面确定车辆工作率、平均车日行程、里程利用率和重车载质量利用率的值。

车吨位日产量还可由下式计算，即

$$车吨位日产量 = \alpha_d \overline{L}_d \beta \gamma \qquad (4\text{-}9)$$

现在需要确定车辆工作率、平均车日行程、里程利用率和重车载质量利用率这四项指标分别达到什么水平才能使车吨位日产量达到113.4t·km。

拟定了四个组合方案，见表4-6。

表4-6 四个组合方案

组合方案	α_d（%）	$\overline{L}_d$/km	β（%）	γ（%）	车吨位日产量/（t·km）
Ⅰ	90	185	70	97.4	113.5
Ⅱ	87	190	75	98	121.5
Ⅲ	85	190	70	107	113.7
Ⅳ	88	185	68	102.4	113.4

这四个方案是综合考虑前期统计资料、本期预测资料及其他相关因素后确定的。经详细分析比较，第一个方案是一个可行性、可靠性最好的方案。按此方案确定这四项指标的值，则可完成的运输工作量为

$$P = 90 \times 100 \times 5 \times 0.9 \times 185 \times 0.7 \times 0.974 \times \frac{1}{1 - 0.3}\text{t} \cdot \text{km}$$

$$= 7297695\text{t} \cdot \text{km}$$

测算出的总周转量7297695t·km大于运输量计划确定的周转量7290000t·km，可以确保完成第一季度的运输任务。据此编制的该季度的车辆运用计划底稿见表4-7。

表4-7 某汽车货运公司第一季度车辆运用计划底稿

指 标		计 算 过 程	计 划 值
主车	营运总车日/车日	100×90	9000
	平均营运车辆数/辆		100
	平均总吨位	100×5	500
	平均吨位		5
	完好率		95%
	工作率		90%
	工作车日/车日	9000×0.9	8100
	平均车日行程/km		185
	总行程/km	8100×185	1498500
	里程利用率		70%
	重车行程/km	1498500×0.7	1048950
	重车行程载质量/（t·km）	1048950×5	5244750
	重车载质量利用率		97.4%
	货物周转量/（t·km）	5244750×0.974	5108387

（续）

指　标		计　算　过　程	计　划　值
挂车	拖运率		30%
	货物周转量/（t·km）	5108387/（1−0.3）×0.3	2189309
主挂车综合	货物周转量/（t·km）	5108387+2189309	7297696
	平均运距/km	7290000/91125	80
	货运量/t	7297696/80	91221.2
	车吨位季产量/（t·km）	7297696/100/5	14595.4
	单车季产量/（t·km）	7297696/100	72977
	车公里产量/（t·km）	7297696/1498500	4.87

三、车辆运行作业计划

1．车辆运行作业计划的概念

车辆运行作业计划是运输生产计划的具体执行计划，是运输生产计划的继续。运输生产计划虽然按年、季和月安排了生产任务，但它只是粗略的、纲领性的生产目标，不可能对运输生产的细节作出细致的安排。因此，必须制定车辆运行作业计划，以便实现具体的运输生产过程。由于车辆运行作业计划规定了每一辆车在一定时间内应该完成的运输任务、允许的作业时间、必须达到的效率指标以及有关的注意事项，所以它是有计划地、均衡地组织企业日常运输生产活动，建立正常生产秩序，按期完成生产计划，提高经济效益的重要手段，也是工作人员进行生产活动的准绳。

2．车辆运行作业计划的类型

车辆运行作业计划按计划期的长短，可分为以下几种：

（1）长期运行作业计划　适用于经常性的大批量的货物运输任务，如煤炭运输，也适用于零担货运班车。通常其行驶线路、起讫地点、停靠站点、运量及货物种类等都比较固定。计划执行期有一旬、半月、一个月及数月（季度）。

（2）短期运行作业计划　该计划的适应性较强，主要适用于装卸点较多、流向复杂、货种比较繁多以及当天不能折返的货运任务。计划期一般为三日、五日等。其计划工作量大，要求有较高的车辆调度水平。

（3）日运行作业计划　主要适用于货源多变、货源情况难以早期确定和临时性任务较多的货运任务，并且仅安排次日的运行作业计划。例如，城市地区货运计划可采用这种形式。日运行作业计划编制频繁，工作量较大。

（4）运次运行作业计划　通常适用于临时性或季节性、起讫地点固定的往复式的运输线路。短途大批量货运任务，如粮食入库、工地运输、港站短途集散运输等，常常采用这种计划形式。

3．车辆运行作业计划的编制

（1）编制货运车辆运行作业计划的依据　在市场经济条件下，编制车辆运行作业计划必须以运输市场调查和预测资料为基础，并结合企业内部生产能力以及车辆技术状况。其主要依据有：

1）月度货运任务和已经接受的托运计划、运输合同。

2）运输市场及货物流量、流向、流时等的调查预测资料和长期运输合同。

3）计划期的出车能力和装卸货地点的装卸能力。

4）车辆运行作业计划的各项技术参数，如站距、车辆的平均技术速度、技术作业时间（是指按技术管理规定的要求，在运行途中停车进行技术检查的时间和加油、加水的时间）和商务作业时间（货物装卸作业等所需的时间）。

5）车辆运用计划中车辆运用效率指标的要求。

6）运输服务区域计划期内的道路交通情况和气象情况。

（2）货运车辆运行作业计划的编制程序　编制车辆运行作业计划是一项复杂细致的工作。在货源比较充足时，要编制好车辆运行作业计划，以保持良好的运输生产秩序，不失时机地完成尽可能多的运输任务；在货源比较紧张时，也要通过编制合理的车辆运行作业计划，尽可能提高车辆运用效率。

编制程序依次为：

1）根据货运任务资料确定货源汇总和分日运送计划，见表4-8。

表 4-8　货源汇总和分日运送计划表

年　　月　　日至　　日

线别	托运单号	发货单位	起运点	收货单位	品名	包装	运距/km	托运质量/t	分日运送计划											剩余物资	
									日		日		日		日		日		运量/t	处理意见
									运量/t	车号	运量/t	车号	运量/t	车号	运量/t	车号	运量/t	车号		
	合　计																			

2）认真核实全部营运车辆的出车能力及出车顺序，逐车妥善安排车辆保修计划，见表4-9。

表 4-9　出车能力计划表

年　　月　　日至　　日

班　组	车　号	额定载质量/吨位	保 修 日 期		上次保修至　日已行驶里程/km	完好车日/车日	备　注
			保修类别	起止日期			

3）根据有关信息，分析研究前期运行作业计划存在的问题。

4）逐车编制运行作业计划，根据有关资料，合理选择车辆行驶路线，妥善确定运行周期，根据货物类型和性质选配适宜的车辆，见表4-10。

表 4-10　货车五日运行作业计划

						年　　月　　日至　　日		
日期	作业计划内容					运量/t	周转量 / (t·km)	执行情况检查
1								
2								
3								
4								
5								
指标	计划	工作率（%）	车日行程/km	里程利用率（%）	实载率（%）	拖运率（%）	运量/t	周转量/（t·km）	说　明
	实际								

5）核准车辆运行作业计划，交付运行调度组织执行。

第二节　运输车辆的选择

车辆是汽车运输企业进行运输生产的物质基础。合理选择运输车辆，不仅可以保证货物的完好无损，而且可以提高车辆重车载质量利用率和装卸效率，提高运送速度，并可减少运输费用，进而为车辆管理和整顿运输市场创造有利的条件。

通常，车辆选择应保证运输费用最小这一基本原则。其影响因素主要包括：货物的种类、特性与批量、装卸方法、运送速度、材料消耗、道路与交通情况以及气候条件等。运输车辆的选择包含两方面的内容：车辆类型的选择及车辆载质量的选择。

一、车辆类型的选择

合理的车型配置对于提高运输效率，避免动力过剩，提高货运质量和降低运输成本等方面均有重要作用。汽车货运企业应根据所承担运输任务的性质、运量、运距、道路、气候、燃料供应等情况来优化车辆类型的构成，如通用车辆与专用车辆的比例，汽油车与柴油车的比例，轻、中、重型车辆的比例等等。其中，车辆类型的选择主要指对通用车辆和专用车辆的选择。

专用车辆主要用于运输特殊货物，或在有利于提高运输工作效率的情况下配置随车装卸机械而用于运输一般货物。在合适的条件下，使用专用车辆可以获得显著的经济效果。例如，使用气动式卸货机械的水泥专用汽车与使用通用汽车相比，可减少约30%的水泥损失和运输费用。

需要注意的是，只有在一定条件下使用专用机械才是合理的。这是因为车辆装上自动装卸机械后，一方面是可以缩短装卸停歇时间，提高车辆运输生产率；但另一方面，也降低了车辆的有效载质量，这又会降低车辆的运输生产率。为了确定通用与专用车辆的合理使用范围,可以比较二者的运输生产率或成本,计算等值运距。

等值运距是指专用车辆与通用车辆的生产率或运输成本相等时的运距。当货运任务和运输车辆相同时,生产率等值运距与运输成本等值运距的计算值相同,但生产率等值运距的确定要简便一些。

以自动装卸汽车的选择为例,当货运任务既定,β、v_t 的值对自动装卸汽车和通用汽车相同,则货运车辆的生产率等值运距为

$$L_w = \left(q_0 \frac{\Delta t}{\Delta q} - t_{lu} \right) \beta v_t \tag{4-10}$$

式中　L_w——生产率等值运距(km);

　　　q_0——通用车辆的额定载质量(吨位);

　　　Δt——利用专用车辆减少的装卸停歇时间(h);

　　　Δq——自动装卸机构的质量(t);

　　　t_{lu}——利用通用车辆的装卸停歇时间(h)。

当货运任务的运距大于等值运距时,可选择通用车辆运输;当货运任务的运距小于等值运距时,则应选择专用车辆。

例4-5　若采用某种通用汽车完成一项货运任务,已知有关数据为额定载质量4吨位,$t_{lu} = 30min$,$\beta = 50\%$,$v_t = 35km/h$。若将该型号汽车改装为自动装卸汽车后,自动装卸机构的质量为0.5t,装卸停歇时间可缩短到10min,试确定该自动装卸汽车的生产率等值运距。

解　根据式(4-10),得

$$L_w = \left(q_0 \frac{\Delta t}{\Delta q} - t_{lu} \right) \beta v_t = \left[4 \times \frac{(30-10)/60}{0.5} - \frac{30}{60} \right] \times 0.5 \times 35km = 37.9km$$

在实际运输工作中,常有车辆的载质量不能充分利用的情况。虽然装置自动装卸机构使车辆额定载质量有所减少,但不会降低其有效载质量或降低不多。因此,实际的等值运距可以比理论计算值大一些。

二、车辆载质量的选择

确定车辆最佳载质量的首要因素是所运货物的批量。当进行大批量货物运输时,在道路法规允许的范围内采用最高载质量车辆是合理的。当货物批量有限时,车辆的载质量必须与货物批量相适应;否则,如果车辆载质量过大,势必会增加材料与动力消耗,增加运输成本。

1. 汽车列车的最佳载质量选择

众所周知,提高车辆的实际载货量是提高车辆生产率、降低运输成本的有效途径之一,而采用拖挂运输又是提高车辆实际载货量的最直接的办法。提高汽车列车的运输生产率的主要途径有两条:一是增加拖挂质量,二是提高行驶速度。当汽车列车的发动机功率及道路条件一定时,随着汽车列车载质量的增加,以吨公里计的生产率会随之增加。但当汽车列车的载质量增加到一定程度后,由于汽车列车的技术速度显著下降,反而会使汽车列车的运输生产率下降。因此,存在一个保证汽车列车最高运输生产率的最佳的拖挂质量。经试验证明,汽车列车总质量的最佳值,大约相当于牵引汽车总质量的一倍。

2. 汽车总数的最佳载质量构成选择

　　汽车总数的载质量构成，应尽可能符合各种货物批量的分布规律。

　　假定有 m 种车辆可供选择，它们的额定载质量序列为 q_j （$j = 1$，2，$\cdots$，m），载质量序列可按由小到大顺序排列。货物批量分布较为常见的是（负）指数分布与正态分布，其概率密度函数 $f(x)$ 分别为

　　指数分布
$$f(x) = \frac{1}{g}\mathrm{e}^{-\frac{x}{g}} \tag{4-11}$$

式中　g——平均货物批量（t）；
　　　x——某一货物批量（t）。

　　正态分布
$$f(x) = \frac{1}{\sigma\sqrt{2\pi}}\mathrm{e}^{-\frac{(x-g)^2}{2\sigma^2}} \tag{4-12}$$

式中　σ——货物批量分布的标准差。

　　则适于额定载质量为 q_j （$1 \leqslant j \leqslant m$）的汽车运输的相应货物批量的概率为

$$P_j = \begin{cases} \displaystyle\int_0^{(q\gamma)_j} f(x)\,\mathrm{d}x & j = 1 \\[2mm] \displaystyle\int_{(q\gamma)_{j-1}}^{(q\gamma)_j} f(x)\,\mathrm{d}x & 1 < j < m \end{cases} \tag{4-13}$$

　　所以，当货物批量服从指数分布时

$$P_j = \frac{1}{g}\int_{(q\gamma)_{j-1}}^{(q\gamma)_j} \mathrm{e}^{-\frac{x}{g}}\,\mathrm{d}x = \mathrm{e}^{-\frac{(q\gamma)_{j-1}}{g}} - \mathrm{e}^{-\frac{(q\gamma)_j}{g}} \tag{4-14}$$

　　当货物批量服从正态分布时

$$P_j = \phi\left[\frac{(q\gamma)_j - g}{\sigma}\right] - \phi\left[\frac{(q\gamma)_{j-1} - g}{\sigma}\right] \tag{4-15}$$

　　需要最大载质量的汽车 q_m 运 i 次时的货物批量概率为

$$P_{m,i} = \begin{cases} \displaystyle\int_{(q\gamma)_{m-1}}^{(q\gamma)_m} f(x)\,\mathrm{d}x & i = 1 \\[2mm] \displaystyle\int_{(i-1)(q\gamma)_m}^{i(q\gamma)_m} f(x)\,\mathrm{d}x & i > 1 \end{cases} \tag{4-16}$$

　　货物批量的均值为

$$g = \sum_{j=1}^{m-1} (q\gamma)_j P_j + (q\gamma)_m \sum_{i=1}^{\infty} i P_{m,i} \tag{4-17}$$

　　每运次货物运输量均值为

$$\overline{g_c} = \sum_{j=1}^{m-1} (q\gamma)_j P_j + (q\gamma)_m \sum_{i=1}^{\infty} P_{m,i} \tag{4-18}$$

　　每运次汽车额定载质量均值为

$$\overline{q_0} = \sum_{j=1}^{m-1} P_j q_j + q_m \sum_{i=1}^{\infty} P_{m,i} \tag{4-19}$$

　　则汽车总数的重车载质量利用率均值为

$$\overline{\gamma} = \frac{\overline{g_c}}{\overline{q_0}} \tag{4-20}$$

　　计划期内汽车应完成的总运次数为

$$\sum n = \frac{\sum Q}{g_c} = \frac{\sum Q}{q_0 \gamma} \tag{4-21}$$

式中　$\sum Q$——计划期总货运量（t）。

　　计划期内各型车辆应完成的运次数为

$$n_j = P_j \sum n \qquad (j = 1, 2, \cdots, m) \tag{4-22}$$

计划期内各型车辆应完成的货运量为

$$Q_j = n_j(q\gamma)_j \qquad (j=1, 2, \cdots, m) \qquad (4\text{-}23)$$

各型车辆每车日产量为

$$Q_{dj} = \frac{q_j\gamma_j}{\dfrac{L_{1j}}{\beta_j v_{1j}} + t_{1uj}} T_{dj} \qquad (j=1, 2, \cdots, m) \qquad (4\text{-}24)$$

需要的各型车辆的在册车辆数为

$$A_j = \frac{Q_j}{D_P \alpha_{dj} Q_{dj}} \qquad (j=1, 2, \cdots, m) \qquad (4\text{-}25)$$

式中 D_P——计划期内各型车辆的平均营运天数（d）；

α_{dj}——计划期第 j 型车辆的工作率（%）。

通过以上计算，可确定计划期内所需的各型车辆的在册车辆数。

第三节 货运车辆运行调度与行驶路线的优化方法

一、车辆运行调度

1. 车辆运行调度工作的内容

货运车辆运行调度工作是货运企业运输生产管理活动中一个非常重要的组成部分。车辆运行调度工作以车辆的运行为中心，它不但是高质量完成预定的货运任务的保证，而且，通过车辆运行作业计划的实施将企业内部各生产环节（特别是车队、车间装卸部门等）连接成一个有机的整体。

车辆运行调度工作的内容有以下几点：

1）检查货运生产前的作业准备情况，配合和监督有关部门落实货源、车辆、装卸劳力和设备等方面的工作。

2）检查车辆运行作业计划的执行情况，随时进行协调、控制和校正，尽量缩短运输生产的中断时间，保证运输生产的顺利进行。

3）根据车辆的技术状况和所处状态，科学合理地调配车辆，尽量使车型适应货种，不断提高车辆运用水平。

4）根据主要物资的流量、流向及其变化规律，加强回程货源的组织工作，提高车辆运用水平。

5）根据营运区域内的道路和交通情况，及时调整车辆行驶路线，必要时修改车辆运行作业计划。

6）合理调配劳动力，加强劳动组织工作，充分调动广大职工的主动性和创造性。

7）运用现代信息技术，对车辆和货物进行跟踪和实时控制。

2. 车辆运行调度工作的要求

（1）对调度机构的要求 科学的调度体制以及健全的调度机构是搞好车辆运行调度工作的组织保证。运输企业的调度机构一般由计划调度组、值班调度组和统计检查组三个部分组成。

　　计划调度组主要负责掌握本辖区的运量、运力情况，主持召开运量、运力平衡会议；根据平衡会议的决定和货流分布规律，提出车辆运用意见，编制车辆运行作业计划。

　　值班调度组主要负责下达车辆运行作业计划，监督计划的执行；加强对车辆运输过程的管理，对偏离计划的运输车辆及时采取措施，确保其按要求完成运输任务；编制运输进度表，送主管领导和上级调度部门审批；掌握各装卸点的车辆装卸情况，合理调度装卸力量；积极组织回程货源，提高车辆里程利用率；了解车辆的保修进度，对偏离保修计划的及时采取措施进行调整；准确掌握辖区内的道路与交通情况，有变化时立即采取措施调整车辆运行；根据计划调度组的要求，安排临时性运输任务。

　　统计检查组主要负责按日统计运输生产进度情况，编制有关运输统计报表；按月度及年度进行企业内部的单车运输生产结算，编制汽车运输的主要技术经济指标的计划值与实际值的对比图表。

　　各级调度机构应建立和健全相应的调度工作制度，如调度值班制度、调度通讯联络制度、调度汇报制度、调度责任制度等，以保证调度工作的有效进行。

　　（2）对调度人员的要求　各级调度人员应不同程度地掌握一些与车辆运行有关的基本业务知识，如熟悉车辆一般的技术性能和技术状况，包括车型、车种、性能、拖挂能力、技术装备、保修规定、自编号和车牌号等；掌握营运区域内的道路条件、通行能力、站点配置、现场条件、装卸能力、日常气象及当地天气变化的一般规律等；掌握营运区域内的主要货流的流向、流量及其变化规律，品种规格，包装要求等；熟悉车辆运用指标的涵义、计算方法及其对车辆运输生产率和生产成本的影响；熟悉与汽车运输生产有关的各项规章制度、运输业务单据的作用及其处理程序；了解汽车驾驶员的技术操作水平及其个性、特长、嗜好、本人的健康和家庭情况等。

　　各级调度人员应掌握基本的调度原理与方法，以及各种科学先进的车辆运行方式。货流是组织车流的基础，不同结构的货流对车流的要求也不同。车流组织工作做得不好，车流和货流的不相适应情况会加剧，即使装载技术再好，车辆载质量的利用也不会好。因此，应根据货流情况、空车数量、车型和吨位来合理地调配和使用车辆，有计划有组织地调配，做到按货供车，即车种适合货种，标重配合货重，重质货物装大吨位车，轻浮货物装高边车等。另外，在努力提高重车方向的装载量的同时，也应尽可能组织回程货源，这是提高车辆载质量利用率和减少空车行程的有效办法。

　　随着生产技术的进步和管理水平的提高，调度部门应逐渐配备一些先进的通信及调度设备，以提高调度水平。调度人员应掌握这些现代化调度手段的操作技能，以适应交通运输现代化的需要。

二、车辆行驶路线类型

　　行驶路线，就是车辆在完成实际运输工作中的运行路线。由于在组织车辆完成货运任务时，常常存在多种可供选择的行驶路线，而车辆按不同的行驶路线完成同一运输任务时，其运输生产率和单位运输成本往往是不一致的。因此，在完成货运任务的前提下，如何选择最佳的行驶路线，是货运组织工作中的一项非常重要的内容。

　　在一定货流的条件下，货运车辆的行驶路线可分为三种类型：往复式行驶路线、环形式行驶路线和汇集式行驶路线。根据行驶路线类型的不同，可以采用不同的数学模型来确定最佳的车辆行驶路线。

1. 往复式行驶路线

往复式行驶路线，是指运输过程中车辆在某一运输路线的两个端点之间作多次（包括一次）往复行驶的路线类型。它又可以分成三种形式：单程有载往复式、回程部分有载往复式和双程有载往复式。

（1）单程有载往复式　单程有载往复式即回程不载货的往复式行驶路线，如图4-1a所示。这种行驶路线在汽车集装箱运输中较为常见。车辆主要的日运行指标如下：

货运量 $\qquad Q = Z_0 q_0 \gamma$ (4-26)

式中　Z_0——车辆日完成的周转数（次）。

周转量 $\qquad P = QL_1 = Z_0 q_0 \gamma L_1$ (4-27)

式中　L_1——每周转内车辆的重车行程（km）。

里程利用率 $\qquad \beta = \dfrac{\sum\limits_{i=1}^{z_0} L_{1i}}{\sum\limits_{i=1}^{z_0} (L_{1i} + L_{vi}) + L_H} \times 100\%$ (4-28)

式中　L_{1i}——车辆第 i 次周转的重车行程（km）；

　　　L_{vi}——车辆第 i 次周转的空车行程（km）；

　　　L_H——日收、发车调空行程（km）。

单程有载往复式行驶路线在一个周转中只完成一个运次，回程空载，里程利用率较低，一般 $\beta \leq 0.5$，应尽量避免采用。

（2）回程部分有载往复式　回程部分有载往复式是指车辆在完成去程的运输任务后，回程运输亦是重载，但回程货物不是运到路线始点，而只是运到路线上中途某个货运点而未达全程，如图4-1b所示。这种行驶路线中，每一周转完成了两个运次，但空车行程不等于零。其主要日运行指标如下：

货运量 $\qquad Q = Z_0 q_0 (\gamma_1 + \gamma_2)$ (4-29)

式中　γ_1、γ_2——分别为一次周转中，车辆在第1运次和第2运次的重车载质量利用率（%）。

周转量 $\qquad P = Z_0 q_0 (\gamma_1 L_{l1} + \gamma_2 L_{l2})$ (4-30)

式中　L_{l1}、L_{l2}——分别为一次周转中，车辆在第1运次和第2运次的重车行程（km）。

　　　L_{v2}——一次周转中第二运次的空车行程（km）（设第一运次为去程）。

里程利用率 $\qquad \beta = \dfrac{Z_0 (L_{l1} + L_{l2})}{Z_0 (L_{l1} + L_{l2} + L_{v2}) + L_H} \times 100\%$ (4-31)

这种行驶路线的车辆里程利用率有所提高，其范围为：$0.5 < \beta < 1.0$。

（3）双程有载往复式　若车辆在回程运输中，货物运到路线始点，即双程运输均为全程运输，这就是双程有载往复式行驶路线，如图4-1c所示。在这种行驶路线中，每一周转完成了两个运次，且空车行程为零，是生产率最高的往复式行驶路线。其主要日运行指标如下：

货运量 $\qquad Q = Z_0 q_0 (\gamma_1 + \gamma_2)$ (4-32)

周转量 $\qquad P = Z_0 q_0 L_1 (\gamma_1 + \gamma_2)$ (4-33)

里程利用率 $\qquad \beta = \dfrac{2 Z_0 L_1}{2 Z_0 L_1 + L_H}$ (4-34)

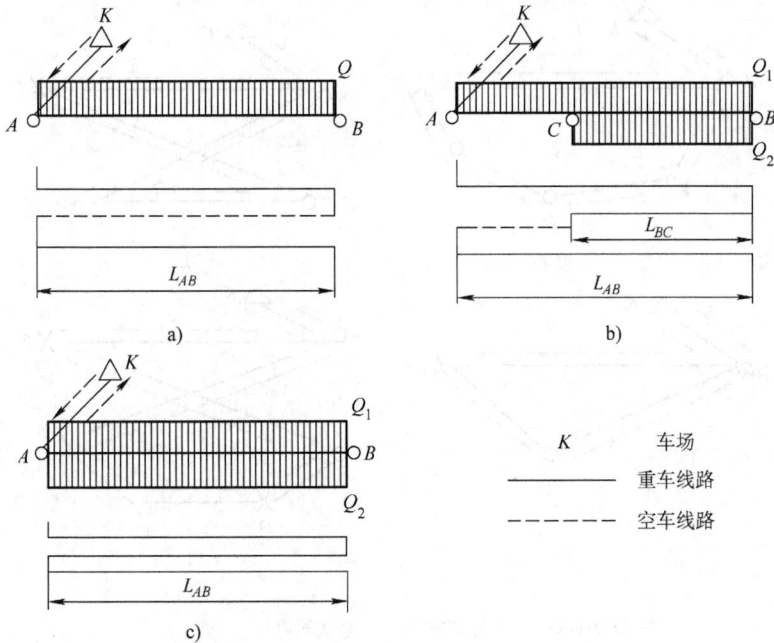

图 4-1　往复式行驶路线示意图

a）单程有载式　b）回程部分有载式　c）双程有载式

这种行驶路线的车辆里程利用率值可接近于 1.0。

比较上述三种往复式行驶路线，单程有载往复式的里程利用率最低，其运输工作效果较差，因此应尽量避免采用。双程有载往复式的里程利用率最高，是工作生产率最高、经济效果最好的行驶路线。

2. 环形式行驶路线

环形式行驶路线是指车辆在由若干个装卸作业点组成的一条封闭回路上，作连续单向运行的行驶路线，如图 4-2 所示。在这种行驶路线中，一次周转内，车辆至少完成两个运次的运输工作。由于各货运点在运输方向上的相互位置不同，这种形式的路线又分三种形式，即简单环式、交叉或三角环式以及复合环式。

环形式行驶路线的主要日运行指标如下：

货运量
$$Q = \sum_{i=1}^{n} q_0 \gamma_i \tag{4-35}$$

式中　n——日完成的总运次数（个）；

γ_i——第 i 运次车辆重车载质量利用率（%）。

周转量
$$P = \sum_{i=1}^{n} q_0 \gamma_i L_{li} \tag{4-36}$$

式中　L_{li}——第 i 运次的重车行程（km）。

里程利用率
$$\beta = \frac{\sum_{i=1}^{n} L_{li}}{\sum_{i=1}^{n} (L_{li} + L_{vi}) + L_H} \tag{4-37}$$

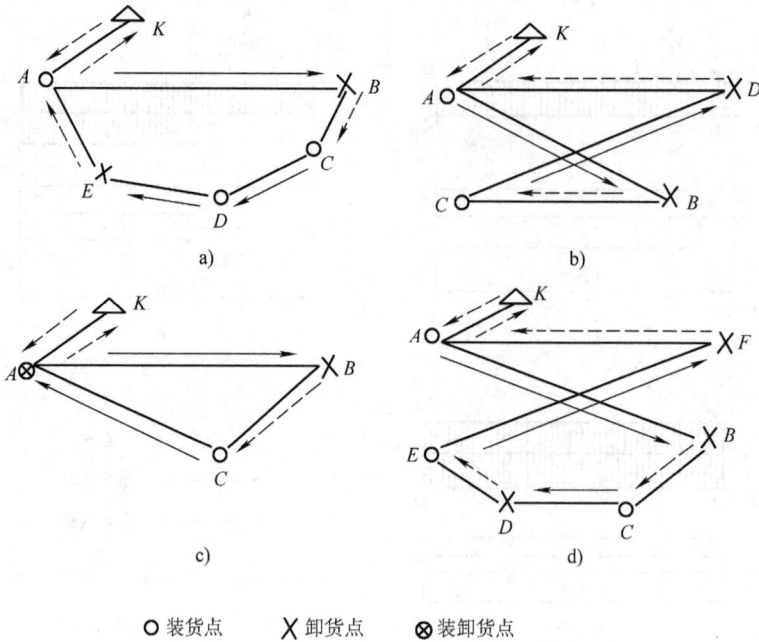

○装货点　　✕卸货点　　⊗装卸货点

图 4-2　环形式行驶路线示意图
a) 简单环式　b) 交叉环式　c) 三角环式　d) 复合环式

式中　L_{vi}——第 i 运次的空车行程（km）。

当无法组织双程有载往复式行驶路线时，为了提高里程利用率和经济效果，可组织环形式行驶路线。但要注意应使空车行程之和不大于重车行程之和，即 $\beta \geqslant 0.5$。否则，环形式行驶路线的经济效果还不如单程有载往复式行驶路线。

3. 汇集式行驶路线

汇集式行驶路线是指车辆沿着分布于运行路线上各装卸作业点，依次完成相应的装卸作业，且每运次的货物装（卸）量均小于该车额定载质量，直到整个车辆装满（或卸空）后返回到出发点的行驶路线。这种路线也可分为三种形式，即分送式、收集式和分送—收集式，如图 4-3 所示。

1) 分送式（图 4-3a）。指车辆沿运行路线上各货物装卸点依次进行卸货的行驶路线。

2) 收集式（图 4-3b）。指车辆沿运行路线上各货物装卸点依次进行装货的行驶路线。

3) 分送—收集式（图 4-3c）。指车辆沿运行路线上各货物装卸点分别或同时进行装、卸货的行驶路线。

车辆在汇集式行驶路线上工作时，其组织工作较为复杂，通常以单程或周转为基本运输过程进行组织。其主要日运行指标如下（以分送式为例）：

货运量
$$Q = \sum_{i=1}^{z_0} Q_i \qquad (4\text{-}38)$$

式中　Q_i——第 i 次周转车辆完成的货运量（t）。

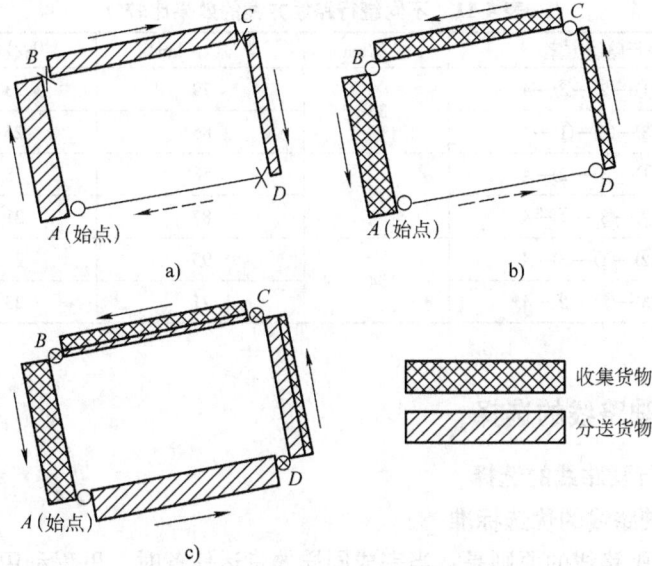

图 4-3　汇集式行驶路线示意图
a）分送式　b）收集式　c）分送—收集式

周转量
$$P = \sum_{i=1}^{z_0} P_i \qquad (4\text{-}39)$$

式中　P_i——第 i 次周转车辆完成的货物周转量（t·km）。

汇集式行驶路线一般每一周转中完成一个运输任务，但重车行程却有几段，最后又回到原出发点。因此，一般情况下，汇集式行驶路线为封闭路线。车辆可能沿一条环形式路线运行，也可能在一条直线路线上往返运行。

当车辆采用汇集式行驶路线完成运输任务时，每个周转的货物周转量的大小与车辆沿路线上各货运点的绕行次序有关。若绕行次序不同，即使完成同样的货运任务，其周转量也不一样。在这种情况下，按总行程最短组织车辆进行运输最为经济。

例如，某仓库 A 有 5t 货物，须利用一辆额定载质量为 5 吨位的载货汽车将其运出，分送①、②、③三个收货点，各收货点的卸货量（以"—"表示卸货）及各点间距离如图 4-4 所示。

在有三个收货点的情况下，可能的绕行路线有六种，见表 4-11。

在其他条件相同的情况下，选择汇集式行驶路线，以每周转总行程最短，即 $\sum L = \min$ 为最优；若总行程相等，则周转量小者效果较好。因此，应选择方案③。

上述三大类运输路线中，往复式行驶路线和环形式行驶路线往往是大宗货物的运输路线，而汇集式行驶路线往往是零担货物的运输路线。

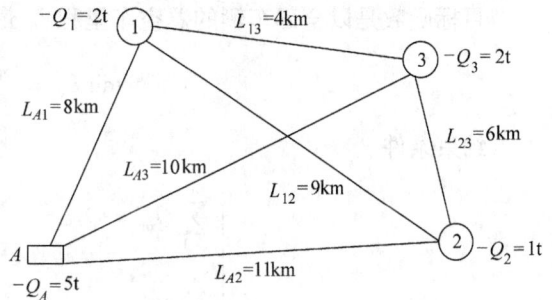

图 4-4　分送式路线货运点分布图

表 4-11 不同绕行路线方案的效果比较

序 号	绕行路线方案	$\sum L/\text{km}$	$P/(\text{t}\cdot\text{km})$	L_1/km	$\beta(\%)$
①	A—①—②—③—A	33	79	23	70
②	A—③—②—①—A		86	25	76
③	A—①—③—②—A	29	58	18	62
④	A—②—③—①—A		87	21	73
⑤	A—②—①—③—A	34	95	24	71
⑥	A—③—①—②—A		71	23	68

三、车辆行驶路线的选择

(一) 环形式行驶路线的选择

1. 环形式行驶路线的优选标准

选择环形式行驶路线的原则是：当完成同样的货运任务时，里程利用率 β 最高为最佳。

环形式行驶路线以运次为基本运输过程进行组织，并且在一条环形路线上包含多个运次、多项货运任务。其中，每个运次的重车路线由货运任务决定，所以重车方向是一定的，无从选择，只有合理组织该环形路线各个运次的衔接顺序，使总空车行程最短，才能使里程利用率 β 最高，才能获得最经济的行驶路线。因此，环形式行驶路线的选优等价于选择环形式路线的空车行驶路线，即空车行程最短为最优。

2. 数学模型

根据环形式行驶路线选择问题的特点，可以将其归结为线性规划问题，利用"运输问题"模型来求解。

假设 m 为空车发点（包括卸货点和车场）数，n 为空车收点（包括装货点和车场）数，Q_{ij} 为由第 i 点发往第 j 点的空车数，q_j 为第 j 点所需空车数，Q_i 为第 i 点发出空车数，L_{ij} 为第 i 点到第 j 点的距离，则其空车行驶路线的选择问题的数学模型如下所述。

目标函数是以全部车辆的总空车里程 L_v 最短为求解目标，即

$$\min L_v = \sum_{i=1}^{m}\sum_{j=1}^{n} Q_{ij}L_{ij} \tag{4-40}$$

约束条件

$$\begin{cases} \sum_{j=1}^{n} Q_{ij} = Q_i & (i=1,2,\cdots,m) \\ \sum_{i=1}^{m} Q_{ij} = q_j & (j=1,2,\cdots,n) \\ \sum_{i=1}^{m} Q_i = \sum_{j=1}^{n} q_j \\ Q_{ij} \geq 0 \end{cases} \tag{4-41}$$

上述数学模型的求解方法很多，其中又以表上作业法、标号法较为常用。当货运点数目较多，路网比较复杂时，可利用计算机编制计算机程序进行求解。

3．表上作业法

应用表上作业法可将上述问题转化为运输问题的产销平衡运价表的形式求解。求解的计算机程序框图如图 4-5 所示。

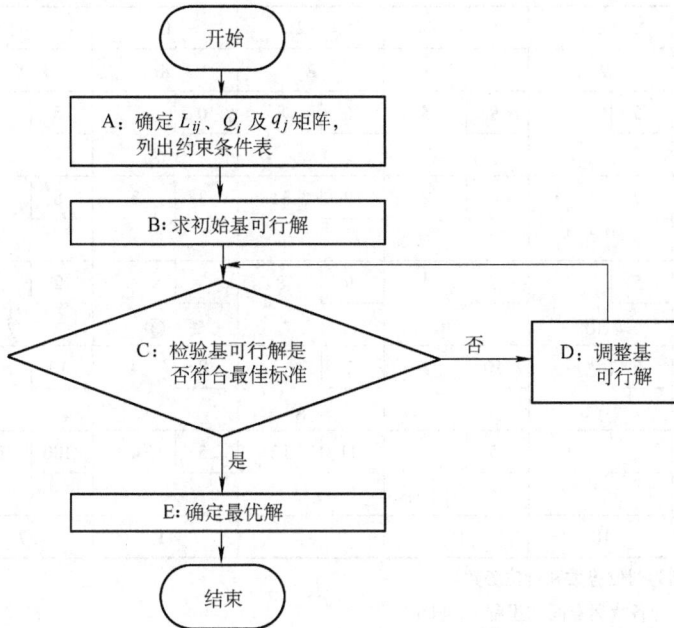

图 4-5　应用表上作业法选择空车行驶路线总程序框图

例 4-6　已知某货运企业日货运任务见表 4-12，车场 K 及各货运点间的里程见表 4-13，试用表上作业法选择空车行驶路线。

表 4-12　货运任务表

发货点（空车收点）	收货点（空车发点）	运量/辆	货　　名
A	E	8	水泥
B	A	11	煤
C	F	18	炉渣
D	G	15	化肥

表 4-13　车场及各货运点间的里程表　　　　　　　　（km）

里程　收货点 发货点	F	G	E	A	K
A	5	9	6	0	5
B	2	6	9	3	8
C	5	7	9	3	2
D	6	10	2	8	13
K	7	5	11	5	—

解 列出产销平衡及运价表，运用运输问题的表上作业法求解，过程略。最优方案见表4-14。

表4-14 某空车行驶路线选择产销平衡运价表及计算结果

V_j ＼ i ／ U_i		2 F	4 G	−2 E	0 A	−1 K	q_j
0	A	5 ⌐3	9 ⌐5	6 ⌐8	0 ⌐ ⑧	5 ⌐6	8
0	B	2 ⌐ ⑪	6 ⌐2	9 ⌐11	3 ⌐3	8 ⌐9	11
3	C	5 ⌐ ⓪	7 ⌐ ⑧	9 ⌐8	3 ⌐ ③	2 ⌐ ⑦	18
4	D	6 ⌐ ⑦	10 ⌐2	2 ⌐ ⑧	8 ⌐4	13 ⌐10	15
1	K	7 ⌐4	5 ⌐ ⑦	11 ⌐12	5 ⌐4	100 ⌐100	7
Q_i		18	15	8	11	7	59

注：1. U_i、V_j 分别为列位势数和行位势数。

2. 左上角数字为各货运点间的里程 L_{ij}（km）。

3. 右上角数字为检验数 λ_{ij}。

4. 圆圈内数字为最优解。

由表4-14可知，满足约束条件及目标函数要求的最佳方案是：

发车：由车场 K 向 C 点发车7辆，即 $Q_{K,C}=7$ 辆；

收车：由 G 点向车场收车7辆，即 $Q_{G,K}=7$ 辆；

空车：$Q_{A,A}=8$，$Q_{F,B}=11$，$Q_{G,C}=8$，$Q_{A,C}=3$，$Q_{F,D}=7$，$Q_{E,D}=8$。

总空车行程：

$$L_v = Q_{A,A}L_{A,A} + Q_{F,B}L_{F,B} + Q_{F,C}L_{F,C} + Q_{G,C}L_{G,C} + Q_{A,C}L_{A,C} + Q_{K,C}L_{K,C} +$$
$$Q_{F,D}L_{F,D} + Q_{E,D}L_{E,D} + Q_{G,K}L_{G,K}$$
$$= （8 \times 0 + 11 \times 2 + 0 \times 5 + 8 \times 7 + 3 \times 3 + 7 \times 2 + 7 \times 6 + 8 \times 2 + 7 \times 5）\text{km}$$
$$= 194\text{km} = \min L_v$$

在求得空车行驶方案最优解以后，可以在此理论最优解的基础上，结合货运任务中规定的货物流量、流向及车班工作时间定额等，确定与理论最优解最接近的车辆环形式路线方案。

（二）选择汇集式行驶路线的启发式算法

汇集式行驶路线的优选原则是以每周转的总行程最短为最优。

可将此问题归为运筹学中的货郎担问题，应用启发式算法来进行近似求解。其基本思路是：当货运点多、总运量较大、需用运输车辆超过一辆时，选择汇集式行驶路线。首先根据运输车辆每车次最高装载量定额，按就近调车的原则对货运点进行分组；然后按总行程最短的原则，采用启发式算法分别确定每车沿其本组货运点的绕行次序，以选定单车运行路线。

现以分送式路线选择为例，阐述其选择方法。

首先确定计算所需数据，包括：货运点的分布图或货运点间里程矩阵 L_{ij}（表4-15）；货运点收（卸）货量 q_j（表4-16）；单车最高装载量 q_H。其中，i、j 为货运点序号，q_j、q_H 的计算单位视货物情况而定，如可以是吨、件、桶、箱、瓶等。

表4-15　各货运点间里程 L_{ij} 统计表

L_{ij} ╲ j / i	0	1	2	⋯	n
0	0	$L_{0,1}$	$L_{0,2}$	⋯	$L_{0,n}$
1	$L_{1,0}$	0	$L_{1,2}$	⋯	$L_{1,n}$
2	$L_{2,0}$	$L_{2,1}$	0	⋯	$L_{2,n}$
⋮	⋮	⋮	⋮	⋮	⋮
n	$L_{n,0}$	$L_{n,1}$	$L_{n,2}$	⋯	0

表4-16　各货运点收货量 q_j 统计表

货运点 j	1	2	3	⋯	n
收货量 q_j	q_1	q_2	q_3	⋯	q_n

在此基础上，可采用启发式算法按下面的程序进行计算（图4-6）：

A：确定货运点分组数 d 为

$$d = \left[\frac{\sum q_j}{q_H} + 0.5 \right] \quad (4\text{-}42)$$

式中　$\sum q_j$——各收货点收货量之和（t）；

〔　〕——取整函数的标记。

B：单车货运点分组：

其程序如图4-7所示。

1）确定单车行驶路线序号 N（$N=1,2,\cdots,d$），即单车货运点分组组别序列，以依次确定单车行驶路线。

2）选择第一个收货点。以 K 表示收货点的序号，即选择 $K=1$ 的收货点。

首先确定距发货点（$j=0$）最远的收货点（$j=r$）为第一个收货点，即确定 $\max L_{0j}$ 及车辆实际载质量 $q=q_j$，并将该点记为 $N_K=N_1$，即第 N 组单车行驶路线上的第一个收货点。此时第 j 收货点已收到所需数量 q_j 的货物，不再参加后续单车行驶路线上收货点的分组选择，再令 $i=j$，继续选择下一个收货点。

3）选择其余收货点。即按照就近选点的原则，

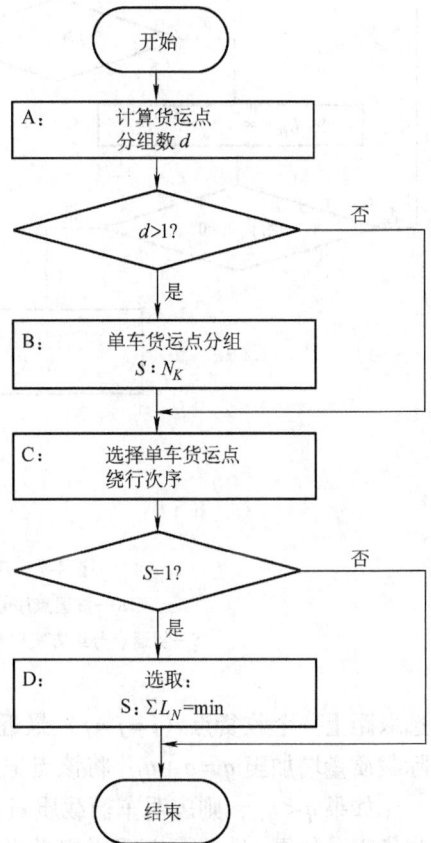

图4-6　分送式路线选择总程序图

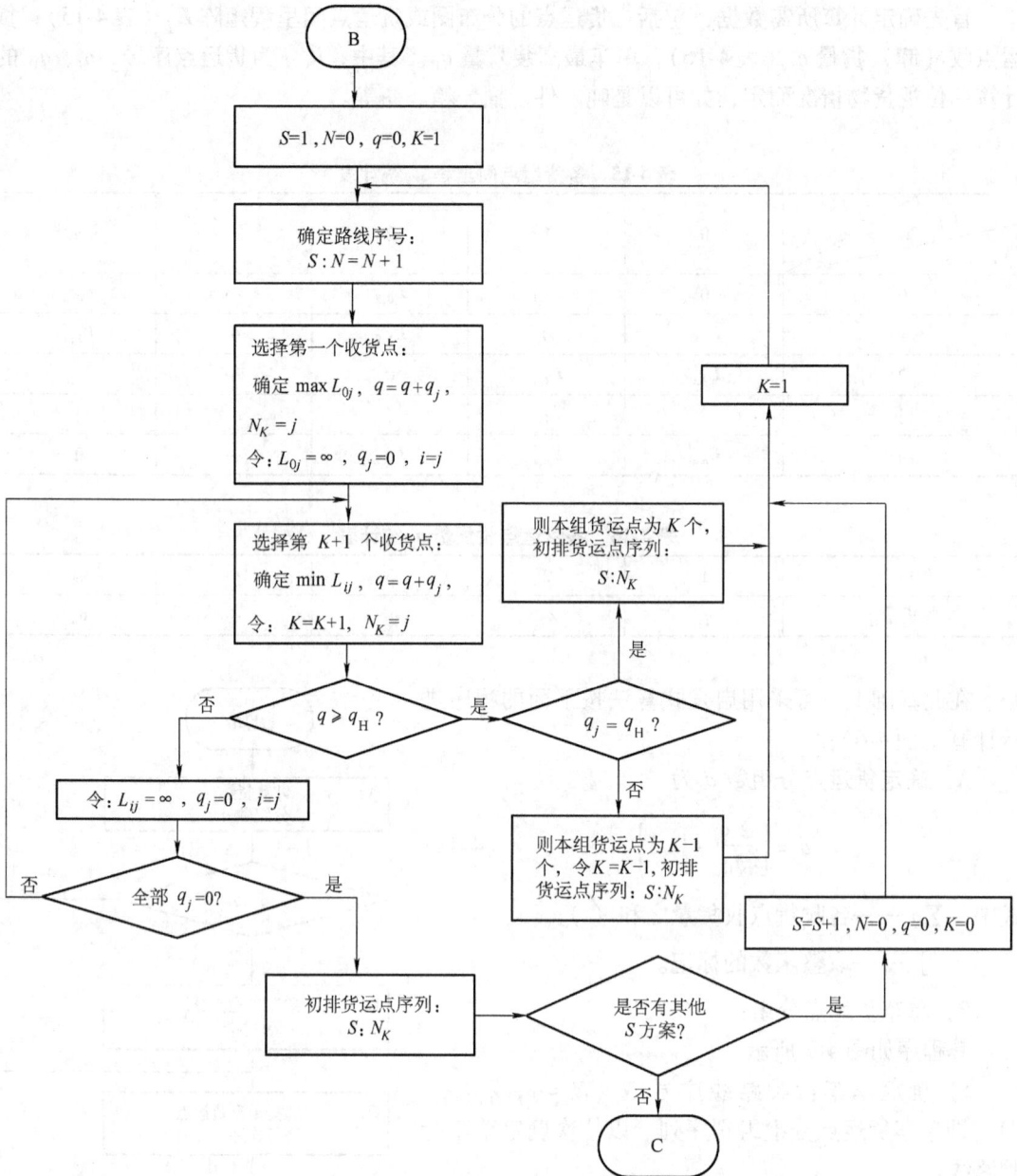

图 4-7　单车货运点分组计算程序 B 框图

K—货运点序号　　N—货运点组别（$N=1, 2, \cdots, d$）

S—货运点分组方案序号（$S=1, 2, \cdots, d$）　　$L_{ij}=\infty$ 表示划掉第 j 列

选取距上一个收货点（$i=j=r$）最近的第 j（$j\neq r$）收货点为第 $K+1$ 个收货点，此时车辆实际载质量增加至 $q=q+q_j$；将该点记为 N_K（$K=K+1$）。

如果 $q<q_H$，则表明车辆载质量没有充分利用，若尚有 $q_j\neq0$，则继续选择本组下一个收货点；如果 $q=q_H$，表明本组单车行驶路线上的全部货运点已选择完毕，转本程序步骤 1），进行第 $N+1$ 组单车货运点的选择；如果 $q>q_H$，表示车辆实际装载量已超过车辆的每车次的最高装载定额，不能再负担第 $K+1$ 个收货点的送货任务。因此，本组单车行驶路线的全部收货点为 K 个，并按选点的先后顺序初排货运点序列 N_K，然后转本程序步骤 1）进行下一组货运点的选择。若全部货运点的 $q_j=0$，则表明本方案 S 的全部收货点选择完毕，据此初排本组货运序列。若还有其他货运点分组方案，则转本程序步骤 1）继续选择下一组别 $N+1$ 的货运点，直至 $S=e$ 方案分组完毕，则转下一程序 C。

程序 C：选择单车货运点绕行次序，其计算程序如图 4-8 所示。

1）列出本组各货运点间里程 L_{ih}（$i=h=1$，2，$\cdots$，m）统计表，见表 4-17。表内各点按初排货运点顺序排列，包括收、发货点。

表 4-17 同组货运点间里程 L_{ih} 统计表

N_K \ h / N_K \ i		N_0	N_1	N_2	$\cdots$	N_m
		0	1	2	$\cdots$	m
N_0	0	0	$L_{0,1}$	$L_{0,2}$	$\cdots$	$L_{0,m}$
N_1	1	$L_{1,0}$	0	$L_{1,2}$	$\cdots$	$L_{1,m}$
N_2	2	$L_{2,0}$	$L_{2,1}$	0	$\cdots$	$L_{2,m}$
$\vdots$	$\vdots$	$\vdots$	$\vdots$	$\vdots$	$\cdots$	$\vdots$
N_m	m	$L_{m,0}$	$L_{m,1}$	$L_{m,2}$	$\cdots$	0

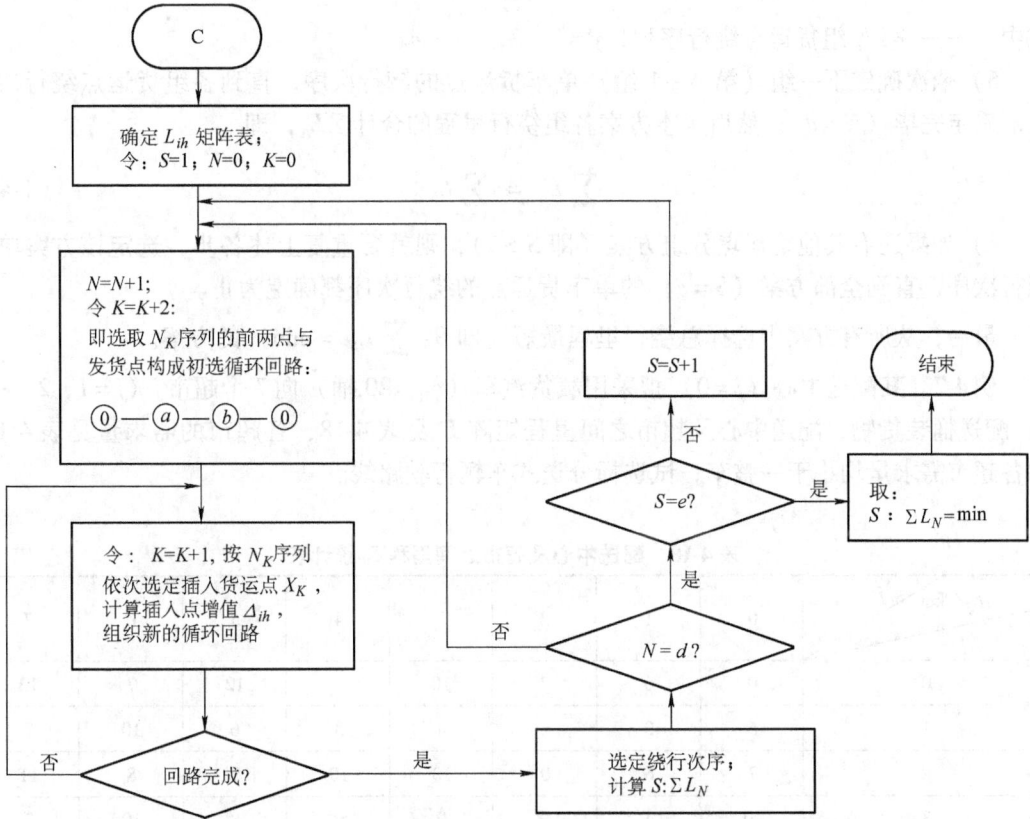

图 4-8 单车货运点绕行次序计算程序 C 框图

2）按 N_K 序列，选取前两个货运点（假定其序号分别为 a、b）与发货点（$j=0$）组成初选循环回路，记为 ⓪—ⓐ—ⓑ—⓪。

3）按 N_K 序列，依次选取货运点 X_K 插入初选循环回路。

其插入原则是：回路中因包含了货运点 X（X_K）而使行驶路线长度的增加值 Δ_{ih} 最小为最优，即

$$\Delta_{ih} = L_{i,X} + L_{X,h} - L_{i,h} = \min \tag{4-43}$$

式中　i、h——分别为初选循环回路任一路段的两个端点；

　　　$L_{i,X}$——i 点与插入点 X 的距离（km）；

　　　$L_{X,h}$——插入点 X 与 h 点的距离（km）；

　　　$L_{i,h}$——i 点与 h 点的距离（km）。

当插入点 X 的插入位置确定之后，即由原来的三个货运点组成的初选循环回路变为由四个货运点组成的新的循环回路。假如点 X 的插入位置为 a、b 之间，则新回路可记为 ⓪—ⓐ—Ⓧ—ⓑ—⓪。然后，继续按 N_K 序列的顺序依次选点插入循环回路，直到本组全部货运点都插入循环回路当中。若最终的循环回路不是以发货点开始，则将这变换为以发货点开始的循环回路。

4）计算本组货运点绕行里程 L_N

$$L_N = \sum_{y=1}^{w} L_{y,y+1} \tag{4-44}$$

式中　y——第 N 组货运点绕行序列，$y = 1，2，\cdots，w$。

5）依次确定下一组（第 $N+1$ 组）单车货运点的绕行次序，直到各组货运点绕行次序全部确定完毕（$N=d$）；然后求本方案各组绕行里程的合计 $\sum L_N$，即

$$\sum L_N = \sum_{N=1}^{d} L_N \tag{4-45}$$

6）如果还有其他货运点分组方案（即 $S>1$），则就要重复上述各步，选定该方案单车绕行次序，直到全部方案（$S=e$）的单车货运点的绕行次序都确定为止。

最后，从所有方案中选择总绕行里程最短（即 $S：\sum L_N = \min$）的方案。

例4-7　某配送中心（$j=0$）拟采用载货汽车（$q_H = 20$ 桶）向 7 个超市 j（$j=1，2，\cdots，7$）配送桶装货物，配送中心及超市之间里程矩阵 L_{ij} 见表 4-18，各超市的需求量见表 4-19。因各超市需求量均小于一整车，试选择分送式车辆行驶路线。

表4-18　配送中心及超市之间里程 L_{ij} 统计表

L_{ij}/ km　j i	0	1	2	3	4	5	6	7
0	0	6	7	10	5	12	7	12
1	6	0	6	4	3	6	10	7
2	7	6	0	13	10	9	8	11
3	10	4	13	0	9	8	10	2
4	5	3	10	9	0	8	10	11

（续）

$L_{ij}/$ km　　j i	0	1	2	3	4	5	6	7
5	12	6	9	8	8	0	7	9
6	7	10	8	10	10	7	0	5
7	12	7	11	2	11	9	5	0

表 4-19　各超市的收货量 q_j 统计表

货运点 j	1	2	3	4	5	6	7
收货量 q_j/桶	4	2	6	7	3	5	8

解　采用启发式算法，按图 4-6 所示的程序进行计算：

1）程序 A：计算货运点（超市）的分组数 d，即

$$d = \left[\frac{\sum q_j}{q_{\mathrm{H}}} + 0.5\right] = \left[\frac{4+2+6+7+3+5+8}{20} + 0.5\right]\text{组} = 2 \text{ 组}$$

2）程序 B：进行单车货运点分组。

根据图 4-7 所示程序计算（过程略），得出货运点分组方案见表 4-20。

表 4-20　货运点分组方案统计表

方案 S	组别 N	初排货运点序列 j	方案 S	组别 N	初排货运点序列 j
I	1	5, 1, 4, 3	II	1	7, 3, 1
	2	7, 6, 2		2	5, 6, 2, 4

3）程序 C：选择单车货运点绕行次序。

按照图 4-8 所示的程序进行计算（过程略），得到各方案单车绕行路线及绕行里程，如表 4-21 所示。

表 4-21　各方案单车绕行路线及绕行里程

方案 S	组别 N	单车绕行路线	单车绕行里程 L_N/km	绕行里程合计 $\sum L_N$/km
I	1	0—4—5—3—1—0	31	61
	2	0—2—7—6—0	30	
II	1	0—3—7—1—0	24	62
	2	0—4—2—5—6—0	38	

4）确定方案。由表 4-21 可知，第 I 方案（$S=1$）的单车绕行里程合计 $\sum L_N = 61\text{km}$ 为最小，因此，该方案是本例的最佳单车绕行路线方案。

第四节　货运车辆运行组织形式

车辆运行组织形式是指汽车运输生产者为提高车辆利用率和运输生产率，依据货流情况、顾客要求及其他运输条件，组织货物运输的方法。结合实际情况，采用合理、科学的车辆运行组织形式可明显提高运输企业的经济效益。无论是理论研究，还是国内外的运输实践，均证明了组织多班运输、甩挂运输、联合运输、定点与定时运输、公路快运、集装箱运输、零担运输等都是行之有效的车辆运行组织形式。

一、多班运输

1．多班运输的概念

车辆出车时间的长短，取决于车辆运行组织和驾驶员劳动组织的方式。采用多班运输组织形式，是延长车辆出车时间，增产挖潜的措施之一。

多班运输是指一辆车在昼夜时间内的出车工作超过一个工作班次（一般以工作 8h 左右为一个班次）以上的货运形式。多班运输可以停人不停车或少停车，增加了货运车辆在路线上的工作时间，提高了工作率，在一定条件下（如夜间）还可提高车辆的技术速度，因而可以充分发挥车辆利用率，提高运输生产率。实践证明，采用双班运输，车辆的总生产率比单班运输提高 60%～70%。

多班运输主要适用于货源固定、大宗货物运输或紧急突发性运输任务。

2．多班运输的组织形式

多班运输的选择涉及到运距长短、站点配置、货源分布、运输条件、道路状况、驾驶员配备、保修和装卸能力等具体因素，因此，只有结合实际选择和安排各种适宜的组织形式，才能充分发挥现有设备的潜力，才能充分体现多班运输的优越性。根据驾驶员劳动组织的不同，多班运输主要有以下几种形式：

（1）一车两人，日夜双班，起点交接　如图 4-9 所示，每车配备两名驾驶员，分为日夜两班，每隔一定时间（每周或每旬）日夜班驾驶员互换一次。同时，为保证轮休期间的运输任务不受影响，还配备一名替班驾驶员，替班轮休。这种组织形式适宜于短途运输，其优点

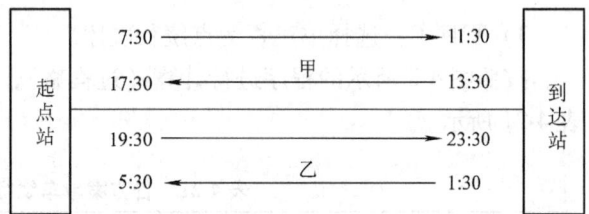

图 4-9　一车两人，日夜双班，起点交接

是能做到定人、定车，能保证车辆有充裕的保修时间，行车时间安排也比较简单，伸缩性较大；其缺点是车辆时间利用还不够充分，驾驶员不能完全做到当面交接。

（2）一车两人，日夜双班，分段交接　每车配备两名驾驶员，分段驾驶，定点（中间站）交接。驾驶员每隔一定时间轮换驾驶路段，保证劳逸均匀。这种组织形式适宜于在两个车班时间（16h 左右）可以直达或往返的运输任务，其优点与第一种形式相同，且能保证驾驶员当面交接。

（3）一车三人，日夜双班，两工一休　如图 4-10 所示，每车配备三个驾驶员，日夜双班，每个驾驶员工作两天，休息一天，轮流担任日夜班，并按规定地点定时进行交接班。这

种组织形式适用于一个车班内能完成一个或几个运次的往返的运输任务，其优点是能做到定人、定车，车辆出车时间较长，运输效率较高；缺点是不易安排车辆的保修时间，每车班驾驶员一次工作时间较长易疲劳，需配备的驾驶员数量也较多。

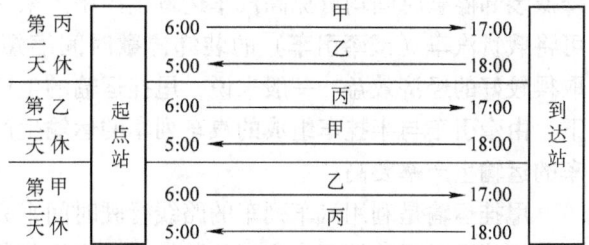

图 4-10　一车三人，日夜双班，两工一休

（4）一车三人，日夜三班，分段交接　每车配备三名驾驶员，分日夜三班行驶，驾驶员在中途定站、定时交接。途中交接站需设在离终点较近（约为全程的 1/3）且能保证在一个车班时间内往返一次的地点。在起点站配备两名驾驶员，途中交接站配备驾驶员一名，三名驾驶员应每隔一定时间轮流调换行驶路线和行驶时间。这种组织形式的优点是车辆时间利用充分，运输效率高，可做到定人、定车运行；其缺点是驾驶员工作时间不均衡，所需的驾驶员数量也较多，且要求具有较高的对车辆进行快速保修的技术能力，以保证车辆的运行安全。这种组织形式，适用于当天能往返一次的运输任务。

（5）两车三人，日夜三班，分段交接　如图 4-11 所示，每两车配备三名驾驶员，分段行驶，在交接站定点、定时交接。其中两人各负责一辆车，固定在起点站与交接站之间行驶，而另一人每天则轮流驾驶两辆车，在交接站与到达站之间行驶。交接站应设在离起点站或到达站较近（约为全程的 1/3）、在一个班次内能完成一次往返的地点。这种组织形式能做到定人、定车运行，并可减少驾驶员的配备数量，车辆时间利用较好，车辆保养时间充分；其缺点是车辆的运行组织要求严格，行车时间要求正点，驾驶员工作时间较长。这种组织形式适用于两天可以往返一次的运输任务。

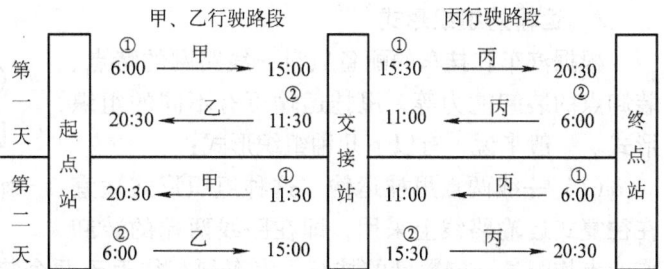

图 4-11　两车三人，日夜三班，分段交接

（6）一车两人，轮流驾驶，日夜双班　每辆车同时配备两名驾驶员，在车辆全部运行周转时间内，由两人轮流驾驶，交替休息。这种运行组织形式适用于运距很长，货流不固定的运输路线上。其优点是可以做到定人、定车，可最大限度地提高车辆的时间利用；缺点是驾驶员在车上不能正常休息。随着道路条件的不断改善和车辆性能的不断提高（如驾驶室可配有供驾驶员休息的卧铺），这种组织形式已越来越多地被采用。

开展多班运输，可提高车辆的时间利用程度，提高运输生产率，但企业所开支的各项费用和驾驶员的数量也随着周转量的增加而增加。因此，要提高多班运输的经济性，只有车辆生产率、劳动生产率有了提高，单位运输成本有所下降，才会有更好的效果。

二、甩挂运输

1．甩挂运输概述

甩挂运输也称为甩挂装卸，是指汽车列车按照预定的计划，在各装卸点甩下并挂上指定的挂车后，继续运行的一种组织方式。在相同的运输组织条件下，增加汽车的实际装载量和降低装卸停歇时间均可提高汽车运输生产率。采用甩挂运输不但可以提高车辆的载货量，还可将载货汽车（或牵引车）的装卸停歇时间缩短到最低，从而显著提高汽车运输生产率，取得较好的经济效益。一般来说，甩挂运输的生产率比定挂运输要高；在相同载质量的情况下，由牵引车与半挂车组成的汽车列车的运输生产率，比由载货汽车和全挂车组成的汽车列车的运输生产率要高。

甩挂运输是利用汽车列车的路线行驶时间来完成甩下挂车的装卸作业，使整个汽车列车的装卸停歇时间，缩短为主车的装卸时间和甩挂作业时间。其实质是应用了平行作业原则。因此，甩挂运输可加速车辆周转，提高运输效率。

甩挂运输适用于运距较短、装卸能力不足且装卸停歇时间占汽车列车运行时间的比重较大的情况。若运距太长时采用甩挂运输，装卸停歇时间占汽车列车运行时间的比重很小，则非但甩挂的效果不明显，而且还增加了组织的复杂性。当运距大到一定程度时，由于汽车列车的技术速度低于同等载质量的汽车，反而使得汽车列车的生产率不一定高于同等载货汽车的生产率，如图4-12所示。

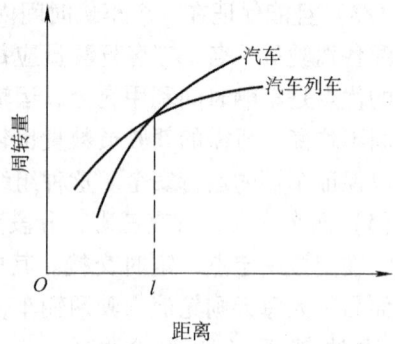

图4-12　产量相当示意图

2．运输的组织形式

根据汽车和挂车的配备数量、线路网的特点、装卸点的装卸能力等，甩挂运输可有不同的组织形式。一般来说，有以下几种组织形式：

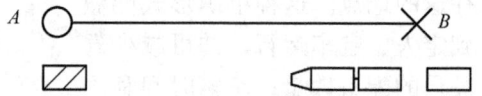

图4-13　"一线两点两端甩挂"示意图

（1）一线两点甩挂运输　这种组织形式适宜在往复式运输路线上采用，即在路线两端的装卸作业点均配备一定数量的挂车，汽车列车往返于两个装卸作业点之间进行甩挂作业，如图4-13所示。根据路线两端不同的货流情况或装卸能力，可组织"一线两点，一端甩挂"（装甩卸不甩或卸甩装不甩）和"一线两点，两端甩挂"两种形式。

一线两点甩挂适用于装卸作业点固定、运量较大的路线上。但其对车辆运行组织工作有较高要求，必须根据汽车列车的运行时间、主挂车的装卸作业时间等资料，预先编制汽车列车运行图，以保证均衡生产。

（2）循环甩挂　这种组织形式是在车辆沿环形式路线行驶的基础上，进一步组织甩挂的组织方式。它要求在闭合循环的回路的各个装卸点配备一定数量的挂车，汽车列车每到达一个装卸点后甩下所带的挂车，装卸工人集中力量完成主车的装或卸作业，然后挂上预先准备好的挂车继续行驶，如图4-14所示。

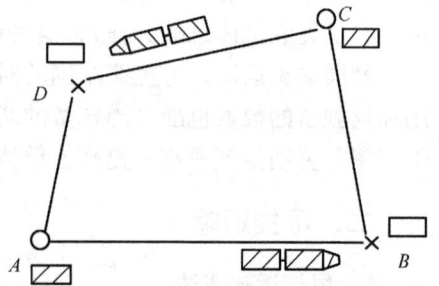

图4-14　循环甩挂示意图

这种组织形式的实质是用循环调度的方法来组织封闭回路上的甩挂作业，它提高了车辆的载运能力，压缩了装卸作业停歇时间，提高了里程利用率，是甩挂运输中较为经济、运输效率较高的组织形式之一。循环甩挂涉及面广，组织工作较为复杂。因此，在组织循环甩挂时，一要满足循环调度的基本要求，二要选择运量较大且稳定的货流进行组织，同时还要有适宜于组织甩挂运输的货场条件。

（3）一线多点，沿途甩挂 这种组织形式的示意图如图 4-15 所示。它要求汽车列车在起点站按照卸货作业地点的先后顺序，本着"远装前挂，近装后挂"的原则编挂汽车列车。采用这一组织形式时，在沿途有货物装卸作业的站点，甩下汽车列车的挂车或挂一预先准备好的挂车继续运行，直到终点站。汽车列车在终点站整列卸载后，沿原路返回，经由先前的甩挂作业点时，挂上预先准备好的挂车或甩下汽车列车上的挂车，继续运行直到返回始点站。

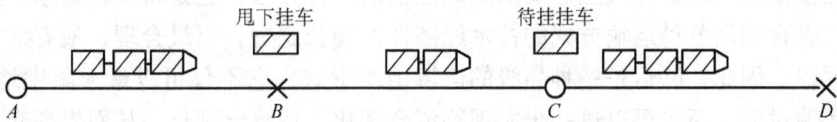

图 4-15 "一线多点，沿途甩挂"示意图

一线多点，沿途甩挂的组织形式，适用于装货地点比较集中而卸货地点比较分散，或卸货地点集中而装货地点分散，且货源比较稳定的同一运输线路上。当货源条件、装卸条件合适时，也可以在起点或终点站另配一定数量的挂车进行甩挂作业。定期零担班车也可采用这一组织形式。

（4）多线一点，轮流拖挂 这种组织形式的示意图如图 4-16 所示。它是指在装（卸）点集中的地点，配备一定数量的周转挂车，在汽车列车未到达的时间内，预先装（卸）好周转挂车的货物，当在某线行驶的列车到达后，先甩下挂车，集中力量装卸主车，然后挂上预先装（卸）好的挂车返回原卸（装）点，进行整列卸（装）的甩挂运输组织形式。

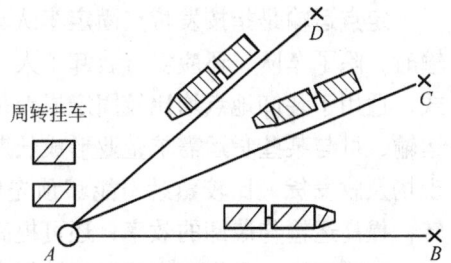

图 4-16 "多点一线，轮流拖带"示意图

组织形式实际上是一线两点、一端甩挂的复合，不同的只是在这里挂车多线共用，所以提高了挂车的运用效率。它适用于发货点集中、卸货点分散，或卸货点集中、装货点分散的线路上。

三、联合运输

联合运输就是两个或两个以上的运输企业，根据同一运输计划，遵守共同的联运规章或签订的协议，使用同一运输单证，采用两种或两种以上的运输方式，联合实现货物或旅客的全程运输，也称多式联运。

在传统的分段运输中，各种运输方式的承运人仅限于在运输方式的业务范围内独立组织和完成运输任务。在不同的运输区段，货物托运人必须和不同运输方式的承运人打交道，分别完成相应区段运输方式的运输工作。在此过程中，大部分工作都是由托运方或其代理人来安排和完成的。托运人必须与各区段的承运人分别订立多份运输合同，多次进行费用结算，多次投保，并负责各运输区段的衔接，而各运输方式的承运人仅负责组织和完成自己承担区段的货物运输即可。在运输过程中，托运方需要付出足够多的人力、时间和费用。再者，由于托运人对综合运输网情况、对承运人的营运路线、运输班次的安排及各种手续不够熟悉，从而造成了运输时间过长、运输费用过高以及不合理运输等情况的发生。

针对传统分段运输中存在的问题，一些政府机构和各种运输方式的承运人，根据综合运输思想，提出并实践了一种新的货物全程运输组织形式，也即由一个机构或运输经营人对货物运输的全过程负责，组织完成货物自始点托运开始至终点交付为止的全部运输、衔接和服务；而托运方只要与这个机构或运输经营人订立一份全程运输合同，进行一次结算，办理一次保险就可实现货物的全程运输。这种新的运输组织就是联合运输，经营联合运输业务的企业一般称为联运经营人。

联合运输是按照社会化大生产要求组织运输的一种方法，它是将多种运输工具有机地联结在一起，综合利用各种运输方式的技术经济性，扬长避短，以最合理、最有效的方式实现货物运输过程。因此，联运是一种高级的运输组织形式，它不仅可以最大限度地方便货主，加速货物运输过程，而且可以进一步实现物流合理化、运输合理化，从而提高交通运输的社会效益，是交通运输业发展的又一趋势。

联合运输可以有多种形式，如铁路与沿海、长江和几条内河之间的水陆干线联运，地方水运业与汽车运输业的水路—公路联运，汽车运输与航空运输的联运（快件运输）以及海—空联运、大陆桥运输等多种形式的国际多式联运等。

四、定点运输与定时运输

定点运输是指按发货点固定车队、专门完成固定货运任务的运输组织形式。组织定点运输时，除了车队，还应实行装卸工人、设备与调度员固定在该发货点工作。这种运输组织形式，适用于装卸地点均比较固定或者是装货地点固定而卸货地点分散的货运任务。实行定点运输，可与某些货运需求企业形成长期合作关系，并且驾驶员对运输路线、道路条件、装卸现场及收发货人比较熟悉，能够预先作好装卸准备，简化货运手续，从而可以加速车辆周转，提高运输与装卸的效率，还可提高服务质量。

定时运输，是指车辆按运行计划中所拟定的行车时刻表进行工作。采用定时运输可加强运输各个工作环节的计划性与协调性，提高工作效率。尤其是在拖挂运输、多班运输中采用定时运输，效果更加显著。在组织定时运输时，需在汽车行车时刻表中预先规定汽车从车场开出的时间、每运次的到达时刻、装卸作业时间及开出装卸作业点的时间等。因此，必须做好各项定额的制定工作，如：车辆出车前的准备工作时间定额、车辆在不同路线的重车和空车运行时间定额管理、装卸车工作时间定额、驾驶员合理的休息和用餐等生活时间。

关于公路快速货运、集装箱运输和零担运输的有关内容将在后续章节中介绍，这里不再赘述。

复习思考题

4-1　货运生产计划的作用是什么？简述货运生产计划体系的构成。

4-2　编制运输量计划的依据是什么？简述其编制方法。

4-3　如何编制车辆运用计划？

4-4　货运车辆运行作业计划有哪些类型？

4-5　货运汽车选型的原则是什么?

4-6　调度机构由哪几部分组成? 各自负责哪些工作?

4-7　车辆行驶线有哪些类型? 其优选的标准分别是什么?

4-8　多班运输的组织形式有哪些?

4-9　甩挂运输的实质是什么? 主要有哪些组织形式?

4-10　若采用某种通用汽车完成一项货运任务, 已知有关数据为 $q_0 = 5t$, $t_{lu} = 30min$, $\beta = 0.5$, $v_t = 30km/h$。若将该型号汽车改装为自动装卸汽车后, 自动装卸机构的质量为 0.5t, 装卸停歇时间可缩短 10min, 试确定该自动装卸汽车的生产率等值运距。

4-11　某公司 ($j = 0$) 拟采用载货汽车向 4 个货运点 j ($j = 1, 2, 3, 4$) 配送瓶装氧气, 各点间里程见表 4-22, 试选择分送式车辆行驶路线。

表 4-22　各货运点间里程 L_{ij} 统计表　　　　　　　　　　　（km）

L_{ij} ＼ j / i	0	1	2	3	4
0	0	7	9	4	6
1	7	0	6	8	4
2	9	6	0	13	10
3	4	8	13	0	4
4	6	4	10	4	0

第五章　公路货物运输组织

公路货物运输是最普及的一种运输方式。公路货物运输既可以成为其他运输方式的接运方式，也可以自成体系，在我国综合运输体系中起着越来越重要的作用。由于公路货物运输具有方便、快捷、货损率低等优点，而且能够实现"门到门"的运输服务，公路运输的货运量早已远远超过其他运输方式，平均运距也在逐渐增加，表5-1和表5-2分别列出了我国各种运输方式的货运量和货物周转量统计数据。

表 5-1　各种运输方式的货运量统计表

年份	总计/万 t	铁路		公路		水运		民航		管道	
		货运量/万 t	所占比重(%)	货运量/万 t	所占比重(%)	货运量/万 t	所占比重(%)	货运量/万 t	所占比重(%)	货运量/万 t	所占比重(%)
1980	546537	111279	20.4	382048	69.9	42676	7.8	8.9	0.002	10525	1.9
1990	970602	150681	15.5	724040	74.6	80094	8.3	37.0	0.004	15750	1.6
1995	1234937	165982	13.4	940387	76.1	113194	9.2	101.1	0.008	15274	1.2
2000	1358682	178581	13.1	1038813	76.5	122391	9.0	196.7	0.015	18700	1.4
2003	1561422	221178	14.2	1159957	74.3	158070	10.1	219.0	0.014	21997	1.4

表 5-2　各种运输方式的货物周转量统计表

年份	总计/(亿 t·km)	铁路		公路		水运		民航		管道	
		周转量/(亿 t·km)	所占比重(%)	周转量/(亿 t·km)	所占比重(%)	周转量/(亿 t·km)	所占比重(%)	周转量/(亿 t·km)	所占比重(%)	周转量/(亿 t·km)	所占比重(%)
1980	12026	5716.9	47.5	764.0	6.4	5052.8	42.0	1.41	0.012	491	4.1
1990	26207	10622.4	40.5	3358.1	12.8	11591.9	44.2	8.20	0.031	627	2.4
1995	35909	13049.5	36.3	4694.9	13.1	17552.2	48.9	22.30	0.062	590	1.6
2000	44321	13770.5	31.1	6129.4	13.8	23734.2	53.6	50.27	0.113	636	1.4
2003	53859	17246.7	32.0	7099.5	13.2	28715.8	53.3	57.90	0.108	739	1.4

公路汽车货物运输分为整车货物运输和零担货物运输两大类。随着国民经济的发展和人民生活水平的提高，产品中高附加值、轻浮类货物的比重越来越大，社会对运输的需求逐渐呈现出多品种、小批量的特点，零星用户、零星货物急剧增加，零担货物运输已经成为货物运输的主要形式之一。

第一节　零担货物运输

汽车运输的零担货物具有运量小、批次和品种多、包装各异、流向分散等特点，加之零担货物性质比较复杂，以件包装货物居多，许多货物价值较高，多数品种怕潮、怕重压，需要几批甚至十几批货物才能配装成一辆零担车，所以零担货物运输的组织工作比整车货物运输要细致和复杂得多。

一、零担货物运输特点

零担货物运输是汽车货运中相对独立的一个组成部分。相对于整车货物运输而言，它具有以下几个特点：

（1）货源的不确定性和来源的广泛性　零担货物来源广泛，而且货物的流量、流向、流时等多为随机发生，均具有不确定性，难以通过合同方式将其纳入计划管理范围内。

（2）组织工作复杂　零担货物种类繁杂，运输需求多样化，所以必须采取相应的组织形式，才能满足人们的货运需求。这就使得零担货运环节多，作业工艺细致，设备种类较多，对货物的配载和装卸要求较高。货运站作为零担货运的主要执行者，必须完成货源组织、零担货物的确认和零担货物配载等大量的业务组织工作。

（3）单位运输成本高　为了适应零担货物运输的需求，货运站要配备一定的仓库、货棚、站台，配备相应的装卸、搬运和堆垛机械以及专用厢式车辆，投资较高。再者，相对整车货物运输而言，零担货运中转环节多，易出现货损、货差，赔偿费用较高。因此，零担货物运输的单位运输成本较高。

（4）机动灵活　零担货运车辆大都定线、定期、定车运行，业务人员和托运单位对零担货运安排都比较清楚，便于沿线各站点组织货源，所以回程的实载率较高，经济效益显著。零担货运可做到上门取货、就地托运、送货到家、手续简单，能有效缩短货物的运送时间。这对于具有竞争性、时令性和急需的零星货物运输具有十分重要的意义。另外，零担货运还可承担一定的行李、包裹的运输，成为客运工作的有力支持者。

二、开展零担货物运输的条件

从事汽车零担货物运输必须具备一定的前提条件，既有宏观的社会经济条件，也有零担货运微观的物质条件。其中，应具备的物质条件有：

（1）零担货运站　零担货运站是零担货运企业的固定营业场所，承担着集结、受理、保管、运输、交付零担货物以及车辆调度等方面的任务，是载运工具与零担货物之间联系的纽带。

按照《汽车零担货运站站级划分与建设要求》（JT3134—1988）规定，汽车零担货运站设施包括站房、仓库、货棚、装卸车场、停车场以及生产辅助设施等。站房由托运处、提货处组成；仓库、货棚由货位、操作通道、进出仓门、装卸站台组成；生产辅助设施由行车管理人员及后勤人员工作间、行车人员宿舍、食堂、装卸人员休息室、资料室等组成。零担货运站应设置零担车运行路线图、营运班期表、运价里程表、托运须知，并配备检定合格的计量器具。

（2）零担班线和零担货运网络　零担班线和零担货运网络是进行零担货物运输的基础。零担班线是指零担班车的运行路线，零担货运网络是指由若干货运站（点）和运行路线组成的运输系统。零担货运班线的开辟应尽量满足沿途货流的需要，尽量减少中转环节，并在货源调查的基础上确定车辆运行方案。

（3）零担货车　零担货车是汽车零担货物运输的工具，是开展零担货运的保证。零担货物运输要求使用封闭式专用货车或封闭式专用设备，车身喷涂"零担货运"标志，车辆技术状况达到二级以上。

三、零担货源组织方法

货源组织是零担货物运输组织的一项基础性的工作，货源信息不仅是零担货运经营决策的重要依据，也是提高零担货运应变能力的重要手段。货源组织工作始于货源调查，止于货物的受理托运。

常用的零担货源组织方法，有以下几种方式：

（1）实行合同运输　实践证明，实行合同运输是汽车运输部门行之有效的货源组织方法之一。实行合同运输有利于加强市场管理，稳定货源；有利于编制运输生产计划，合理安排运输生产；有利于加强运输企业责任感，提高服务质量；有利于简化运输手续，减少费用支出。

（2）建立零担货物运输代办站（点）　零担货运企业可以自行建立货运站（点），也可以利用其他社会部门、企业或个人的闲置资源建立零担货运代办站（点）。设立代办站（点），既可以充分利用社会资源，弥补零担货运企业在发展业务中资金和人力的不足，又可以加大零担货运站的密度，扩大组货能力。零担货运代办站（点）一般只负责零担货物的受理、中转和到达业务，不负责营运。另外，设立零担货运代办站（点）的前提是广泛的市场调查，只有通过市场调查分析，才能了解货源情况，才能建立合理的零担货运网络。

（3）委托社会相关企业代理零担货运业务　货物联运公司、商业企业、邮局等单位均拥有广泛的营销关系网络，有较为稳定的货源。零担货运企业可以委托他们代理零担货运受理业务。这样做，一方面可以扩大本企业的零担货源，另一方面又可扩大联运公司、商业企业和邮局的营业额，是一种双赢的合作关系。代理人一般向托运人收取一定的手续费，有时也同时向零担货运站收取一定的劳务费。

（4）建立货源情报制度　零担货运企业可以在零担货源比较稳定的物资单位聘请货运信息联络员，充当本企业的业余组货员。这样，可以随时得到准确的货源信息，以零带整，组织整车货源。

（5）开展电话受理业务　设立电话受理业务，可以使货主就近办理托运手续，特别是能向外地货主提供方便。

（6）开展网上接单业务　当前互联网日益普及，电子商务高速发展，零担货运企业应积极利用这些先进的信息手段，开展网上接单业务，扩大货源。

四、零担货物运输组织方式

零担货运由于其业务繁琐、点多面广、线路复杂，且有一个"化零为整"和"化整为零"的过程，这就决定了开展零担货物运输必须采取合理的组织形式，才能取得良好的效果。零担货运包括下述组织形式。

（一）固定式零担车

固定式零担车通常称为汽车零担货运班车，一般是以货运企业服务区域内的零担货物的流量、流向以及货主的实际需求为基础组织运行的。运输车辆以厢式专用车为主，实行定运输路线、定班次和发车班期、定停靠站点、定车型运行。

1．直达式零担班车

直达式零担班车是在起运站将不同发货人托运至同一到达站，且性质适于配装的零担货物装于一车，一直运送至到达站的运输组织形式，如图 5-1 所示。

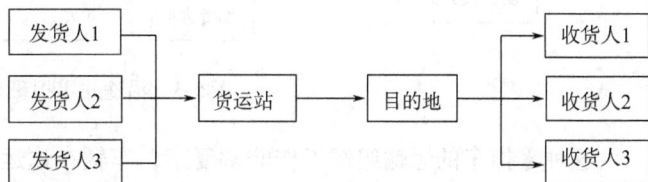

图 5-1　直达式零担班车

直达式零担班车，其运输组织与整车货运基本相同，是所有零担货运组织形式中最为经济的一种，是零担货运的基本形式，其优点是：

1）无中转环节，节省了中转费用，减轻了中转站的作业负担。

2）减少了在途时间，提高了零担货物的运送速度，加速车辆周转和物资调拨。

3）减少了货物在中转站的作业，因而减少了货损货差的发生，提高货运质量。

4）货物在仓库内的集结待运时间短，有利于充分发挥仓库货位的利用程度。

直达式零担班车适用于货源充足、流向集中的线路。需注意的是，货物在仓库中集结待运时间不能过长，否则会降低仓库货位利用率，降低货物运送速度。

2．中转式零担班车

中转式零担班车，是在起运站将不同发货人托运到同一去向但不同到达站，性质适于配装的货物同车装运至规定的中转站，再与中转站的其他零担货物组成新的零担车继续运往各自目的地的运输组织形式，如图 5-2 所示。

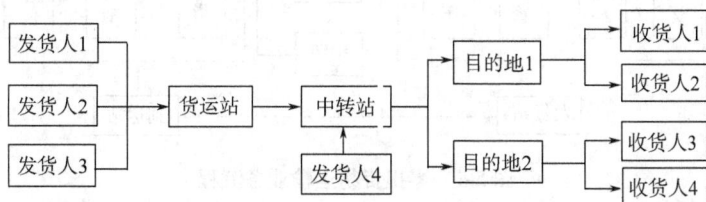

图 5-2　中转式零担班车

图 5-2 所示的运输只进行了一次中转，如果线路很长，可能会发生多次中转。

这种零担班车中转作业环节较多，组织工作复杂，需耗费大量的人力与物力。它与直达式零担班车互为补充，在货源不足，组织直达零担班车条件不成熟的情况下，是一种不可缺少的组织形式。

3．沿途式零担班车

沿途式零担班车，是在起运站将各个发货人发往同一线路方向、不同到站但性质适于配装的零担货物组成零担车，沿运输路线运送，在各计划作业点卸下或装上零担货物后继续行驶，直至最后到达站的运输组织形式，如图5-3所示。

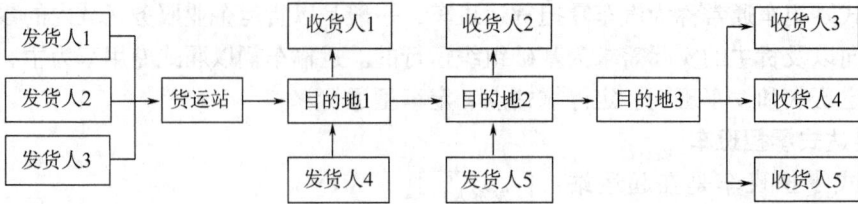

图5-3 沿途式零担班车

这种零担车的运输组织工作非常复杂，车辆在途运行时间较长，但能满足沿途客户的多品种、小批量的运输需求，可以充分利用车辆的载质量与容积。

（二）非固定式零担车

非固定式零担车是指按零担货流的具体情况，临时组织而成的一种零担车。这种零担车计划性差，适宜在新辟零担货运路线上或季节性零担货物路线上临时运行。

五、零担货物运输的作业程序

零担货物运输的经营活动包括零担货物的受理、仓储、运输、中转、装卸、交付等。其具体的作业流程是：受理托运、检验过磅、仓库保管、开票收费、配载装车、车辆运行、到站卸货、仓库保管及货物交付，是按照流水作业构成的一种流程，如图5-4所示。

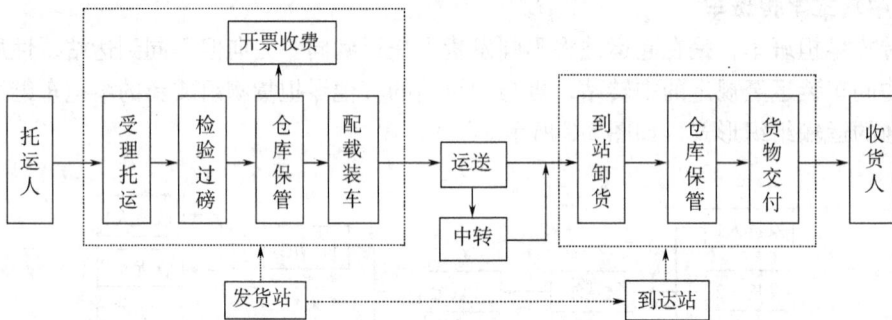

图5-4 零担货物运输业务流程

（一）受理托运

受理托运是零担货运的第一个环节，指零担货运的承运人依据营业范围内的路线、距离、中转站点、各车站的装卸能力、货物的性质及限运规定等业务规则和有关规定，接受托运人的零担货物，办理托运手续。

零担货运路线多、站点多、货物种类繁杂、包装各异、性质不一，因此，受理人必须掌握本企业营业范围内的路线、站点、运距、中转范围、各车站的装卸能力、货物的理化性质等业务知识及有关规定。货运站应事先对外公布办理零担货运的路线、站点（包括联运、中转站）、班期及里程运价，还需张贴托运须知、包装要求及限运规定等内容，方便货主按实际需求进行托运。

1. 受理托运的方法

（1）随时受理制 这种受理制度对托运日期无具体的规定，在营业时间内，托运人可随时将零担货物送到托运站办理托运。这种受理制度的优点是极大地方便了托运人，其缺点是不能事先组织货源，使运输组织缺乏计划性，货物在库集结时间较长，货位利用率低。随时受理制适用于作业量小的货运站、急运货物货运站和始发量小而中转量大的中转货运站。

（2）预先审批制 这种受理制度要求发货人事先向货运站提出托运申请，货运站根据各个发货方向及站点的货运量，结合站内设备和作业能力加以综合平衡，分别指定日期进行货物集结，组成零担班车。这种受理制度的优点是计划性强，可提高零担货物运输的组织水平，缺点是给托运人造成一定不便。

（3）日历承运制 这种受理制度是指货运站根据零担货物的流量、流向、流时的分布规律，编写承运日期表，事先公布，托运人需按规定日期来站办理托运手续。对于货运站来说，日历承运制保证了货运工作的计划性，便于将流向分散的零担货物合理集中，可均衡安排货运站每日承运货物的数量，合理使用运输设备；对于托运人来说，日历承运制便于物资部门安排生产和物资调拨计划，提前做好货物托运准备工作。

2. 托运单的填写与审核

托运单是发货人托运货物和货运站承运货物的原始凭证。受理托运时，必须由托运人认真填写托运单（表5-3）的各项内容，承运人审核无误后才能承运。托运单原则上由托运人自己填写，承运人不予代填。托运单一式二份，一份由起运站仓库保存留档，另一份开票后随货同行。

表5-3 公路汽车零担货物托运单

托运日期 年 月 日
起运站＿＿＿＿＿＿ 到达站＿＿＿＿＿＿
托运单位＿＿＿＿＿＿ 详细地址＿＿＿＿＿＿ 电话＿＿＿＿＿＿
收货单位（人）＿＿＿＿＿＿ 详细地址＿＿＿＿＿＿ 电话＿＿＿＿＿＿

货物名称	包 装	件 数	实际质量	计费质量	托运人注意事项
					1. 托运单填写一式两份
					2. 搬运货物必须包装完好，捆扎牢固
					3. 不得捏报货物名称，否则在运输过程发生的一切损失，均由托运人负责赔偿
					4. 搬运货物不得夹带易燃危险等物品
合 计					5. 黑粗线以左各栏，由托运人详细填写
发货人记载事项			起运站记载事项		

进货仓位＿＿＿＿＿＿ 仓库理货验收员＿＿＿＿＿＿ 发运日期＿＿＿＿＿＿
到站交付日＿＿＿＿＿＿ 托运人（签章）＿＿＿＿＿＿

承运人对托运人填写的托运单应认真审核，具体要求是：

1）认真核对托运单的各栏有无涂改，涂改不清者应重新填写。

2）审核到达站与收货人的地址是否相符，以免误运。

3）对货物的品名和属性进行鉴别，注意区别普通货物和笨重零担货物、普通货物与危险货物。如属危险货物，应按《道路危险货物运输管理规定》处理。

4）对托运人在发货人记载事项栏内填写的内容应特别注意，审核发货人的要求是否符合有关规定，货运站能否承担。

（二）检验过磅

检验过磅作业是业务人员在收到托运单后，审核单、货是否相符，检查包装，过磅量方，扣、贴标签与标志的工作。

1．审核单、货是否相符

核对货物品名、件数等是否与托运单相符，必须逐件清点，防止差错。注意检查是否夹带限运货物与危险货物。

2．检查货物包装

包装是托运人的职责。货物包装是否完好、适宜，是便于装卸，保证运输质量和货物自身安全的必备条件，所以必须按货物的特性和要求进行包装，必须达到零担货运关于货物包装的规定。

货运站应认真检查包装质量。检查时，应首先观察货物包装是否符合有关规定，有无破损、异样，再听一听包装内有无异声，闻一闻是否有不正常的气味，最后应轻摇一下，以检验包装内的衬垫是否充实，货物在包装内是否晃动。若发现应包装的货物没有包装或应有内包装的货物没有内包装，应请货主重新包装后再托运；对包装不良的货物，请货主改善包装后再托运；对无包装但不影响装卸及行车安全的，经车站同意后可予以受理托运，但必须在托运单中注明情况及损坏免责事项。

检查货物包装是一项琐碎但却十分重要的工作。若检查不细致，会使破损、短少、变质的货物进入运送过程，轻则加剧货物的损坏程度，重则不能保证承运期间的安全，转化为运输部门的责任事故，从而造成不应有的损失，影响企业的声誉。

3．过磅量方

检验完包装后，业务人员应对受理的零担货物过磅量方。货物质量是正确装载、核算运费和发生事故后正确计算赔偿费用的依据。货物质量分为实际质量、计费质量和标定质量三种。

（1）实际质量　是指货物（包括包装在内）过磅后的毛重。

（2）计费质量　可分为不折算质量和折算质量。不折算质量就是货物的实际质量。关于折算质量的计算可参考相关的规定。

（3）标定质量　标定质量是对特定的货物所规定的统一计费标准。若同一托运人一次托运轻浮和实重两种货物至同一到达站，只要货物的理化性质允许配装，则可以合并称重或合并量方折重计费。

业务人员将货物过磅或量方后，应将质量或体积填入托运单内，指定货位将货物移入仓库，然后在托运单上签字证明并签注货位号，加盖承运日期戳，将托运单一份留存备查，另一份交还货主持其向财务核算部门付款开票。

4．贴标签、标志与开货票

零担货物过磅量方后，将磅码单连同托运单交仓库保管员按托运单编号填写标签与有关标志（表5-4），并根据托运单和磅码单填写零担货物运输货票（表5-5），照票收取运杂费。

表5-4 公路汽车行李、包裹、零担标签

车 次	
起 站	
到 站	
票 号	
总件数	

站 发

20 年 月 日 时

公路汽车行李、包裹、零担标签

站 至 站

票 号	总件数

站 20 年 月 日

表5-5 公路汽车零担货物运输货票

编 号：

年 月 日

起点站		中转站		到达站		公里		备 注
托运人			详细地址					
收货人			详细地址					

货 名	包装	件数	外形尺寸/m 长	宽	高	实际质量	计费质量	每百公斤运价	合计	
合 计										托运人签章

车站： 填票人： 复核人： 经办人：

零担标签、标志是建立货物本身与其票据间联系的凭证。它标明货物本身性质，凭以理货、装卸、中转和交付货物。标签各栏内容均需详细填写，在每件货物的两端或正面明显处各贴（扣）一张。

货票是一种财务性质的票据。在发运站，它是向发货人核算运费的依据；在到达站，它是与收货人办理货物交付的凭证之一。此外，货票也是企业统计完成货运量，核算运输收入及计算有关货运工作指标的原始凭证。

（三）仓库保管

零担货物验收入库是货运站对货物履行运输及保管责任的开始。做好货物验收及保管工作可减少货损、货差，保证运输质量。货物保管、验收时，必须逐件清点交接，按指定货位堆放且堆码整齐，经再次清点无误后在托运单上注明货位。验收货物时应注意以下几点：

1）凡未办理托运手续的货物，一律不准进入仓库。

2）坚持照单验收入库，做到以票对货、票票不漏、货票相符。

3）货物必须按流向堆存在指定的货位上。

4）一批货物不要堆放在两处。库内要做到层次分明、留有通道、标签向外。

5）露天堆放的货物要注意下加铺垫、上盖雨布。

零担货物仓库应严格划分货位，一般分为待运货位、急运货位和到达待交货位。

零担货运仓库应具备良好的通风、防潮、安全保卫能力及防火和灯光设备。仓库和货位应尽可能置于站台上，以提高装卸效率和避免货物受到雨淋。货物装卸站台一般有直线形和阶梯形两种类型。根据车辆进行装卸作业时与站台的位置，直线形又分为平行式和垂直式两种，站台类型如图5-5所示。车辆应根据场地的大小、作业的需要等情况进行合理选择。

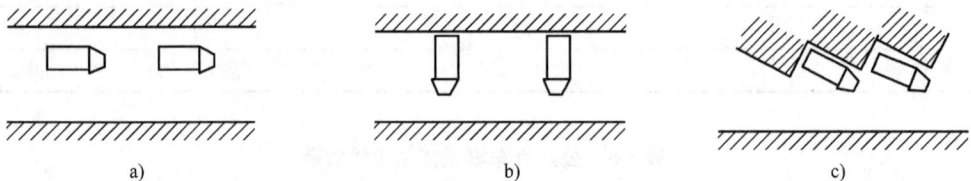

图5-5　货物装卸站台的类型
a）直线平行式　b）直线垂直式　c）阶梯式

（四）开票收费

当司磅人员和仓库保管员在托运单上签字后，就可进行开票收费作业。此作业环节包括运费和杂费的计算，可套用既定公式进行计算。

零担货运的杂费项目包括：渡费（零担货运车辆如需要通过渡口，由起运站代收渡费）、标签费、标志费、联运服务费（通过两种以上的运输工具的联合运输以及跨省（市）的公路联运，应核收联运服务费）、中转包干费（联运中转时，中转环节的装卸、搬运、仓储、整理包装劳务等费用，实行全程包干，由起运站一次核收）、退票费、保管费、快件费、保险费等。

（五）配载装车

这是零担货物起运的开始。零担货物的配装计划，必须根据承运零担货物的流量、流向，结合当日存余待运货物的情况，经综合平衡后确定。

1．零担货物的配载原则

零担货物在进行配载装车时，应遵循下述配载原则：

1）坚持"中转先运、急件先运、先托先运、合同先运"的原则。

2）充分体现"多装直达，减少中转"的原则。必须中转的货物，应按合理流向配载，不得任意增加中转环节。

3）进行轻重配装，巧装满载，充分利用车辆的载质量与容积。

4）严格执行有关货物混装限制的规定，确保运行安全。

5）加强中途各站待运量的预报工作，根据需要为中途站留有一定的载质量与容积。

2．装车工作组织

（1）装车前的准备

1）备货。货运仓库接到"货物装车交接清单"后，应逐批核对货物品名、货位、数量、到达站，检查包装标志、标签。

2）根据车辆的载质量或容积、货物的性质和形状进行合理配载，填制配装单和货物交接单，见表5-6。填单时，必须按照货物的先远后近、先重后轻、先大后小、先方后圆的顺序填写，以便按单顺次装车。对不同到达站和中转站的货物要分单填制。

表5-6　公路汽车零担货物交接及运费结算清单

车属单位：_____　　　　　　　　　　编号：　　字第　　号

车　号：_____

吨　位：_____　　　　　　　　　　20　年　月　日

原票记录			中转记录		票号	收货单位（或收货人）	品名	包装	承运路段				备注
原票起站	到达站	里程/km	中转站	到达站					件数/件	里程/km	计费质量/kg	运费/元	
合　　计													

附件	零担货票	发票	证明	上列货物已于　　月　　日经点件验收所随带附件，收讫无误。				
				中转站：　　　　到达站：　　　　（签章）　　月　　日				

始发站：　　　　　　　填单人：　　　　　　　驾驶员签章：

3）整理各种随货同行单据，包括提货联、随货联、托运单、零担货票及其他附送单据，经整理后按中转、直达分开，附于交接单的后面。

4）按单核对货物的堆装位置，做好装车标记。

（2）货物装车　完成上述准备工作后，即可按交接单的顺序和要求点件装车。装车作业时应注意：

1）检查零担车车体、车门、车窗是否良好，车内是否干净。

2）均衡分布货物，防止偏重。

3）贵重物品应堆装在防压、防撞的位置，以保证货物安全。

4）紧密堆装货物，并注意货物固定，以防止运行途中货物倒塌、破损。

5）同一批货物应堆装在一起，货签朝外，以便识别。

6）货物装车完毕后复查，防止错装、漏装、误装。确定无误后，驾驶员（或随车理货员）清点随货单据，在交接清单上签章。交接清单应一站一单，以便于货物交接和进行运杂费的结算。

7）检查车辆上锁及遮盖、捆扎等情况。

（六）车辆运行

零担货运班车必须严格按期发车，不得误班。班车必须按规定路线行驶，按规定站点停靠，并由中途站值班人员在行车路单上签章。

行车途中，驾驶员或随车理货员应经常检查所载货物的情况，发现异常时应做好记录，及时处理，或请就近货运站协助处理。

（七）货物中转

对于需要中转的货物，应以中转式零担班车或沿途式零担班车的形式运送到规定的中转站进行中转。中转作业主要是将来自各个方向的零担货物卸车后重新集结，组成新的零担班车继续运送至各自的终点站。

零担货物中转一般有以下三种方法：

（1）落地法 落地法是"卸下入库，另行配装"，即将到达中转站的零担班车上的货物卸下入库，按不同流向和到达站在货位上重新集结待运，再配装成新的零担货运班车。这种方法简单易行，车辆的载质量和容积利用得较好；缺点是装卸作业量大，作业速度慢，仓库和场地的占用面积也比较大，中转时间较长。

（2）坐车法 坐车法是"核心货物不动，其余卸下，另行配装"，即将到达中转站的零担班车上的核心货物（运往前面某一到达站且数量较大或卸下困难的货物）不动，其余的货物卸下入库，再加装同一到达站的其他货物，组成新的零担班车。这种方法的优点是核心货物不卸车，减少了货物装卸量，加快了中转速度，节约了货位与劳动力；缺点是对留在车上核心货物的装载情况和数量不易检查和清点，在加装货物较多时也难免发生卸车和倒载等附加作业。

（3）过车法 过车法是将到达中转站的零担班车上的货物直接换装到另外的零担货运班车上。这种方法比较适用于几辆零担车同时到站进行中转作业的情况。组织过车作业时的目标车辆既可以是空车，也可以是留有核心货物的重车。这种方法在完成卸车作业的同时也完成了装车作业，减少了装卸作业量，加快了中转速度。但对到发车辆的时间衔接要求较高，容易受到意外干扰而中断。

零担货物中转站主要承担货物的保管工作以及与中转环节有关的理货、堆码、整理、倒载等工作。零担货物中转站应积极组织发送工作，尽量减少货物在中转站的滞留时间。对破损、受潮、包装污染的货物应先进行加固整理再换装，严禁破来破去，同时需在卸车交接时记录在案。如果遇到票货不齐或串件的情况，需先在交接清单中签注，然后立即通知起运站查错和纠正，待票货完全相同时再转运，严禁错来错去。

（八）到站卸货

零担班车到站后，仓库人员应向驾驶员或随车理货员索要货物交接清单及随附的有关凭证，按单验货，件点件清。如果无异常情况，在交接单上签字加盖业务章；如有异常情况，需视不同情况采取相应的处理措施：

1）有单无货。双方签注情况后，在交接单上注明，原单退回。

2）有货无单。查验货物标签，确认系货物到达站，应予以收货，由仓库人员签发收货清单，双方盖章，寄起运站查补票据。

3）货物到站错误。将货物原车运回起运站。

4）货物短缺、破损、受潮、污染、腐坏。双方共同签字确认，填写事故清单，按商务事故程序办理。

货物卸下后应堆放在指定地点，堆放时要保证货物完好无损。管理人员应定期巡视，防止仓储事故的发生，把好保证货运质量的最后一关。

（九）货物交付

这是最后一项业务。货物到站卸下入库后，应及时通过电话或书面形式通知收货人凭"提货单"提货，并将通知的方式和日期记录在案备查。对"预约送货上门"的货物，应立即组织送货上门；对逾期提取的货物按有关规定办理。

货物交付要按单交付，件检件交，做到票货相符。交货完毕后，应在提货单上加盖"货物交讫"戳记，然后收回货票提货联，汽车零担货物的责任运输才告完毕。

第二节　特种货物运输

特种货物也称特殊货物，是指由于其本身的性质比较特殊，进而对装卸、运送和保管等环节均有特殊要求的货物。特种货物通常可分为长大、笨重货物，危险货物，鲜活易腐货物和贵重货物。对特种货物的运输称为特种货物运输。国家对特种货物运输有专门的要求。

一、大件货物运输

随着经济的发展和社会的进步，世界科技发展的一个突出特点是：工业品逐步向小型化、轻型化和微型化发展，而工业设备却向着大型化、重型化和超重型化发展。电力、化工、冶金、建材等的单套设备的容量、生产能力越来越大，单件设备质量可达数百吨，长度与高度也远远超出一般的公路通行限界。大件货物的运输量呈现逐年上升的趋势。如何组织好这些与国民经济关系重大的大型设备的安全运输工作，对发展我国工业、支援农业等都具有十分重要的意义。

（一）大件货物的概念

大件货物也称为超限货物，包括长大货物和笨重货物。长大货物是指长度在 14m 以上或宽度在 3.5m 以上或高度在 3m 以上的单件货物或不可解体的成组（成捆）货物。笨重货物是指质量在 20t 以上的单件货物或不可解体的成组（成捆）货物。超限货物的质量是指毛重，即货物的净重加上包装和支撑材料后的总重，一般以厂家提供的货物技术资料所标明的质量为参考数据。

笨重货物又可分为均重货物和集重货物。凡是其质量能均匀地或近似均匀地分布于车辆底板上的货物，称为均重货物；而其质量集中于车辆底板上的某一部分的货物，称为集重货物。对于集重货物，装载时需在其下面铺一些垫木，使其重量比较均匀地分散到底板上。

根据交通部《道路大型物件运输管理办法》的规定，超限货物按其尺寸和质量（包括包装和支承架）分为四级，见表5-7。

表5-7　公路运输超限货物的等级

大件级别	质量/t	长度/m	宽度/m	高度/m
一级	20 ~（100）	14 ~（20）	3.5 ~（4.5）	3.0 ~（3.8）

（续）

大件级别	质量/t	长度/m	宽度/m	高度/m
二级	100 ~ （200）	20 ~ （30）	4.5 ~ （5.5）	3.8 ~ （4.4）
三级	200 ~ （300）	30 ~ （40）	5.5 ~ （6.0）	4.4 ~ （5.0）
四级	300 以上	40 以上	6.0 以上	5.0 以上

注：1. 括号中的数字表示该项参数不包括括号内的数值。
　　2. 货物的外廓尺寸和质量中，有一项达到表中所列数值，即为该级别的超限货物；若同时达到两种等级以上，按高限级别确定超限等级。

（二）大件货物运输的特殊性

（1）载运工具的特殊性　大件货物要用超重型汽车列车（车组）来运输。这是非常规的特种车组，其牵引车和挂车都必须是用高强度钢材和大负荷轮胎制成的，价格很高，且对行驶平稳性和安全性的要求也很高。

（2）道路条件要求苛刻　由于大件货物外形尺寸和质量上的特殊性，所以要求通行的道路有足够的宽度、净空和良好的道路线型，要求路过的桥涵要有足够的承载能力，必要时需封闭路段，让超重型车组单独安全通过。在大件货物运输前，必须做好道路状况的勘察工作，采取一些必要的工程措施，运输过程中采取一定的组织技术措施，才能保证超重型车组的顺利通行。这往往涉及到公路管理、公安、交通、电信电力等专管部门，必须得到这些部门的同意及配合，大件货物运输才能实现。

（3）高度的安全性要求　安全质量第一是大件货物运输的指导思想和行动指南。大型设备都是涉及国家经济建设的重要设备，且价格昂贵，稍有疏忽，后果不堪设想，必须确保万无一失。因此，必须要求有严密的质量保证体系，任何一个环节都要有专人负责，按规定要求严格执行，经检查合格才能运行。

（三）运输过程的受力分析

由于大件货物体积巨大，因此，装载于车辆上运输时，相比普通货物更易受到各种外力的作用。大件货物在运输中的受力示意图如图5-6所示。

（1）横向离心力　是指车辆转弯时，所产生沿汽车横向（垂直于速度的方向）的离心力。其大小与货物的质量、车辆转弯时的速度、转弯半径以及弯道的倾斜角有关。

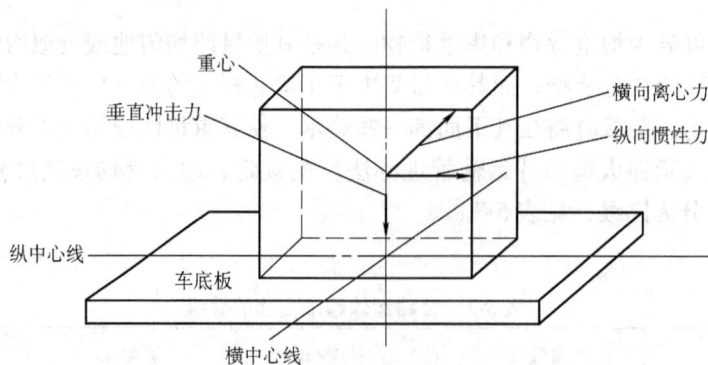

图5-6　大件货物受力示意图

（2）纵向惯性力　是指车辆在起动、加速或制动等情况下，所产生的与车辆的加速度方向相反的力。其大小与货物的质量和加速度的大小成正比。

（3）垂直冲击力　是指车辆在运行过程中，由于路面不平、上下颠簸振动所引起的垂直于水平面的上下交替的力。其持续时间很短，一般为 0.13～0.16s。其大小与货物的质量，冲击的时间、速度，支持面的大小，道路条件以及车辆的性能有关。

（4）其他作用力　大件货物运输过程中受到的坡道阻力和风力也比较大。其中，风力的大小与风速、货物的外形以及迎风面积有关。

大件货物受以上各种力的影响均比较大，这些外力的综合作用往往会使货物发生水平移动、滚动甚至倾覆。因此，在运输大件货物时，需非常重视货物的质量、形状、重心高度、车辆条件、道路条件、运送速度等因素，采取相应的措施来保证运输安全。

（四）运输组织

根据道路超限货物运输的特殊性，其组织工作一定要认真细致，确保万无一失。其组织工作环节主要包括：托运、理货、制定运输方案、签订运输合同、线路运输工作组织以及运输费用结算等。

1．办理托运

托运人必须向已取得道路大件货物运输经营资格的运输企业或其代理人办理托运。托运人必须在托运单上如实填写大件货物的名称、规格、件数、件重、起运日期、收货人与发货人详细地址，以及运输过程的注意事项。托运人还必须向运输企业提供货物说明书，需要时应提供大件货物的三视图（视图上应标明货物的外形尺寸及重心位置）和装卸、加固等具体意见、建议和要求。凡未按上述要求办理托运或托运单未填写明确而造成运输事故的，由托运人承担全部责任。

2．理货

大件货物运输企业在受理托运时，必须做到承运大件货物的级别与批准经营的类别相符，不准超范围受理。受理托运时，必须根据托运人填写的托运单和提供的货物说明书进行检查与核对，掌握货物的特性、长宽高度、实际质量、几何形状、重心位置、货物承载位置及装卸方式等实际数据，这便是理货工作。理货完毕，应完成理货报告。通过理货分析，可为合理选择车型、计算允许装载货物的最大质量、查验道路及制定运输方案提供依据。

3．制定运输方案

选择运输线路、制定运输方案应充分考虑超限运输的可行性，所以首先要检验道路。验道工作包括：观察运输沿线全部道路和交通情况；勘察路面宽度、质量、坡度、净空高度、转弯半径；查验运行路线上的桥、涵、隧道、渡口、装卸货现场、倒载运现场的负荷能力；还需了解运行路线附近有无电缆、煤气管道或其他地下建筑等情况。验道完毕，根据勘查的结果预测作业时间，编制运行路线图，完成验道报告。

在对理货、验道报告进行充分分析与研究的基础上，制定周密的、安全可靠的运输方案。运输方案的主要内容包括：选择运输路线，配备超重型车组及附件、动力机组及压载块，确定车辆运行的最高限速，确定货物装卸、捆扎、加固方式，配备辅助车辆等，最后形成运输方案的书面文件。

4．签定运输合同

完成上述工作后，承、托双方便可签定运输合同。合同的主要内容有：明确托运与承运甲乙方，大件货物的基本数据，运输车辆数据，运输的始终点，运输时间和运距，合同的生效时间，承托双方的责任与义务，有关法律手续的办理方式，运费的结算方式和付款方式等。

5. 运输工作组织

为确保超限运输的安全，应成立临时性的运输领导小组，负责运输方案的实施与对外联络工作。

大件货物的装卸工作，应根据托运人的要求、货物的特点和相应的装卸操作规程进行；应选择适宜的装卸机械，应使货物的全部支承面均匀地、平稳地放置在车辆底板上，以免损坏车辆底板或大梁；货物若为集重货物，应在其下面加纵横垫木或放在起垫木作用的衬垫物上，以分散压力；货物的重心垂线应尽可能通过车辆底板的纵、横中心线的交点。若无可能，则应严格控制其横向位移。在任何情况下，纵向位移都不得超过轴荷分配的技术参数；货物的重心高度也应符合相关要求，必要时可加配重以降低重心，但需注意货物与配重的总质量不得超过车辆的额定载质量。货物装车完毕，应视货物的形状、大小、重心高度、运行路线、运行速度等情况，采取不同的措施进行加固，以确保运输安全。

超限货物运输过程中，各种车辆应按一定的顺序编队行驶。通常其排列顺序为：交通先导车、标杆车、起重吊机、排障指挥车、超重型汽车列车、故障拯救车、备用拖车、材料供应车、其他护送车辆等。车辆应按运输方案规定的路线和时间行驶，并在大件货物的最高、最宽、最长处悬挂明显的安全标志，以引起路上过往车辆的注意。白天可以悬挂标志旗，夜间行车和停车休息时装设标志灯。

在超限货物运输过程中，会遇到许多不可预见的问题，领导小组及带队领导应沉着冷静，多与内部人员协商，加强与沿线公路管理部门和公安交通部门的沟通，以解决问题，确保运输质量。

6. 统计与结算

运输统计是指对完成超限货物运输的各项技术经济指标的统计。运输结算是指完成超限货物运输工作后按运输合同的有关规定结算运费及其相关费用。

二、危险货物运输

（一）危险货物概述

1. 定义

危险货物是指具有爆炸、易燃、毒害、腐蚀、放射等特性，在运输、装卸和贮存保管过程中，容易造成人身伤亡、财产损毁和环境污染而需要特别防护的货物。这一概念包含三层含义：

1）具备爆炸、易燃、毒害、腐蚀、放射等特性。这是危险货物造成火灾、中毒、爆炸、灼伤、辐射伤害等事故的基础条件。

2）可造成人身伤亡和财产损毁。危险货物的运输、装卸、保管过程中，在遇到受热、明火、摩擦、震动、撞击以及与其特性相抵触的物品接触时，会发生剧烈的化学反应，从而产生危险效应，造成货物本身的损失，以及对周围人员、财产和环境的危害。

3）需要特别防护。这是指必须针对危险货物本身的理化性质，采取相应的防护措施。例如，对某种爆炸品可采取添加抑制剂的措施。

2. 危险货物的分类

危险货物性质活泼，不稳定，极易受外界条件的影响而发生爆炸、燃烧、中毒、腐蚀、辐射等事故。为了保证运输、装卸、保管等环节的安全与方便，有必要根据各种危险货物的物理、化学性质对其进行分类。我国于 1987 年 7 月 1 日颁布实施了关于危险货物分类的国家标准——《危险货物分类和品名编号》（GB6944—1986）。这部国家标准采用了联合国推荐的《危险货物运输》中提出的危险货物分类方法，使危险货物无论在分类、包装、标志，还是在运输条件等各方面均与国际接轨，适应了国际贸易运输的需要。在 GB6944—1986 中，将危险货物分为九类，每一类根据性质与特征不同，又分为若干项：

（1）爆炸品　这种物品在外界因素（如受热、撞击、明火）的作用下，能发生剧烈的化学反应，瞬间产生大量的气体和热量，使周围的压力急剧上升而发生爆炸，对周围环境造成破坏。本类货物按危险性的大小分为五项：① 具有整体爆炸危险的物质和物品；② 具有抛射危险，但无整体爆炸危险的物质和物品；③ 具有燃烧危险和较小爆炸或较小抛射危险，或两者兼有，但无整体爆炸危险的物质和物品；④ 无重大危险的爆炸物质和物品，本项货物危险性较小，万一被点燃或引燃，其危险作用大部分局限在包装件内部，而对包装件外部无重大危险；⑤ 非常不敏感的爆炸物质，本项货物性质比较稳定，在着火试验中不会爆炸。常见的爆炸品有炸药、雷管等。

（2）压缩和液化气体　将常温、常压下的气体，经压缩或降温、加压后，贮存于耐压容器或绝热耐压容器中，即称为压缩、液化气体。本类货物分为三项：易燃气体、不燃气体和有毒气体。常见的压缩、液化气体有氧气、氢气、氯气、液化天然气等。本类危险品可引起爆炸、火灾、中毒、冻伤等危险事故。另外，耐压容器还具有破裂或爆炸的危险。

（3）易燃液体　易燃液体是指易燃的液体、液体混合物或含有固体物质的液体，但不包括由于其危险特性而列入其他类别的液体。常见的的易燃液体包括酒精、乙醚、汽油、油漆类等。本类危险品的危害是易燃易爆、蒸气易爆性以及遇强酸、氧化物可剧烈反应自行燃烧，部分易燃液体还具有毒性。本类货物按其闪点不同分为三项，即低闪点液体、中闪点液体和高闪点液体。

（4）易燃固体、自燃物品和遇湿易燃物品　易燃固体是指燃点低，对热、撞击摩擦非常敏感，易被外界火源点燃而迅速燃烧，并可能散发出有毒烟雾或有毒气体的固体物品，但不包括已列入爆炸品的物质。本类危险品常见的有赤磷及磷的硫化物、硫磺、萘、铝粉等。自燃物品是指自燃点低，在空气中易发生氧化反应，放出热量并自行燃烧的物品。本类危险品常见的有黄磷、铅铁溶剂等。遇湿易燃物品是指在遇水或受潮后，发生剧烈的化学反应而释放出大量易燃气体和热量的物品，有些即使不遇明火，也可燃烧或爆炸。本类危险品常见的有钾、钠、电石（碳化钙）等。

（5）氧化剂和有机过氧化物　氧化剂是指处于高氧化态，具有强氧化性，易分解并放出氧和热量的物质。本类货物对热、震动或摩擦较敏感，其本身不一定可燃，但能导致可燃物的燃烧，与松软的粉末状可燃物能组成爆炸性混合物。常见的氧化剂有硝酸钾、过氧化氢、过氧化钠等。有机过氧化物是指分子组成中含有过氧基的有机物，其本身易燃、易爆，极易分解，对热、震动或摩擦极为敏感。常见的有机过氧化物如过氧化二苯甲酰等。

（6）毒害品和感染性物品　毒害品是指进入肌体后，累积达一定的量，能与体液和组织发生生物化学作用或生物物理变化，扰乱或破坏肌体的正常生理功能，引起暂时性或持久性的病理状态，甚至危及生命的物品。常见的毒害品有四乙基铅、砷及其化合物、生漆等。感染性物品是指含有致病的微生物，能引起病态甚至死亡的物质。

（7）放射性物品　放射性物品是指凡是能够自发地、连续不断地放射出穿透力很强但人体器官感觉不到的射线，且其放射性比活度大于 $7.4 \times 10^4 Bq/kg$ 的物品；对于放射性比活度小于 $7.4 \times 10^4 Bq/kg$ 的物品，因其放射性比活度很小，基本不会对人体造成伤害，可按普通货物进行运输。常见的放射性物品有铀、钍的矿石及其浓缩物等。

（8）腐蚀品　腐蚀品是指能灼伤人体组织并对金属等物品造成损坏的固体或液体。腐蚀品若从包装内渗漏出来，接触人体或其他货物后，在短时间内即会在接触面发生化学反应或电化学反应，造成明显的破坏现象。腐蚀品按化学性质分为三项：酸性腐蚀品、碱性腐蚀品和其他腐蚀品。常见的腐蚀品有硝酸、硫酸、盐酸、氢氧化钠等。

（9）其他危险品　本类货物是指在运输过程中呈现的危险性质不包括在上述八类危险货物中的物品。本类危险品分为两项：① 不适用于民航的磁性物品；② 具有麻醉、毒害或其他类似性质，能造成飞行机组人员情绪烦躁或不适，以致影响飞行任务的正确执行，危及飞行安全的物品。这类危险品在汽车运输中无妨碍，所以在我国交通部颁布的行业标准《汽车运输危险货物规则》（JT617—2004）中未予列入。

3. 危险货物品名编号

危险货物品名编号由五位阿拉伯数字组成，表明危险货物所属的类别、项号和顺序号。如图5-7所示，第一位表示类别，分别为 1 ~ 8；第二位代表每一大类中的小项别；后三位表示危险货物的顺序号。每一危险货物指定一个编号，但对性质基本相同，运输条件和灭火、急救方法相同的危险货物，也可使用同一编号。

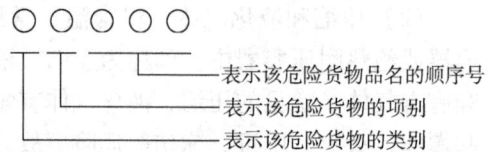

— 表示该危险货物品名的顺序号
— 表示该危险货物的项别
— 表示该危险货物的类别

图 5-7　危险货物品名编号示意图

例如，品名×××，属第 4 类，第 3 项，顺序编号100，则该品名的编号为43100。该编号表明该危险货物属第 4 类第 3 项遇湿易燃物品。

4. 危险货物的确认

确认某一货物是否是危险货物以及判定危险货物的类别，是危险货物运输管理的前提。仅凭危险货物的定义和危险货物分类的国家标准来确认某一货物是否为危险货物，在具体操作上常常有困难，而且承托双方也不可能在运输前才对众多的危险货物进行技术鉴定和判断。因此，各种运输方式在确认危险货物时，都采用了枚举的原则。各运输方式都结合相关的国家标准，颁布了自己的《危险货物运输规则》和《危险货物品名表》。因此，危险货物必须是各运输方式《危险货物品名表》中所列明的，才能予以确认和运输。托运未列入《危险货物品名表》的危险货物新品种，必须另行提交《危险货物鉴定表》。

（二）危险货物运输资质管理

1. 从事汽车危险货物运输的基本条件

只有具备以下条件的运输企业或单位，并经公路运政管理机关批准，才能从事危险货物运输。

1）凡从事汽车危险货物运输的单位，必须拥有与所从事危险货物运输范围相适应的停车场站、仓储设施，并符合国家《消防条例》的规定，以满足安全运输的需要。

2）运输危险货物的车辆、容器、装卸机械和工具等，必须符合《汽车运输危险货物规则》中的相关规定，经道路运政管理机关审验合格。

3）从事汽车危险货物运输的单位，必须有健全的安全生产规程、岗位责任制、车辆设备保养维修和安全质量教育等规章制度，以及健全的监督保障体系。

4）直接从事汽车危险货物运输、装卸、维修作业和业务管理的人员，必须掌握危险货物运输的有关知识，经过培训、考核合格后，取得道路运政管理机关颁发的"道路危险货物运输操作证"，方可持证上岗作业。

2. 汽车危险货物运输的资质凭证

公路危险货物运输的资质凭证，是证明公路危险货物运输者、作业者的基本条件符合相关法律法规的要求，并已办理申报批准手续，有资格从事汽车危险货物运输的凭证。它包括：

1）由公路运政管理部门审批、发放的加盖"危险货物运输"字样的"道路运输经营许可证"。从业者凭"道路运输经营许可证"，向当地工商行政管理部门办理"工商营业执照"。

2）公路危险货物运输车辆的"道路营业运输证"，是在办理了"道路运输经营许可证"和"工商营业执照"后，按营运车辆数从道路运政管理机关领取的一车一证，是随车同行的凭证。

3）公路危险货物运输车辆的"道路非营业运输证"，是在办理了非营业性公路危险货物运输手续后，从主管公路运政机关领取的非营业性公路危险货物运输车辆运行的凭证，它也是一车一证，随车同行。

4）汽车危险货物运输车辆标志，按国家规定车辆左前方必须悬挂的黄底黑字、带有"危险品"字样的信号旗；也有的地方法规规定的是印有"危险品"字样的黄色三角灯。其功能是在危险品装卸、运输、保管期间向人们示警，使他们及时避让，以保证安全。

5）公路危险货物运输的"危险货物作业证"，是指从事危险货物装卸、保管、理货等作业的人员和业务人员上岗作业的凭证。凡从事危险货物运输的人员，必须经过规定内容的培训，经考核合格后，才能上岗作业。

6）汽车危险货物运输业户的安全工作合格文件，是指经公安、消防部门按国家消防法规的相关规定，对汽车危险货物运输车辆的安全技术状况、运输设施的安全措施、生产安全制度、作业人员素质、消防设施和措施等进行审验合格后发放的凭证文件。

做好汽车危险货物运输资质管理、监督工作，是保障汽车危险货物运输行业素质，保证运输安全的基本条件。

（三）危险货物运输组织管理

1. 托运

托运人必须向具有从事危险货物运输经营许可证的运输单位办理托运。托运单上要正确填写危险货物的品名、规格、件重、件数、包装方法、起运日期、收货人和发货人的详细地址、运输过程中的注意事项。凡未列入交通部《公路危险货物品名表》的危险货物，托运时应提交《危险货物鉴定表》，经省、自治区、直辖市交通运输主管部门批准后办理运输。对有特殊要求或凭证运输的危险货物，必须附有相关单证，并在托运单备注栏内注明。对于货物性质或灭火方法相互抵触的危险货物，必须分别托运。凡未按以上规定办理而引发运输事故的，由托运人承担全部责任。

2．承运

承运人在受理托运时，应认真审核托运单上所填写货物的编号、品名、规格、件重、净重、总重、收发货地点、时间以及所提供的相关资料是否符合规定，必要时应组织承托双方到货物现场和运输路线进行实地勘察，其费用由托运人负担；问清包装、规格和标志是否符合国家规定的要求，对不符合运输安全要求的，应请托运人改善后再受理；承运爆炸品、剧毒品、放射性物品以及需控温的有机过氧化物，使用受压容器罐（槽）运输烈性危险品，以及危险货物月运量超过 100t，均应于起运前 10 天，向当地道路运政管理机关报送危险货物运输计划，包括货物品名、数量、运输路线、运输日期等。对于危险货物的新品种，应检查其随附的《危险货物鉴定表》是否有效。

3．包装与标志

危险货物在包装时，应根据不同的货种选用特定的材料来制造容器，并要以一定的包装方法进行包装。容器的封口、衬垫、捆扎以及每件最大重量都必须符合规定要求。每件包装上应有常规的包装标志及危险货物包装标志两种。

4．运输与装卸

运输与装卸的基本要求主要有以下几方面：

（1）车辆　凡运输危险货物的车辆，必须按要求悬挂带有"危险品"字样的黄色标志旗或标志灯；车厢、底板必须平坦完好，周围栏板必须牢固；铁质底板装运易燃、易爆货物时应采取衬垫防护措施，如铺垫木板、胶合板、橡胶板等，但不得使用谷草、草片等松软易燃材料；机动车辆排气管必须装有有效的隔热和熄灭火星的装置，结构或装置应具备良好的避震性能，电路系统应有切断总电源和隔离火花的装置；根据所装危险货物的性质，配备相应的消防器材和捆扎、防水、防散失等用具；装运危险货物的罐（槽）应适合所装货物的性能，具有足够的强度，并应根据不同货物的需要配备泄压阀、遮阳物、压力表、液位计、导除静电等相应的安全装置；应定期对装运放射性同位素的专用运输车辆、设备、搬运工具、防护用品进行放射性污染程度的检查，当污染量超过规定的允许水平时，不得继续使用。

（2）装卸　危险货物装车前应认真检查包装（包括封口）的完好情况，如发现破损，应由发货人调换包装或修理加固；装运前应检查车厢是否清洁干燥；装卸危险货物时，应根据货物性质采取相应的遮阳、控温、防爆、防火、防震、防水、防冻、防粉尘飞扬、防撒漏、防辐射等措施；各种装卸机械、工属具要有足够的安全系数，并不得损伤货物，不得粘有与所装货物性质相抵触的污染物；装卸易燃、易爆危险货物的机械和工属具，必须有消除产生火花的措施；危险货物的装卸作业，必须严格遵守操作规程，轻装、轻卸，严禁碰撞、震动、重压、倒置、拖拽；货物必须堆放整齐、捆扎牢固，防止失落；操作过程中，有关人员不得擅离岗位；危险货物装卸现场和道路、灯光、标志、消防设施等必须符合安全装卸的要求；罐（槽）车装卸地点的储槽口应标有明显的货名牌；储槽注入、排放口的高度、容积和路面坡度应能适合运输车辆装卸的要求。

（3）运送　必须按照货物性质和托运人的要求安排车次，如无法按要求安排作业时，应及时与托运人联系进行协商。要注意气象预报，掌握雨雪和气温的变化。

运输危险货物时，必须严格遵守交通、消防、治安等法规。车辆运行应控制车速，保持与前车的距离，不得紧急制动，严禁违章超车，确保行车安全。对在夏季高温期间限运的危险货物，应按当地公安部门的规定进行运输。

装载危险货物的车辆不得在居民聚居点、行人稠密地段、政府机关、名胜古迹、风景游览区停车。如必须在上述地区进行装卸作业或临时停车，应采取安全措施并征得当地公安部门同意。运输爆炸品、放射性物品以及有毒压缩气体、液化气体时，禁止通过大中城市的市区和风景游览区。如必须进入上述地区，应事先报经当地县、市公安部门批准，按照指定的路线、时间行驶。

运输危险货物必须配备随车人员，车上人员严禁吸烟，严禁搭乘无关人员；行车人员不准擅自变更作业计划；运输爆炸品和需要特殊防护的烈性危险货物时，托运人须派熟悉货物性质的人员指导操作、交接和随车押运；运输危险货物时，途中应经常检查，发现问题及时采取措施；车辆中途临时停靠、过夜时，应安排人员看管。

危险货物如有丢失、被盗，应立即报告当地交通运输主管部门，并由交通运输主管部门会同公安部门查处。

5．交接

货物运达目的地后，要及时通知收货人提货。交接时，必须点收点交，做到交付无误。在双方交接过程中如发现货损货差，收货人不得拒收，应协助承运人采取有效的安全措施，及时处理，降低损失，同时在运输单证上批注清楚。驾驶员、装卸工返回单位后，应向调度人员报告，及时处理。装过危险货物的货车，卸货后必须彻底清扫干净。

6．漏散处理

爆炸品漏散时，应及时用水湿润，撒上锯末或棉絮等松软物后轻轻收集起来，同时报公安消防部门处理。有引发火灾危险时，应尽可能将其转移或隔离。

压缩气体和液化气体泄漏时，应立刻拧紧阀门；若为有毒气体泄漏，则应迅速转移至安全场所，做好相应的人身防护，站在上风处进行抢修；若为易燃易爆、助燃气体泄漏，应严禁火种接近。当气瓶卷入火场时，应向气瓶浇水，冷却后移出危险区域。

易燃液体发生渗漏时，应将渗漏部位朝上并转移至安全通风处，进行修补或更换包装。当易燃液体漏散时，应用砂土覆盖或者用松软材料吸附，然后将其集中至安全处处理。

易燃固体、自燃物品和遇湿易燃物品漏散时，应根据不同的特性妥善收集，然后转移到安全处更换或整理包装。收集的残留物不得随意遗弃，应进行深埋处理。

氧化物和有机过氧化物漏散时，应先用砂土覆盖，打扫干净后，再用水冲洗。收集的撒漏物品，不得倒入原货件内。

毒害品和感染性物品漏散时，先用砂土覆盖，再清扫干净。收集的撒漏物不得随意丢弃，被污染的车辆、库场、用品应及时进行清洗消毒。

放射性物品漏散时，应由熟悉货物性质的专职人员进行处理，做好人身防护。当剂量小的放射性物品的外层辅助包装损坏时，应及时修复或调换包装。放射性矿石、矿粉漏散时，应将漏散物收集，并更换包装。

腐蚀品漏散时，应先用干砂、干土覆盖吸收，清扫干净后用水冲洗；也可视货物的酸碱性分别用稀酸或稀碱溶液对之进行中和。

7．消防措施

运输、装卸危险货物的单位必须认真贯彻安全第一、预防为主的方针，建立健全安全和消防管理制度，对管理、行车人员进行安全消防知识的教育和业务技术培训。危险货物的库、场或装卸现场，应配备必要的消防设施。库场必须通风良好，清洁干燥，周围应划定禁区，设置明显的警告标志；库场应配备专职人员看管，负责检查、保养、维修工作，并采取严格的安全措施。

当发生火灾时，应根据危险货物类别的不同而采取不同的灭火措施。例如，爆炸品发生火灾，严禁用砂土覆盖，应用密集的水流或喷雾水灭火；遇湿易燃物品、无机氧化剂发生火灾时，严禁用水扑救，应用砂土、干粉灭火；当腐蚀品发生火灾时，不得用柱状水灭火，以防腐蚀品飞溅伤人，而应用雾状水、砂土等灭火；再如，钠、钾、锂等金属及其化合物，性质十分活跃，能夺取二氧化碳中的氧起化学反应而燃烧，所以，当其发生火灾时，既不可用二氧化碳灭火，也不可用卤代烷灭火剂灭火，而只能用砂土扑救。

对化学危险品火灾的灭火措施一定要正确，否则会造成更大的损失。行车人员必须掌握所装危险货物的消防方法，在运输过程中如发生火警应立即扑救，及时报警。

三、鲜活易腐货物运输

1. 鲜活易腐货物运输的特点

鲜活易腐货物是指在运输过程中，需要采取一定措施，以防止死亡和腐烂变质，须在规定期限内运达目的地的货物。

汽车运输的鲜活易腐货物主要有：海鲜、鲜花、鲜肉、蔬菜、水果、牲畜、观赏野生动物、花木秧苗、蜜蜂等。

鲜活易腐货物运输的特点是：

1）季节性强、运量波动大。鲜活易腐货物大部分是季节性生产的农副产品，水果集中在三、四季度，南菜北运集中在一、四季度，水产品集中在春秋汛期。在收获季节，运量猛增；在淡季，运量大大降低。

2）运送时间要求紧迫。大部分鲜活易腐货物的特点是新鲜、成活，极易变质，鲜活性质能否保持与运输时间的长短密切相关，所以要求以最短的时间、最快的速度及时运送。

3）部分特殊货物需要沿途照料，如运送牲畜、家禽、花木秧苗、观赏性野生动物、蜜蜂等时，需采用专用车辆和设备，派专人沿途照料。

2. 鲜活易腐货物的冷藏方法

造成易腐货物腐烂变质的原因主要是微生物的繁殖和呼吸作用，因此，凡是可以抑制微生物的滋长和减弱呼吸作用的方法，都可以延长易腐货物的保藏时间。这其中，冷藏是最常用的一种方法。它可以保持食物原有的色、香、味、营养成分、维生素等品质，而且保藏的时间长，可大量地保藏和运输。

冷藏货物可分为冷冻货物和低温货物两种。冷冻货物是指运输温度在 $-20 \sim -10℃$ 之间，在冻结状态下进行运输的货物。低温货物是指温度范围在 $-1 \sim 16℃$ 之间，在尚未冻结或表面有一层薄薄的冻结层的状态下进行运输的货物。

为了防止冷藏货物在运输过程中腐烂变质，必须保持一定的温度，该温度一般称为运输温度。运输温度的高低应随货种的不同而变化，同时也受运输时间、冻结状态和货物的成熟度等条件的影响。即使同一种货物，若其运输时间、冻结状态、成熟度不同，则其对运输温度的要求也不一样。一些常见冷冻货物和低温货物的运输温度分别见表 5-8 和

表 5-9。

用冷藏方法来运输鲜活易腐货物时，温度是保证货运质量的主要条件。除此之外，湿度的高低、通风的强弱和卫生条件的好坏也直接影响货运质量。温度、湿度、通风、卫生四个条件之间是互相配合和互相矛盾的关系，只有妥善处理四者间的关系，才能保证鲜活易腐货物的运输质量。

表 5-8 冷冻货物的运输温度

货物名称	运输温度/℃	货物名称	运输温度/℃
鱼	-17.8 ~ -15.0	虾	-17.8 ~ -15.0
肉	-15.0 ~ -13.3	黄油	-12.2 ~ -11.1
蛋	-15.0 ~ -13.3	浓缩果汁	-20

表 5-9 低温货物的运输温度

货物名称	运输温度/℃	货物名称	运输温度/℃
腊肠	-1.0 ~ 5.0	葡萄	6.0 ~ 8.0
梨	0 ~ 5.0	菠萝	0 ~ 11.0
苹果	-1.1 ~ 16.0	桔子	2.0 ~ 10.0
白兰瓜	1.1 ~ 2.2	土豆	3.3 ~ 15.0

因为微生物活动和呼吸作用都随着温度的升高而增强，所以确保鲜活易腐货物运输质量的另一个条件是必须连续冷藏。如果储运中某个环节不能保证连续冷藏，则货物就可能从这一环节开始迅速腐烂变质。这就要求运输企业配备一定数量的冷藏车或保温车，并规划设置若干加冰站点，来满足连续冷藏的需要，保证运输质量。目前，国外除采用加冰冷藏车外，还大力发展鲜鱼车、牛奶车等特种车。

3. 鲜活易腐货物的运输组织工作

良好的运输组织工作，对保证鲜活易腐货物的质量十分重要。对于鲜活易腐货物的运输应坚持"四优先"的原则，即优先安排运输计划、优先进货装车、优先取送、优先挂运。

发货人在托运之前，应根据货物的不同性质，做好货物的包装工作。托运时，应向承运人提出货物最长的运达期限、某一种货物的具体运输温度及特殊要求，提交卫生检疫等有关证明，并在托运单上注明。检疫证明应退回发货人或随同托运单代递至终点站，交收货人。

承运鲜活易腐货物时，承运人应对货物的质量、包装、温度等进行仔细检查。质量要新鲜，包装要符合要求，温度要符合规定。承运人应根据货物的种类、性质、运送季节、运距和运送地点来确定具体的运输服务方法，及时地组织适合的车辆予以装运。

鲜活易腐货物装车前，应认真检查车辆及设备的完好状态，做好车厢的清洁、消毒工作，适当风干后再装车。装车时，应根据不同货物的特点，确定其装载方法。如果为冷冻货物，应紧密堆码以保持其冷藏温度；若为水果、蔬菜等需要通风散热的货物，必须在货件之间保持一定的空隙；如为怕压的货物，则应在车内加搁板，分层装载。

对于鲜活易腐货物的运送，应充分发挥公路运输快速、直达的特点，协调好仓储、配载、运送各环节，及时运送。运输途中，应由托运方派人沿途照料。天气炎热时，应尽量利用早晚时间行驶。

四、贵重货物运输

贵重货物是指价格昂贵、运输责任重大的货物。贵重货物可分为货币及有价证券、贵重及稀有金属、珍贵艺术品、贵重药材及药品、贵重毛皮、高级精密仪器、高级光学玻璃及其制品、高档日用品等。

贵重货物运输前，一定要进行严格的清查。检查包装是否完好，货物的品名、质量、件数等内容是否与货单相符。装卸怕震的贵重货物一定要轻拿、轻放，不要挤压。运输贵重货物应派责任心强的驾驶员运送，托运方应派人随车押运。贵重货物交付时应做到交接手续齐全，责任明确。

第三节　公路快速货物运输系统

一、公路快速货运系统的概念

公路快速货运系统是以高时效货物为服务对象，以高等级公路为基础，依托多层次、网络化的货运站场体系来集散货源，使用技术先进、结构合理的车辆载运货物，利用高效的通信信息技术作为管理手段，通过科学有效的运输组织，实现货物和信息安全、准确、快速流动的公路货运系统。

作为公路运输的种类之一，快速货运首先应符合货物运输的品质要求，即安全、方便、经济、准确、及时等。在这一前提下，再突出其"快速"的特征。就运输方式而言，目前有两种形式的快速货运：一是航空快运，如美国的邮政快件速递业务、联邦快递（Fedex）等；二是公路快速货物运输（Road Freight Express，简称RFE），即是以高等级公路为主要基础设施，由技术先进的汽车完成的快速货运。公路快运在长距离运输中的运送速度虽然不及航空快运，但其运输费用比航空快运低，运输批量可大可小，适货种类也比航空快运多，所以运输量一般大大高于航空快运。

二、公路快运系统的构成要素

公路快运系统涉及七个基本要素，即快运货物、公路设施、站场设施、货物装卸分拣设备及组织、运输装备、通信信息和运输组织。

快运货物是快运系统的服务对象，主要为多品种、小批量、高附加值、高时效等时间价值高、对时间敏感的货物，诸如部分零担货物、集装箱货物、时令商品（食品、服装、印刷品等）、鲜活易腐货物以及用户要求快运的小件物品等各类物品。

公路设施是开展公路快运的基础条件，它应有较大的通行能力和较高的服务水平，应该是一个具有足够的覆盖程度和通达深度的较为完善的公路网络。

站场设施子系统是网络系统的节点，它以货运枢纽站场为中心，结合不同层次的货运站场与货物集散站点，构成了多层次、网络化的站场结构系统。

快运货物具有多品种、小批量的特点，所以快速货运常常需要对不同流向、不同种类的货物进行分拣、中转、拼装。这就需要有专门的分拣及装卸设备，并且应具有与之相适应的作业及管理组织。

运输装备子系统是公路快运系统的载体，通过使用技术先进、结构合理的车辆，来实现区域内取送货服务和区域间干线公路的快速运输。

通信信息子系统是公路快运系统的神经中枢，它以公用通信网和专用通信网为基础，以各类常规电信、EDI 等专用数据交换技术为手段，以专业化的计算机应用系统为核心，应用全球卫星定位技术，形成高效、及时、准确的通信信息网络，满足货物组织和运输管理的需要。

运输组织子系统是运输生产的主体，它主要以货运站场为依托，以现代化的通信技术为手段，通过提供货物集散、中转、中介代理、运输组织、辅助服务等全方位的服务，高效、优质地实现公路快速运输的全过程。

上述站场设施、货物装卸分拣设备及组织、运输装备、通信信息和运输组织五个子系统构成了公路快运系统的实体内容。这五个子系统功能各异，相互协调，以高等级公路为主干的公路网络为基础，实现货物与信息的安全、准确和快速流动。

三、公路快运系统的基本运行模式

我国的公路快速货运正处于起步阶段，只有在正确理解快运系统运行模式的基础上才能作好市场定位，从而进行本企业的组织管理、货源组织、设施与设备配套等。从系统的服务形式看，公路快运可以分为零担货物快速运输（以下简称零担快运）、整车货物快速运输（以下简称整车快运）和特快专运三种运行模式。

1. 零担快运

所谓零担快运，就是指货物从承运开始至送达收货人手中的整个过程需要经过分拣、拼装的环节才能完成的运输组织方式，其运行模式如图 5-8 所示。

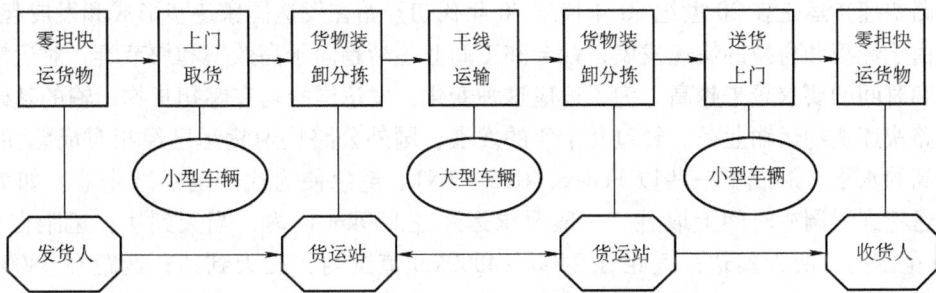

图 5-8 零担快运系统运行模式示意图

零担快运产生的原因有两个：一是被运送的货物批量太小，组织直达运输不经济；二是由于道路通行条件（包括交通管制）等原因，为了达到快捷、经济的目的，而选用零担快运的组织方式。

零担快运系统业务流程由五个环节构成：货物受理及取货服务，发货站装卸分拣作业，干线运输，收货站装卸分拣作业，送货服务及货物送达。

（1）货物受理及取货服务　首先，发货人将所运货物的种类、批量、体积及运输要求等内容通知货运站或受理点；货运站或受理点派出车辆上门受理并将货物送到货运站，这一过程由小型车辆完成。也可采用委托小商店代理的办法，取货车辆定时循环到各代理点收取货物。

（2）发货站装卸分拣作业　货运站集结并检查所收到的货物，按照货物流向进行分拣处理，将流向相同且性质适宜配装的货物装入干线运输车辆。

（3）干线运输　干线运输车辆装载货物后，根据班线、班期等要求，用大型车辆将货物运送到收货站。

（4）收货站装卸分拣作业　收货站收到干线运输车辆送达的货物后，验收货物，再按照货物的分送区域进行分拣处理，将同一分送区域内性质适宜配装的货物装入负责该区域的小型送货车辆。

（5）送货服务及货物送达　由小型送货车辆负责将货物送到收货人手中。

2. 整车快运

整车快运，就是指货物从承运开始直至送达收货人的整个运送过程，不需经过分拣、拼装环节的运输组织方式。与零担快运相比，整车快运在基本生产流程中简化了货运站站务及装卸分拣作业过程，实现货物由发货人直接快运到收货人手中。

整车快运这项业务实际上是整车直达运输，运输企业派车前往货主仓库，装车后直接驶往收货人的仓库或其他指定地点，这种业务并不一定使用运输企业的货运站。从事零担和小件运输的快运企业均可从事这类业务，只要这些企业可以提供相应的车辆即可。

3. 特快专运

应货主的要求，受理货物后马上派专车运输，货物批量无零担与整车之分，这些货物具有极强的时效性。

四、公路快速货运的发展现状与发展趋势

公路快速货运是在 20 世纪 60 年代末 70 年代初开始在发达国家逐步形成和发展起来的，主要是由于经济和科技的快速发展，社会和工商业逐渐趋向于高效率和快节奏，对运输的服务质量和时间的要求越来越高。为了适应这种变化，发达国家均在零担货物运输的基础上开展了公路快速货物运输业务。经过几十年的发展，国外公路快速货运已经相对成熟和稳定，具有很高的水平，形成了一些以 Fedex、UPS、TNT、宅急便为代表的品牌企业。如美国的零担快运特别强调在时间上取胜，一般要求运距在 800km 以内，当天到达；运距在 800～2400km 范围内，两天到达；运距在 2400～4800km 范围内，三天到达；运距在 4800km 以上，多为四天到达。公路快速货物运输以其快速、经济、安全、便利的运输服务，已成为发达国家道路货运的主要方式。

近年来，随着国民经济对公路运输需求的不断增长，汽车工业的不断进步和公路网技术水平的提高，以及各级政府对运输的重视并不断加大投入力度，使我国的公路货物运输事业进入了快速发展时期。

1. 公路快运基础设施建设及规划

在高速公路建设方面，从 1988 年上海至嘉定（沪嘉高速）第一条短程高速公路建成通车开始至今，我国高速公路以平均每年 2000 多 km 的速度递增，短短 10 多年的时间走过了

发达国家三四十年的发展历程。为了集中力量、突出重点，加快我国高速公路的发展，1992年交通部制定了"五纵七横"国道主干线规划，并计划在2020年全部完成。国道主干线按照规划的标准要求建成后，随着交通量的增长，安全保障、通信信息和综合管理服务设施的逐步完善，车辆行驶速度可比现有国道平均车速提高一倍以上。大中城市间、省际间和区域间将形成现代化的快速公路运输网络。全国公路网的运营效率和效益将有很大的提高。公路运输运距在400~500km的可以当日往返，800~1000km的可以当日到达。截至2004年底，规划中的"两纵两横"三个重要路段已全部建成，"五纵七横"国道主干线也已完成建设任务的86%。高速公路的发展为公路快运提供了良好的条件，辽宁、山东两省实现了省会到地市全部由高速公路连接，浙江省实现了"4小时公路交通圈"，重庆提出的"8小时重庆"也正在变为现实。

公路主枢纽是货物集散、中转、换装作业等综合物流服务的场所。在公路运输站场建设方面，交通部全国公路主枢纽站的布局规划是发展45个客货主枢纽站，"九五"期间开始建设，到2010年基本建成，并完善相应的软硬件配套服务和管理设施。同时，建设干线公路站场和支线公路站点，逐步形成以公路主枢纽站为中心、以干线公路站场和支线公路站点为支撑的多层次的公路运输站场体系，基本满足中长途旅客运输及集装箱和零担快件货物运输等的要求。同时，吸纳具有优势的中外合资或独资物流企业，使公路主枢纽形成物流园区或快运中心，更好地为公路快速货运服务。

2. 我国公路快速货运的组织和研究进展

近几年来，在全国一些经济发达和交通运输条件较好的地区，如广东、上海、辽宁、山东、河北等省市，依托现有的零担运输网络和高速公路已经开展了不同形式的公路快速货物运输业务，有的地区已初步取得了良好的经营效果。国内公路客运企业也正在进入快速货运行业，在取得较好的社会效益和经济效益的基础上，已开始利用快客行李箱开展快速货运。

由于公路快速货运的运送对象千差万别，对运送时间及其他相关条件的要求多样化，运送与组织难度大，所以它在我国的发展远不及快速客运那么快。我国公路快速货运企业仍处于"多、小、散、弱"的状态，多数公路货运公司仅经营几条线路，没有形成网络化经营的布局；一些快运公司，特别是跨区域的快运公司，由于区域分割，组织关系没有理顺，所以实际业务无法开展起来；运输装备和管理手段无法适应公路快运的需要；由于线路过少或业务量不大，这些公司的通信信息系统大多没有建设或处于低级阶段。以上原因在一定程度上影响了公路快运业务的拓展和优势的发挥。我国公路快运业的技术、服务和管理水平与国外的差距依然巨大。

为了推动我国公路快速货运系统的发展，"九五"期间由国家发改委和交通部共同立项，由公路科学研究所和山东省联运中心联合承担进行国家技术创新项目"公路快速货运系统"的研究，并于2004年12月28日通过了联合鉴定和验收。该项目的实施集研究、设计、建设和运营等多种特点于一身，是一个复杂的系统工程。该项目以山东省为依托开展示范性工程，成功地建立了快速货运运营实体，在快速货运企业的体制设计、条形码技术在公路货运企业的应用和货物跟踪技术等方面具有较强的理念和技术创新。3年快运网络的建设和运营实际证明，该技术创新项目是成功的，对全国快速货运的发展具有较强的示范和推动作用。

3. 公路快速货运的发展趋势

我国公路快速货运在今后一段时期的发展趋势是：

（1）运输网络日益广泛和营业网点日趋密集　今后，公路系统仍会保持强劲的发展势头，其长度、密度均远高于其他各种运输方式，"门到门"运输优势明显。

（2）服务对象日趋广泛　公路快速货运的用户有企事业单位、政府、公众、商店等，其运送的对象主要有轻工产品、电子产品、日用商品、医药制品、计算机、工业零配件、信函、服装、食品、印刷品、音像制品以及鲜活易腐货物等各类物品。这些货物大多为成品和半成品货物，具有时效性强、高货值、高附加值的特点。

（3）优质、高效的运输服务　公路快速货运以现代化货运站为节点，通过利用货运站已形成的完备的运输网络和客户服务系统来收集和分送货物，利用高效的货物装卸、分拣、仓储等设施设备来提高中转环节的效率。在以货运站为中心的营运区域内，利用小型车辆进行取、送货服务，站与站之间的城间运输则采用大型货车或汽车列车来运输。

（4）广泛采用计算机及先进的通信信息技术　公路快速货运是多领域高新技术在汽车运输业的集合。在公路快速货运中，应广泛采用计算机及移动通信技术，实现货运服务网点的网络化，掌握从接货、集货、分拣、货物长途运输、目的地货物分拣直至送交客户为止的全过程的信息，加强对各项业务作业的追踪检查，从而提高快速货运的效率，提高货运质量。

（5）规模化经营　只有形成规模，具备以货运站为节点的运输网络和服务体系，才能使运输的全过程取得良好的效果。

为了满足国民经济对交通运输特别是对公路运输的数量和质量的更高需求，交通部提出：当前公路运输工作的重点应集中在公路货运领域上，尤其是应集中在发展我国的公路快速货运、集装箱运输和物流服务几个方面。其中，公路快速货运是近年来国内公路运输业关注的热点。如何充分利用公路建设所创造的条件，加速公路快运业的发展，使之更好地为国民经济及社会服务，已成为目前业内正在认真探索和研究的重大课题。

复习思考题

5-1　零担货物运输有何特点？其组织形式有哪些？

5-2　简述零担货物运输的作业程序。

5-3　零担货物的配载原则是什么？

5-4　什么是大件货物？其运输组织工作包括哪些环节？

5-5　什么是危险货物？危险货物是如何进行分类的？

5-6　危险货物的运输与装卸有哪些要求？

5-7　试述公路快速货运系统的构成要素。

5-8　试述公路快速货运系统的运行模式。

5-9　谈谈我国应如何开展公路快速货物运输。

第六章　集装箱运输与国际多式联运

第一节　集装箱运输概述

一、集装箱定义及标准

（一）集装箱定义及参数

1. 集装箱的概念

集装箱（Container）是用于装载货物，便于机械化装卸和运送的一种集装化工具，也称为"货箱"、"货柜"。关于集装箱的定义，国际上不同国家、地区和组织的表述有所不同。许多国家（包括中国）现在基本上采用国际标准化组织（ISO）对集装箱的定义，即集装箱是一种运输设备，它应具备以下条件：

1）具有足够的强度，可长期反复使用。

2）适于一种或多种运输方式运送货物，无需中途换装。

3）装有便于装卸和搬运的装置，特别是便于从一种运输方式转移到另一种运输方式。

4）便于货物的装满和卸空。

5）内部容积为 $1m^3$ 或 $1m^3$ 以上。

可以简单地说，集装箱是具有一定强度、刚度和规格，专供周转使用的大型装货容器。使用集装箱转运货物，可直接在发货人的仓库装货，运到收货人的仓库卸货，中途更换车、船时，无须将货物从箱内取出换装。

集装箱运输是运输方法上的一次革命，是使件杂货运输合理化、科学化和现代化的标志。

2. 集装箱的主要参数

（1）外尺寸　是指包括集装箱永久性附件在内的集装箱外部最大的长、宽、高尺寸。它是确定集装箱能否在船舶、全（半）挂车、货车、铁路车辆之间进行换装的主要参数，是各运输部门必须掌握的一项重要技术资料。

（2）内尺寸　是指集装箱内部最大的长、宽、高尺寸。它决定集装箱内容积和箱内货物的最大尺寸。

（3）内容积　按集装箱内尺寸计算的装货容积。同一规格的集装箱，由于结构和制造材料的不同，其内容积略有差异。

（4）自重（空箱质量）　是指空集装箱的质量，包括各种集装箱在正常工作状态下应备有的附件和各种设备，如机械式冷藏集装箱的机械制冷装置及其所需的燃油。

（5）载重（载货质量）　集装箱最大容许承载的货物质量，包括集装箱正常工作状态下所需的货物紧固设备及垫货材料等在内的质量。

（6）总重（额定质量）　是集装箱的自重和载重之和，即集装箱的总质量。它是营运和作业的上限值，又是设计和试验的下限值。

（7）自重系数　指集装箱的自重与载重之比。集装箱自重系数越小越好。自重系数小，表明在集装箱自重既定的情况下，能够装载较多的货物。铝合金集装箱的优点就在于它的自重系数较小。

（8）比容　指集装箱内部的几何容积与载重之比。集装箱的比容大，表明在同样载重的情况下，它可以装载较大体积的货物，具有较大的使用范围。

（9）比面　指集装箱底的全部面积与其载重之比。集装箱比面大，表明在同样载重的情况下，可以装载较多占用放置面积较大的货物。

集装箱比容是反映封闭式集装箱装载能力的技术参数，集装箱比面则是反映敞开式集装箱装载能力的技术参数。

（二）集装箱标准

集装箱标准化，可提高集装箱作为共同运输单元在海、陆、空运输中的通用性和互换性，提高集装箱运输的安全性和经济性，促进国际集装箱多式联运的发展。同时，集装箱标准化还给集装箱的载运工具和装卸机械提供了选型、设计和制造的依据，从而使集装箱运输成为相互衔接配套、专业化和高效率的运输系统。

集装箱标准按使用范围分为国际标准、国家标准、地区标准和公司标准4种。

1. 国际标准集装箱

现行的国际标准集装箱共有13种规格，见表6-1。

表 6-1　国际标准集装箱现行箱型系列

箱　　型	长度 L/mm		宽度 W/mm		高度 H/mm		额定质量/kg
	基本尺寸	公差	基本尺寸	公差	基本尺寸	公差	
1AAA 1AA 1A	12192	0 −10	2438	0 −5	2896 2591 2438	0 −5	30480
1AX					<2438		
1BBB 1BB 1B	9125	0 −10	2438	0 −5	2896 2591 2438	0 −5	25400
1BX					<2438		
1CC 1C	6058	0 −6	2438	0 −5	2591 2438	0 −5	24000
1CX					<2438		
1D	2991	0 −5	2438	0 −5	2438	0 −5	10160
1DX					<2438		

国际标准集装箱各种箱型之间的长度具有一定的尺寸关联，其长度关系如图6-1所示。图中，1A型为12192mm（40ft）集装箱；1B型为9125mm（30ft）集装箱；1C型为6058mm（20ft）集装箱；1D型为2991mm（10ft）集装箱；i 为间距，其值为76mm（3in）。应有

$$1A = 1B + i + 1D = (9125 + 76 + 2991) \text{ mm} = 12192\text{mm}$$

$$1B = 1D + i + 1D + i + 1D = (3 \times 2991 + 2 \times 76) \text{ mm} = 9125\text{mm}$$

$$1C = 1D + i + 1D = （2 \times 2991 + 76）\ mm = 6058mm$$

目前，在海上运输中，经常使用的是
1AA和1CC型集装箱。

2．国家标准集装箱

国家标准集装箱一般是各国政府按国际
标准的参数，考虑到本国的具体技术条件而
制定的。我国现行国家标准集装箱见表6-2。

3．地区标准集装箱

地区标准集装箱是由地区组织根据该地
区的特殊情况制定的，一般仅适用于该地
区。例如，欧洲国际铁路联盟（UIC）所制定的集装箱标准就只适用于欧洲地区。

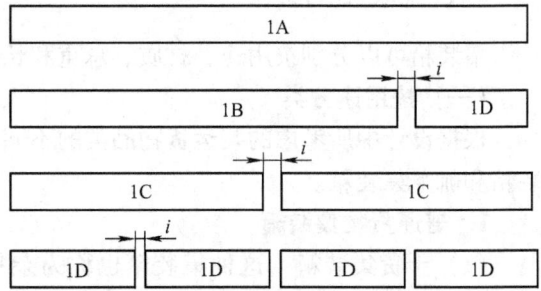

图6-1　现行国际标准集装箱长度系列关系图

表6-2　我国现行集装箱标准

型号	高度 H/mm		宽度 W/mm		长度 L/mm		额定质量/kg
	基本尺寸	公差	基本尺寸	公差	基本尺寸	公差	
1AA	2591	0 −5	2438	0 −5	12192	0 −10	30480
1A	2438	0 −5	2438	0 −5	12192	0 −10	30480
1AX	<2438	0 −5	2438	0 −5	12912	0 −10	30480
1CC	2591	0 −5	2438	0 −5	6058	0 −6	20320
1C	2438	0 −5	2438	0 −5	6058	0 −6	20320
1CX	<2438	0 −5	2438	0 −5	6058	0 −6	20320
10D	2438	0 −5	2438	0 −5	4012	0 −5	10000
5D	2438	0 −5	2438	0 −5	1968	0 −5	5000

注：1．5D和10D两种箱型主要用于国内运输，其他6种箱型主要用于国际运输。

　　2．C型箱额定质量仍为20320kg，实际使用中采用24000kg。

4．公司集装箱标准

公司集装箱标准是某些大的船公司根据本公司的具体情况和条件制定的集装箱标准。例
如，美国麦逊公司的7320mm（24ft）长的集装箱和美国海陆联运公司的10670mm（35ft）
长的集装箱。

目前，世界上通用的是国际标准集装箱。除标准箱外，现在世界上还有不少非标准集装
箱。

二、集装箱的类型

集装箱可以分别按用途、材质、总重和长度尺寸等进行分类。

（一）按用途分类

根据设计中所考虑的装运货物品类的不同，集装箱可分为普通货物集装箱、特种货物集装箱和航空集装箱。

1. 普通货物集装箱

（1）干货集装箱　这种集装箱也称为杂货集装箱，用来运输无需控制温度的件杂货，使用范围很广，常用的有20ft和40ft两种。其结构特点常为全封闭式，一般在一端或侧面设有箱门，箱内设有一定的固货装置。这种箱子在使用时一般要求清洁、水密性好。对装入这种集装箱的货物要求有适当的包装，以便充分利用集装箱的箱容。

（2）开顶集装箱　这种集装箱的箱顶可以打开，货物能从上部吊装、吊卸，适于装载大型货物和重货，如钢铁、木材、玻璃集装架等。

（3）通风集装箱　通风集装箱一般在其侧壁或顶壁上设有若干供通风用的窗口，适用于装运有一定通风和防潮要求的杂货，如原皮、水果、蔬菜等。如果将通风窗口关闭，可作为杂货集装箱使用。

（4）台架式集装箱　这种集装箱没有箱顶和侧壁，甚至连端壁也去掉而只有底板和四个脚柱的集装箱。这种集装箱可以从前后、左右及上方进行装卸作业，适合装卸长大件和重货，如重型机械、钢材、钢管、钢锭、木材等。

（5）平台式集装箱　这种集装箱是在台架式集装箱上再简化而只保留底板的一种特殊结构集装箱，主要用于装卸长大笨重货物，如重型机械、钢材、整件设备等。平台的长度和宽度与国际标准集装箱的箱底尺寸相同，可使用与其他集装箱相同的紧固件和起吊装置。

2. 特种货物集装箱

（1）冷藏集装箱　冷藏集装箱是以运输冷冻食品为主，能保持所定温度的保温集装箱。它是专为运输鱼、肉、新鲜水果、蔬菜等食品而特殊设计的。

（2）罐式集装箱　这种集装箱专门用来装运液体货物，如酒类、油类、化学品等。它由罐体和框架两部分组成，罐体用于装液体货物，框架用于支撑和固定罐体。罐体的外壁采用保温材料以使罐体隔热，内壁一般要研磨抛光以避免液体残留于壁面。为了降低液体的粘度，罐体下部还设有加热器。罐体内的温度可以通过安装在其上部的温度计进行观察。罐顶设有装货口，罐底设有排出阀。装货时货物由罐顶部装货口装入，卸货时则由排出阀流出或从顶部装货口吸出。

（3）汽车集装箱　这种集装箱专门用来装运小型汽车。其结构特点是无侧壁，仅设有框架和箱底。为了防止汽车在箱内滑动，箱底专门设有绑扎设备和防滑钢板。大部分汽车集装箱被设计成上下两层。

（4）动物集装箱　这是一种专门用来装运鸡、鸭、猪、羊等活禽、活牲畜的集装箱。这种集装箱一般配有食槽，并能遮避阳光，具有良好的通风条件。

（5）服装集装箱　这种集装箱的特点是，在箱内侧梁上装有很多根横杆，每根横杆上挂有许多吊扣或绳索，供服装挂运。这种无包装运输方法不仅节约了包装材料和包装费用，而且减少了人工劳动，提高了服装的运输质量。

（6）散货集装箱　这种集装箱用于装运粉状或粒状货物，如大豆、大米、各种饲料等。在箱顶部设有 2～3 个装货口，在箱门的下部设有卸货口。使用集装箱装运散货，一方面提高了装卸效率，另一方面提高了货运质量，减轻了粉尘对人体的侵害和对环境的污染。

3．航空集装箱

航空集装箱是指与空运有关的集装箱，包括空运集装箱和空陆水联运集装箱。

（1）空运集装箱　该类集装箱具有与航空器栓固系统相配合的栓固装置，其底部结构便于全部冲洗并适于滚装作业系统进行装运。

（2）空陆水联运集装箱　一方面该类集装箱装有顶角件和底角件，既可吊装，又可堆装，适于地面运输和装卸；另一方面，该类集装箱还具有与航空器栓固系统相配合的栓固装置，其底部结构便于全部冲洗并适于滚装作业系统进行装运，所以也适于空运。

（二）按制造材料分类

集装箱的制造材料应尽量采用质量轻、强度高、耐用以及维修保养费用低的材料。现代的大型集装箱都不是用一种材料制成的，而是由钢、木材、铝合金和玻璃钢中的几种材料制成的。按制造集装箱的主体材料划分，集装箱可分为以下几种：

（1）钢制集装箱　其优点是强度大，结构牢固，水密性好，能反复使用，价格低廉；主要缺点是防腐能力差，箱体笨重，相应地降低了装货能力。

（2）铝合金集装箱　其优点是自重轻，提高了集装箱的装载能力，而且具有防腐性好和弹性好等优点；主要缺点是铝合金集装箱的造价相当高，焊接性也不如钢制集装箱，受碰撞时易损坏。

（3）不锈钢集装箱　一般多用不锈钢制作罐式集装箱。不锈钢集装箱的主要优点是不生锈，耐蚀性好，强度高；主要缺点是价格高，投资大。

（4）玻璃钢集装箱　由玻璃钢制成的集装箱主要优点是强度大、刚性好，具有较高的隔热、防腐和耐化学侵蚀能力；易于洗涤，修理简便，维修费用较低。其主要缺点是自重大，造价高。

（三）按箱体长度分类

可分为 40ft 集装箱、20ft 集装箱、10ft 集装箱以及 45ft 集装箱等。

（四）按总重分类

集装箱按总重可分为大、中、小三种类型。大型集装箱是指总重在 20t 及其以上的集装箱，小型集装箱是指总重小于 5t 的集装箱，而总重在 5～20t 的集装箱为中型集装箱。有时也可直接根据集装箱总重来称呼集装箱，如 1t 箱、5t 箱、10t 箱等。

三、集装箱运输特点

集装箱运输与传统的货物运输相比，具有以下特点：

（1）运输效率高　集装箱运输是实现全部机械化作业的高效率运输方式。将不同形状、尺寸的件杂货装入具有标准规格的集装箱内进行运输，不仅使运输单位增大，而且从根本上解决了现代化生产的前提——实行标准化，为实现高效的机械化作业创造了最为重要的条件。例如，传统货船每小时装或卸货仅 35t，而一个 20ft 的国际标准集装箱，每一循环的装卸时间仅需 3min，每小时装或卸货可达 400t，提高装卸效率达 11 倍。

（2）便于组织多式联运　集装箱运输是最适于组织多式联运的运输方式。将集装箱作为运输单元，由一种运输方式转换到另一种运输方式进行联合运输时，需要换装的是集装箱，箱内的货物并不需要搬动，这就大大简化和加快了换装作业。同时，由于集装箱具有坚固、密封的特点，口岸监管单位可以通过加封和验封转关放行。因此，集装箱能把海运和内陆的铁路、公路、水路等多种运输方式以及与进出口业务有关的口岸监管工作联合起来进行一体化的多式联运，从而大大提高运输服务质量。

（3）运输质量好　集装箱运输是保证货运质量，简化货物包装的安全、节省的运输方式。集装箱具有坚固密封的箱体，一般来说，不易发生盗窃事故，且足以防止恶劣天气对箱内货物的侵袭。运输和装卸过程中，与外界接触的是箱体而非货物，因而货物破损事故大为减少，对货物的包装要求也不像传统散货那样严格。

（4）运输过程一体化　为了方便货主及保证货物运输安全，集装箱运输经营者强调一体化的运输服务，托运人只需一次托运、一次交费，即可获得全程负责的"门到门"运输服务。

（5）有利于实现现代化管理　集装箱的标准化和单元化特点，使集装箱运输非常适合使用现代科学方法加以管理。特别是可使用计算机进行管理，不但可以提高运输服务质量，同时还可以降低运输成本。

（6）人员素质要求高　集装箱运输是比较复杂的综合运输系统工程。它集快速周转的船队、快速装卸的专业化码头、快捷迅达的集疏运网络、功能齐全的中转站、科学简洁的单证流通系统、及时准确的信息传递系统及口岸有关单位的协作配合为一体。其整体功能和优越性的发挥，取决于各方面、各环节的协调发展和密切配合。因此，对管理人员、技术人员和业务操作人员都要求有较高的素质，这样才能体现科学管理，保证综合运输系统的运行，发挥集装箱运输固有的优越性。

综上所述，集装箱运输具有装卸效率高，加快货运速度和加速车船周转，提高货运质量，减少货损货差，简化货运手续，节省包装材料和降低货运成本等优越性。

四、开展集装箱运输的条件

开展集装箱运输，需要具备下述一定条件，需要大量的基本建设投资。

1）货运要求。集装箱运输要求货物流量大而且比较稳定、集中，同时货种适合装载集装箱，尤其要求航线两端的货运基本平衡，否则就会造成大量空箱积压和空箱运输。

2）必须在整个运输过程中更新各个环节的有关设备，以适应集装箱运输的要求。除了需要集装箱船舶、集装箱专用码头和堆场外，还必须要有相应的装卸搬运集装箱的重型机械设备，如岸壁集装箱装卸桥、龙门起重机和集装箱跨运车等。

3）要有与集装箱运输相适应的内陆运输条件。公路和铁路运输应有接受大型集装箱的能力，以便进行海陆联运，使集装箱能在各种运输方式之间迅速而顺利地换装。

4）由于集装箱随着货物的流动而分散到各地，因此还必须对集装箱进行专门的掌握、调度、回收、修理等一系列复杂的管理工作。国外一些较大的集装箱运输公司大都采用计算机对集装箱进行编目控制，即把集装箱的每一动态信息详细储存在计算机内，随时掌握集装箱的行踪，并根据需要，通过计算机进行合理调度，达到充分利用集装箱并使空箱的回运减少到最低程度。

五、集装箱运输的发展趋势

随着集装箱运输走向成熟以及经营管理的现代化，集装箱运输将朝着物流中心化、管理电脑化、港口高效化、船舶大型化、运输综合化的方向发展，以降低运输成本，缩短运输周期，真正为客户提供优质、快速、准时、便捷、价廉的服务。

（1）干线船向大型化和高速化发展　20世纪90年代以来，集装箱船的大型化十分明显。据统计，1998年箱位数2000TEU以上的大型船和4500TEU以上的超巴拿马型船的合计载箱量已占集装箱船总载箱量的45%。一些著名船厂纷纷对8000TEU以上的超大型集装箱船进行研究和方案设计，并具备了建造条件。据估计，到2010年前后，将有载箱量15000TEU的集装箱船问世。

在集装箱船进一步向大型化发展的同时，集装箱船的高速化也将引起关注。美国、日本、韩国、西欧等一些发达国家和地区，正在开发研究航速在35kn以上的超高速集装箱船。

（2）世界主要集装箱港口向大型、高效和综合服务方向发展　世界主要集装箱港口应拥有长度至少300m以上、前沿水深-12m以上、陆地纵深500~1000m的集装箱泊位，采用大跨距、重负荷、自动化的装卸机械，全面实现计算机管理，能够向船东和货主提供全方位的优质服务。

（3）港口的中转作用日益重要　船公司在主要航线上配置的大型集装箱船，只在少数货源稳定可靠的拥有深水泊位的港口之间航行。这些港口则将其他港口的货源通过支线船吸引过来加以中转。如中国香港、新加坡1990年以后一直雄居世界集装箱港口吞吐量前两位，其中转箱量占总吞吐量的比例高达50%~60%。国外有专家称这样的港口为大中心港。

（4）多式联运日益完善　集装箱运输的优势之一是便于组织多式联运。一些发达国家除了大力发展港口基础设施和海运船队外，还重视海运船队、专用码头与内陆集疏运网络建设的相互匹配，形成日益完善的多式联运综合运输系统；同时重视在国际组织中积极活动，拟定相关的国际公约，并通过国内立法，完善集装箱运输的规章制度，在全球建立货运代理和多式联运经营网络，力图通过改善经营管理来提高运输服务质量和市场竞争能力。

（5）信息管理实现现代化　电子数据交换（EDI）已在航运界发挥日益重要的作用。EDI技术依靠电子计算机和通信网络，实现信息自动交换和自动处理，以电子单证逐步取代复杂的纸面单证，简化各种业务手续，并对集装箱动态信息进行有效跟踪，大大提高了运输效率和运输服务质量。

（6）箱型大型化和专用化　近年来，一些发达国家为了充分利用运输工具的载运能力，在国际标准化组织的多次会议上提出了修改集装箱标准的建议，包括增大集装箱的尺寸和总重。目前，40ft及其以上集装箱在总箱量中的比重逐年增加，冷藏、罐式、开顶等专用箱也呈增长趋势。

（7）经营规模化　随着集装箱运输一体化的迅速发展，各大班轮公司通过兼并和组织联营集团实现了规模经营，成为全球承运人，并以货物集拼、仓储、运输、分拨等全方位服务，进一步完善干支网络，高效、快捷地组织"门到门"运输服务；广泛采用EDI系统，对集装箱运输的全过程实现电脑化管理，合理安排航线，扩大干线直挂港的范围，缩短航班周期，加快货运速度，降低运输成本，提高运输服务质量。

第二节 集装箱运输组织

一、集装箱运输过程

1. 集装箱货物的流转程序

与传统的货物运输相比较，集装箱货物的运输无论是全程流通过程还是在运输组织上都发生了根本性的变化。这里以集装箱多式联运中最典型的例子来说明。

采用集装箱多式联运运输货物时，一般先将分散的小批量货物预先在内陆集散地加以集中，组成大批量货物以后，通过内陆运输将其运到集装箱码头，再用集装箱船将集装箱运到卸货港，然后通过内陆运输将集装箱运到最终目的地。

在集装箱货物的流转过程中，货物的集散方式有两种：整箱货和拼箱货。

整箱货是指由发货人负责装箱、记数、填写装箱单，并由海关施加铅封的货。整箱货通常只有一个发货人和收货人。整箱货的拆箱，一般由收货人负责办理，但也可以委托承运人在集装箱货运站拆箱。承运人对整箱货以箱为交接单位。只要集装箱外表与收箱时相似和铅封完整，承运人就完成了承运责任。

拼箱货是指装不满一整箱的小票货物。这种货物通常是由承运人分别揽货并在集装箱货运站或内陆中转站集中，根据货类性质和目的地进行分类整理，把去往同一目的地的货物集中到一定数量后拼装入箱。对于这种货物，承运人要负担装箱与拆箱作业，装拆箱费用向货方收取。承运人对拼箱货的责任，基本上与传统杂货运输相同。

集装箱货物流转的程序是：

在集装箱码头地区附近的集装箱货物，如果是整箱货，则发货人在自己的工厂或仓库内把货物装箱后，利用货车直接把重箱运进集装箱码头，存放在码头堆场上，等待集装箱船到来后装船；如果是拼箱货，则发货人应先把货物运到集装箱码头内的集装箱货运站，在集装箱货运站把不同货票但发往同一目的地的货物拼装在一个集装箱内，然后再把集装箱运到码头堆场存放，等待装船。

外地的集装箱货物，则无论是拼箱货还是整箱货，一般发货人都得将货物或装满货物的集装箱运到船公司或其他运输部门设定的内陆中转站，再通过公路或铁路将其运到集装箱码头堆场上存放，等待装船。如果外地有水道与集装箱码头相通，当然也可以用驳船把货物或集装箱运至集装箱码头。对于枢纽港集装箱码头附近的中、小港集装箱货，可以通过支线运输船把集装箱运到枢纽港集装箱码头，等待干线船到来后装船。

装上船的集装箱到达卸货港把集装箱卸下后，再通过与上述相反的程序，将集装箱疏运到各个目的地。

2. 集装箱货流的组织形式

由于集装箱货运分为整箱运输和拼箱运输两种，因此，在集装箱交接方式上也有所不同。纵观当前国际上的做法，大致可有以下 4 种类型：

（1）整箱交、整箱接 货主在工厂或仓库把装满货后的整箱交给承运人，收货人在目的地整箱接货。承运人以整箱为单位负责交接，而货物的装箱和拆箱均由货方负责。这种交接方式效果最好，也最能发挥集装箱运输的优越性。

（2）拼箱交、拆箱接　货主将不足整箱的小票托运货物在集装箱货运站或内陆中转站交给承运人，由承运人负责拼箱和装箱；运到目的地货运站或内陆中转站后，由承运人负责拆箱，各收货人凭单取货。货物的装箱和拆箱均由承运人负责。

（3）整箱交、拆箱接　货主在工厂或仓库把装满后的整箱交给承运人，在目的地的集装箱货运站或内陆中转站由承运人负责拆箱，各收货人凭单接货。

（4）拼箱交、整箱接　货主将不足整箱的小票托运货物在集装箱货运站或内陆中转站交给承运人，由承运人分类调整，把同一收货人的货物集中拼装成整箱。运到目的地后，承运人以整箱交，收货人以整箱接。

具体来说，集装箱货的交接地点主要有三处，即集装箱码头堆场（CY）、集装箱货运站（CFS）、发货人或收货人的工厂或仓库（Door）。根据整箱货、拼箱货以及集装箱交接地点的不同，集装箱运输又有以下 9 种具体交接方式：

（1）"门到门"（Door to Door）　是指发货人负责在自己的工厂或仓库里装箱，办理通关和加封手续，承运人在发货人处接收货物后，对货物的全程运输负责，直到运至收货人处交付货物时止。货物交接的形态均为整箱货。

（2）"门"到场（Door to CY）　是指发货人负责装箱，办理通关和加封手续，承运人在发货人处接收货物后，对货物全程运输负责，直到运至运输合同中指定的码头或内陆堆场向收货人交付货物时止。运往目的地的内陆运输则由收货人自己负责安排。货物交接形态均为整箱货。

（3）"门"到站（Door to CFS）　是指发货人负责装箱，办理通关和加封，承运人在发货人处接收货物后，对货物全程运输负责，直到运至运输合同中指定的码头或码头附近内陆地区的集装箱货运站，并负责拆箱，向收货人（可能是一个也可能是多个）交付时止。这种交接方式，承运人接收的是整箱货，交付时需拆箱。

（4）场到"门"（CY to Door）　是指发货人负责装箱，办理通关及加封手续，并自行负责将集装箱由装箱地运至运输合同中指定的码头或内陆堆场。承运人在该堆场接收货物后，负责运至收货人处的全程运输，并在收货人处交付货物。其货物交接形态均为整箱货。

（5）场到场（CY to CY）　是指发货人负责装箱，办理通关及加封手续，并自行负责将集装箱由装箱地运至运输合同中指定的码头或内陆堆场。承运人在该堆场接收货物后，负责将货物运至运输合同中指定的目的地堆场的全程运输，并在目的地堆场向收货人交付货物。收货人负责至拆箱地的运输工作，以及拆箱和还箱工作。货物的交接形态均为整箱货。

（6）场到站（CY to CFS）　是指发货人负责装箱，办理通关及加封手续，并自行负责将集装箱由装箱地运至运输合同中指定的堆场交给承运人。承运人负责将货物运至指定的目的地货运站，拆箱后向收货人（一个或多个）交付货物。承运人以整箱形态接收货物，以拆箱形态交付货物。

（7）站到"门"（CFS to Door）　是指发货人以原来的形态把货物运至运输合同指定的集装箱货运站。承运人在集装箱货运站接收货物，进行整理、分类、装箱、加封后，将货物运至收货人处交付货物。这种交接方式是承运人以拼箱形态接收货物，以整箱交付货物，一般对应于多个发货人、一个收货人的情况。

（8）站到场（CFS to CY）　这种方式与站到"门"方式类似，差别仅在于承运人在集装箱货运站接收货物后，负责将货物运至运输合同指定的目的地堆场，并向收货人交付货物。

(9) 站到站（CFS to CFS）　承运人接收货物与站到"门"、站到场相似，但在集装箱货运站接收货物后，要负责将货物运至运输合同指定的目的地集装箱货运站，并负责拆箱后向收货人交付货物。这种接收方式是承运人以拼箱形态接收货物，以拆箱形态交付货物，一般对应于多个发货人、多个收货人的情况。

二、集装箱货物分类与集装箱选择

（一）集装箱货物分类

适合集装箱运输的货物，是指那些既便于装箱，又能够经济运输的货物。这些货物的分类情况如下所述。

1. 按货物性质分类

集装箱货物按货物性质可分为普通货物和特殊货物两大类。

（1）普通货物　普通货物可称为杂货，是指那些按其性质不需要特殊方法保管和装卸，可以按件计数的货物。其特点是货物批量不大，品种多。根据包装形式和货物的性质不同，又可分为清洁货物和污货物两类。

1）清洁货物是指货物本身清洁干燥，在保管和运输时没有特殊要求，和其他货物混载时不易损坏或污染其他货物的货物，如纺织品，棉、麻、纤维制品，橡胶制品，玩具等。

2）污货物是指货物本身的性质和状态决定了它们容易受潮、发热、发臭等，容易对其他货物造成严重湿损、污损或熏染臭气，如水泥、石墨、油脂、沥青、樟脑、胡椒等。

（2）特殊货物　特殊货物是指那些在形态上、性质上、质量上、价值上具有特殊性，运输时需要用特殊集装箱装载的货物，包括超高、超长、超宽、超重货物以及液体或气体货物、散货、动植物检疫货物、冷藏货物、贵重货物、易腐货物以及危险货物等。

1）超高、超长、超宽、超重货物是指那些尺寸超过了国际标准集装箱的尺寸而无法装载，或单件货物的质量超过了国际标准集装箱载重的货物，如动力电缆、大（重）型机械设备等。

2）液体或气体货物是指需装在桶、箱、罐、瓶等容器内进行运输的液体或气体货物，如酒精、酱油、葡萄糖、石油、胶乳、天然气等。

3）散货货物指粮食、盐、煤、矿石等无特殊包装的散装运输的货物。随着集装箱运输的发展，水泥、糖等也可用集装箱散装运输。

4）动植物检疫货物一般是指活的动植物，如活的家禽、家畜以及其他动物，种子、树苗和其他苗木等。

5）冷藏货物是指需用冷藏集装箱或保温集装箱运输的货物，如肉类食品、鸡蛋、水果、蔬菜、奶类制品等。

6）贵重货物是指单件货物价格比较昂贵的货物，如精密仪器、家用电器、手工艺品、珠宝首饰、出土文物等。

7）易腐货物是指在运输过程中因通风不良或在高温、潮湿环境下容易腐败变质的货物。

8）危险货物是指那些本身具有易燃、易爆、有毒、腐蚀性、放射性等危险性的货物。危险货物装箱时必须有特别的安全措施，以保证运输设备及人身的安全。

2. 按货物是否适合装箱分类

（1）最适合装箱货　是指价值大、运价高、易损坏、易被盗窃的商品。这些商品按其属性（指商品的尺寸、体积和质量）可有效地进行集装箱装箱。属于这一类商品的有针织品、酒、香烟及烟草、医药品、打字机、各种小型电器、光学仪器、各种家用电器等。

（2）适合装箱货　是指价值较大、运价较高、不易损坏和被盗窃的商品，如纸浆、天花板、电线、电缆、面粉、生皮、炭精、皮革、金属制品等。

（3）边际装箱货　又称临界装箱货或边缘装箱货。这种货物可用集装箱来装载，但其货价和运价都很低，用集装箱来运输，经济性差，而且该类货物的大小、质量、包装也难于集装箱化。属于这一类商品的有钢锭、生铁、原木、砖瓦等。

（4）不适合装箱货　是指那些从技术上看装箱有困难的货物，如原油和矿砂等不宜装箱运输，而采用专用运输工具运输可提高装卸效率，降低运输成本；又如桥梁、铁路、大型发电机等设备，由于其尺寸大大超过国际标准集装箱中最大尺寸的集装箱，故装箱有困难，但可以装在组合式的平台车上运载。

（二）集装箱选择

集装箱的选择主要包括集装箱类型的选择和集装箱数量的确定两方面内容。

1．集装箱类型的选择

正确选择集装箱的类型，是集装箱运输组织管理的重要工作。选择箱型，应首先了解以下内容：

（1）货物特性　货物特性决定了运输要求，如危险品、易碎品、鲜活易腐品等货物特性不一，对箱型的选择也就不同。

（2）货物种类与货名　为了保证货物运输安全无损，仅仅了解货物的一般特性是不够的。例如对危险货物来说，就不能只知道它是危险货物就满足了，还要进一步了解它属于哪一类危险货物，是爆炸品、易燃品还是腐蚀性货物；还要具体了解它的货名，是鞭炮、电影胶卷还是硫酸；此外，还要知道它有无包装，是什么包装；货物是清洁的还是脏的，有没有气味等。

（3）货物包装尺寸　由于我国货物运输包装规格繁多，要选择相适应的集装箱型号，必须了解货物包装尺寸，以便选择合适的配置方法（如横平放、直平放、竖正放等），充分利用箱容容积。

（4）货物质量　任何集装箱可装货物的质量都不得超过集装箱的载重，有时货物质量虽小于载重，但由于该货物是集中载荷而可能造成箱底强度不足，这时就必须采取措施，利用货垫使集中载荷分散均布。

（5）集装箱运输过程　应考虑整个运输过程由哪几种运输工具运送，是否转运和进行换装作业，采用何种作业方式，运输过程中的外界条件如何，是否高温、多湿，拆箱地点的设备和条件如何等。运输过程不同，箱型也应不同。

（6）箱型选择还应遵循如下原则　货物外部尺寸应与集装箱内部尺寸相适应，以成公倍数为最佳；按货物密度选择最有利比容（或比面）的集装箱；优先选择自重系数较小的集装箱；集装箱外部尺寸应与运输工具尺寸相适应，亦以成公倍数为最佳。

2．集装箱数量的计算

箱型选定后，还应计算所需的集装箱数量。为此，首先应了解集装箱的"单位容重"的概念。

集装箱的"单位容重"是指集装箱的载重除以集装箱的容积所得的商。要使集装箱的容积和载重都能满载，就要求货物的密度等于集装箱的单位容重。实际上，集装箱装货后，箱内的容积或多或少会产生空隙，因此，集装箱内实际可利用的有效容积为集装箱的容积乘上箱容利用率。表 6-3 给出了 20ft 和 40ft 杂货集装箱以及 20ft 开顶集装箱和台架式集装箱的单位容重。

表 6-3　集装箱的单位容重

集装箱种类	载重		集装箱容积		箱容利用率为 100% 时的单位容重		箱容利用率为 80% 时的单位容重	
	kg	lb	m^3	ft^3	kg/m^3	lb/ft^3	kg/m^3	lb/ft^3
20ft 杂货集装箱	21790	48047	33.2	1172	656.3	41.0	820.4	51.3
40ft 杂货集装箱	27630	60924	67.8	2426	407.5	25.1	509.4	31.4
20ft 开顶集装箱	21480	47363	28.4	1005	756.3	47.1	945.4	58.9
20ft 台架式集装箱	21230	46812	28.5	1007	744.9	46.5	931.1	58.1

（1）整箱货物的集装箱需用量计算　在计算集装箱所需数量之前，先要判定这批货物是重货还是轻货，再求出每一个集装箱的最大装载量和有效容积，就可以算出该批货物所需要的集装箱数量。其计算方法如下：

对于重货，即货物密度大于集装箱有效容积的单位容重，则用货物质量除以集装箱的载重，即得所需要的集装箱数。

当货物密度等于集装箱有效容积的单位容重时，则既可按质量计算，也可按体积计算，都可以求得集装箱所需要的数量。

对于暂不能判定是重货还是轻货的情况，可先按容积计算，求出每个集装箱可能装运的货物件数，再用货物件数乘以每件货物质量，并与集装箱的载重进行比较。如果货物质量小于集装箱载重，那么就按货物总体积除以集装箱容积计算所需集装箱数；反之，则按货物总质量除以每个集装箱的载重，计算所需的集装箱个数。下面举例说明。

例 6-1　现有需要装箱的电气制品货物（纸箱包装）共 750 箱，体积为 117.3m^3（4141ft^3），质量为 20.33t（44827lb），问需要装多少个 20ft 杂货集装箱？

解　先求货物密度 ρ

$$\rho = （20330/117.3）kg/m^3 = 173.3kg/m^3$$

从表 6-3 中查得箱容利用率如为 80%，20ft 杂货集装箱的单位容重为 820.4kg/m^3。因货物密度小于箱的单位容重，故所装之电气制品为轻货。

集装箱的有效容积为　　　　　　　$33.2 \times 0.8m^3 = 26.56m^3$

所需集装箱数为货物体积除以集装箱有效容积，即

$$117.3/26.56 个 \approx 4.4 个$$

因此，需要 5 个 20ft 杂货集装箱才能把该批纸箱包装的电气制品装完。

（2）拼箱货物的集装箱需用量计算　对于拼箱货物，应当轻、重货物搭配装载。为了使配装效果较好，配装货物的品种宜少，以一种重货与另一种轻货配装最为有利。拼装货物应是发至同一到达站的货物，同时，必须使所装货物的加权平均密度等于或者接近于集装箱

的单位容重，从而使集装箱的容积装满，载重也得以充分利用。

轻、重货物正确的配装比例，可按以下公式计算：

$$P_b = P_w + P_1 \tag{6-1}$$

$$V_y = V_w + V_1 = \frac{P_w}{Y_w} + \frac{P_1}{Y_1} \tag{6-2}$$

式中　P_b——集装箱载重（t）；

P_w——应装重质货物的质量（t）；

P_1——应装轻质货物的质量（t）；

V_y——集装箱有效内容积（m³）；

V_w——应装重质货物的体积（m³）；

V_1——应装轻质货物的体积（m³）；

Y_w——重质货物单位体积的质量（t/m³）；

Y_1——轻质货物单位体积的质量（t/m³）。

由此可推出

$$P_w = \frac{P_b - V_y Y_1}{1 - \dfrac{Y_1}{Y_w}} \tag{6-3}$$

$$P_1 = P_b - P_w \tag{6-4}$$

为了减少集装箱的回程空载，有时要把普通杂货装在各种特殊集装箱内。这些特殊集装箱的容积一般都比杂货集装箱小，因此，在计算集装箱数量时应特别注意。

根据国外的装载经验，利用各种特殊集装箱装载杂货时，其装载量经验值见表6-4。

表6-4　国外特殊集装箱装载杂货的装载量经验值

集装箱类型	可装载量/（容积t）	集装箱类型	可装载量/（容积t）
20ft 动物集装箱	13	20ft 冷藏集装箱	17.5
20ft 通风集装箱	21	20ft 台架式集装箱	14
20ft 散货集装箱	21	20ft 开顶集装箱	21

三、集装箱货物的装载

（一）集装箱货物装载的一般要求

可选用集装箱装载的货物千差万别，装载的要求也各不相同，但一般应满足以下基本要求。

1. 质量的合理分配

根据货物的体积、质量、外包装的强度以及货物的性质进行分类，把外包装坚固和质量较重的货物装在下面，外包装较为脆弱、质量较轻的货物装在上面。装载时要使货物的质量在箱底均匀分布，否则有可能造成箱底脱落或底梁弯曲。如果整个集装箱的重心发生偏移，当用扩伸抓具起吊时，有可能使集装箱产生倾翻现象。此外，还将造成运输车辆前后轮质量分布不均。

2. 货物的必要衬垫

装载货物时，要根据包装的强度来决定对其进行必要的衬垫。对于外包装脆弱的货物、易碎货物应夹衬缓冲材料，防止货物相互碰撞挤压。为填补货物之间和货物与集装箱侧壁之间的空隙，有必要在货物之间插入垫板、覆盖物之类的隔货材料。要注意对货物下端进行必要的衬垫，使质量分布均匀。对于出口集装箱货物，若其衬垫材料属于植物检疫对象的，最好改用非植检对象材料。

3. 货物的合理固定

货物在装箱后，一般都会产生空隙。由于空隙的存在，必须对箱内货物进行固定处理，以防止在运输途中，尤其是海上运输中由于船体摇摆而造成货物坍塌与破损。货物的固定方法有以下几种：

1）支撑。用方形木条等支柱使货物固定。

2）塞紧。货物与集装箱侧壁之间用方木等支柱在水平方向加以固定，货物之间插入填塞物、缓冲垫、楔子等防止货物移动。

3）系紧。用绳索、带子等索具或用网具等捆绑货物。

由于集装箱的侧壁、端壁、门板处的强度较弱，因此，在集装箱内对货物进行固定作业时要注意支撑和塞紧的方法，不要直接撑在这些地方，应设法使支柱撑在集装箱的主要构件上。此外，也可将衬垫材料、扁平木材等制成栅栏来固定货物。绑扎固定对于缓冲运输中产生的冲击和振动具有明显效果。

4. 货物的合理混装

货物混装时，要避免相互污染或引起事故。

（1）干、湿货物的混装　液体货物或有水分的货物与干燥货物混装时，如果货物出现泄露渗出液汁或因结露产生水滴，就有可能引起干燥货物的湿损、污染、腐败等事故，因此，要尽可能避免混装。当然，如果货物装在坚固的容器内，或装在下层，也可以考虑混装。

（2）尽可能不与强臭货物或气味强烈的货物混装　如肥料、鱼粉、兽皮等恶臭货物，以及胡椒、樟脑等强臭货物，不得与茶叶、咖啡、烟草等香味品或具有吸臭性的食品混装。对于与这些恶臭、强臭货物混装的其他货物，应采取必要的措施，有效阻隔气味。

（3）尽可能不与粉末类货物混装　水泥、肥料、石墨等粉末类的货物不得与清洁货物混装。

（4）危险货物之间不得混装　危险货物之间混装容易引起着火和爆炸等重大灾害。

5. 装卸集装箱内货物，应尽量创造条件用机械操作

集装箱内货物的装卸作业方式，随箱型和货物品种而异。如散装货箱可用抓斗或带式输送机装箱，用倾斜方式卸箱；开顶集装箱可用吊车装箱、卸箱；侧开门式集装箱可用叉车装箱、卸箱；端开门式大型通用集装箱，可用小型机械出入箱内装箱、卸箱等。

集装箱货物装箱后，装拆箱作业人员应编制货物装箱单，按有关规定施加封志，并按要求在箱体外张贴运输及有关标志。

6. 货物装箱其他注意事项

货物装箱时还应注意以下几方面：

1）包装不同的货物应分别装载，以防止互相碰撞造成包装破损。

2）有尖角或突出部分的货物之间，应用木板等材料分隔，以免损伤其他货物。

3）严格遵守货物包装上的规定，如严禁倒置的货物必须正放。

4）包装不整、不牢固和破损的货物不装。

5）采取有力措施，防止因运输时间长、外界条件差而损害货物。

6）装箱时应考虑卸箱的难易及所需条件，为卸货创造方便。

（二）货物装箱程序

货物装箱应按以下程序进行：

1）选定货物在集装箱内部宽度和高度方面的装载方案，并尽可能使其接近集装箱内部的宽度和高度。

2）为了使剩余容积最小，应首先装满集装箱内的宽度和高度，然后确定集装箱长度方向应装件数。

3）装箱方案确定后，从里面开始装，最后装箱门处。

4）在箱门处，可根据剩余容积，适当改变货件的配置方法，但应防止开关箱门时发生货物倒塌事故。

四、集装箱调配

1．集装箱空箱调运产生的原因

集装箱空箱调运及其管理关系到集装箱的利用程度、空箱调运费的开支、货物的及时装箱和发送以及企业的经济效益。在集装箱运输航线货源不平衡的情况下，必须进行空箱调运。

通过合理的空箱调运，可以降低船公司航线集装箱需备量和租箱量，从而降低运输成本，提高船公司的竞争能力和经济效益。

产生空箱调运的原因主要有：

1）由于管理方面的原因产生空箱调运。如单证交接不全，空箱流转不畅，影响空箱的调配和周转；又如货主超期提箱，造成港口重箱积压，影响集装箱在内陆的周转，为保证船期而需要从附近港口调运空箱。

2）进出口货源不平衡，造成进、出口集装箱比例失调，产生空箱调运。

3）贸易逆差导致集装箱航线货流不平衡，产生空箱调运。

4）进出口货物种类和性质不同，需使用不同规格的集装箱，产生不同规格集装箱短缺现象，需要按箱种规格调运空箱，以满足不同货物的需要。

5）其他原因。如出于对修箱费用和修箱要求的考虑，船公司将空箱调运至修理费用低、修箱质量高的地区去修理。

因此，产生一定数量的空箱调运是必然的。而通过加强箱务管理，实现箱务管理现代化，减少空箱调运量是完全可以实现的。

空箱调运应考虑航线集装箱配备量因素，并比较空箱调运费用与租箱费用来确定。

2．减少空箱调运的途径

减少空箱调运的有效途径主要有：

1）组建联营体，实现船公司之间集装箱的共享。联营体通过互相调用空箱，可减少空箱调运量和航线集装箱需备量，节省空箱调运费用和租箱费用。

2）强化集装箱集疏运系统，缩短集装箱周转时间。通过做好集装箱内陆运输各环节的工作，保证集装箱运输各环节紧密配合，缩短集装箱内陆周转时间和在港时间，以提供足够的箱源，不至于因缺少空箱而从邻港调运。

3）强化集装箱跟踪管理系统，实现箱务管理现代化。通过优化集装箱跟踪管理，采用EDI 系统，以最快、最准确的方式掌握集装箱信息，科学而合理地进行空箱调运，最大限度地减少空箱调运量，缩短空箱调运距离。

五、集装箱运输方式

（一）海上集装箱运输

海上集装箱运输是集装箱运输最主要的方式。

1．集装箱运输船舶的种类

按船舶装运集装箱化程度的不同，可将集装箱运输所使用的船舶分为如下几种：

（1）全集装箱船　这类船舶的设计目的在于使全船所有载货空间均适合集装箱装载。因其装载方式的不同，全集装箱船又可分为舱格式全集装箱船与滚装式全集装箱船。前者将船舱划分为格状，以起重机吊上、吊下方式装卸集装箱；后者则是利用船上的跳板由牵引车牵引载有集装箱的挂车驶上船舱固定停放，到达目的港后再由牵引车牵引挂车驶出船舱。

（2）半集装箱船　这类船舶除在船上装有专供集装箱使用的舱格外，还保留有空间，以供装载散装杂货之用。

（3）混合式集装箱船　这类集装箱船是将舱格式与滚装式集装箱船混合成一体，除可使用起重机担任装卸工作外，还可以承载载箱（拖）挂车。

（4）可变集装箱船　这类船舶的货舱通常以装载集装箱为主，必要时可以改变成装载散装杂货的货轮。

（5）子母船　这类船舶是一种独特的集装箱船，是将整艘集装箱船分为子母两部分，子船负责进港装载集装箱，母船则在港外接运子船，然后以母船承担越洋长途运送任务。这类船舶适于在浅水码头或内陆河道中使用，可不受港口拥挤的影响，以提高船舶的周转率。但其缺点是船舶的保养及维修费用相当昂贵。

2．装卸方法

海上集装箱运输的装卸方法因集装箱船而异，可有下列几种方式：

（1）吊上吊下型　这类装卸方式主要用于舱格式集装箱船，以码头或是船上自备的桥式起重机为装卸机具，集装箱通过起重机作垂直式的装卸。

（2）驶进驶出型　这类装卸方式主要用于滚装式集装箱船。拖挂车利用船上的跳板驶进船舱，待抵目的港后再直接以拖挂车将集装箱送达收货人处。

（3）浮上浮下型　这类装卸方式主要用于子母船。子船对于母船而言就好比是一个超大型集装箱，母船可在船上设重型起重机直接装卸子船；也有利用大型升降台以升降方法装卸子船的；更有母船采取将子船直接驶入、驶出船舱的方式装卸，这种方式是母船以强力电动机迅速将水灌入船舱使母船船身略为下沉，再打开尾门，使子船驶入、驶出母船，从而完成接驳任务。

3．作业方式

早期的海上集装箱运输企业只担当"港对港"之间的主干运输服务。近年来，由于企业间竞争及消费者意识的增强等原因，航运企业纷纷加强"门到门"服务观念，而使海上集装箱运输作业方式更符合托运人的需求。集装箱运输的作业方式可有以下几种：

（1）直达作业　这种作业方式是传统的运输方式，运送人只担当主要港口之间的集装箱运输服务。

（2）接驳作业　这种作业方式是突破传统运送方法，以小船来往于主要港口附近的小港口，担当集装箱的集中任务，将集装箱集中于主要港口，以大型集装箱船担当越洋长途运送任务。

（3）复合作业　这种运输方式是为了实现"门到门"服务的目标，而由海运企业负责将各种运输工具协调结合在一起共同担当集装箱运输任务的作业方式。

（二）陆上集装箱运输

在整个集装箱运输系统中，陆上集装箱运输企业主要是担当集装箱的接运与转运的工作，以实现"门到门"服务的目标。陆上集装箱运输方式分为铁路与公路运输。

1. 铁路集装箱运输

利用铁路平车装载集装箱以担当陆上较长运距的集装箱运输服务，是一种所谓"驮背运输"的作业方式。根据集装箱的装载情况不同，它又可分为下列两种方法，如图6-2所示。

（1）平车载运半挂车　将半挂车连同载运的集装箱一起固定于铁路平车上，完成长距离运送服务。到达目的站以后，则用拖车牵引载着集装箱的半挂车一起驶下铁路平车，直接送往收货人处。

（2）平车载运集装箱　利用机具将集装箱直接固定于铁路平车上，待运抵目的站后，再以机具将集装箱卸放到卸车站的拖挂车上送抵收货人处。这种运输方式是较为常见的。

近年来，又出现了双层集装箱列车，如图6-2c所示，使得铁路集装箱运输的经济效益又有了进一步的提高。

2. 公路集装箱运输

在铁路无法到达或运距较短的运输中，公路集装箱运输正可以发挥其可达性高的优点，以完成集装箱运输系统的末梢运输任务。一般而言，公路运送方法有下列四种，如图6-3所示。

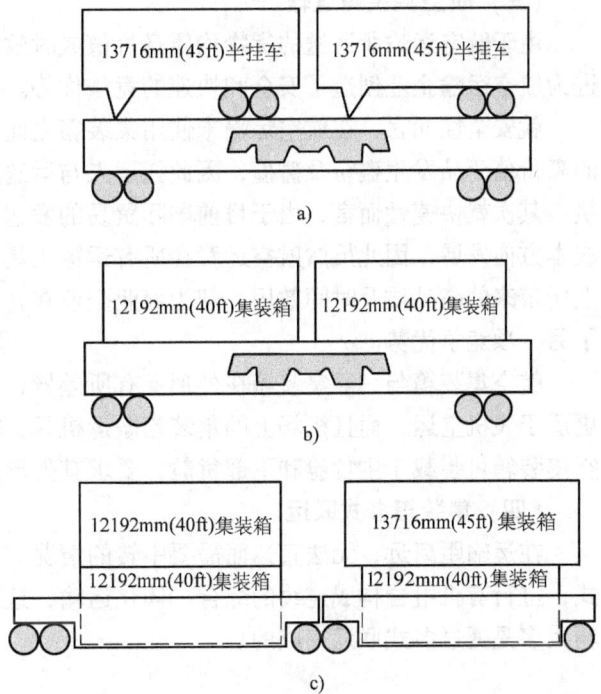

图6-2　驮背运输的作业方式

a）传统的平车载运半挂车方式　b）传统的平车载运集装箱方式　c）双层集装箱列车方式

（1）汽车货运方式　这种方式是以一般货车来运送集装箱。

（2）全挂车方式　这种方式是从货车运送方式上演变而来。除了以一般货车装载集装箱外，货车尾端再以一拖杆牵带一辆全挂车运送另一集装箱。

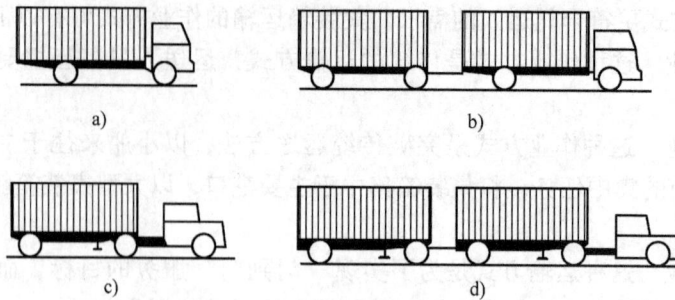

图 6-3 公路集装箱运输作业方式
a）汽车货运 b）全挂车 c）半挂车 d）双挂车

（3）半挂车方式 这种方式是以一辆拖车后面拖带一辆半挂车来装运集装箱。拖车可脱离半挂车而灵活调度使用，以增加使用率。

（4）双挂车方式 这种方式是在半挂车之后以一台引车衔接另一辆半挂车，用以装运第二个集装箱。

（三）航空集装箱运输

由于航空运输所运送的货物均属高价值或时效性要求强的物品，因此集装箱化运输的引进为航空运输企业创造了安全和快速的竞争优势。

就安全性而言，在航空运输未使用集装箱之前，航空运输企业往往无法有效防止所运载的高价值商品发生盗窃及碰撞，因此托运人与运送人间常因所运货物的遗失和损坏而发生争执；其次就快速性而言，由于目前国际贸易的发达，产品或原料的成本计算方式已向考虑总成本方向发展，因此虽然航空运费在所有运输工具中仍属最昂贵者，但是由于其在运送速度上所带来的高品质及时间效用，却为商业企业在仓储成本的节省及商品配送速度方面，创造了另一项竞争优势。

航空集装箱与一般集装箱在外形上有所差异，而这些差异的主要目的，是为了让集装箱更适于飞机空运，而且机场上的集装箱搬运机具，亦与海运的集装箱搬运机具有所差异。航空集装箱可装载于主货舱和下部货舱，要求其外形应与机身形状相符为不规则形。

（四）集装箱多式联运

在运输距离远，无法直达而需要中转的情况下，往往需要采用两种或两种以上的运输方式，进行有机组合构成连续的综合一体化运输，这就是集装箱多式联运。实际上，集装箱运输大多是通过多式联运完成的。

第三节 国际多式联运

一、国际多式联运的概念和特点

1. 国际多式联运的概念

1980 年 5 月在日内瓦通过的《联合国国际多式联运公约》中，对国际多式联运给出如下定义："国际多式联运是指按照国际多式联运合同，以至少两种不同的运输方式，由多式联运经营人将货物从一国境内接管货物的地点运至另一国境内指定交货地点。为履行单一方式货物运输合同所规定的货物交送业务，则不应视为国际多式联运。"这里所说的至少两种运输方式可以是海—陆、陆—空、海—空等，这与一般海—海、陆—陆、空—空的联运有着本质的区别。后者也是联运，但却是一种运输工具之间两程或两程以上的运输衔接，不属于多式联运。

对国际多式联运概念的理解应把握以下要点：

1）国际多式联运是根据国际多式联运合同进行的，国际多式联运合同是多式联运经营人与发货人订立的符合多式联运条件的运输合同。该合同约束整个多式联运过程。

2）国际多式联运全程运输中至少是用两种不同的运输方式，而且是不同运输方式、不同运输区段的连续运输。

3）多式联运的货物主要是集装箱货物或是集装化的货物。在运输过程中，一般以集装箱作为运输的基本单元。货物集装箱化促进了多式联运的发展，而现代集装箱运输自产生时起就与多式联运紧密地联系在一起，使得国际多式联运具有集装箱运输的高效率、高质量、高投入、高技术和系统性的特点。国际多式联运的发展与集装箱运输系统特别是集疏运系统的完善有着紧密的关系。

4）多式联运经营人以单一费率向货主收取全程运费。多式联运是一票到底，实行全程单一费率的运输。发货人只要办理一次托运、一次计费、一次保险，通过一张单证即可实现从起运地到目的地的全程运输。

5）多式联运经营人对货主承担全程的运输责任。多式联运是不同运输方式的综合组织，无论涉及几种运输方式，分为多少个区段，多式联运的全程运输都是由多式联运经营人完成或组织完成的，多式联运经营人要对运输的全程负责。

6）多式联运货物的全程运输，除由多式联运经营人承担（或不承担）部分区段运输外，多区段的运输是通过其与各区段的实际承运人订立分运合同来完成的。各区段的实际承运人对自己承担区段的货物运输负责。

2. 国际多式联运的特点

国际多式联运具有以下特点：

1）统一化、简单化。国际多式联运统一化和简单化主要表现在：不论运输全程有多远，不论由几种方式共同完成货物运输，也不论全程分为几个运输区段，经过多少次转换，所有一切运输事项均由多式联运经营人负责办理，货主只需办理一次托运，订立一份运输合同，一次保险，一次付费。一旦在运输过程中发生货物的灭失和损坏，由多式联运经营人对全程负责。在国际多式联运下通过一张单证，采用单一费率，因而也大大简化了运输、结算手续。

2）降低运输成本，节约费用。多式联运全程运输中各区段运输和各区段的衔接，是由多式联运经营人与各实际承运人订立分运合同和与各代理人订立委托合同来完成的。多式联运经营人一般与这些人都订有长期的协议，一般可以从各实际承运人那里取得较优惠的运价。多式联运是实现"门到门"运输的有效方法。对货主来说，在将货物交由第一承运人后即可取得货运单证，并据以结汇。结汇时间提前，不仅有利于加速货物资金的周转，而且减少了利息的支出。采用集装箱运输，可以节省货物的包装费用和保险费用。此外，多式联运可采用一张货运单证，统一费率，因而也就简化了制单和结算手续，节省了人力、物力。

3）减少中间环节，缩短货物运输时间。多式联运以集装箱为运输单元，可以实现"门到门"运输。尽管运输途中可以多次换装，但由于不需掏箱、装箱、逐件理货，只要保证集装箱外表状况良好、铅封完整即可免检放行，从而大大简化了中间环节；尽管货物经过多次换装，但由于使用专业机械设备，且又不直接接触箱内的货物，因而货损、货差事故减少。此外，由于各个运输环节的各种运输工具之间密切配合，货物中转及时、停留时间短，从而使货物运输速度大大加快，有效地提高了货运质量。

4）提高运输组织水平，实现合理化运输。多式联运可提高运输组织水平，实现合理化运输，改善不同运输方式间的衔接工作。在国际多式联运开展之前，各种运输方式的经营人各自为政，自成体系。因此，其经营的业务范围受到限制，货运量相应是有限的。但一旦由不同的运输方式共同参与多式联运，经营的业务范围可大大扩展，并且可以最大限度地发挥现有设备的作用，选择最佳运输路线，组织合理化运输。

二、国际多式联运组织

（一）国际多式联运的组织方法

国际多式联运的全过程，就其工作性质的不同，可分为实际运输过程和全程运输组织业务过程两部分。实际运输过程是由参加多式联运的各种运输方式的实际承运人完成的，其运输组织工作属于各种运输方式的运输企业内部的技术和业务组织。全程运输组织业务过程是由多式联运全程运输的组织者——多式联运企业或机构完成的，主要包括全程运输所涉及的所有商务性事务和衔接服务性工作的组织实施。其运输组织方法可以有很多种，但就其组织体制来说，基本上可分为协作式联运和衔接式联运两大类。

1. 协作式多式联运的运输组织方法

协作式多式联运的组织者是在各级政府主管部门协调下，由参加多式联运的各种运输方式的企业和中转港站共同组成的联运办公室（或其他名称）。货物全程运输计划由该机构制定。这种联运组织下的货物运输过程如图6-4所示。

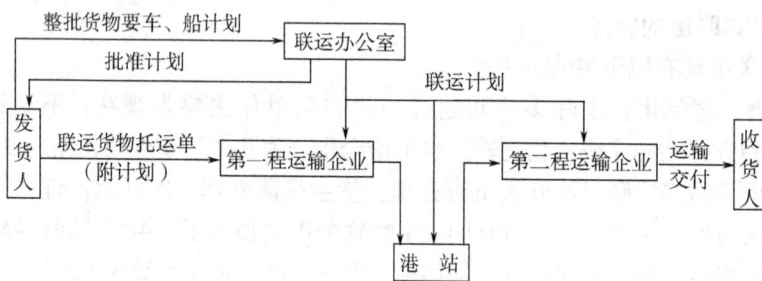

图6-4 协作式多式联运过程示意图

在这种机制下，发货人根据运输货物的实际需要，向联运办公室提出托运申请并按月申报整批货物要车、要船计划，联运办公室根据多式联运线路及各运输企业的实际情况制定该托运人托运货物的运输计划，并把该计划批复给托运人及转发给各运输企业和中转港站。发货人根据计划安排向多式联运第一程的运输企业提出托运申请并填写联运货物托运委托书（附运输计划），第一程运输企业接受货物后经双方签字，联运合同即告成立。第一程运输企业组织并完成自己承担区段的货物运输至后区段衔接地，直接将货物交给中转港站，经换装由后一程运输企业继续运输，直至最终目的地由最后一程运输企业向收货人直接交付。在前后程运输企业之间和港站与运输企业交接货物时，需填写货物运输交接单和中转交接单（作为交接与费用结算的依据）。联运办公室（或第一程运输企业）负责按全程费率向托运人收取运费，然后按各企业之间商定的比例向各运输企业及港站清算。

协作式多式联运是建立在统一计划、统一技术作业标准、统一运行时间表和统一考核标准基础上的，而且在接受货物运输、中转换装、货物交付等业务中使用的技术装备、衔接条件等，也需要在统一协调下同步建设或协商解决，并配套运行以保证全程运输的协同性。

2. 衔接式多式联运的组织方法

衔接式多式联运的全程运输组织业务是由多式联运经营人完成的，货物运输过程如图6-5 所示。

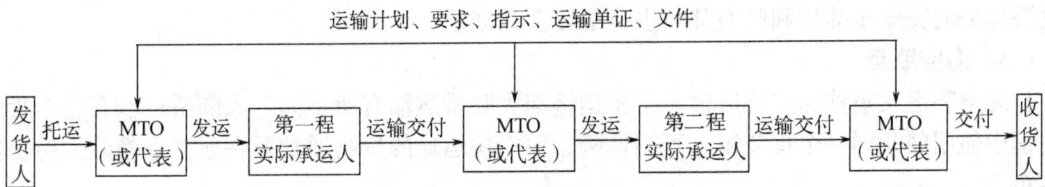

图 6-5　衔接式多式联运过程示意图

这种组织方法是由发货人首先向多式联运经营人提出托运申请，多式联运经营人根据自己的条件考虑是否接受，如接受双方订立货物全程运输的多式联运合同，并在合同指定的地点（可以是发货人的工厂或仓库，也可以是指定的货运站、中转站、堆场或仓库）双方办理货物的交接，由多式联运经营人签发多式联运单据。

接受托运后，多式联运经营人首先要选择货物的运输路线，划分运输区段（确定中转、换装地点）、选择各区段的实际承运人，确定零星货物集运方案，制定货物全程运输计划并把计划转发给各中转衔接地点的分支机构或委托的代理人；然后根据计划与第一程、第二程等实际承运人分别订立各区段的货物运输合同，通过这些实际承运人来完成货物全程运送。全程各区段之间的衔接，由多式联运经营人（或其代表或其代理人）采用从前程实际承运人手中接收货物再向后程承运人交接货物，在最终目的地从最后一程实际承运人手中接收货物后再向收货人交付。

在与发货人订立运输合同后，多式联运经营人根据双方协议（协议内容除货物全程运输及衔接外，还包括其他的与货物运输有关的服务业务），按全程单一费率收取全程运费和分类服务费、保险费（如需多式联运经营人代办）等费用。多式联运经营人在与各区段实际承运人订立各分运合同时，需向各实际承运人支付运费及其他必要的费用。各衔接地点委托代理人完成衔接服务业务时，也需向代理人支付委托代理费用。

这种多式联运组织方法，是国际货物多式联运的主要组织方法，在国内多式联运中采用这种方法的也越来越多。

（二）国际多式联运的主要组织形式

1. 海陆联运

海陆联运是国际多式联运的主要组织形式，也是远东—欧洲之间国际多式联运的主要组织形式之一。目前主要有班轮公会的三联集团、北荷、冠航和马士基等国际航运公司以及非班轮公会的中国远洋运输公司、台湾长荣航运公司和德国那亚航运公司等组织和经营远东—欧洲海陆联运业务。这种组织形式以航运公司为主体，签发联运提单，与航线两端的内陆运输部门开展联运业务，与大陆桥运输展开竞争。

当前，世界上规模最大的三条主要集装箱航线是：远东—北美航线（太平洋航线），远东—欧洲、地中海航线，欧洲—北美航线（大西洋航线）。

2．大陆桥运输

所谓大陆桥运输，是指把横贯大陆的铁路或公路作为中间"桥梁"，将大陆两端的集装箱海运航线连接起来，形成跨越大陆、连接海洋的国际联运线。随着国际多式联运的发展，大陆桥运输已代替部分海上航线，成为一种特殊的集装箱运输干线。

现在，世界各国主要利用西伯利亚大陆桥、新亚欧大陆桥等进行大陆桥运输，也利用后发展起来的美国小陆桥和微型陆桥进行国际多式联运。

3．海空联运

海空联运又被称为空桥运输。空桥运输与大陆桥运输有所不同。大陆桥运输在整个货运过程中使用的是同一个集装箱，不用换装，而空桥运输的货物通常要在航空港换装入航空集装箱。

海空联运方式始于20世纪60年代，80年代后有较大发展。采用这种运输方式的运输时间比全程海运少，运输费用比全程空运便宜。运输距离越远，采用海空联运的优越性就越大。目前，国际海空联运线主要有：

（1）远东—欧洲　远东与欧洲间的联运线有以温哥华、西雅图、洛杉矶为中转地，也有以中国香港、曼谷、海参崴为中转地，还有以旧金山、新加坡为中转地。

（2）远东—中南美　近年来，远东至中南美的海空联运发展较快，因为此处港口和内陆运输不稳定，所以对海空运输的需求很大。该联运线以迈阿密、洛杉矶、温哥华为中转地。

（3）远东—中近东、非洲、澳洲　该联运线是以中国香港、曼谷为中转地至中近东、非洲的运输服务。在特殊情况下，还有经马赛至非洲、经曼谷至印度、经中国香港至澳洲等联运线。

三、国际多式联运经营人

1．国际多式联运经营人的定义

《联合国国际多式联运公约》中对多式联运经营人的定义是这样的："多式联运经营人是指本人或通过其代表与发货人订立多式联运合同的任何人，他是事主，而不是发货人的代理人或代表或参加多式联运的承运人的代理人或代表，并且负有履行合同的责任。"这就是说，多式联运经营人是多式联运的当事人，是一个独立的法律实体。对货主来说，他是货物的承运人；但对于实际承运人来说，他又是货物的托运人。他一方面同货主签订多式联运合同，另一方面他自己又以托运人身份与实际承运人签订运输合同，所以他具有双重身份。但在多式联运方式下，根据合同规定，多式联运经营人始终是货物运输的总承运人，对货物负有全程运输的责任。

2．国际多式联运经营人的分类

按是否拥有运输工具、实际完成多式联运货物全程运输或部分运输活动的情况，国际多式联运经营人可分为承运人型和无船承运人型两种类型：

（1）承运人型的多式联运经营人 承运人型的多式联运经营人拥有（或掌握）一种或一种以上的运输工具，直接承担并完成全程运输中一个或一个区段以上的货物运输。因此，他不仅是多式联运的契约承运人，对货物全程运输负责，同时也是实际承运人，对自己承担区段的货物运输负责。这类经营人一般是由各种单一运输方式的承运人发展而来的。

（2）无船承运人型的多式联运经营人 无船承运人型的多式联运经营人是指不拥有（或掌握）任何一种运输工具，在联运全程中各区段的运输都要通过与其他实际承运人订立分运合同来完成的经营人，因此只是组织完成合同规定货物的全程运输。这类经营人一般由传统意义上的运输代理人或无船承运人或其他行业企业或机构发展而来。尽管这类多式联运经营人没有自己的运输工具，但由于在长期工作中与各有关方已建立起良好的业务关系，所以在组织全程联运方面具有一定的优势。

3．国际多式联运经营人应具备的条件

（1）多式联运经营人（即开展多式联运业务的企业、机构）必须具有经营管理的组织机构、业务章程和具有企业法人资格的负责人，以使之能够与发货人或其代表订立多式联运合同。而且该合同至少要使用两种运输方式完成全程运输，合同中的货物应是国际间的货物。

（2）从发货人或其代表手中接收货物后，能签发自己的多式联运单证以证明合同的订立，并开始对货物运输负责任。为确保该单证作为有价证券的流通性，多式联运经营人必须在国际运输中具有一定的资信或令人信服的担保。

（3）必须具有与经营业务相适应的自有资金。多式联运经营人要完成或组织完成全程运输，并对运输全过程中的货物灭失、损害和延误运输负责，必须具有开展业务所需的流动资金和足够的赔偿能力。

（4）多式联运经营人必须能承担多式联运合同中规定的与运输和其他服务有关的责任，并保证把货物交给多式联运单证的持有人或单证中指定的收货人。因此，他必须具备与合同要求相适应的，能承担上述责任的技术能力，包括以下几个方面：

1）必须建立自己的多式联运线路。许多开展多式联运业务的公司都是在尽可能广泛地承接货主委托业务的前提下，重点办好几条联运线路。要确定一条重点线路，一般需要在对国际贸易物流全面调查的基础上，选择运量大且较稳定的线路，而且线路的全线（各区段、各方式）及各环节都应具有足够的通过能力和集装箱货物运输所需要的条件，特别是良好的集疏运条件。

2）要有一支具有国际运输知识、有经验和能力的专业队伍。该队伍应能有效地完成或组织完成全程运输，要与运输中所涉及的各方（包括货方、承运人、代理人、港口码头、货运站、仓库、海关、保险等）建立良好的业务关系。

3）在各条联运线路上要有完整的服务网络。多式联运经营人要在各经营线路的两端和途中各转接点处设有分支机构或派出代表或委托适当的代理人来办理接受、交付货物，承担各区段运输合同的签订和衔接、服务事宜。

4）要能够制订各线路的多式联运单一费率。采用单一费率是多式联运的条件和特点之一。由于国际多式联运涉及的环节众多，不仅涉及不同运输方式，而且涉及不同国家和地区，因此按成本来确定单一费率是一个较为复杂的问题，需要了解大量信息，需要做大量工作才能办到。

5）要有必要的设备和设施。多式联运经营人可以是无船承运人，自己不拥有任何运输工具，但必须有起码的业务设备和设施，如信息处理和传递的设备（电话、电传、计算机等）、集装箱货运站、接收及保管货物的仓库、一定面积的堆场、拆装箱设备、机具、堆场作业机械等。

四、国际多式联运业务程序

在国际多式联运中，主要业务及程序有下述几个环节。

1. 接受托运申请，订立多式联运合同

国际多式联运经营人为了揽取货物运输，要对自己的企业（包括办事机构地点等）、经营范围（包括联运线路，交接货物的地域范围，运价，双方的责任、权利、义务）等作广告宣传，并通过运价本、提单条款等形式公开说明。发货人或其代理人向经营多式联运的公司或其营业所或代理机构申请货物运输时，通常要提出货物（一般是集装箱货）运输申请（或填写订舱单），说明货物的品种、数量、起运地、目的地、运输期限要求等内容，多式联运经营人根据申请的内容，并结合自己的营运路线、所能使用的运输工具及其班期等情况，决定是否接受托运。如果认为可以接受，则在双方商定运费及支付形式，货物交接方式、形态、时间，集装箱提取时间、地点等情况后，由多式联运经营人在交给发货人（或代理）的场站收据的副本联上签章，证明接受托运申请，多式联运合同已经订立并开始执行。

2. 空箱的发放、提取及运送

多式联运中使用的集装箱一般应由经营人提供。这些集装箱来源可有三个途径：

1）经营人自己购置使用的集装箱。

2）向租箱公司租用的集装箱。这类箱一般在货物的起运地附近提箱，而在交付货物地点附近还箱。

3）由全程运输中的某一分运人提供。这类箱一般需要在多式联运经营人为完成运输合同与该分运人（一般是海上区段承运人）订立分运合同后获得使用权。

如果双方协议由发货人自行装箱，则多式联运经营人应签发提箱单或者把租箱公司或分运人签发的提箱单交给发货人或其代理人，由他们在规定日期到指定的堆场提箱并自行将空箱运至货物装箱地点，准备装货。如发货人委托亦可由经营人办理从堆场到装箱地点的空箱拖运（这种情况需加收空箱拖运费）。

如果是拼箱货或是整箱货，但发货人无装箱条件不能自装时，则由多式联运经营人将所用空箱调运至接受货物的集装箱货运站，完成装箱准备。

3. 出口报关

若联运从港口开始，则在港口报关；若从内陆地区开始，应在附近的内地海关办理报关。

出口报关事宜一般由发货人或其代理人办理，也可委托多式联运经营人代为办理（这种情况需加收报关服务费及报关手续费，并由发货人负责海关派员所产生的全部费用）。报关时，应提供场站收据、装箱单、出口许可证等有关单据和文件。

4. 货物装箱及接收货物

若是发货人自行装箱，由发货人或其代理人提取空箱后在自己的工厂或仓库组织装箱。

装箱工作一般要在报关后进行，并请海关派员到装箱地点监装和办理加封事宜。如需理货，还应请理货员现场理货并与之共同制作装箱单。若发货人不具备装箱条件，可委托多式联运经营人或货运站装箱（指整箱货情况），发货人应将货物以原来的形态运至指定的货运站由其代为装箱；如是拼箱货物，发货人应负责将货物运至指定的集装箱货运站，由货运站按多式联运经营人的指示装箱。无论装箱工作由谁负责，装箱人均需制作装箱单，并办理海关监装与加封事宜。

对于由货主自装箱的整箱货物，发货人应负责将货物运至双方协议规定的地点，多式联运经营人或其代理人（包括委托的堆场业务员）在指定的地点接收货物。如是拼箱货，经营人在指定的货运站接收货物。验收货物后，代表联运经营人接收货物的人应在场站收据正本上签章并将其交给发货人或其代理人。

5. 订立分运合同及安排货物运送

经营人在合同订立之后，即应制订该合同涉及的集装箱货物的运输计划。该计划应包括货物的运输路线、区段的划分、各区段实际承运人的选择确定及各区段间衔接地点的到达、起运时间等内容。多式联运经营人要按照运输计划安排洽定各区段的运输工具，与选定的各实际承运人订立各区段的分运合同。这些合同的订立由经营人本人（或派出机构或代表）或在各转接地的委托代理人办理，也可请前一区段的实际承运人作为代表向后一区段的实际承运人订舱。

6. 办理保险

在发（收）货人方面，应投保货物运输险。该保险由发（收）货人自行办理，或由发（收）货人承担费用由经营人代为办理。货物运输保险可以是全程，也可分段投保。

在多式联运经营人方面，应投保货物责任险和集装箱保险，由经营人或其代理人向保险公司或以其他形式办理。

7. 签发多式联运提单，组织完成货物的全程运输

多式联运经营人或其代理人收取货物后，应凭发货人提交的收货收据（集装箱运输时一般为场站收据正本）向发货人签发多式联运提单。

多式联运提单是发货人与国际多式联运经营人订立的国际货物多式联运合同的证明，是多式联运经营人接管货物的证明和收据，是收货人提取货物和多式联运经营人交付货物的凭证，是货物所有权的证明，可以用来结汇、流通和抵押等。多式联运提单有可转让提单和不可转让提单两大类。

多式联运经营人在把提单交给发货人前，应注意按双方议定的付费分工及内容、数量向发货人收取全部应付费用。

多式联运经营人在接收货物后，要组织各区段实际承运人和各派出机构及代表人共同协调工作，完成全程各区段的运输以及各区段之间的衔接工作，运输过程中所涉及的各种服务性工作和运输单据、文件及有关信息传递等组织和协调工作。

8. 运输过程中的海关业务

按惯例，国际多式联运的全程运输（包括进出口国内陆段运输）均应视为国际货物运输。因此，该环节的工作主要包括货物及集装箱进出口国的通关手续，进出口国内陆段转关（海关监管）运输手续及结关等内容。如果陆上运输要通过其他国家的海关时，还应包括这些海关的通关手续。这些涉及海关的手续一般由多式联运经营人的派出机构或代理人办理，也可由各区段的实际承运人作为多式联运经营人的代表代为办理,由此产生的全部费用应由发货人或收货人负担。如果货物在目的港交付,则结关应在港口所在地海关进行;如在内地交货,则应在口岸办理转关运输手续(海关监管),海关加封后方可运往内陆目的地,在内陆海关办理结关手续。

9. 货物交付

货物运至目的地后,由目的地代理人通知收货人提货。收货人需凭多式联运提单提货,经营人或其代理人收回提单后签发提货单(交货记录),提货人凭提货单到指定堆场(整箱货)或集装箱货运站(拼箱货)提取货物。如果是整箱提货,则收货人要负责至掏箱地点的内陆运输,并在货物掏出后将空箱运回指定的堆场,至此运输合同终止。

10. 货运事故处理

如果全程运输中发生了货物灭失、损坏和运输延误,无论是否能确定损坏发生区段,发(收)货人均可向多式联运经营人提出索赔。多式联运经营人根据提单条款及双方协议确定责任并作出赔偿。如能确知事故发生的区段和实际责任者时,可向其进一步进行索赔;如不能确定事故发生的区段时,一般按在海运段发生处理。如果已对货物及责任投保,则存在要求保险公司赔偿和保险公司进一步追索问题。如果受损人和责任人之间不能取得一致意见,则需通过在诉讼时效内提起法律诉讼和仲裁来解决。

五、大陆桥运输

大陆桥是指将海与海连接起来的横贯大陆的铁路(或公路)。利用大陆桥进行国际多式联运是国际货物运输中一种非常重要的形式。它是远东—欧洲国际多式联运的主要形式。

(一)大陆桥运输的起源

以往从日本到欧洲的货物,传统的运输方法是全程利用海运来完成的。它分东行线和西行线两条运输航线。东行线是在日本装船后,横渡太平洋,经过巴拿马运河,到达欧洲各地;西行线是由印度洋进入红海,通过苏伊士运河,经地中海到达欧洲各地。

到20世纪50年代初,美国陆上开始出现集装箱运输。为了提高日本到欧洲集装箱货的送达速度,缩短运输时间,日本与美国合作,利用美国东、西海岸的港口和铁路网,开展海—陆—海集装箱货物联运。其做法是日本货运公司将集装箱装船,运到美国太平洋沿岸港口上岸,再利用横贯美国大陆的东西走向的铁路,运到美国东海岸(大西洋沿岸)港口,再装船运到欧洲。这就是世界上第一条大陆桥运输线——美国大陆桥。

虽然这一条大陆桥运输的路线比传统的海上东行线节省时间,但是大陆桥运输比全程海运多了"上陆"、"下海"两个装卸环节,同时也由此而增加了许多货运手续,再加上当时铁路集装箱运输的设备简陋,又无专用集装箱码头、集装箱装卸机械和集装箱船,所以美国大陆桥一次运输集装箱的时间仍需要2~3个月,节省的运输时间并不多。因此,北美大陆桥开办初期的运量不大,也没有引起航运界和货主的重视。

1967年由于阿以战争爆发,苏伊士运河被迫关闭而航道中断,沟通亚、非、欧大陆以及红海与地中海的国际运输通道被截断。而当时又逢巴拿马运河堵塞,远东与欧洲之间的海上货运船舶不得不改道绕航非洲好望角或南美洲德雷克海峡,导致航行里程增加,运输时间延长,再加上石油危机的冲击,油价上涨,海运成本急剧上升。当时,前苏联正在开发建设西伯利亚,于是日本为了开辟新的通向西方的运输线,便与前苏联联合,利用其东部的纳霍德卡港和西伯利亚铁路以及欧洲铁路，形成了世界上第二条大陆桥运输线。它就是世界上开办时间最长、运量最大的大陆桥——西伯利亚大陆桥。

西伯利亚大陆桥比北美大陆桥更为优越。从日本东京到荷兰鹿特丹，经西伯利亚大陆桥全程仅为 13000km，比海上经好望角航线缩短约 1/2 的路程，比经苏伊士运河航线缩短约 1/3 的路程，同时，运费要低 20% ~ 25%，时间也可节省 35 天左右。西伯利亚大陆桥正式启用之后，削弱了北美大陆桥的竞争能力，大部分货主都利用西伯利亚大陆桥进行国际多式联运。

西伯利亚大陆桥自开办以来，其路线不断拓展，西端扩展到中欧、西欧、英国、爱尔兰、北欧和伊朗。随后，又在东端从海上连接了韩国、菲律宾、中国台湾、中国香港及中国大陆等国家和地区。

可见，大陆桥运输是顺应时代发展的需要，以集装箱为媒介而产生和发展的，它在促进国际贸易中发挥了极其重要的作用。由于大陆桥的开通，使得世界各国，特别是亚洲和欧洲之间的运输距离大为缩短，并以其降低运输费用、加快运输速度、简化作业手续和保证运输安全的优越性得到亚欧各贸易国的青睐。

（二）世界主要大陆桥运输

1. 西伯利亚大陆桥

西伯利亚大陆桥（又称欧亚大陆桥）是经跨越欧亚大陆的西伯利亚铁路将远东和欧洲、中近东（伊朗、阿富汗）连接起来，于 1967 年试办，1971 年正式运营，全长 11896km。使用这条大陆桥运输线的经营者主要是远东国家和欧洲各国的货运代理公司。其中，日本出口欧洲杂货的 1/3、欧洲出口亚洲杂货的 1/5 是经这条大陆桥运输的。

前苏联为了更好地经营西伯利亚大陆桥运输，于 1980 年成立了专门的运输组织机构——全苏过境运输公司，专门负责办理大陆桥过境运输业务。该机构提供以下三种服务形式：

（1）海—铁—铁路线　是由日本、中国香港等地用船把货箱运至俄罗斯的纳霍德卡和东方港，再经西伯利亚铁路运至西部边境站，然后转至欧洲铁路运至欧洲各地，或从俄罗斯运至伊朗。同样可进行相反方向的运输。运期为 25 ~ 35 天。

（2）海—铁—海路线　是从日本等地把货箱运至俄罗斯纳霍德卡和东方港，再经西伯利亚铁路运至波罗的海的圣彼得堡、里加、塔林和黑海的日丹诺夫、伊里切夫斯克，再装船运至北欧、西欧、巴尔干地区港口或相反方向的运输。运期为 35 ~ 40 天。

（3）海—铁—公路线　从日本等地把货箱装船运至俄罗斯纳霍德卡和东方港，经西伯利亚铁路运至白俄罗斯西部边境站布列斯特附近的维索科里多夫斯克，再用货车把货箱运至德国、瑞士、奥地利等国或相反方向的运输。运期为 30 ~ 35 天。

我国从 1980 年开办大陆桥运输业务以来，以上这 3 种路线均已采用，但主要还是海—铁—铁路线，即从中国内地各站把货物运至中俄边境满洲里/后贝加尔进入俄罗斯，或运至中蒙边境站二连浩特/扎门乌德进入蒙古，经蒙俄边境站苏赫巴托/纳乌斯基进入俄罗斯，再经西伯利亚铁路运至西部边境站，后又转欧洲铁路运至欧洲各地，或从俄罗斯运至伊朗。

在我国大陆桥运输的具体业务上，根据欧洲各国收发箱的不同地点，海—铁—铁路线共有 5 条，利用前苏联西部 5 个边境站，即朱尔法、温格内、乔普、布列斯特（白俄罗斯）和鲁瑞卡，分别往返于伊朗、东欧、西欧、中欧、北欧等地。

但是，西伯利亚大陆桥运输在经营管理上存在的问题在一定程度上阻碍了它的发展，如港口装卸能力不足、铁路集装箱车辆的不足、箱流的严重不平衡以及严寒气候的影响等。尤其是随着我国兰新铁路与中哈边境的土西铁路的接轨，一条新的"欧亚大陆桥"已经形成，为远东至欧洲的国际集装箱多式联运提供了又一条便捷路线，使西伯利亚大陆桥面临严峻的竞争形势。

2. 新亚欧大陆桥

新亚欧大陆桥东起中国连云港，经陇海线、兰新线，接北疆铁路，出阿拉山口，最终抵达荷兰鹿特丹，全长约10800km，途经中国、哈萨克斯坦、俄罗斯、白俄罗斯、波兰、德国、荷兰等国，辐射30多个国家和地区。新亚欧大陆桥1992年12月正式投入营运，比西伯利亚大陆桥全程缩短了2000km，比现在绕道印度洋海运航线，节省一半的运输时间，运输费用节省20%，为亚欧联运提供了一条便捷、快速和可靠的运输通道，能更好地促进欧亚两洲的经济技术交流与发展。

新亚欧大陆桥是横贯我国东西的大动脉，跨越十几个省区，途经近百个市、地，铁路辐射面已达大半个中国，对我国形成全方位的对外经济开放区，为促进西北、西南、中原、华东、华北等地的双向开放，必将起到十分重要的作用。

3. 美国大陆桥

美国大陆桥是北美大陆桥的组成部分，是最早开辟的从远东至欧洲水陆联运线路中的第一条大陆桥。但后因东部港口和铁路拥挤，货到后往往很难及时换装，反而抵消了大陆桥运输所节省的时间。目前，美国大陆桥运输基本陷于停顿状态，但在大陆桥运输过程中，却又形成了小陆桥和微型陆桥运输方式，而且发展迅速。

4. 美国小陆桥

小陆桥运输比大陆桥的海—陆—海运输少了一段海上运输，成为海—陆或陆—海形式。如远东至美国东部大西洋沿岸或美国南部墨西哥湾沿岸港口的货运，即由远东装船运至美国西海岸，转装铁路专列（或公路集装箱运输车辆）运至东部大西洋或南部墨西哥湾沿岸城市。

5. 美国微型陆桥

微型陆桥运输比小陆桥缩短了一段陆上运输距离，它只用了部分陆桥，故又称半陆桥运输。如远东至美国内陆城市的货物，改用微型陆桥运输，则货物装船运至美国西部太平洋沿岸，换装铁路集装箱专列（或公路集装箱运输车辆）可直接运至美国内陆城市。微型陆桥比小陆桥的优越性更大，它既缩短了时间，又节省了运费，因此近年来发展非常迅速，我国也已开始采用。

6. 加拿大大陆桥

加拿大大陆桥的运输路线是通过海运将集装箱从日本等地运至温哥华或鲁珀特港后，利用加拿大横跨北美大陆的两大铁路运至蒙特利尔和哈利法克斯、魁北克，然后再与大西洋海上运输相连接，继续运至欧洲各港口。加拿大大陆桥也是北美大陆桥的一个组成部分，在大陆桥运输中作用不大。

复习思考题

6-1　什么是集装箱？集装箱有哪些主要参数？

6-2　请说明集装箱是如何进行分类的?

6-3　简述集装箱运输的发展趋势。

6-4　集装箱在运输过程中是如何进行交接的?

6-5　怎样选择集装箱的类型? 怎样计算集装箱的需要量?

6-6　集装箱货物装载应注意哪些方面?

6-7　什么是国际多式联运? 国际多式联运经营人应具备哪些条件?

6-8　简述国际多式联运业务程序。

6-9　什么是大陆桥? 我国如何利用大陆桥进行国际货物运输?

6-10　新亚欧大陆桥对我国的经济发展和对外开放有何重要意义?

第七章 其他运输方式的货物运输组织

目前，在综合运输体系中，除了汽车运输以外，还有铁路运输、水路运输、航空运输、管道运输等四大运输方式。各种运输方式具有不同的技术经济特点，因而有不同的适用范围。各种运输方式的货物运输组织在工作内容、组织的方式和方法等方面也存在很大的差别，有着各自的特点。

第一节 铁路货物运输组织

铁路运输是一种适宜于担负远距离的大宗客、货运输的重要运输方式。在我国这样一个幅员辽阔、人口众多、资源丰富的大国，铁路运输不论在目前还是未来，都将是货物运输的骨干力量。

一、铁路车站与货物列车类型

（一）铁路车站

铁路车站是铁路运输的基本生产单位，它集中了与运输有关的各项技术设备，并参与整个运输过程的各个作业环节。铁路车站从不同的角度划分有不同的类型，按技术作业性质可分为中间站、区段站、编组站；按业务性质可分为客运站、货运站、客货运站；按等级可分为特等站、一等站至五等站。下面从技术作业性质的角度介绍铁路车站。

1. 中间站

中间站是为提高铁路区段通过能力，保证行车安全和为沿线城乡及工农业生产服务而设立的车站。其主要任务是办理列车接发、会让、越行和客货运业务。中间站设备规模虽然较小，但数量众多，遍布全国铁路沿线的中、小城镇和农村。

（1）中间站的作业　中间站的主要作业有列车的到发、通过、会让和越行；旅客的乘降和行包的承运、保管与交付；货物的承运、装卸、保管与交付；本站作业车的摘挂作业和向货场、专用线取送车辆的调车作业。对于客货运量较大的中间站，还包括始发、终到客货列车的作业。

（2）中间站的设备　为了完成上述作业，中间站应设置以下设备：

1）客运设备，包括旅客站舍（售票房、候车室、行包房）、旅客站台、雨棚和跨越设备（天桥、地道、平过道等）。

2）货运设备，包括货物仓库、货物站台和货运室、装卸机械等。

3）站内线路，包括供接发列车用的到发线、供解体和编组列车用的调车线和牵出线、供货物装卸作业的货物线等。

4）信号及通信设备。

2. 区段站

区段站多设在中等城市和铁路网上牵引区段的分界处。其主要任务是办理货物列车的中转作业，进行机车的更换或机车乘务组的换班以及解体，编组区段列车和摘挂列车。

（1）区段站的作业　区段站主要办理五类作业：

1）客运业务，与中间站基本相同，但数量较大。

2）货运业务，与中间站基本相同，但作业量要大。

3）运转作业，主要办理旅客列车接发、货物列车的中转作业，区段、摘挂列车的编组与解体、向货场及专用线取送车作业等。某些区段站还担当少量始发直达列车的编组任务。

4）机车业务，主要是机车的更换或机车乘务组的换班，对机车进行整备、检修。

5）车辆业务，就是办理列车的技术检查和车辆检修业务。

（2）区段站的设备　为了完成上述各项作业，区段站主要有以下设备：①客运设备：与中间站基本相同，但规模较大；②货运设备：与中间站基本相同，但数量较多；③运转设备：包括到发线、调车场、牵出线或中小能力驼峰、机车走行线及机待线；④机务设备；⑤车辆设备：列车检修所和站修所。

3．编组站

编组站是铁路网上办理大量货物列车解体和编组作业，并设有比较完善的调车设备的车站，有列车"工厂"之称。编组站和区段站统称为技术站，但二者在车流性质、作业内容和设备布置上均有明显区别。区段站以办理无改编中转货物列车为主，仅解编少量的区段、摘挂列车；而编组站主要办理各类货物列车的解编作业，且多数是直达列车和直通列车，改编作业量往往占全站作业量的60%以上，有的高达90%。

编组站的主要任务是解编各类货物列车，组织和取送本地区车流，供应列车动力，整备检修机车，货车的日常技术保养等四项。

（1）编组站的作业　编组站的主要作业为运转作业、机车作业和车辆作业。运转作业包括列车到达作业、单列解体作业、车列编组作业和列车出发作业。

（2）编组站的设备　编组站的主要设备有办理运转作业的调车设备（调车驼峰、牵出线、编组场等）和行车设备（到达场、出发场或到发场），以及机务设备（机务段）、车辆设备（车辆段）。

（二）货物列车类型

货物列车从不同的角度划分有不同的类型。

1．按技术作业不同划分

（1）无改编中转列车　在技术站不进行改编作业，而只是在到发（通过）场进行技术作业后继续运行的列车。

（2）部分改编中转列车　在技术站需要变更列车质量、变更列车运行方向或换挂车组的列车。

（3）到达解体列车　在技术站进行解体的列车。

（4）自编始发列车　在技术站编成的列车。

到达解体列车和自编始发列车统称改编列车。

2．按编组条件不同划分

（1）始发直达列车　是指在一个装车站装车编组，通过一个或一个以上编组站不进行改编作业的列车。

（2）阶梯直达列车　由同一个或相邻两个调度区段中几个车站所装的货车组成，通过一个及其以上编组站不进行改编作业的列车。

（3）整列短途列车　是指在一个或几个相邻车站装车，运行距离较短不经过编组站到达某一卸车站的列车。

3. 按运行距离和运行途中技术作业不同划分

（1）技术直达列车　在技术站编组，通过一个及其以上编组站不进行改编作业的列车。

（2）直通列车　在技术站编组，通过一个或一个以上区段站不进行改编作业的列车。

（3）区段列车　在技术站编组，不通过前方技术站，在区段内不进行摘挂作业的列车。

（4）摘挂列车　一般在技术站编组，在区段内中间站进行摘解和加挂车辆的列车。

（5）小运转列车　在枢纽或区段内几个车站间运行的列车。

4. 按照列车内的车组数目和途中是否进行车组换挂作业不同划分

（1）单组直达列车　由同一到达站（到达同一卸车站或同一解体站）的车辆组成，列车内的车辆可以混编，也可以按某些特定要求选编成组。

（2）成组列车　由两个及其以上到达站的车辆组成，且按到达站选编成组的列车。

二、铁路货物运输方式

经由铁路运输的货物，品类繁多，性质各异，一批托运货物的质量、体积不同，要求的运输条件也各不相同。为了适应不同的运输需要和便于加强运输组织管理，合理使用铁路运输设备，提高运输效率，保证货物运输质量，铁路分别按整车、零担和集装箱三种不同的运输种类办理。另外，根据货物运输组织方法及其要求的运输条件，又可分为集装化运输、水陆联运货物运输、国际联运货物运输和按特殊条件办理的货物运输。

（一）铁路整车货物运输组织

按照货物质量、体积和形状，需要以一辆以上货车运送的货物，可以按整车办理。整车货物运输的基本条件是：

1）整车货物以每辆货车所装货物为一批，某些限按整车办理运输的货物，允许托运人将一车货物托运至两个或三个到站分卸。

2）承运人原则上应按件数和质量承运货物，但对散货、堆装货物以及规格、件数过多，在装卸作业中难以点清件数的货物，则只按质量承运，不计件数。

3）货物质量由托运人确定。

4）按照货物运输途中的特殊需要，允许托运人派人押运。

5）允许在铁路专用线、专用铁路内装车或卸车。

整车货物运输是铁路货物运输的主要办理形式，其运送量占铁路总货运量的97%左右。按整车办理的货物，可以是任何品类，关键是必须具备需要使用一辆及其以上货车装运的条件。为了满足国民经济发展的需要，保证重点，统筹兼顾，合理安排各种物资的运量，有计划有秩序地组织运输生产，合理使用铁路的运输能力，铁路的整车货物运输必须按计划承运，并加强直达运输、均衡运输和合理运输的组织。

铁路整车货物运输的特点是绝大部分为大宗货物（如煤炭、矿石、石油、建筑材料、木材、粮食等），而大宗货物的装卸作业多集中在专用线和专用铁道上办理，这些大宗货物的货运量约占铁路总货运量的65%，为直达运输组织创造了有利条件。因此，加强专用线和专用铁道的管理工作，开展铁路与厂矿企业之间的协作，对铁路挖潜扩能，提高运输效率，都有着极其重要的意义。

直达运输是指组织不同类型的直达列车来运送整车货物的一种运输组织方法。直达运输可以减少编组站的改编作业量，压缩车辆中转时间，加速货物的送达，是经济效益最好的整车货物运输组织形式。因此，我国铁路从 1950 年开始，即在东北地区开始组织直达运输。组织整车货物直达运输，必须编制直达列车计划。编制直达列车计划时，一般是从货流开始，即根据核定的月度货物运输计划，分别按货物发到站、去向进行货流分析，按照"先远后近"、"先整列后成组"、"先一站，后多站"的要求，纳入直达列车计划。

（二）铁路零担货物运输组织

1. 铁路零担货物的含义及限制条件

零担货物是指一批托运的货物，按照质量、体积、形状或性质，不需使用一辆最低标记载质量的货车装运。零担货物运输在组织、管理、装卸作业等环节上，相对于整车作业比较复杂，因此还要受到其他一些运输条件的限制，主要有：

1）一件零担货物的体积不得小于 $0.02m^3$。但如果一件货物质量在 10kg 以上，则可以不在此限。

2）为便于装卸作业中堆码、交接和配装，一批零担货物的件数不得超过 300 件。

3）不易计算件数的货物、运输途中有特殊要求的货物和易于污染其他物品的货物，不得按零担货物办理。

4）托运人应在每件零担货物上标明清晰的标记，以便作业中识别。

5）货物的质量由铁路确定。但对于标准质量、标记质量或附有过磅清单的零担货物，允许由托运人确定质量，但铁路可以进行复查和抽查。

6）一般情况下不允许派押运人。

2. 零担货物的特点

零担货物主要是农副土特产品、农业机械、化肥、农药、轻工业品、日用百货以及个人物品等。铁路零担货物的货运量只占总货运量的 2% 左右，装车数占总装车数的 4% 左右，但它对促进工农业生产、扩大城乡物资交流、满足人民物质和文化生活的需要，都具有重要的意义。

零担货物一般质量小、批数多、品类繁杂、发到站分散、性质复杂、包装条件不一，必须组织几十批甚至几百批货物配装于一辆货车内进行运输，因而铁路部门要投入比整车运输更多的人力和物力。

3. 零担车的种类

零担车的种类包括：

（1）直达整装零担车　所装零担货物系由始发站直接运达到达站，无需经过中转站中转的零担车。这类零担车的货物运达速度最快。

（2）中转整装零担车　按照零担车组织计划的要求，将到达同一去向的货物，装运至规定的中转站进行中转作业的零担车。

（3）沿途零担车　用以装运零担车挂运区段内，沿途各站不够条件组织整装零担车的零担货物。

零担货物发送量较大。有条件组织整装零担车的车站，可以实行编制零担货物承运日期表的计划制度。根据承运日期表的规定，受理运单，组织进货，或者提前受理运单，然后按承运日期表规定的承运日期托运进货。沿途零担货物可以随到随承运，或根据沿途零担车的挂运方案及运行情况，按上下行分别承运，也可以指定日期承运。车站可将零星分散的零担货物进行合理的集中，最大限度地组织直达整装零担车，同时还可以充分利用车站的货运设备，为车站日常零担货物发送的均衡作业创造条件。

（三）铁路集装箱货物运输组织

凡能装入集装箱并不对集装箱造成损坏的货物及规定可按集装箱运输的危险货物，均可按集装箱运输办理。集装箱货物运输的基本条件是：

1）每批必须是同一箱型，使用不同箱型的货物不得按一批托运。

2）每批至少一箱，最多不得超过铁路一辆货车所能装运的箱数。

3）货物质量由托运人确定。

4）铁路按箱承运，不清点箱内货物。

集装箱运输是一种先进的运输组织形式，它具有保证货物安全、简化并节约包装，提高装卸效率，加速车辆周转，便于组织"门到门"运输和各种运输方式联运等优点，是传统货物运输形式不可比拟的。因此，中国铁路正在加快集装箱运输的发展速度。

中国铁路集装箱运输始于 1955 年。最先采用 2.5t（后增载为 3t）的集装箱在沈阳、天津、上海、哈尔滨、大连和济南站试办集装箱运输业务；到 1958 年，集装箱办理站增加到 18 个，集装箱运输完成的年度货运量为 55 万 t。20 世纪 80 年代以后，随着国民经济的发展和改革开放的需要，集装箱运输方式的优越性越来越被人们所认识。铁道部采取有力措施，筹集资金，制造集装箱和专用车辆，扩建和改建集装箱场，增加装卸机械，制定了《铁路集装箱运输规则》、《铁路集装箱运输管理规则》和《铁路集装箱运输修理规则》等有关的规章制度，进一步健全了各级集装箱管理机构，充实了专职人员，并建立了集装箱调度系统，在部、局两级实现了计算机联网，在主要货运站采用计算机管理，使铁路集装箱运量持续增长。国内铁路集装箱运输以 10t 集装箱为主型箱，添置少量 20ft 国际标准箱进行试运，逐步向大型箱过渡。

（四）按特殊条件办理的货物运输组织

按特殊条件办理的货物包括易腐货物、危险货物和阔大货物，它们在铁路总货运量中所占比重不大，但是对国民经济的发展、满足人民生活的需要具有重要的意义。随着我国经济建设的迅速发展，改革开放的深入和扩大，其货运量将日益增长。

1. 易腐货物运输

铁路运输的易腐货物基本是农、牧、副、渔产品，因而也是人们日常生活的必需品和外贸出口的重要物资。因此，铁路把加强易腐货物运输组织，提高运输质量，作为一项十分重要的工作来抓。易腐货物运输需要在日常运输组织工作中加以重点掌握，优先安排计划、装车和挂运，及时、优质地完成运输任务。易腐货物运输组织工作主要包括以下环节：

（1）易腐货物的承运　承运时必须注意货物质量、热状态、包装规格、货物容许运输期限，以及需随货运单同时提交的有关部门规定的证明文件。

（2）装车方法和作业要求　易腐货物的装车必须首先保证货物质量，兼顾车辆载重能力和容积的利用。根据货物热状态的不同，可采用紧密堆码或留空隙堆码。易腐货物的装车作业按下列顺序依次进行：①保温车的货运、技术检查；②保温车的清扫、洗刷和风干；③保温车的加冰、加盐和预冷；④货物装车作业。

（3）车辆的运行　保温车的编挂应符合快速运行和加冰方便两个原则，可组织专列或挂入少数指定车次列车运送。车站、铁路局、铁道部各级调度，均应按车号掌握保温车的运行，使每辆保温车从装车开始直到卸车为止，都处在集中监督之下。

2. 危险货物运输

随着中国化学工业、国防工业和现代科学技术的不断发展，经铁路运输的危险货物，其品种和数量日益增多，新产品不断出现。这些货物对工业、农业、国防、交通运输、医药卫生以及科学研究等方面的发展有着重要意义。因此，加强危险货物运输组织，确保危险货物运输安全是铁路运输的一项重要任务。

铁道部制定的《铁路危险货物运输规则》根据货物主要危险特性和运输要求，将危险货物分为 10 类。《规则》内容涉及：①危险货物办理站、装卸场所、仓库、货车洗刷所的设置和要求；②危险货物运输的管理，安全、防护、检查交接制度；③从事危险货物运输人员专业知识的培训和规章制度须知等。

铁路进行危险货物运输组织时，要求注意以下几点：

1）承运时严格按规定的危险货物包装表检查货物包装及必要的包装标志。检查项目包括包装的种类、材质、封口、规格、型式、衬垫等是否能经受正常运输时的外界条件影响及装卸、搬运、调车中的振动冲击。

2）严格按危险货物配装表组织装车。

3）严格执行车辆编组隔离规定。如起爆器材与剧毒品之间隔离一辆车，放射性物质与敞平车装载的易燃货物之间需隔离一辆车，以罐车装载的有毒、易燃的压缩气体及液化气体与起爆器材之间需隔离四辆车等。

4）正确选用车辆的洗刷、除污方法。

5）承运放射性物品必须严格按其包装表面的辐射水平（即距包装表面 1m 处的最大辐射水平）和运输指数分为三个运输等级，采用不同运输形式和受理件数，以保证运输安全。

3. 阔大货物运输

经铁路运输的货物，其中有超限货物、超长货物和集重货物，一般统称为阔大货物。铁路运输的超限货物是指一件货物装车后，在直线线路上停留时，货物的高度和宽度有任何部位超过机车车辆限界（或特定区段装载限界）的均为超限货物；超长货物是指一件货物的长度超过所装平板车的长度，需要使用跨装运输的货物；集重货物是指一件质量大于应装平板车支重面长度最大容许载质量的货物。所谓支重面长度，就是平板车底板负担载重的长度。

阔大货物多为发电、化工、冶金、石油等设备以及大型机械设备。由于阔大货物运输受线路、桥梁、车辆负荷能力和铁路的限制，在运送时需要采取相应的措施，以保证运输安全。例如，要根据货物的质量、长度、形状、体积等具体情况，选择装运车辆，确定合理装载加固方案；限制运行速度，确定会车条件；加强线路，加固桥梁和隧道内线路落坡，必要时还要采用反方向行车甚至绕道运输。因此，阔大货物运输组织是比较复杂的。

阔大货物货运量在铁路总货运量中所占的比重虽然很小，但对国民经济建设却起着十分重要的作用。通过实践和研究试验，中国铁路阔大货物运输总结和积累了经验，建立和健全了有关规章制度和运输组织指挥系统，并且创造了不少运送大型设备的行之有效的方法。例如，建立和不断完善《铁路货物装载加固规则》、《铁路超限货物运输规则》，设立了特种货物运输管理机构和特运调度员，将加强和改善阔大货物运输纳入科学研究和试验的课题等，保证了阔大货物的运输安全。

阔大货物装载的基本技术条件为：货物必须紧密装载，捆绑牢固；其加固形式应与货物的质量、形状、大小等特点相适应，能保证经受各种外力的作用，使货物在运输过程中不致发生移动、滚动、倾覆、倒塌或坠落；装载货物的质量不能超过货车标记载质量，并应将货物质量合理地分布在车底板上；货物重心的投影应该位于货车底板纵、横中心线的交叉点上。在特殊情况下必须有位移时，横向位移距车底板纵中心线不能超过100mm，如超过时须采取配重措施；重车重心高度一般不能超过2000mm，若超过则须采取配重措施，降低重车重心高度，否则需要限速运行。

三、货物列车编组计划

货物列车编组计划统一安排全路各技术站解编作业任务，具体规定所有重、空车流应在哪些车站编组列车，编组哪些种类和到站的列车以及编挂方法等。因此，货物列车编组计划是全路的车流组织计划。

（一）货车编成列车的基本原则

将货车编成列车的基本原则是：根据车流的大小和性质，结合设备条件，采用装车地直接编组列车与技术站编组列车相结合的办法，即在装车站将较大的车流组织成直达列车，直接运送到目的地；将其余的车流送到邻近技术站集中，按车流去向的远近分别编成技术直达列车、直通列车和区段列车，逐步转运到目的地。同时，将中间站到发的车流编入摘挂列车和小运转列车。

（二）货物列车编组计划的任务

货物列车编组计划的任务是：在装车地最大限度地组织直达运输和成组装车，以减少技术站的改编作业量，加快物资送达和货车周转速度；根据车流特点、设备条件和作业能力，规定装车站和技术站编组列车的办法，合理分配技术站的编解调车任务；在具有平行径路的方向上，按照运输里程及区段通过能力的使用情况，规定合理的车流径路，以减轻主要铁路方向的负担；在具有几个编组站、货运站的大枢纽内，尽可能地利用迂回线、联络线放行通过车流，以加速车流输送和减少车流在枢纽内的重复改编作业；合理组织管内零散车流，加速区段管内车流的输送，更好地为工农业生产服务。

（三）装车地直达列车编组计划

装车地产生的直达车流直接组成始发直达列车，则可能在沿途所有技术站无改编通过，或者在沿途一部分技术站无改编通过。这是一种经济有利的车流组织形式，应当大力组织开行始发直达列车。

1. 组织装车地直达列车的条件

在装车地组织直达列车，并不是在任何条件下都是经济有利的。在确定装车地直达列车编组计划时，必须考虑如下条件：

1）货源充足、稳定，流向集中。

2）装卸车站或企业专用线有足够的货位、场库设备、装卸设备及装卸能力。

3）空车供应要有保证，车种适合、数量充足，而且要求配送及时。

4）直达列车在运行途中不需要多次变更重量标准，有合适的车流补轴。

5）要与现行技术直达列车编组计划相符合。其所吸收的车流和分组选编办法，必须符合前方编组站的分工要求。

根据以上所述，在制定装车地直达列车编组计划时，应对列车的装车站、运行途中、到达站各个环节的条件加以分析比较，以便确定最合理的组织方法。

2．始发直达列车组织方案的选择

始发直达列车有多种组织形式。从发站来看，有由一个装车站组织的直达列车，也有由几个装车站联合组织的直达列车。当由一个装车站组织直达列车时，又可分为在一个地点装车或在几个地点装车的不同形式。从到站来看，有直达一个卸车站一个地点或几个地点的直达列车，也有直达几个卸车站的直达列车，还有到达技术站解体的直达列车。

上述不同组织方式的直达列车车辆停留车小时消耗是不同的。因此，确定组织始发直达列车的装车站时，应根据直达车流和组织直达列车的各项作业时间等具体的条件，通过分析和计算比较，选出最有利的方案。

3．编制装车地直达列车编组计划的基本原则

1）为使编组计划能与列车运行图较好地配合，应使直达列车在运行途中经过各种技术站的持续时间最少。对于车流最大、流向稳定的直达列车，应固定列车运行线，并在列车编组计划中予以规定。

2）当卸车站与装车站间距离不长，且装车点的直达列车货源稳定时，应采用固定车底、循环使用的形式，以保证直达列车有可靠的空车供应。

3）始发直达列车所需的空车，一般应从卸车地点组织空车直达列车。原列车折返时，其编成辆数可与重车直达列车的编成辆数一致。

（四）技术站货物列车编组计划

若装车地直达列车没有吸引的车流，应将其送到附近的技术站集结和编组各类列车，首先应编组技术直达列车。

1．编制技术站货物列车编组计划的基本原理

在技术站编组某一去向列车时，车流是陆续到达的，而该站必须将这些车流加以集结，凑足成列后才能编组出发，因而在技术站产生了货车集结停留时间 T_j。由于编组技术直达列车使列车经过的沿途技术站不进行改编作业，可获得无改编通过的车小时总节省 $N_z\sum t_j$。两者比较，如果得大于失或得失相当，则开行直达列车是有利的。因此，开行直达列车的必要条件为

$$N_z\sum t_j \geq T_j \tag{7-1}$$

式中　N_z——某一去向一昼夜的车流量（车）；

　　$\sum t_j$——无改编通过沿途技术站的总节省时间（h）；

　　T_j——开行直达列车时一昼夜消耗的集结车小时（车·h）。

因此，编制技术站单组列车编组计划必须首先确定 T_j、N_z、$\sum t_j$ 这些主要因素。

2．编制技术站单组列车编组计划的方法

根据开行直达列车的必要条件，可以检查某支车流开行直达列车是否有利。但是几支车流合并开行直达列车可能更为有利。实际上，编制技术站单组列车编组计划就是在所有车流的组合方式中选择最为有利的方案。编制技术站单组列车编组计划的计算方法很多，传统的方法有：绝对计算法、分析比较法和表格计算法等。

（1）绝对计算法　该方法实质上是穷举法。其要点是计算方向上所有编组方案的车小时消耗以及在各站的改编车数，从中选择车小时消耗少并且适合各站改编能力的编组方案，即经济合理方案。

方向上每一编组方案的车小时消耗包括以下两部分：一是各技术站开行直达列车所产生的集结车小时总消耗 $\sum T_{\mathrm{j}}$；　二是未被包含在直达列车编成站的远程车流的改编作业车小时总消耗 $\sum N_{\mathrm{g}} t_{\mathrm{j}}$。　每一编组方案的车小时总消耗即为 $\sum T_{\mathrm{j}} + \sum N_{\mathrm{g}} t_{\mathrm{j}}$。

绝对计算法的优点是当对所有编组方案计算车小时总消耗后，选择方案较方便，不仅能选出最优方案，还能选出所有接近最优的方案。其缺点是方向上技术站较多时，计算工作十分困难。利用手工计算时，只能计算不超过 5 个技术站方向的单组列车编组计划。

（2）分析比较法　该方法不计算所有编组方案的有关消耗，而是通过一系列的分析比较，选出经济合理的编组方案。分析比较法根据开行直达列车时在编成站产生集结车小时消耗，而在沿途技术站能获得无改编通过的车小时节省这一特点，提出了直达车流开行直达列车的必要条件和充分条件，然后利用这两个条件成对比较的办法，不断寻找节省更多的编组方案直至最优。

分析比较法能用于超过 5 个技术站方向的单组列车编组计划。但是，分析比较法在寻优过程中考虑各支直达车流的动态联系不够，因而选出的最优编组方案可能不是真正的最优方案。

（3）表格计算法　该方法采取绝对计算法的计算表格和分析比较法提出的必要条件和充分条件，考虑各支直达车流的动态联系，按照一定的步骤和方法，寻求最优编组方案。在有 7 个技术站及以下的方向，运用表格计算法具有计算简便、结果正确的优点。

方向上每一编组方案的车小时总节省为

$$N_{tj}^{z} = \sum N_{z} t_{\mathrm{j}} - \sum T_{\mathrm{j}} \tag{7-2}$$

式中　　$\sum N_{z} t_{\mathrm{j}}$——该方案所有编入直达列车的远程车流，在沿途技术站无改编通过的车小时总节省（车·h）；

$\sum T_{\mathrm{j}}$——该方案所有直达列车在编成站的集结车小时总消耗（车·h）。

N_{tj}^{z} 有最大值的编组方案就是最经济的方案。表格计算法便是通过寻求 N_{tj}^{z} 数值最大的步骤和方法来选择最优方案。

随着计算机技术和运筹学的发展和广泛应用，从 20 世纪 60 年代以来，国内外学者提出了许多新的计算单组列车编组计划的算法，如我国学者提出的"动态规划法（图论法）"、"整数规划法"、"0—1 规划法"以及"网络法"等。这些方法必将在实践中逐步得到发展并日益完善。

3．编制成组列车编组计划

成组列车是一种较好的车流组织形式，它可以收到减少货车集结时间，减轻沿途技术站的调车工作负担，加速车辆运行等效果。

为了减轻解体站的负担，有些单组列车中的车辆也进行分组，但无论怎样分组，都随列车到达解体站，这是单组列车与成组列车在本质上的不同之处。

成组列车中包含两个及两个以上的车组，其中到达终点站的远程车组称为基本车组，到达沿途技术站的近程车组称为补轴车组。对成组列车进行成组甩挂作业的沿途技术站称为车组换挂站。成组列车经过一次或数次车组换挂后，逐渐变为单组列车的形式，最后到达技术站解体。

用成组列车替代单组列车并不是在任何情况下都是经济有利和切实可行的。例如，编组成组列车将使列车编组站的调车作业有所增加，并要求具有较多的编组线和较大的改编能力；车组换挂站要有稳定的加挂车流，如果车组换挂不及时，或没有适当的加挂车流，就会使成组列车欠轴运行或提前解体，所以应根据具体的车流特点和车站的技术设备条件选择最有利的方案。

目前，我国采用分阶段研究的方法，先研究单组列车编组方案，选定有利方案后，再研究以成组列车替代某些单组列车的经济可行性，可通过车小时消耗的计算来比较确定。

4. 编制相邻编组站间的列车编组计划

除了始发直达列车、空车直达列车和技术直达列车外，其余的货物列车都是在相邻两个编组站之间运行的。这些列车包括直通列车、区段列车、摘挂列车和小运转列车。

编制相邻编组站间列车编组计划，应首先确定相邻编组站间车流。相邻编组站间到发的车流又可分为技术站间车流和区段管内车流两类。各个相邻编组站间列车编组计划均可单独编制。

运送技术站间车流，主要是直通列车和区段列车。当相邻编组站间的区段站改编能力类似于编组站时，直通列车编组计划可按单组列车编组计划的计算方法编制。当相邻编组站间的区段站改编能力较小时，可先将编组站至编组站的车流单独开行直通列车，再对其余车流按单组列车编组计划的计算方法编制直通列车编组计划。区段列车的开行与否，应根据区段车流量、区段通过能力利用程度等因素而定。当区段的通过能力富余，容许区段车流全部挂入摘挂列车时，应将区段列车单独开行和将区段车流并入管内车流这两种方案进行车小时消耗的比较，选择较优方案。

运送区段管内车流的列车主要是摘挂列车和小运转列车。制定区段管内列车编组方案，首先应确定中间站的货物作业量，按装车去向和卸车来向编制区段内中间站到发车流表；其次编制区段管内重空车流表；最后再确定各种管内列车数。

四、车站行车组织工作

（一）铁路信号设备

铁路信号设备包括信号、联锁和闭塞三种。应用信号设备可保证铁路行车安全和提高运输效率。

1. 信号

铁路信号是指示列车运行和调车工作的命令。铁路工作人员只有按信号指示办事，才能保证铁路运输的安全。铁路信号装置一般分为信号机和信号表示器两类。信号机按类型分为色灯、臂板和机车信号机，按用途分为进站、出站、通过、进路、预告、遮断、驼峰、驼峰辅助、复示和调车信号机。信号表示器分为道岔、脱轨、进路、发车、发车线路、调车及车挡表示器等。

2. 联锁

车站道岔区上道岔不同的开通方向，构成多条作业进路。为了保证车站内行车和调车作业的安全，必须实现进路、道岔和信号机三者的联系和制约，这称为联锁。

按照道岔和信号的控制方式，可分为电锁器联锁和电气集中联锁两种。无论何种方式都是先沟通需要的作业径路，才能具备开放有关信号的条件；否则，即使按下按钮，信号机仍处于关闭状态。反之，如果信号机已开放，则在该信号允许进行的作业完成或取消信号之前，道岔不可能再转动，以保持进路的正确，从而保证行车和调车的安全。

3．闭塞

为了保证站间区间、所间区间以及闭塞分区内列车的运行安全和提高运输效率而设置的区间信号设备，就是闭塞设备，它能控制列车运行。半自动闭塞、全自动闭塞和路签（牌）闭塞是现代常用的闭塞方法。

（二）车站接发列车工作

列车除在区间运行外，还要在车站到、发和通过。因此，接发列车工作是列车运行过程中不可缺少的重要环节。

为了保证列车运行的安全，列车接入车站和由车站出发都必须按照一定的程序办理接发列车的必要作业。接发列车时需办理的作业有：与邻站办理闭塞（列车行行的凭证）；准备接车或发车进路；开放和关闭进站信号或出站信号；接、交行车凭证（不使用自动闭塞和半自动闭塞时）；迎送列车及指示发车。

在正常情况下，列车运行采用空间间隔行车闭塞的方法，即同一时间和同一区间（或闭塞分区）内的一条正线上，只允许有一列列车运行，以防止同向列车追尾或对向列车正面冲突。因此，列车进入区间前，两站间办理闭塞手续是车站接发列车的首要作业程序。

列车到达、出发或通过所需占用的一段站内线路，称为列车进路。列车到达或出发之前，车站值班员应正确发布准备列车进路的命令，及时停止影响列车进路的调车工作。只有在闭塞手续办理完毕，列车进路已准备妥当后，才能开放进站信号或出站信号。列车进入或开出车站后应及时关闭信号。列车到达或出发后，车站值班员应及时将到、发时刻通知邻站和报告列车调度员。

（三）车站调车工作

在货车一次周转中，除列车在车站的到、发、通过及区间的运行外，机车、车辆和车列还需在站线及岔线上进行各种不同目的的移动，这种有目的的移动就是调车。它是铁路运输过程中的重要组成部分，也是车站工作组织中的一项主要内容。

具体的调车工作按其目的不同可分为：

（1）解体调车　将到达的列车或车组按一定要求分解到指定的线路上。

（2）编组调车　根据《铁路技术管理规程》和列车编组计划的规定，将车辆选编成车列或车组。

（3）摘挂调车　为列车补轴、减轴、换挂车组和摘挂车辆。

（4）取送调车　向货物装卸地点和车辆检修地点取送车辆。

（5）其他调车　如车列或车组转场、货车检查、整理车场内存车等。

车站由于作用性质的不同，完成各种调车工作的比重也不一样，技术站以编组、解体调车为主；中间站主要办理摘挂车辆的调车作业；货运站则以取、送调车为主。

调车工作必须实行统一领导和单一指挥。车站的调车工作由车站调度员（未设车站调度员时由车站值班员）统一领导。大站内各车场或调车区的调车工作，根据车站调度员布置的任务，由该场（区）的调车区长领导。每个调车组由调车长统一指挥。车站调度工作应按规定的技术作业过程和作业计划进行。每个班的调车工作任务由班计划规定，并根据实际变化情况和作业进度由车站调度员制订阶段计划，分阶段布置调车任务。按照阶段计划的要求，调车区长或计划助理调度员制订调车作业计划，并以调车作业通知单的形式下达给调车组。调车长根据调车作业通知单的要求组织指挥全组人员进行调车作业。

常用的调车方法有牵出线调车和驼峰调车两种。

（四）车站作业计划

车站作业计划是对车站工作进行具体领导的行动计划，其目的是在充分利用车站现有技术设备和工具的条件下，保证不间断地安全生产，质量良好地完成列车运行图、列车编组计划、车站技术作业过程和规定的运输任务。因此，车站作业计划也是组织全站的生产活动计划。

车站作业计划包括班计划、阶段计划和调车作业计划。班计划是车站最基本的计划，规定了车站在一个班（12h）期间内的主要任务；阶段计划是班计划分阶段的具体安排，是完成班计划的保证，3～4h 为一阶段；调车作业计划是实现阶段计划、组织列车编解和车辆取送作业的实际行动计划。

1．班计划

班计划一般包括以下内容：

（1）列车到达计划　各方向列车到达车次、到达时分及编组内容。

（2）列车出发计划　各方向列车出发车次、出发时分、编组内容及车流来源。

（3）装车、卸车和排空计划　本班应完成的装车数、卸车数、排空车数以及取送调车的安排。

（4）班工作指标　中转车平均停留时间、一次货物作业平均停留时间和货物列车出发正点率等。

2．阶段计划

阶段计划一般包括以下内容：列车到达车次、到达时分、占用股道顺序和解体起讫时间；出发列车车次、出发时分、占用股道顺序、编组内容及车流来源、编组起讫时间；货场，专用线作业地点，装卸车的取送时间、取送车数及挂运车次；检修车、加冰车、交换车等的取送时间及车数。

阶段计划应由车站调度员根据下达的班计划任务，结合近阶段预计列车到达时分、编组内容、现在车分布、调机运用情况、到发线占用情况等进行编制。在编制时主要解决三个相互联系的问题，即确定出发列车车流来源、调车机车的运用和到发线的运用。

3．调车作业计划

调车作业计划由调车领导人（调车区长或车站调度员）根据阶段计划的任务、到达确报和存车情况编制，并以调车作业通知单的形式下达给有关调车人员执行。要求节省钩数、缩短调车行程、减轻调动重量、压缩调车时间、保证调车安全。

调车作业计划包括：解体作业计划，编组作业计划，专用线取送车作业计划等。

五、列车运行图

（一）列车运行图的概念及作用

列车运行图是用以表示列车在铁路区间运行及在车站到、发或通过时刻的技术文件，它规定各次列车占用区间的程序、列车在每个车站的到达和出发（或通过）时刻、列车在区间的运行时间、列车在车站的停站时间以及机车交路、列车质量和长度等，是全路组织列车运行的基础。列车运行图又是铁路运输企业向社会提供运输能力的一种有效形式，如供社会使用的铁路旅客列车时刻表和"五定"货运班列运行计划。因此，列车运行图是铁路组织运输生产和产品供应销售的综合计划，是铁路运输生产联结厂矿企业生产和社会生活的纽带。

列车运行图是运用坐标原理对列车运行时间、空间关系的图解表示。在列车运行图上，常以横坐标表示时间，纵坐标表示距离，沿纵轴方向按区间运行时间或实际里程的比例标出的水平线表示车站。

（二）列车运行图的构成要素

编制列车运行图必须首先确定组成列车运行图的各项要素。这些组成要素都是以时间来衡量的。这些要素包括：列车区间运行时分，列车在中间站的停站时间，机车在基本段和折返段所在站的停留时间标准，列车在技术站和客货运站的技术作业时间标准，车站间隔时间，追踪列车间隔时间。

1. 列车区间运行时分

列车区间运行时分是指列车在两相邻车站或线路所之间的运行时间标准，按车站中心线或线路所通过信号机之间的距离计算。

由于旅客列车和货物列车的运行速度各不相同，上下行方向的线路平面、纵断面条件和列车质量也不相同，所以列车区间运行时分是按各种情况分别查定的。列车不停车通过两个相邻车站所需的区间运行时分称为纯运行时分。列车到站停车和停站后出发的停车、起动附加时分，应根据不同情况分别查定。

2. 列车在中间站的停站时间

列车在中间站的停站时间由下列原因产生：进行必要的技术作业（摘挂机车、列车技术检查等）；客货运作业（旅客乘降，行包、邮件的装卸，车辆摘挂、货物装卸等）；列车在中间站的会车和越行。

3. 机车在基本段和折返段所在站的停留时间标准

机车在基本段和折返段所在站办理必要作业所需要的最少时间，称为机车在基本段和折返段所在站的停留时间标准。机车在基本（折返）段所在站应办理的作业有：在到发线上的到达作业（到达试风、摘机车、准备机车入段进路），机车入段走行，机车在段内的整备作业，机车出段走行，在到发线上的出发作业（挂机车、出发试风等）。综合以上各项作业所需要的时间，便可得出机车在基本（折返）段所在站的停留时间标准。

4. 列车在技术站和客货运站的技术作业时间标准

列车在技术站和客货运站的技术作业时间标准包括：在到发车场内办理各种列车作业的时间标准，在驼峰或牵出线上解体和编组列车的时间标准，货运站办理整列或成组装卸作业时间标准。

5. 车站间隔时间

车站间隔时间是指在车站上办理两列车的到达、出发和通过作业所需要的最小间隔时间。常用的车站间隔时间包括：

（1）不同时到达间隔时间　是指在单线区段，来自相对方向的两列车在车站交会时，从某一方向列车到达车站时起，至相对方向列车到达或通过该站时止的最小间隔时间。

（2）会车间隔时间　是指在单线区段，自一方向列车到达或通过车站时起，至由该站向同一区间发出另一对向列车时为止的最小间隔时间。

（3）同方向列车连发间隔时间　是指在单线或双线区段，从列车到达或通过前方邻接车站时起，至由车站向该区间再发出另一同方向列车时止的最小间隔时间。

（4）相对方向列车不同时通过间隔时间　是指在一端连接双线区间、另一端连接单线区间的车站（或线路所上），两个相对方向的列车不同时通过该站的最小间隔时间。

6．追踪列车间隔时间

在自动闭塞区段，一个站间区间内同方向可有两列以上列车以闭塞分区间隔运行，称为追踪运行。追踪运行列车之间的最小间隔时间，称为追踪列车间隔时间。追踪列车间隔时间取决于同方向列车间隔距离、列车运行速度等因素。

第二节　水路货物运输组织

水路运输是交通运输的重要组成部分。水路运输可分为内河运输和海上运输两大类。通过内河运输和海上运输，将内陆经济腹地与世界联通，是联系全球性经济贸易的主要方式，承担着全球性、区域间的货物运输，成为世界经济一体化和区域化服务的主要运输纽带。

一、船舶运行组织形式

简单地说，船舶运行组织就是航运企业对运输船舶运行活动的合理安排。从事货物运输的船舶有杂货船、散货船、集装箱船、冷藏船、油轮、滚装船、驳船、液化气船、运木船等多种类型。船舶为了安全、迅速、经济、方便地运送货物，必须与港口、航道等环节在技术条件、营运管理上相互适应，还应与其他运输方式（如铁路、公路、管道运输）的运输过程协调配合。因此，对船舶的运行活动进行合理安排与适时调整，是航运企业的主要工作之一。

船舶运行组织形式可概括为航次和航线两种形式。

1．航线形式

航线运行组织形式是在固定的港口之间，为了完成一定运输任务，选配适合具体条件、性能接近的一定数量的船舶，并按一定的程序组织船舶运行活动。航线形式成为一种独立的组织形式，是由航次形式在具有稳定的运输需要的航区形成和发展起来的。组织航线形式的首要条件是要有量大而稳定的货流。

航线形式有如下一些优点：

1）货物能够定期发送，有利于吸收和组织货源。

2）各生产环节协调配合，可实现有节奏地工作，保证正常稳定的生产秩序，有利于缩短船舶泊港时间，提高运输效率。

3）为水运和其他运输方式组织联合运输创造了条件。

4）驾驶人员熟悉航道与港口的条件，有助于安全航行和节约时间。

5）有利于船舶运输的组织领导和船员生活的安排。

航线由在各航线工作的不同船型、供船舶停靠作业的港口码头以及各种辅助设备构成。

它可按船舶航行区域、运行状况、航线的有效期限以及航线港口数的不同进行分类。

（1）按船舶航行区域分 航线可分为内河航线、沿海航线、近海航线和远洋航线。

（2）按船舶运行状况分 航线可分为定期航线和不定期航线。定期航线又称专线或班轮航线，它是指船舶在港口定期、定时刻到发的航线；不定期航线则是指没有严格的定期要求，而只规定计划期内发船次数的航线。

（3）按航线有效期分 航线可分为全年（或全航期）有效航线和季节性有效航线。全年有效航线是指在全年时间内或整个航期内都有船舶工作的航线；而季节性有效航线是指一年中仅在部分季节内有船舶工作的航线，这种航线的季节期主要取决于航道条件和季节性货流。大多数航线属于全年有效航线。

此外，航线还可以按运输货物的种类、船舶类型、运输组织方法进行分类。如按货种分类时，有油运航线、煤运航线、杂货航线等；按船舶类型分类时，有客船航线、货船航线、推（拖）船航线；按运输组织方法分类时，有直达航线和非直达航线；按船舶运行组织方法分类时，推（拖）船航线则又有直通航线和区段牵引航线之分，直通航线是推（拖）船从航线的始发港至终点港在中途不更换推（拖）船的航线，若中途更换推（拖）船，实行分段牵引，则称为区段牵引航线。

2. 航次形式

在船舶运输生产中，将船舶从事客、货运输的一个完整运输生产过程（即一个生产周期）称为一个航次。所谓航次运行组织形式，即船舶的运行没有固定的出发港和目的港，船舶仅为完成某一次运输任务，按照预先安排的航次计划运行。采用航次形式时，船舶完成一个航次后，便可开始另一个航次。

航次形式常常会造成船舶回程空驶，使船舶使用效率降低，而且由于其不定期性，不利于与港口工作的配合，也不利于与其他运输方式的配合。但它也有机动灵活的优点，可对航线形式起调整和补充作用，也是不可缺少的一种船舶运行组织形式。在国际航运中，或因贸易与市场需要，或因航线长而船舶数量少，按航次运行的船舶比较多见。在国内沿海及内河运输中，航线形式是主要的运行组织形式，而航次形式是一种辅助的、也是不可缺少的形式。如不需要开辟航线的计划内小批量货物运输，特种货物运输，大的工程设备的运输，防汛、救灾、急需的支农或城市供应物资的运输等，都需要组织船舶进行航次运行。

二、船舶运行与港口工作的配合

船舶运行与港口工作的配合问题，是水运企业的工作重点之一，主要解决港口的到发船密度、船舶在港密度和合适的到发船时间问题。这关系到港口工作的节奏性、均衡性和船、港工作效率。

港口是水陆运输工具互相联系的衔接点，是水运货物的集散地。港口不仅担负着水路客、货流的组织与运输组织工作，而且还担负着大量繁重的船舶和车辆的装卸工作。受港口装卸能力、泊位和库场等生产设施和设备的限制，船舶运行必须考虑与港口工作的配合问题。

解决船舶运行和港口工作的配合问题，可用船舶到发及在港密度图来进行，即根据已确定的各航线发船密度及船舶在港作业时间，在图上逐线安排船舶（船队）的到港日期（船舶、船队自对方港的发船时间，可根据其航速和途中作业时间推算出来），累计到港或在港船舶数量（船舶艘数、舱口数、船吨数或货吨数等），然后再检查平衡情况。若某些日期的到港船舶过于集中或者船舶舱口数大于港口作业能力，就需要进行调整，直到合适为止。

解决船舶运行和港口工作的配合问题，主要是针对重点港口，从重点港口着手，按船舶的类型、作业区和货种等分别进行平衡。

三、班轮运输组织

（一）班轮运输的特点

班轮运输又称定期船运输，它是指固定的船舶按照公布的船期表和固定运价在固定航线和固定港口间运行的运输组织形式。从事班轮运输的船舶称之为班轮。

班轮对所有托运人提供货运空间，不论船舶是否被装满都要按计划日期启航。保证班期是班轮运输组织的核心工作。船舶按船期表公布的抵离港口时间的准确程度，用准班率 K 表示，公式为

$$K = \frac{n_0 - n_1}{n_0} \times 100\% \tag{7-3}$$

式中　n_0——一定时期（年、月）内的计划航次数（次）；
　　　n_1——同一时期内的脱班航次数（次）。

班轮主要承运件杂货。件杂货物价格高，且多为轻货，平均在 $2 \sim 3 \mathrm{m^3/t}$ 范围内。这就要求有较快的运送速度和较大的舱容。传统的杂货班轮以包装、外形、重量千差万别的散件形式承运件杂货，致使船舶在港停泊时间过长，严重影响了船舶的营运效率，增加了船舶运输成本。为了改变这种落后局面，20 世纪 60 年代后半期，件杂货成组化得到了迅速的发展，其中以集装箱化最为突出。集装箱班轮运输组织与传统班轮相比，最大的特点是船舶大型化、高速化，船舶在港停泊时间短、周转快，但是需要专门对集装箱进行调度和跟踪管理。目前，许多航线上的件杂货装箱率已达 70% ~80%。

在班轮航线上营运的船舶，包括普通杂货船、多用途船、集装箱船和滚装船，以集装箱船、多用途船和普通杂货船为主。滚装船多用在短距离的沿海班轮航线上（例如大连—烟台线）。

（二）班轮航线的设置

国际上班轮航线有许多种布局形式，但最基本、最常见的有这样几种，即传统多港口挂靠航线、干线配支线船航线、多角航线、单向环球航线、小陆桥航线及大陆桥航线等。

影响班轮公司航线选择的最主要因素是货源，其次是港口的自然条件和社会、政治因素。为了选定合适的航线，必须进行货源调查及港口调查。一般来说，选定的航线要有足够的货源，并且从长远角度看有较大的发展潜力。

班轮航线货流方面的特征，可以用以下四个参数描述：

（1）港间货流量　是指一定时期内两港间的货流量。

（2）航线货流总量　是指一定时期内该航线上各港间的货运量总和。

（3）运输方向不平衡系数　是运量较小方向的货流量与运量较大方向的货流量的比值。运输方向不平衡系数越小，说明航线上的往返运量越不平衡。

（4）运输时间不平衡系数　是最繁忙时期的货流量与平均货流量的比值。运输时间不平衡系数越大，说明运量按时间分布的波动幅度越大。

（三）班轮船期表的编制

1．往返航次时间计算

往返航次时间是一艘班轮由始发港启航，经中途港、目的港返回到始发港再启航所经历的时间，也称为船舶周转周期。往返航次时间计算的依据是：航线总距离、船舶航速、港口装卸效率和在港装卸货物的数量及其他可能发生的耗时因素，如进出港减速航行和通过运河等。计算公式为

$$t_r = \frac{L}{\bar{v}} + \sum \left(\frac{Q_1 + Q_d}{M} \right) \tag{7-4}$$

式中　t_r——船舶往返航次时间（d）；

　　L——航线总距离（n mile）；

　　$\bar{v}$——船舶平均航行速度，考虑了进出港航行和通过运河、船闸等因素（n mile/d）；

　Q_1，Q_d——航线沿途各港的装货量与卸货量（t）；

　　M——航线沿途各港的总平均装卸效率（t/d）。

2．航线配船数计算

一条班轮航线需要配置船舶的艘数，通常要由货运需求（量的多少及发到船频率）、单船装载能力和往返航次时间等因素决定，计算公式为

$$m = \frac{t_r Q_{max}}{\alpha_b D_d T} \tag{7-5}$$

式中　m——航线配船数（艘）；

　　Q_{max}——运量较大航向的年货物发运量（t）；

　　α_b——船舶载质量利用率（发航装载率）（%）；

　　D_d——船舶净载质量（t）；

　　T——平均每艘船舶的年内营运时间（d）。

计算出 m 后，若 m 不为整数，则应将 m 取为整数。

3．航线发船间隔的计算

发船间隔是指一个班次的船舶驶离港口后，直至下一班次的船舶再次驶离该港的间隔时间。它可由船舶往返航次时间及航线配船数确定，即

$$t_i = \frac{t_r}{m} = \frac{\alpha_b D_d T}{Q_{max}} \tag{7-6}$$

式中　t_i——航线发船间隔（d）。

班轮的发船间隔必须具有一定的规律性，以便于记忆。如常以月、旬、周、天、时等单位为发船间隔时间。因此，对按式（7-6）计算得到的发船间隔时间还要按照规律性的要求加以调整。

4．到发时间的计算与调整

在以上计算的基础上，结合沿途各港的具体情况，先分别计算出相邻两港之间各航段的航行时间和在各港的停泊时间，然后根据始发港发船时间依次推算出船舶到、离各港的时间。当沿途各港所在地的时差不同时，在船期表上应给出船舶到发当地的时间。班轮船期表是以表格的形式反映船舶在地理位置和时间上运行程序的文件，其主要内容包括船名，航次编号，始发港、中途港和终点港的港名，到达和驶离各港的时间。

四、不定期船运输组织

1．不定期船运输的概念

船舶经营者根据货主在时间、地点和内容上发生变化的需求，随时组织船舶运输的一种营运方式称为不定期船运输，又称租船货。不定期船运输的主要对象是价值较低的大宗散货，如煤炭、矿石、粮食、铝钒土、石油、石油产品及其他农、林产品和少部分干杂货。这些货物难以负担很高的运输费用，但对运输速度和运输规则性方面要求不严，不定期船运输正好能以较低的营运成本满足它们对低廉运价的要求。

在不定期船市场上成交的租船形式，主要有定期租船、航次租船、包运租船、光船租船等。

2．定期租船

定期租船是一种以时间为基础，由船舶所有人将一艘特定的船舶租给租船人使用一个特定期限的方式。租船期限的长短，由租船人和船舶所有人根据实际情况协商而定，少则几月，多则几年或更长时间。

定期租船的特征是，船舶出租人负责配备船员，负担船员工资、伙食费、船舶折旧费、维修费等；承租人负责船舶调度和营运工作。航次费用如燃油费、港口费等由承租人负担，租金按船舶的装载能力和租期长短计算。

租船人必须按定期租船合同规定的条件和时间支付租金，通常以日租金率或月租金率，按船舶的载重吨位计算租金，每15天或30天或日历月进行预付。一般情况下，一旦在合同中确定了租金率和租金支付时间，则应在整个租期内固定不变，合同另有明文规定的除外。

租船市场上货源、货流比较稳定的货物，一般通过定期租船方式进行运输。除一部分缺乏运力的船公司需以定期租船方式租进船舶外，租船人往往是一些大型综合性企业或实力较强的贸易机构。

3．航次租船

航次租船是一种由船舶所有人向租船人提供特定的船舶，在特定的两港或数港之间从事一个特定的航次或几个航次承运特定货物的方式。对这种方式可用四个"特定"来概述，即特定的船舶、特定的货物、特定的航次、特定的港口。

航次租船是租船市场上最活跃的一种方式，且对运费水平波动最为敏感。在国际交易市场上成交的绝大多数货物，都是通过航次租船方式来运输的。

航次租船的特征是，船舶出租人负责运输组织工作，负担船舶的营运费、燃料费、港口费等，并按装载货物的数量或按船舶总载重吨位及航线（或航程）计收运费；租船人负责支付运费，并承担由自身原因造成的船舶延误风险以及合同规定由其负担的货物装卸费。对于航次租船方式，船舶所有人承担的风险要比租船人的大。

根据租船人实际业务的需要，航次租船方式又可分为下列三种不同的形式：

（1）单航次租船形式　是一种由船舶所有人将船舶出租给租船人进行一个单程航次运输货物的形式。船舶所有人仅负责将货物从租船人指定的装货港运输到指定的卸货港，货物卸下船后，船舶所有人的合同义务即告结束。

（2）来回程航次租船形式　由船舶所有人出租给租船人一艘特定的船舶，在完成从装船港运输货物至卸船港的一个单程航次后，继续在该航次结束时的卸船港或其附近地点重新装货运回原装货港或其他附近地点。因此，来回程航次租船形式实际包括了两个单航次的运输。根据双方当事人的意愿，可订立一个航次租船合同或分别订立两个独立的单航次租船合同。

（3）连续航次租船形式　是一种由船舶所有人出租的同一艘船舶，在租船人指定的几个相同港之间进行重复航次运输货物的形式。一般情况下，当事人双方签定一个航次租船合同，合同中适用于第一个航次的各项条件和条款，同样也适用于后继或事先约定的若干个航次。

4. 包运租船

包运租船是 20 世纪 70 年代新发展起来的一种租船方式。由于这种方式的性质、费用和风险基本与航次租船方式相同，因此，一些专家认为包运租船是航次租船派生的一种方式。包运租船方式很大程度上具有"连续航次租船形式"的基本特征。

包运租船是指船舶所有人提供给租船人一定吨位的船舶，在确定的港口之间，以事先约定的年数、航次周期和每航次较均等的货运量，完成运输合同规定的总运量的方式。

对于船舶所有人来讲，采用包运租船方式，由于货运量大且时间较长，从而能保证船舶有充足的货源，在运费收入方面有较稳定的保障。另外，运力安排由船舶所有人灵活控制，只需要保证按合同规定完成货运任务。如果适当地掌握航行时间和管理好船舶，还可能有机会利用中途航次的多余时间运输其他承揽的货物，以获取额外盈利。

对于租船人而言，采用包运租船方式，可以在较长的时间内满足对货物运输的需求，从而不必担心有无运力将货物运往最终市场的问题，在很大程度上可摆脱因租船市场行情波动产生的直接影响。

5. 光船租船

光船租船方式与前面几种租船方式不同，是一种财产租赁，而不是运输承揽方式。在这种方式下，船舶所有人向租船人提供一艘特定的"裸船"。船舶从交给租船人处置时起，租船人负责船舶营运的全部责任。

光船租船的特征是，船舶出租人只提供一艘空船，合同期一般较长。承租人负责配备船员，并负担船员的工资及伙食费等；承租人负责船舶调度和安排营运，并负担一切营运费用。租金按船舶的装载能力和租期长短计算。

光船租船的租期虽然比较长，但是，国际上以这种方式达成的租船业务并不多见。租船人一般是那些缺乏造船或买船资金和贷款，但希望能够长期使用船舶的人。租船人在租船之前必须清楚地了解船舶的债务情况，以便避免船舶租用后因债务而引起的债权人对船舶的扣押。船舶所有人则往往是那些因船员费用高使竞争力削弱，或缺乏船舶经营管理经验的人。船舶所有人在将船舶出租之前，必须掌握租船人的资信情况和租金支付能力，以避免遭受经济损失。

五、驳船运输组织

1. 驳船运输的主要特点

驳船是指本身没有动力装置，依靠其他船舶（拖船、推船）拖带或顶推运行的船舶。以拖船拖带驳船组成的拖驳船队进行的运输，称为拖带运输；以推船顶推驳船组成的顶推船队进行的运输，称为顶推运输。拖带运输和顶推运输统称为驳船运输。

顶推运输方式与拖带运输方式相比具有如下优点：

1）船队阻力小，节省燃料，航速高。由于推轮运行在驳船的后面，处于驳船的尾部伴流之中，使推轮船体上的阻力降低，螺旋桨的推进效率提高。另外，采用分节驳时，由于几个驳船联接在一起后形成了水下外形光顺的整体，也使阻力下降。

2）有较好的操纵性能。推轮与驳船联接成整体后，通过推轮的操舵和正倒车，可以直接控制驳船的转向和前进、后退，有利于避免或减少发生碰撞事故。

3）减少了驳船船员数，改善了驳船船员的工作和生活条件。这是因为每艘驳船上不再需要专人操舵，水手可以利用推轮上的机械设备对驳船进行各项作业；船员也可以在推轮上休息和生活。

顶推运输方式与拖带运输方式相比也有弱点，如顶推运输对驳船的船体强度要求较高；船队的系结、编队不如拖带运输简单方便；在水流湍急的狭窄、弯曲、浅滩航段上，以及风浪较大的海面上的适航性不如拖带运输方式。海上顶推运输对推船与驳船的联结技术要求更高，通常采用轮推驳的船队编组方式。在这种情况下，适航性和快速性往往较同吨位的机动货船差。尽管如此，顶推船队在沿海和江海直达运输中都有着广泛的应用。

驳船运输的优点在于：驳船上不设推进动力装置，因此船体轻、吃水浅、造价低、装货量大；拖船（或推船）与驳船两部分可以灵活结解，调度组织机动灵活，因此既适于大宗货物运输（驳船可以几艘、几十艘编成船队航行），也适于批量小、货种多、港站作业分散的货物运输；船用动力装置可以得到更充分的运用，当驳船到港进行装卸作业时，推（拖）船就可以和其他驳船编队开始新的航次运行，因此投资少、成本低。

驳船运输的主要缺点是驳船队的抗风能力较货船差。另外，与货船相比较，驳船队的航行阻力大，运行速度较低。

鉴于驳船的上述特点，它最适于在内河、湖泊中航行进行货物运输。

2．驳船运输组织形式

轮驳船队的运输组织形式从不同的角度划分有不同的类型。

根据货物是否在中途港倒载、换驳来划分，分为直达航线和非直达航线。不在中途港换驳，直接由起运港装船运达目的港卸船的运输组织形式，称直达航线；需在中途港由一个驳子倒载到另一驳子上继续运输才能到达目的港的运输组织形式，称非直达航线。

按推（拖）轮的运行划分，分为直通航线、区段牵引航线和中途集解航线。轮驳船队从航线的始发港至航线终点港，在中途不更换推（拖）轮称为直通航线；如在中途更换推（拖）轮，实行分段牵引，则称为区段牵引航线；在沿途装货港或卸货港比较分散的一些航线上，驳船队中的部分驳船在航线沿途港加入船队或从船队中分离出去送达途经港口的运输组织形式，称为中途集解航线。

3．轮驳配合方式

轮驳配合方式有三种：

1）一艘推（拖）轮每个航次将驳船从启运港送达目的港后，马上去运送其他驳船，称为单航次配合。这种方式充分体现了轮驳船队的动力部分与载货部分既可分离，又可组合的特点，提高了推（拖）轮与驳船的使用效率。

2）一艘推（拖）轮在运送驳船时，只在装货港或卸货港更换一次驳船，每个往返航次轮、驳重新组合一次，这称为往返航次配合。

3）一艘推（拖）轮与一组驳船长期固定组合运行，称为固定配合。

第三节　航空货物运输组织

航空运输是交通运输体系的一个重要组成部分。随着经济建设的高速发展，社会活动节奏的不断加快，航空运输以其快速性的优势得到了前所未有的迅速发展，其客、货运输量逐年上升。航空运输与其他运输方式分工协作、相辅相成，共同满足社会对运输的各种需求。

一、航线与航班

（一）航线

1．航线的概念

航空运输企业在获得航空运输业务经营许可证之后，可以在允许的一系列站点（即城市）范围内提供航空客、货、邮运输服务。由这些站点形成的航空运输路线，称为航线。航空公司按照国家的交通总体发展规划和有关政策，根据企业发展的市场战略来选择营运航线。

航线由飞行的起点、经停点、终点、航路、机型等要素组成。它是航空运输承运人经营运输业务的地理范围，是航空公司的客货运输市场，是航空公司赖以生存的必要条件。

飞行航线分航路、固定航线、非固定航线。航路是经政府有关当局批准的、飞机能够在地面通信导航设施指挥下沿具有一定高度、宽度和方向在空中作航载飞行的空域，是用于国际运输、国内干线运输的飞行航线，规定其宽度为20km；固定航线是用于省市之间和省内定期航班飞行，尚未建立航路的飞行航线，通常没有规定宽度，通信导航设施和气象保障不如航路完善；非固定航线是用于临时性的航空运输或通用航空飞行，在航路和固定航线以外的飞行航线。

按照航线要素中起终点及经停点地理位置的不同，可将航线分类如下：

（1）国内航线　航线的起点、终点和经停点都在本国国境之内。国内航线又可分为：

1）国内干线。连接首都和各省（区）中心大城市以及连接两个省（区）中心大城市的航线。

2）国内支线。大城市向附近中小城市辐射的航线。

3）地方航线。在一个省（区）以内中小城市间的航线。

（2）国际航线　飞机飞行的路线跨越本国国境，通达其他国家的航线。

2．航线规划的基本原则

航线规划基于两个方面的因素：一是国家发展航空运输的总体规划；二是航空公司本身的市场发展规划和经济利益。此外，还必须考虑以下原则：

（1）航线布局的自然基础　开辟新航线，必须考虑航路的地理条件和气象条件，有利于飞机运输飞行的安全。

（2）航线站点地区的经济水平　航线站点地区的经济发达程度和开放程度，决定客、货运量和航空运输市场的发展潜力。

（3）运输能力协调　新航线的建立，必须充分考虑与其他航线的衔接、地面交通的综合运输能力，以便于航空运输的客货集散。

（二）航班

飞机由始发站按照规定的航线起飞，经过经停站至终点站所作的运输生产飞行，称为航班。航班分为去程航班和回程航班。航班班次是指在单位时间内（通常用一个星期计算）飞行的航班数（包括去程和回程）。航班通常用航班号来标识具体的飞行班次。航班号由字母和数字组成。我国的民航飞行航班号一般采用两个字母的航空公司代码加 4 位数字组成。

航空公司根据公司的发展目标、航线计划、运力、人力资源以及资金等情况，在市场调查的基础上进行航班安排，具体确定飞行班次、航班频率和经停机场，并制定航班时刻表。航空公司和机场的所有生产活动，将以航班计划为核心进行组织安排，以确保航班计划的顺利实施。

航空运输有定期航班和不定期航班（如包机运输）之分。定期航班运行是航空运输的主要生产方式，其生产量一般占总量的九成之多。换言之，航班生产计划主要是针对定期航班制定的。航空运输的生产行为，都是围绕实现航班计划而共同努力。因此，航班计划将涉及航空公司、机场、航务、油料等各个部门。

航班安排是一个复杂问题，需要考虑多种因素。影响航班安排的主要因素有：飞机利用率和载运率，在始发、中途及目的地机场的离港与进港时间（考虑合理性和各国的宵禁时间），短程航班的便利性，机组人员的数量保证，飞机的保证（数量及技术状态的保证），航班的衔接及季节的变化等因素。

二、航空货物运输方式

航空货物运输方式从不同的角度划分就有不同的种类。

（一）按运输对象性质不同划分

（1）急快件货物运输　急快件货物运输，是顾客紧急需要把货物以最快的速度运达目的地。这一类货物的特点首先是要求运送速度快，而运输费用在其次，如商业信函票证、生产部件、急救用品、救援物资以及紧急调运物品等。

（2）易腐货物运输　广义上来说，常规易腐货物是指货物的价值与时间密切相关的货物。这一类货物主要有两种：一是物品本身容易腐烂变质，对运输时间要求严格，如鲜花、海鲜、应时水果等；二是物品价值与时间密切相关，对进入市场的时间要求快，如某些商品进入市场时间越早越能抢占市场，或希望在市场需求处于最佳时机投放市场，可以取得最佳的经济效益。

易腐货物要求运输速度快，货主希望通过时间获得市场价值，以取得更多利润。这一类货物运输的货主对运输价格比较敏感，远远高于急快件运输，因此航空公司必须合理定价，以扩大易腐货物运输量。

（3）常规货物运输　常规货物运输，主要是以有时间性要求、不宜颠簸或容易受损的精密仪器设备、贵重物品等。

（二）按组织方式不同划分

1. 班机运输

班机运输是指定期开航的定航线、定始发站、定目的港、定途经站的飞机。一般航空公司都使用客货混合型飞机，一方面搭乘旅客，一方面又运送少量货物。但一些较大航空公司在一些航线上开辟定期的货运航班，使用全货机运输。

班机运输的特点是：由于班机固定航线、固定停靠港和定期飞行，因此国际间货物流通多使用班机运输方式，能安全迅速地到达世界上各通航地点；班机运输便于收、发货人确切地掌握货物起运和到达的时间，适合于市场上急需的商品、贵重商品、鲜活易腐货物的运送；班机运输一般是客货混载，因此，不能使大批量的货物及时出运，往往需要分期分批运输，这是班机运输的不足。

2. 包机运输

包机运输是包用民航飞机，在民航固定航线或非固定航线上飞行，不论用以载运旅客、货物或客货兼载，均称为包机运输。

包机运输的优点是：解决班机舱位不足的矛盾；货物全部由包机运出，节省时间和多次发货手续；弥补没有直达航班的不足，且不用中转；减少货损、货差；缓解空运旺季航班的紧张状况。

包机运输可分为整机包机和部分包机两类。整机包机即包租整架飞机，指航空公司按照与租机人事先约定的条件及费用，将整架飞机租给包机人，从一个或几个航空港装运货物至目的地；部分包机是指由几家航空货运公司或发货人联合包租一架飞机，或由航空公司把一架飞机的舱位分别卖给几家航空货运公司装载货物。

3. 集中托运

集中托运是指将若干票单发运的、发往同一方向的货物集中起来作为一票货，填写一份总运单发运到同一到站的做法。

集中托运的具体做法是：

1）将每一票货物分别制定航空运输分运单，即出具货运代理的运单。

2）将所有货物区分方向，按照其目的地相同的同一国家、同一城市来集中，制定出航空公司的总运单。总运单的发货人和收货人均为航空货运代理公司。

3）打印该总运单的货运清单，即此总运单有几个分运单，号码各是什么，其中件数、质量各多少等。

4）把该总运单和货运清单作为一整票货物交给航运公司。

5）货物到达目的地机场后，当地的货运代理公司作为总运单的收货人负责接货、分拨，按不同的分运单制定各自的报关单据并代为报关，为实际收货人办理有关送货业务。

6）实际收货人在分运单上签收以后，目的站货运代理公司以此向发货的货运代理公司反馈到货信息。

集中托运的限制条件主要有：只适合办理普通货物，对于等级运价的货物，如贵重物品、危险品、活物及文物等，不能办理集中托运；目的地相同或临近的可以办理（如某一国家或地区），其他则不宜办理。

集中托运的特点是：

（1）节省运费　因为航空公司的集中托运运价较低，使发货人可得到低运价。

（2）提供方便　因为将货物集中托运，可使货物到达航空公司到达点以外的地方，延伸了航空公司的服务，方便了货主。

（3）能提早结汇　因为发货人将货物交与航空货运代理后，即可取得货运分运单，可持分运单到银行尽早办理结汇。

集中托运现已成为我国进、出口货物的主要运输形式之一。

4. 联运方式

联运方式是飞机与火车、汽车之间的联合运输方式，或飞机与火车、飞机与汽车之间的联合运输方式。这种方式是国际多式联运的形式之一。

三、航空货运生产组织

航空货物运输生产的任务，就是承运人按照货运单上的发运日期和航班要求，组织运力将货物运达目的地。

航空货运生产过程大致分为货物收集、进港、运送、到港和交货等阶段。从生产性质上来看，航空货物运输生产可以分为两大部分：一部分是以货物收集为中心的货运市场组织和管理；另一部分是以货物运送为中心的货物进港、货物运送、货物出港和交付过程。

1. 运输生产计划

根据航空货运市场调查和预测，估算航空货物在各机场之间的流量和流向，确定本公司的市场目标和市场份额。在此基础上制定货物运输生产计划，主要包括运力计划、运量计划、周转量计划、收入计划以及运输综合计划等。

（1）运力计划 运力计划是在市场调查和预测的基础上，根据公司飞机的情况、预期市场目标和市场份额，计划投入航线的机型、航班数，也就是计划航线的可提供吨位。

（2）运量计划 运量计划是根据市场需求量预测、航空公司可提供吨位和历史生产完成情况，计划在每条航线上的运量及总运量。

（3）周转量计划 周转量计划是根据航线航班计划和运量计划，制定每条航线的运输周转量和总周转量计划，也就是航线的运输计划。

（4）收入计划 收入计划有时也称为发运收入计划。航空公司货运收入计划，是编制货运财务计划的主要依据之一。在编制收入计划时，要确定货物运输费率。货物运输费率除考虑航线差异之外，还要考虑货物的构成、运输量、价格调整系数等因素。航空货物运输费率一般是根据历史平均费率和计划期费率调整情况确定的一个估算值。对于包机运输来说，运价则根据运输量计划中包机飞行小时乘以包机费率得出。各航线货运收入计算值之和，即为航空公司年度的货运收入计划。

（5）运输综合计划 运力计划、运量计划、周转量计划和收入计划等，都是货物运输生产计划的组成部分。在上述计划的基础上，将各分类计划的总量指标汇集在一起，形成运输综合计划。它反映了航空公司计划年度的主要货物运输指标、收入指标和发展情况。

2. 航空货运市场的组织与管理

航空货运市场应按照市场销售计划，积极开拓市场，组织货源，收集货物，为运输生产作好充分的准备。

组织航空货运市场主要有三种方式：

（1）直接销售 航空运输企业通过自己的营业处或收货站，直接进行航空货运业务的销售。与航空旅客运输一样，从事直接销售的业务点一般分布在运量较大的城市，航空公司可以直接组织市场。直接销售的优越性是能够直接控制市场，减少中间环节，提高销售利润。

（2）代理销售 航空运输企业进行直接销售可以减少代理费用。但是，直接销售的业务量不足时，会增加销售成本。因此，航空公司的相当一部分货运吨位通过代理人销售。销售代理人根据与航空公司之间的协议，代表航空公司销售空余吨位，并按照协议收取代理费用。航空公司可以采取灵活的代理政策，鼓励销售代理人积极开拓市场，扩大销售业务。销售代理人可以同时代理多家航空公司的货运销售业务。

（3）联运　由于一个航空公司能够提供服务的航线有限，对于本身不能运达的部分航线，航空公司之间可以采用联运服务。这种服务是有偿的，上一个承运人即为下一个承运人的销售代理人，他们之间通过协议分配销售收入。

事实上，航空公司为了扩大自己直销的范围，通常通过与其他航空公司的代理协议，成为其他航空公司的销售代理人。

3. 货物进出港生产组织与管理

航空货物运输市场销售部门接受的交运货物，一般在机场组织进港和出港生产。相当一部分航空公司委托机场进行进出港的组织和管理，大型航空公司一般在基地机场自行组织货物进出港生产。

货物进出港是一个组织严密的生产过程，有严格的工序控制和定时要求，有严格的操作规范和重量指标，包括载重标准、舱位标准、安全标准等。涉及的部门多，需要统一组织和密切合作。对于旅客航班的货运生产工序，与客运同步进行，以保证航班正点。

4. 吨位控制与配载

航空货物运输需要通过吨位控制来提高载运率。换言之，货运既要考虑货物的体积，还要考虑货物的质量。因此，吨位控制的任务是通过舱位预订与分配来提高货舱的载运率，避免吨位浪费、超售或装运过载。

由于航空货运可以采用全货机或客货混装型飞机运输，因此吨位控制和配载管理的原则不完全相同：

（1）全货机方式运输　采用全货机方式运输时，吨位控制和配载过程比较单一，主要控制货物体积（不能超高、超长）、形状（易于固定），不能超重。

（2）客货混装方式运输　采用客货混装方式运输时，由于必须首先考虑运送旅客，因此货运吨位控制和配载要在保证客运的前提下进行。首先必须根据乘客的座位分布情况，按照飞机的配载要求进行货物的质量和位置控制，在保证飞机飞行平稳安全的前提下充分提高飞机的载运率。

无论是航空旅客运输，还是航空货物运输，吨位控制与配载管理是一件非常重要的工作，必须科学、严格地按照飞机的性能指标进行控制，在保证飞机飞行安全的前提下，充分提高生产效率和经济效益。

第四节　管道货物运输组织

管道运输是大宗流体货物运输最有效的方式。管道运输是随着石油的生产而产生和发展起来的。它是一种特殊的运输方式，与普通货物的运输形态完全不同。普通货物运输是货物随着运输工具的移动被运送到目的地，而管道运输的运输工具就是管道，是固定不动的，只是货物在管道内移动。换言之，它是运输通道和运输工具合二为一的一种专门的运输方式。

管道运输是流体货物在管道内借高压气泵的压力向目的地输送的一种运输方式。为了增加运量、加速周转，现代管道的管径和气压泵功率都有很大增加，管道里程越来越长，最长达数千公里。管道运输不仅可以输送原油、各种石油成品、天然气等液体和气体，而且可以输送矿砂、煤浆等。运输管道按所输送的货物不同，可分为原油管道、成品油管道、天然气管道和固体料浆管道。原油管道和成品油管道统称为油品管道或输油管道。

一、管道运行管理

1. 管道运输的基本设施

管道运输的基本设施包括管道、储存库、压力站（泵站）和控制中心。

管道是管道运输中最主要的设施，它的制造材料可以是金属、混凝土或塑胶，完全由输送的货物种类及输送过程中所要承受的压力大小来决定。

由于管道运输是连续进行的，所以管道两端必须建造足够容纳其所承载货物的储存库。

压力站是管道运输的动力来源，一般管道运输压力来源的类型有气压式、水压式、重力式及最新的超导体磁力式。通常气体的输送动力来源靠压缩机来提供，这类压力站一般为每隔 80 ~ 160km 设置一个；液体的输送动力来源则靠泵提供，这类压力站设置距离为 30 ~ 160km。

控制中心主要是检测、监视管道运输设备的运转情况，以防止意外事故发生时所造成的漏损及危害。

2. 管道运行管理及必备条件

（1）管道运行管理　是指用制定管道输运计划的方法，以及运用管道运行状况分析和调度等手段，充分发挥管道和设备的输送效率，实现管道安全、平稳、经济的最优化运输。管道运行管理是管道生产管理的中心，包括管道输送计划管理和管道输送技术管理两项内容：

1）管道输送计划管理是指根据管道所承担的运输任务和管道设备状况编制合理的运行计划，以便有计划地进行生产。管道输送计划管理首先是编制管道输送的年度计划，根据年度计划安排管道输送的月计划、批次计划、周期计划等；然后，根据这些计划安排管道全线的运行计划，编制管道站、库的输入和输出计划，以及分输或配气计划；另一方面，根据输送任务和管道设备的状况，编制设备维护检修计划和辅助系统作业计划。

2）管道输送技术管理是指根据管道输送的货物特性，确定输送方式、工艺流程和管道运行的基本参数等，以实现管道生产最优化。管道输送技术管理的内容包括随时检测管道运行状况参数；分析输送条件的变化；采取各种适当的控制和调节措施调整运行参数，以充分发挥输送设备的效能，尽可能地减少能耗；对输送过程中出现的技术问题，要随时予以解决或提出来进行研究。

（2）管道运行管理必备条件　管道运行管理需要准确的资料档案和先进、可靠的设备。所需的资料档案应能正确反映全线的客观条件，如全线及泵站的竣工图（包括全线线路平面图、纵断面图、全线总流程图、各站流程图及系统图等）和竣工后的更改记录。全线竣工图应准确地标记出各站间距离、各站高程、沿线阀室位置和所有穿越工程的位置；标示出管道试压点、试压值和管道变换管径的位置等。竣工后的变更记录应记录和标示出管道历次发生的事故（包括泄漏、断裂、损伤、设备故障等）的原因和位置；标明线路和站内设备更换的原因和时间等；为了积累运行经验，还应保存运行记录和资料。

先进、可靠的设备包括良好的调度设备和通信设备，以及显示各泵站运行参数及流程的屏幕，还要有电子输出设备，随时记录各泵站的运行参数。调度室有用各种灯光表示全线的走向、高程、站距和沿线截断阀位置等的设施；有标出各站的简明流程，并用灯光显示主要机组的停、运，各站主要阀门开闭状态的设施。通过这些设施可以直观地了解全线的运行状况。多批量运行的管道还必须设置批量和界面跟踪台，需由专职人员经常监视和指导操作。

管道运行管理还必须有训练有素的调度人员，他们对管道及各站的设备、流程要熟悉，同时要有丰富的运行管理经验。

二、管道运行管理的基本步骤

管道运行管理主要包括分析运行材料、编制运行计划及运行调度。

1．分析运行材料

对委托管道承运的货物种类和数量、交付输送的时间和地点、货物的特性以及对管线各泵站收、发货物应具备的条件等进行分析和研究，编制出年度轮廓计划，并做好完成管道年度任务的技术准备工作。

2．编制运行计划

在分析运行材料的基础上，编制出全线运行计划和各站的运行计划。

在编制成品油月份或旬的全线运行计划时，要标明各批油品的名称、编号、特性和输量；标明各批油品到达各站的时间和进入的油罐；明确各批油品输送的顺序和分输时间、分输量；确定各批油品的运行参数；标明有无清管作业和计划性停输作业。

编制月或旬的各站运行计划，要明确各站输油任务、倒罐流程；安排倒罐作业、起泵和停泵的作业、流量计标定、清管器接收与投入作业以及各旬的设备维修计划等。

3．运行调度

运行调度是指按运行计划进行全线指挥、调度、监督等工作，以保证按运行计划完成输送任务。调度人员先对运行计划进行核对，并作适当修改，然后根据计划下达调度命令。调度室对全线运行情况进行全面监视。一旦发生事故，调度人员应负责立即处理，采取措施，下达指令改变运行参数，以减少事故对计划的影响。

三、油品输送方法

油品的输送方法是根据油品性质和管道所处的环境确定的。轻质成品油和低凝固点、低粘度的原油常采取等温输送的方法，即炼油厂或油田采出的油品直接进入管道，其输送温度等于管道周围的环境温度。油品开始进入管道时的温度可能不等于入口处的地温，但由于输送过程中管内的油品与周围的介质之间进行热交换，因而在沿线大部分管段中，油温将等于地温。一般，对轻质成品油大多采用顺序输送的方法，对易凝高粘油品常用加热、掺轻质油稀释、热处理、水悬浮、加改性剂和减阻剂等多种输送方法。

1．油品顺序输送方法

油品顺序输送是在一条管道中按一定顺序连续输送多种油品的管道输油工艺。顺序输送的油品主要是汽油、煤油、柴油等轻质油品类，以及液化石油气类和重质油品类。同类油品中不同规格或不同牌号的油品，也可按批量顺序输送。不同油田、不同性质的原油，按照炼制要求也可以采取分批顺序输送。

根据油品顺序输送的要求，不同的油品之间可以用隔离器或隔离液隔离的方法输送，也可以用相邻的不同油品直接接触的方法输送。这两种方法都会产生混油现象。采用何种方法，由管道的起伏条件和允许混油量等而定。

多种油品采用顺序输送与采用多条单一油品管道输送相比，具有明显的经济效益，且产生的混油可以采取技术措施予以处理。因此，油品顺序输送已成为成品油长距离管道输送的主要方式。

顺序输送技术的原则就是将混油量降到最低限度。应将物性相似的，如相对密度、粘度和略有相混并不影响油品质量敏感指标的不同油品顺序输入管内。比较标准的排列顺序是：无铅汽油——含铅汽油——含铅高级汽油——无铅汽油——煤油——航空煤油——柴油——轻燃料油——燃料油——轻燃料油——柴油——航空煤油——煤油——无铅汽油——含铅高级汽油——含铅汽油——无铅汽油。由第一个批次无铅汽油到最后一个批次无铅汽油，称为一个循环周期。一个循环周期安排为 10 天或短些，根据管道的条件而定。这只是一个粗略的排列顺序，因为每种油还有多种牌号。

顺序输送过程中会发生混油，原因是油品在管内流动时，其断面流速分布不均。油品分子扩散和相对密度的作用，引起两油品界面处的相互混合。这种混合在油品界面处逐渐延伸扩散形成混油段。混油段在开始时长度增大较快，以后逐渐变慢。混油段是不可避免的，因此在运行中，沿程分输油品都是采用越过混油段之后开始泄油，这时泄出的都是合格油品。待到输至终点时，将各种不同的混油段泄入不同的混油罐中储存，采取各种技术措施予以处理。

管道油品顺序输送的运行管理较为复杂。首先必须准确地跟踪界面位置，才有可能预报某个交油站某个批次将到达的时刻，并按预报确定以什么速度泄完应交付的油量。为此，跟踪界面首先要准确地计量每分钟的输入量和输入时间，根据输入量和管内径，可计算出流速。但仍然难以准确确定界面位置，因为油品进入管道后会升温，油品膨胀就会产生误差，所以沿线各站都需要经常向总调度报告所经该站油品的相对密度和粘度。

2. 易凝高粘油品输送方法

易凝油品是指凝固点高于管道所处环境温度的、高含蜡量的原油和重油；高粘油品是指在温度为 50℃的条件下其粘度值很高的油品。这两类油品的输送须采用降粘和减阻等管道输油工艺。目前的主要方法有：

（1）加热输送 加热油品，以提高蜡和胶质在油中的溶解度，使其在管道输送时不凝、低粘，以降低输油动力消耗的管道输油工艺。目前，世界上的易凝高粘油品输送一般都采用加热输送。加热的油品沿管道流动，其热量不断地向周围介质释放，油温不断下降。长距离输送加热的易凝高粘油品，需要沿管道设置若干加热站，补充油品沿线损失的热量，以维持适宜的输送温度。

（2）利用摩擦热输送 利用油品在管道中高速流动时产生的摩擦热，使油品保持在一定的温度范围内输送。

（3）稀释输送 将易凝高粘油品与低凝原油或轻质馏分油混合输送，以减少在管道中输送时的阻力，并降低油品的凝固点。

（4）热处理输送 在最优的热处理条件下，将含蜡原油的凝固点降至低于管道输送时的环境温度，并使其表面粘度也有较大幅度的降低，以实现全线中途不再加热的等温输送。

（5）水悬浮和乳化降粘输送 水悬浮是将易凝油品注入温度远低于其凝固点的水中，形成凝油粒与水组成的悬浮液，输送时摩擦阻力仅略大于水，在终点将悬浮液加热并添加破乳剂进行油、水分离，然后脱水。这种输送方法正常运行的关键是保证悬浮液的稳定。乳化降粘方法是将表面活性剂水溶液或溶质质量分数为 0.05% ~0.2% 的碱性化合物水溶液加入高粘油中，在适当的温度和剪切力作用下，形成水包油型乳化液，可显著降低高粘原油的粘度。这种方法目前常用于高粘原油的输送。

四、液化气管道输送

1．液化气的分类及物化性质

石油工业中的液化气，是某些液态轻碳氢化合物的统称。这些烃类在常温和大气压下都是气体，为使它们保持液态，必须采取加压、冷却等措施。这些烃类主要来自气井中的天然气、油井的伴生气和炼厂催化、裂化等装置产生的气体。由于各类气体的组成成分各有不同，所以使它们保持液态所需的温度、压力条件差异较大，液化的目的也有所不同。

目前常把液化气分成两类。一类是液化天然气，其主要成分是甲烷，在大气压力下为使甲烷液化，必须冷却到 -161.5℃ 以下。由于液化设备复杂、费用高昂，只是在需要大规模储存和远距离输送时，液化才是经济的；另一类是液化石油气，其成分主要是液态的丙、丁烷和部分丙、丁烯的混合物，前者的含量常在 90% 以上。这些烃类易于液化，有的从炼厂或油田轻油回收装置外输时就是液态。同样直径的管道，输送液态烃时的输送能力要比气相输送时大，功率消耗也少。但是，当这类液化石油气的管线、阀门稍有泄漏时，会产生大量蒸气，容易在空气中着火爆炸，故对液化石油气的储存和运输要特别注意安全。储存液化气的储罐必须设安全阀，任何时候都不允许满罐。

2．液化气管道输送的特殊问题

液化石油气的管道输送在国外应用较广，通过长距离干线和支线将各油田、炼厂和消费城市联系起来组成管网，是分配民用燃料的重要途径之一。液化气管道输送在设计和运行时必须注意以下问题：

1）在液化气管道沿线的每一点，必须保持其压力不低于输送温度下的饱和蒸气压，以免液相气化形成气塞，而使运量大幅度降低。

2）由于液化气的输送温度常低于管周围的土壤温度，在输送过程中周围土壤将不断地向管线渗入热量，使液化气温度升高，故管道必须涂敷可靠而绝热性强的保温层。同时，由于液化气管道的输送流速较高，故输送时的摩擦热对温升的影响也较大，更可能导致液相的汽化。因此，在长距离输送液化气的管道沿线，除了设中间加压泵站外，还要设中间冷却站。

3）在液化气管道投产时，除了要用压缩空气推动清管球，以驱除管内的试压存水外，还要用低露点的天然气或氮气从管道中置换空气，然后才可逐渐注入液化气。同时，为了使管道、保温层及周围土壤从起始的自然温度冷却到接近稳定的运行温度，需要有个预冷却过程。

4）液化气管道在停输期间，由于周围热量的渗入，可能使温度升高而达饱和状态，甚至进一步汽化而使管内压力急剧升高，故需在进出站处设安全阀与放空罐相连，以保持管内压力在安全极限内。

五、固体物料的浆液输送

1．浆液管道输送原理

用管道输送各种固体物质的浆液，目前在世界各国已被公认为经济、可靠的输送方法之一。其基本措施是将待输送的固体物料破碎成粉粒状，与适量的液体配制成可泵送的浆液，在长输管道中以固液两相流的状态输送到目的地，然后再将固体与液体分离后送给用户。目前，浆液管道主要用于输送煤、铁矿石、磷矿石、铜矿石、铝矾土和石灰石等矿物，配制浆液的液体大都是水，也有用燃料油配制油煤浆，或用甲醇等其他液体做载体的。

浆液管道输送系统的组成与被输送的物料及其最终用途有关，一般包括浆体的制备和调质设施、储存和监控设施、加压和管道输送设施、终点接收和浆液的后处理系统（包括颗粒的脱水、干燥和水处理等）等。

2. 浆液管道的主要工艺技术问题

浆液管道的主要工艺技术，包括颗粒大小和级配的选择、浆液中固体颗粒质量分数的选择、浆液管道的敷设坡度等。

（1）浆液管道的几种流态 在管道中流动的浆液是固液两相的混合物，必须在一定的流速下才能保持固体颗粒悬浮，使浆液稳定流动。流速降低时，可能导致固体颗粒沉淀。在不同的流速、不同的固体粒径大小和颗粒含量下，浆液管道可能出现三种流态：

1）均质流。固体颗粒全部处于悬浮状态，在管道横截面上各处的颗粒含量及分布相同。这种流态都发生在浆液流速较高、固体颗粒的粒径较小和重量较轻的场合。

2）半均质流。固体颗粒均处于悬浮状态，但管道横截面上的颗粒含量及分布不均，细颗粒均匀分布在整个截面上，而大颗粒则在管截面的下部运动，故管截面下部的颗粒含量大，上部的颗粒含量小，但颗粒不沉淀。在固体颗粒粒径较大和重量较重时，一般形成半均质流。

3）非均质流。整个管截面上颗粒含量及分布很不均匀，出现固体颗粒沉淀，并可能在管道底部出现沉淀层。

当流速变化时，同一种浆液的流态可能在均质流与半均质流、半均质流与非均质流之间转化。开始出现沉淀时的流速称为浆液的临界流速，它也是半均质流与非均质流分界的参数。浆液管道应在临界流速以上、半均质流态下输送较为适宜。

非均质流流动时，不仅摩阻高，输送费用大，而且沿管长方向形成不同的颗粒含量及分布梯度，会导致流动不稳定，有堵管的可能，并使管道底部的磨蚀增加。均质流虽然摩阻损失小，管输费用小，但要求的颗粒太细，会给制浆和脱水带来困难，使这两部分的成本显著增大，而且当颗粒的细度超过某一极限值时，浆液的粘度将急剧增大，管输费用反而升高。因此，应选择最佳的颗粒大小和级配，以使制浆、管输、脱水等的总费用最小。

（2）颗粒大小和级配的选择 对煤浆管道的试验表明，当直径小于 0.045mm 的颗粒质量分数小于 14% 时常会形成非均质流，其质量分数超过 18% 时才能保证稳定的悬浮状态，但其质量分数超过 20% 时，再脱水就出现困难。另外，当粒径大于 1.2mm 时，在一般流速下不能均匀地悬浮起来，有阻留在管底的危险。因此，合适的煤颗粒级配应在 0 ~ 1.2mm 之间，要有足够数量的细煤粉，以保证较大的颗粒能悬浮流动。

上述要求主要是考虑了管输的稳定性，实际上颗粒大小的选择还与管长有关。细颗粒的含量较多时，虽然制浆和脱水这两部分费用的绝对值较大，但管输费下降，随着管道长度的增加，平均分摊到每吨公里的总费用就会下降。随着管道长度的减短，最优颗粒尺寸由细变粗，要求小于 0.045mm 的颗粒含量下降，但这种下降当然要以不进入非均质流为界。国外某机构通过对一条长 322km、年输煤量 237 万 t 的煤浆管道的研究分析得出，年经营费用最小时的颗粒级配应为大于 1.2mm 的占 0.16% ,小于 0.045mm 的占 24.94% 。

（3）浆液固体颗粒质量分数的选择　浆液中固体颗粒质量分数较低时，颗粒的沉降速度增大，易形成非均质流而使管道工作不稳定。而且每吨煤伴输的水量大，输水的能耗多，会使每吨公里输煤费用增加。但浆液中的固体颗粒质量分数太高时，浆液的粘度增大，使摩阻损失增高，也使每吨公里输煤能耗上升。因此，存在一个输煤能耗最小的最佳浆液固体颗粒质量分数。国外研究表明，当煤的相对密度为 1.4 时，长输煤浆管道的最佳浆液固体颗粒质量分数为 45% ~55% 。

（4）浆液管道的敷设坡度　具有大小颗粒级配的浆料，在因停输而发生沉淀时，大小颗粒不会截然分离，再起动时又会重新悬浮，故在水平管道上不会引起严重阻塞。但在倾斜管段上，在停输期间固体物料会沉淀并滑移至斜管段的最低点，导致管道堵塞，故对浆液管道的敷设坡度要有严格的限制。对某种浆液管道的坡度限制，应通过对同样浆料的试验来确定。

复习思考题

7-1　解释名词：中间站　区段站　编组站　技术站　联锁　闭塞

7-2　铁路货物列车如何分类？

7-3　铁路整车货物运输与零担货物运输的基本条件是什么？哪些货物需要按特殊条件办理铁路运输？

7-4　货物编成列车的基本原则是什么？

7-5　简述铁路车站办理接发列车作业的程序。

7-6　简述列车运行图的作用及构成要素。

7-7　水运航线运行组织形式与航次运行组织形式有何不同？

7-8　什么是班轮运输与不定期船运输？

7-9　驳船船队的运行组织有何特点？

7-10　简述影响航班安排的主要因素。

7-11　航空货物运输方式有哪些？

7-12　管道运行管理必须具备哪些条件？

7-13　简述油品的输送方法。

第八章 公路旅客运输组织

第一节 公路旅客运输概述

在各种客运方式中，在中短途客运方面，公路客运具有明显的优势。首先，从对载运能力的占用来看，汽车每运送 1 名旅客，只需占用 100 ~ 200kg 货物的载货能力，而铁路每运送 1 名旅客却至少少运 3 ~ 8t 货物；其次，从资金占用来看，汽车运输每千人·km 所占用的投资仅为铁路的 1/5 ~ 1/3；再次，从能源消耗来看，公路客运的油耗约为 5.5 ~ 6.5kg/（千人·km），而铁路客运为 6.6kg/（千人·km）（柴油）；最后，从社会劳动消耗看，铁路、水运的 1t·km、1t·n mile 相当于 1 人·km、1 人·n mile，而公路汽车运的 1t·km 相当于 10 人·km。

从以上几个方面的比较可见，公路运输在客运方面比其他运输方式具有明显的优势。此外，公路运输快速、方便、直达的特点，使公路客运具有更大的竞争能力，并因此获得飞速的发展。在工业发达国家，汽车运输客运量及旅客周转量均已超过铁路运输客运量及旅客周转量。在我国，据国家统计局 1978 年以后的统计资料介绍，公路客运量一直超过铁路而位居首位，公路旅客周转量也已于 1990 年起超过了铁路而位居榜首，是旅客运输的主要力量。表 8-1 和表 8-2 分别列出了近些年各种运输方式的客运量、旅客周转量的统计数据。

表 8-1 各种运输方式客运量及所占比重统计

年 份	总计/万人	铁路		公路		水运		民航	
		客运量/万人	所占比重(%)	客运量/万人	所占比重(%)	客运量/万人	所占比重(%)	客运量/万人	所占比重(%)
1990	772682	95712	12.4	648085	83.9	27225	3.5	1660	0.2
1995	1172596	102745	8.8	1040810	88.8	23924	2.0	5117	0.4
2000	1478573	105073	7.1	1347392	91.1	19386	1.3	6722	0.5
2001	1534122	105155	6.9	1402798	91.4	18645	1.2	7524	0.5
2002	1608150	105606	6.6	1475257	91.7	18693	1.2	8594	0.5
2003	1587497	97260	6.1	1464335	92.2	17142	1.1	8759	0.6

表 8-2 各种运输方式旅客周转量及所占比重统计

年 份	总计/(亿人·km)	铁路		公路		水运		民航	
		周转量/(亿人·km)	所占比重(%)	周转量/(亿人·km)	所占比重(%)	周转量/(亿人·km)	所占比重(%)	周转量/(亿人·km)	所占比重(%)
1990	5628.3	2612.6	46.4	2620.3	46.6	164.9	2.9	230.5	4.1
1995	9001.9	3545.7	39.4	4603.1	51.1	171.8	1.9	681.3	7.6
2000	12261.0	4532.6	37.0	6657.4	54.3	100.5	0.8	970.5	7.9
2001	13155.1	4766.8	36.2	7207.1	54.8	89.9	0.7	1091.4	8.3
2002	14125.7	4969.4	35.2	7805.8	55.3	81.8	0.6	1268.7	9.0
2003	13810.5	4788.6	34.7	7695.6	55.7	63.1	0.5	1263.2	9.1

下面分别从公路汽车客运站、公路客运营运方式和公路客运班车等几方面对公路旅客运输进行介绍。

一、公路汽车客运站

公路汽车客运站（简称车站）是公益性交通基础设施，是公路旅客运输网络的节点，是公路运输经营者与旅客进行运输交易活动的场所，是为旅客和运输经营者提供站务服务的场所，是培育和发展道路运输市场的载体。公路汽车客运站在旅客运输工作中占有重要地位，担负着组织生产、为旅客服务、管理线路和传输信息等方面的任务。它不仅是交通运输的重要枢纽，而且是城镇的精神文明和物质文明建设的"窗口"。

（一）车站的功能与类型

1．车站的功能

公路汽车客运站集运输组织与管理、中转换乘、多式联运、通信、信息收集与传输、综合服务与公路运输市场管理于一体，把无形的旅客运输市场变为有形的市场，把车主、旅客和运输管理部门的利益有效地结合起来，促使公路旅客运输健康而有序地发展。

公路汽车客运站最主要的功能是运输组织管理，其内涵包括：

（1）客运生产组织与管理　包括发售客票、办理行包托取、候车服务、问讯、小件寄存、广播通信、检验车票等为组织旅客上下车而提供的各种服务与管理；为参营车辆安排运营班次、制定发车时刻、提供维修服务与管理；为驾乘人员提供食宿服务等。

（2）客流组织与管理　客运站通过生产组织与管理，收集客流信息和客流变化规律资料，根据旅客流量、流向、类别等，合理安排营运线路，开辟新的班线与班次，以良好的服务吸引客源。

（3）运行组织与管理　包括办理参营客车到发手续，组织客车按班次时刻表准点正班发车，利用通信手段掌握营运线路的通阻情况，向驾乘人员提供线路通阻信息，发现问题及时与有关方面联系，并采取必要的措施，会同有关部门处理行车事故，组织救援，疏散旅客等。

（4）参与管理客运市场　认真贯彻执行交通部颁发的《道路旅客运输及客运站管理规定》，建立健全岗位责任制，实行营运工作标准化，提高旅客运输质量，自觉维护客运秩序，并协助运管部门加强对客运市场的统一管理。

2．车站的分类

根据交通部《汽车客运站级别划分和建设要求》（JT 200—2004），可将公路汽车客运站大致按三种方法分类。

（1）按车站规模划分　可分为等级站、简易车站和招呼站。

1）等级站是指具有一定规模，可按规定分级的车站。

2）简易车站是指以停车场为依托，具有集散旅客、售票和停发客运班车功能的车站。

3）招呼站是指在公路沿线（客运班线）设立的旅客上落点。

（2）按车站位置和特点划分　可分为枢纽站、口岸站、停靠站和港湾站。

1）枢纽站可为两种及两种以上的运输方式提供旅客运输服务，且旅客在站内能实现自由换乘的车站。

2）口岸站是指位于边境口岸城镇的车站。

3）停靠站是为方便城市旅客乘车，在市（城）区设立的具有候车设施和停车位，用于长途客运班车停靠、上下旅客的车站。

4）港湾站是指道路旁具有候车标志、辅道和停车位的旅客上落点。

（3）**按车站服务方式划分**　可分为公用型车站和自用型车站。

1）公用型车站一般是由国家投资或所在地交通管理部门筹助资金兴建的。它具有独立法人地位，自主经营，独立核算，是全方位为客运经营者和旅客提供站务服务的车站。

2）自用型车站隶属于运输企业，主要为自有客车和与本企业有运输协议的经营者提供站务服务的车站。

（二）车站站址选择

公路汽车客运站站址应纳入城镇总体规划，合理布局，并应符合下列原则：

1）便于旅客集散和换乘，吸引和诱发众多客流，尽可能地节省旅客出行时间和费用，有利于公路客运与其他现代客运方式之间的竞争。

2）与公路、城市道路、城市公交系统和其他运输方式的站场衔接良好，确保车辆流向合理，出入方便。

3）具备必要的工程、地质条件，方便与城市的公用工程网系（道路网、电力网、给排水网、排污网、通信网等）的连接。

4）具备足够的场地，能满足车站建设需要，并有发展余地。

随着综合运输的发展，汽车客运站的选址越来越重视与其他运输方式及城市公共交通的衔接。国外有些城市客运站与铁路、地铁、城市公交一起建成立体的综合换乘枢纽。

（三）公路汽车客运站级别划分

在《汽车客运站级别划分和建设要求》（JT 200—2004）中，根据车站设施和设备配置情况、地理位置和设计年度平均日旅客发送量（以下简称日发量）等因素，将车站等级划分为五个级别以及简易车站和招呼站。

1．一级车站

设施和设备符合表8-3和表8-4中一级车站所必备的各项，且具备下列条件之一：

1）日发量在1万人次以上的车站。

2）省、自治区、直辖市及其所辖市、自治州（盟）人民政府和地区行政公署所在地，如无1万人次以上的车站，可选取日发量在5000人次以上具有代表性的一个车站。

3）位于国家级旅游区或一类边境口岸，日发量在3000人次以上的车站。

2．二级车站

设施和设备符合表8-3和表8-4中二级车站所必备的各项，且具备下列条件之一：

1）日发量在5000人次以上，不足1万人次的车站。

2）县以上或相当于县人民政府所在地，如无5000人次以上的车站，可选取日发量在3000人次以上具有代表性的一个车站。

3）位于省级旅游区或二类边境口岸，日发量在2000人次以上的车站。

3．三级车站

设施和设备符合表8-3和表8-4中三级车站所必备的各项，日发量在2000人次以上，不足5000人次的车站。

4．四级车站

设施和设备符合表8-3和表8-4中四级车站所必备的各项，日发量在300人次以上，不足 2000 人次的车站。

5. 五级车站

设施和设备符合表 8-3 和表 8-4 中五级车站所必备的各项，日发量在 300 人次以下的车站。

6. 简易车站

达不到五级车站要求或以停车场为依托，具有集散旅客、停发客运班车功能的车站。

7. 招呼站

达不到五级车站要求，具有明显的等候标志和候车设施的车站。

表 8-3　公路汽车客运站设施配置

		设 施 名 称	一级站	二级站	三级站	四级站	五级站
场地设施		站前广场	●	●	★	★	★
		停车场	●	●	●	●	●
		发车位	●	●	●	●	★
建筑设施	站房	候车厅（室）	●	●	●	●	●
	站务用房	重点旅客候车室（区）	●	●	★	—	—
		售票厅	●	●	★	★	★
		行包托运厅（处）	●	●	★	—	—
		综合服务处	●	●	★	★	—
		站务员室	●	●	●	●	●
		驾乘休息室	●	●	●	●	●
		调度室	●	●	●	★	—
		治安室	●	●	★	—	—
		广播室	●	●	★	—	—
		医疗救护室	★	★	★	★	★
		无障碍通道	●	●	●	●	●
		残疾人服务设施	●	●	●	●	●
		饮水室	●	★	●	★	★
		盥洗室和旅客厕所	●	●	●	●	●
		智能化系统用房	●	★	★	—	—
	办公用房		●	●	●	★	—
	辅助用房	生产辅助用房	汽车安全检验台	●	●	●	●	●
		汽车尾气测试室	★	★	—	—	—
		车辆清洁、清洗台	●	●	★	—	—
		汽车维修车间	★	★	—	—	—
		材料间	★	★	—	—	—
		配电室	●	●	—	—	—
		锅炉房	★	★	—	—	—
		门卫、传达室	★	★	★	★	★
	生活辅助用房	司乘公寓	★	★	★	★	★
		餐厅	★	★	★	★	★
		商店	★	★	★	★	★

注：" ● " ——必备；" ★ " ——视情况设置；" — " ——不设。

表8-4　公路汽车客运站设备配置

	设备名称	一级站	二级站	三级站	四级站	五级站
基本设备	旅客购票设备	●	●	★	★	★
	候车休息设备	●	●	●	●	●
	行包安全检查设备	●	★	★	—	—
	汽车尾气排放测试设备	★	★	—	—	—
	安全消防设备	●	●	●	●	●
	清洁清洗设备	●	●	★	—	—
	广播通信设备	●	●	★	—	—
	行包搬运与便民设备	●	●	●	—	—
	采暖或制冷设备	●	★	★	★	★
	宣传告示设备	●	●	●	★	★
智能系统设备	微机售票系统设备	●	●	★	★	★
	生产管理系统设备	●	★	★	—	—
	监控设备	●	★	★	—	—
	电子显示设备	●	●	★	—	—

注："●"——必备；"★"——视情况设置；"—"——不设。

二、公路客运营运方式

由于旅客的年龄、职业、收入等有别，旅行目的、旅行距离也不尽相同，因此他们对旅行条件的要求也会有一定差别。为了适应旅客对旅行乘车的不同需要，公路运输部门采用定班和不定班两种营运形式。

定班运行是指按班次时刻表，在指定的线路上按班次时刻运行的营运方式。不定班运行则没有固定的线路和班次，一切根据实际情况临时安排。

针对不同的旅客，目前公路客运部门主要采用的具体营运方式有：长途直达客运、城乡短途客运、普通客运、旅游客运、旅客联运以及包（租）车客运。

1. 长途直达客运

这是在运距较长的线路上，在起终点站之间不停靠，或仅在大站才停靠的旅客班车运输方式。该方式主要用于跨省、跨区的长途干线上的旅客运输。一般情况下，当直达客流量大于客车定员的60%时，可考虑开行直达客车。

高等级公路上的长途直达客运，可以不配乘务员，旅客上下由停靠站组织。采用这种运输方式的客车，要做到车容整洁、车况良好，要尽可能提高乘坐的舒适性和车辆行驶速度。

现在行驶在高等级公路上的长途直达客运班车，有的已配一名乘务员负责上下车引导、车上饮料分发、录像放影等服务。这也是现代公路运输的新要求。

2. 城乡短途客运

开行在城乡线路上的客车，需要沿途各站频繁停靠。因此，为方便随车售票，组织招呼站旅客上下车，这种营运方式的客车上通常配乘务员。用于这种营运方式的客车，除有一定数量的座椅外，还应保留一定站位和放置物品的空间。

3. 普通客运

这是普遍采用的客运班车营运方式，该方式的客车在沿线主要站点都停靠进行服务作业。当直达客流不多，区间客流占班线客流的 80% 以上时，一般采用这种运输方式。普通客运可与直达客运在客流量较大的干线上共运，相互配合，以满足不同旅客的需要。普通客运班车上可以配乘务员，但不强求统一。

4. 旅游客运

这是在游客较多的旅游线路上开办的旅客运输方式。这种客车通常对舒适性要求较高，而且车型不能单一，应备有较高级的大、中、小型客车，以满足不同游客的需要；甚至在可能的条件下，应配有导游人员。客车应根据旅客要求在风景点停靠，开行的方式可以采用定线、定班或根据游客要求安排诸如包车等适当的形式。

5. 旅客联运

随着生活水平的提高，远距离旅行越来越多，因此，选择多种运输方式旅行已很自然。开展旅客联运，各地联运企业要与各运输部门签订联售火车、轮船、汽车、飞机等客票的协议；在港、站设立联合售票所，积极开展火车、汽车、轮船、飞机客票的代订、联售业务，并代办行包托运、保管、接送、旅行咨询等服务项目；在旅客中转量大的城市，可设立代办中转客票的专门机构等。旅客联运可以减少旅客的中转换乘时间，受到旅客的欢迎。

6. 包（租）车客运

这是为有关单位或个人、集体选择公路旅行提供方便而采用的营运方式。其主要服务对象是机关、企事业单位集体外出学习、游览的职工。包（租）车可根据具体情况分为计时和计程两种。为了满足包车用户乘车人数和舒适程度等不同要求，运输企业要有不同车型、不同座位数的大、中、小各型客车，制定不同的运价供租车人选用。由于包车没有固定线路和固定客流，往往忙闲不均。为此，各兄弟车站、兄弟运输企业之间与旅游服务单位之间，可商定合作办法，建立联营，以发展租车业务。

三、公路客运班车分类及选型

（一）客运班车分类

目前，公路客运班车根据国家及有关部委的规定，具体分类如下：

1. 按班次性质分类

（1）直达快运班车　指由始发站直达终点站，中途只作技术性停留，但不上下旅客的班车。

（2）普快直达班车　指站距较长，沿途只停靠县、市及大镇等主要站点的班车。

（3）普通班车　指站距较短，停靠站点（含招呼站）较多，配备随车乘务员的班车。

（4）城乡公共汽车　指由城区开往附近农村乡镇，站距短，旅客上下频繁，并配备随车乘务员的短途班车。

2. 按班次时间分类

（1）白班车　指在白天运行的各种客运班车。

（2）夜班车　指在夜间运行，发车时间或到达时间在夜间的客运班车。

3. 按运行区域分类

（1）县境内班车　指运行在本县境内的各种客运班车。

（2）跨县班车　指运行在本地（市、州）境内，县与县之间的各种客运班车。

（3）跨区班车　指运行在本省（直辖市、自治区）境内，地（市）与地（市）之间的各种客运班车。

（4）跨省班车　指运行在国内省与省之间的各种客运班车。

（5）跨国班车　指在国与国之间运行的客运班车。

4. 按运行距离分类

（1）一类班车　指运行距离在800km以上（含800km）的客运班车，一般称超长客运。

（2）二类班车　指运行距离在400（含400）~800km的客运班车。

（3）三类班车　指运行距离在150（含150）~400km的客运班车。

（4）四类班车　指运行距离在25~150km的客运班车。

（5）短途班车　指运行距离在25km以下的客运班车。

5. 按车辆结构和服务档次分类

（1）高级客运班车　指车辆主要结构性能优良、座位舒适、内部装饰豪华，并设有高性能的空调、音响和影像设备及小型厕所等装置的客运班车。

（2）中级客运班车　指车辆的主要性能良好、结构较好、座位舒适的客运班车。

（3）普通客运班车　指车辆的主要性能良好，结构一般的客运班车。

6. 按车辆类型分类

（1）大型客运班车（大客）　指车辆长度超过9m、45座以上的客运班车，具体又可分为高三级、高二级、高一级、中级和普通级5个等级。

（2）中型客运班车（中客）　指车辆长度6~9m、20~45座的客运班车，具体又可分为高二级、高一级、中级和普通级4个等级。

（3）小型客运班车（小客）　指车辆长度在6m以下、20座以下的客运班车，具体又可分为高二级、高一级、中级和普通级4个等级。

（二）客运班车类型选择

公路客运部门在选用班车车型时，一般应考虑以下几个方面。

1. 根据用途选用

对用做与铁路分流和旅游线路上的客车，应该选用速度高、舒适性好的客车；对长途直达线路，应尽可能选用具有较高行驶速度和有较大行李箱、架的客车；对用做城郊短途运输的客车，在道路条件容许时，应选用速度较低和载客量较大的大型通道车；对旅客比较少的边远山区，可配一些小型客车；对农村短途运输用客车，可适当改装车身，增加站位及方便旅客携带物品。

2. 根据客流量的大小选用

为满足客流流动的基本需求，当线路常年运输旺季的平均日客流量超过500人次，且较集中时，宜选用大型客车，反之，若比较分散则宜选用中型客车；线路日客流量为200~500人次，且比较集中时，宜选用中型客车，如果客流量分散，可视情况选用中型或小型客车；线路日客流量在200人次以下时，视客流集、散程度，可选用中型或小型客车。

3. 根据公路的条件选用

对等级较高、客流量大的干线公路，一般可配备大型或中型客车；对等级较低的干线或支线公路，可根据客流量大小选用中型或小型客车；对经济条件较差和客流量较少的边远山区、林区和牧区，宜选小型客车；对道路条件好、客流量大的短途班车，则应选用大型客车。

4. 根据舒适性需求选用

对于乘车旅游和长途旅行旅客的客车以及生活水平较高地区所用的客车，因对舒适性要求较高，可选用高档客车；但一般短途旅客对舒适性要求较低，可选用中、低档客车。

5. 根据运输成本选用

选用车型时，一般倾向于选用运输成本较低，年利润较高，投资回收期较短的客车。但须指出的是，选用车型往往要综合考虑，要在综合分析客流构成的基础上确定所选客车的档次，从而满足不同层次旅客的出行需求，更好地吸引客流以提高经济效益。

第二节　公路客运站站务作业与客车乘务工作

一、站务作业

汽车客运站通过一系列站务作业，保证旅客安全、及时、经济、方便、舒适地到达目的地，同时为企业客运计划、统计、经济核算等工作提供原始资料，为企业改善经营管理、提高经济效益作贡献。因此，客运站的站务作业是客运工作的一项重要内容。

客运站站务作业的主要内容有售票工作、行包托运与交付、候车室服务工作、组织乘车及发车、接车等。客运站站务作业过程如图8-1所示。

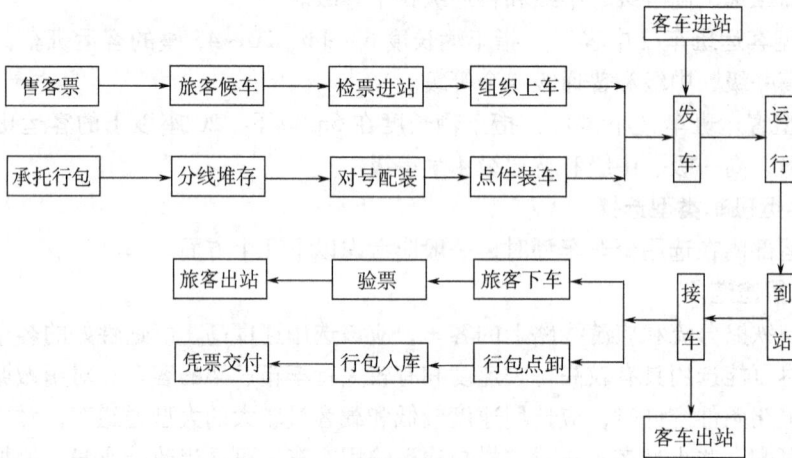

图8-1　公路客运站站务作业示意图

1. 售票工作

车票是旅客乘车的凭证，也是旅客支付客车运费的依据和凭证。车站的售票工作要做到准备充分，售票迅速、准确、方便，满足不同旅客乘车的需要。因此，客票发售工作需采用不同的形式，符合一定的基本要求并遵循一定的程序。

车站采取的售票形式有多种，如预约售票（电话订票）、团体送票、多点售票、流动售票、窗口售票、随车售票等。

车票有全票、儿童票、残疾军人票三种。票价是根据运输种类（例如普通客票、宽座客票、城乡公共客票、小型车客票、代客车客票等），按照我国交通部颁发的《汽车运价规则》规定，以每人公里的运价率来计算和确定的，具体由各省、市、自治区自行制定。

随着计算机技术的推广应用，目前客运站利用计算机售票已成为现实。客运站计算机售票系统，不仅可以提高售票效率和准确率，而且可以售票信息为依据对旅客流量、流向、分布及客流规律进行统计分析，并可以定期生成报表。

为使售票工作忙而不乱，做好售票前的准备工作十分必要。准备工作主要包括：

（1）制定售票计划　按计划售票是实行计划运输的基础，也可使客车座位得到合理和充分利用。制定计划的主要依据是：①线路班次数；②班车定员；③预售票数；④合同单位预留票数；⑤为中途站预留票数；⑥乘务员占用座位数；⑦为其他运输方式预留的中转座位数。掌握以上情况后，并结合短途班车一般不预售客票，可按以下计算式分别计算长短途班车可售票数：

长途班车可售票数 = 班车额定座位 - 上述③～⑦的总数

短途班车可售票数 = 班车额定座位 + 批准站立人数 - 乘务员座位数

（2）准备车票　准备车票可采用请领制和发用制。请领制是由售票员根据管理规定向有关部门（人员）请领，日请日结或日请月结；发用制是由车站指定专人（管理员）负责发放，且每日下班前结清票款。

（3）上岗前检查　应检查所有售票用具、车票找补零钱等是否备齐，而且都要放在取用方便的位置。

（4）上岗　进入工作岗位，接班人员必须问清前一班的有关情况。

（5）开窗售票　按规定时间准时开窗售票。

2. 行包托运与交付

行包是行李、包裹的简称。行包运输是旅客运输的组成部分。行李是指旅客随身携带的衣物，包裹是指除行李外需随客车运送的一般货物以及无客票交运的小量物品。关于行李、包裹的限量及计费标准，按各省、市、自治区制定的《运价规则实施细则》办理。

行李必须凭有效客票办理托运，包裹必须填"行包托运单"托运。行李包裹应由托运人包装完整，捆扎牢固，每件质量不超过30kg、体积不超过120dm^3。危险品、政府禁运品、机密文件、贵重物品、易碎品等不得夹入行包内托运。

行包的发送作业，包括承运、保管和装车作业；行包的到达作业，包括卸车、保管和交付作业。承运后的行包应按线、按到站堆码待运，按班次、分票号对号配装，并填制"行包交接清单"。行包到达后，应及时通知收件人提取，无法通知的予以公告。行包凭行包票提取，延期提取行包，按规定核收保管费。

行包自承运时起到交付时止，汽车运输部门要承担安全运输责任。在运输过程中，因运输部门责任发生损坏或丢失，应由运输部门负责修理或赔偿。但若因自然灾害而发生损坏、丢失或包装完整内容损坏、变质、减量等情况，运输部门不负赔偿责任。

3. 候车室服务工作

候车室服务工作是汽车客运站站务作业中的重要环节之一。旅客候车室应贴有旅客需知、客运班次表、票价表、中转换乘其他交通工具时刻表，应备有开水、椅子，另外，还应有报纸、意见簿、旅客留言牌、精确的计时装置等设施。客流较大的车站要设立问讯处和小件物品寄存处。

问讯处是为旅客解答难题的地方，应设置在候车室或车站入口的显著位置，问讯处工作人员必须业务熟悉、态度和蔼；小件寄存则是为旅客提供方便的一项措施。

候车室服务工作要求全面服务与重点照顾相结合，坚持文明服务、礼貌待客、扶老携幼，为旅客解决困难。所谓全面服务是指候车室应清洁、卫生，有开水供应，宣传交通常识，提供旅行资料等等，这些都是为了满足旅客的普遍性要求。但由于旅客人数众多，不同的旅客也有各自不同的要求，这就要求服务人员做好重点照顾工作。

4. 组织乘车及发车

组织旅客有秩序地上车并使班车安全、正点发出，投入正常营运，是客运站站务作业的一项重要内容。

为组织旅客有序上车，应在候车室内按班次划定候车区域。履行检票手续时，为保证旅客不错乘、漏乘，应认真查看票面日期、车次、到达地点，与车次相符无误后剪票。

旅客上车就座后，驾驶员和乘务人员应利用发车前的时间做好宣传工作，使乘客了解本次班车到达的终点站、沿途停靠站、途中膳宿地点、正点发车时间、到达时间以及行车中的注意事项等。开车前的短暂宣传，是保证安全行车的有效措施之一。

班车发出前，车站值班站长或值班人员应作最后检查，确认各项工作就绪，车辆前后左右上下情况正常，才能发出允许放行信号。驾驶员在得到允许放行信号后方可起动车辆运行。

班车离站时，负责引导旅客乘车的车站服务人员，应目送旅客出站。

5. 接车工作

班车到站时，值班人员应指挥车辆停放在适当位置，查看行车路单，交接行包清单等有关资料，了解本站下车人数，清点到站的行包情况，通知有关人员进行各项站务作业，包括向车内旅客报告本站站名，照顾旅客下车，提醒下车旅客不要将物品遗留在车厢内，检验车票，解答旅客提出的有关问题，在行车路单上填清班车到达时间，根据行车路单上的有关记录或驾驶员的反映，处理其他临时遇到的事项；如果是路过班车，同时还要组织本站旅客乘车；对终到班车，站务作业结束后，可将车辆调回车场或调放过夜地点。

二、客车乘务工作

乘务员在客车运行过程中为旅客提供的一系列营运作业和各种服务活动叫做乘务工作。乘务工作具有流动性强、局限性大、情况复杂、多工种服务、工作条件较艰苦等特点。乘务员在完成任务过程中既要主动，又要灵活，而且要与驾驶员紧密配合、相互协作。

1. 乘务工作的组织形式

（1）定线包乘制　乘务员定线、定车、定班，与驾驶员组成包乘小组，在营运区域内相对固定的线路上往返工作。该形式便于乘务员和驾驶员掌握车况、路况、客流情况及变化规律，以便有针对性地改进乘务工作。

（2）循环包乘制　乘务员定车，与驾驶员组成包乘小组，按照编定的客车运行周期表（运行作业计划）的安排，在营运区域内各条线路上循环工作，又可分为大循环（即依次跑完所有应配备乘务员的线路）和小循环（即在部分线路组成的小运行周期，这种循环周期短）。这种包乘制的好处是各包乘组工作量大体平衡，能使乘务员和驾驶员较好地了解不同线路上的营运情况，适应较大范围内的乘务工作；缺点是由于包乘的线路经常变化，不易将情况摸深摸透并掌握其变化规律，对提高服务质量有一定的不利之处。

（3）循环轮乘制　乘务员不固定客车和线路，按车站乘务室（股）排定的次序，在车站（队）配属的客车上轮流工作，并根据客车运行作业计划的安排，在营运区域内各条线路上循环进行乘务作业。这种形式的好处是，能使乘务员了解不同客车的性能，了解不同驾驶员、不同营运线路的情况，有助于提高业务技能，培养较强的适应能力；缺点是由于客车及线路经常变动，且循环周期长，不利于深入了解和掌握客流、车况、路况等情况，同时，由于经常变换作业车辆，对协调驾驶员与乘务员之间的关系、密切配合工作也有一定的影响。

2．乘务工作的作业要求

乘务员要根据旅客需要及车上的条件做好乘务工作，尽可能为旅客提供较多的方便，优质办好售票、行包交接等具体业务，积极完成上级下达的营收计划。对乘务员工作的主要要求有：

1）做好乘务准备工作。如备好车票及有关票据、适量的找补零钱、旅客意见簿和以备急用的药品，插好班车线路牌，准确掌握客车车型、车座情况，检查车厢内的清洁卫生及座椅等设备的完好状况，领取签发的行车路单等。

2）组织旅客乘车。根据车站填写的行车路单，乘务员要清查实到人数，办好行包交接手续，掌握托运行包到达站点；开车前进行安全宣传，向旅客介绍注意事项及沿途停靠的站点；关好车门，向车站值班站长或发车指挥人员以及本车驾驶员报告出车准备情况，等待发车。

3）途中照料旅客。

4）发售补售车票。

5）办理好行包交付手续。

3．中途站的服务工作

中途站的服务工作，主要包括客车到达前方站之前，乘务员要向旅客预报到达站站名，并进行安全宣传；如在自用型车站停靠，应将行车路单及时交给车站，填好上客人数、起讫站点、行包装运等情况后带回客车上；如需在途中停车休息时，乘务员在旅客下车前要讲清开车时间，开车前要清点人数，防止旅客漏乘；班车到站下客完毕后，招呼候车旅客上车时，要认真清点上车人数，不能超载，以保证安全；查禁三品（危险品、易燃品、易爆品），并及时进行处理；关闭车门，通知驾驶员开车；向刚上车旅客发售车票等。

4．到达终点站的工作

到站前乘务员要及时告知旅客作好下车准备。客车停稳后，乘务员开车门引导旅客下车，向有关人员办理行包交接手续，送交行车路单，向乘务室（股）汇报途中情况并联系下次出车时间、运行线路、班次等事宜。到票据（财务）室或票据管理员办公室（处）结算票款，做到日缴、日结、日清，并办好票据请领手续。收车后，在待班时间要认真搞好车厢内的清洁卫生。

第三节　客车运行组织

旅客运输生产计划是客运企业计划的主体和核心，是组织运输生产的依据。与汽车货运生产计划类似，旅客运输生产计划包括旅客运输量计划、客车运力计划和车辆运用计划三部分。其编制方法与货运生产计划大同小异，关键是进行运力、运量的平衡和各项计划指标的平衡，这里不再重复。

搞好公路旅客运输，仅制定出合理的运输生产计划还不够，还需按月、旬、日将生产计划具体分配到车队、车站、运行班组和单车，即做好客运班次安排和单车运行作业计划编制等运行组织工作。

一、客运班次计划及编制

客运班次计划是客运服务活动有序进行的重要基础工作。它是根据客流调查，掌握、了解各路线、各区段、区间的旅客流量、流向、流时的基本规律，再结合企业的客运能力，从而确定营运线路、客运班次数、起讫站点和停靠站点，编排班次发车时刻表，然后对外公布。旅客可根据旅行目的，按照车站公布的班次情况，确定乘车路线，选择适合的班次购票。

由此可见，客运班次计划不但是车站为旅客提供旅行安排的依据，也是车站完成旅客运输任务和企业客运生产计划的一项重要的基础性工作。客运班车的运行通过客运班次计划的形式加以具体组织。班次安排得好，既可使旅客来去方便，省时、省钱，又使客车不至于超载和空驶，获得最高的运行效率，保证生产计划的完成。另外，做好客运班次计划工作，也有利于客运市场的培育和完善，必须高度重视。

客运班次一经公布，不应变更频繁。除冬夏两季为适应季节客流变化需进行调整外，应竭力避免临时变动，更不要轻率地停开班次、减少班次或变动行车时刻。

1. 客运班次计划的编制原则

安排客运班次时应考虑以下因素：

1) 根据旅客流向及其变化规律，确定班次的起讫点和中途停靠站点，兼顾始发站及各中途站旅客乘车的需要。凡有条件开行直达班次的就不要中途截断分成几个区间班次，以减少旅客不必要的中转换乘。

2) 安排班次的多少，取决于客流量大小。遇到节假日及集会等客流量猛增时，要采取及时增加班车或组织专车、提供包车服务等措施，以疏导客流，解燃眉之急。

3) 根据旅客流时规律来安排班次时刻。例如，城乡公共汽车要适应农民早进城、晚归乡的习惯。为方便旅客，各线路班次安排要尽量考虑与其他交通工具到发时间相衔接；更为重要的是，应最大限度地保证客运车辆的运行效率和客运企业的经济效益。

4) 安排班次时刻，应考虑车辆运行时间、旅客中途膳宿地点、驾驶员作息时间以及有关旅客乘降、行包装卸等站务作业安排。公用型车站和企业自用但对社会开放的车站，在安排班次时刻时，要兼顾不同经营者的利益，创造公平竞争的条件。

2. 客运班次计划编制方法

拟定客运班次计划是一项细致、复杂的工作。要达到编制的要求，做到方便旅客、提高车辆运行效率，就必须采取科学的方法。在此介绍一种常用的编制方法：

1) 对客运线路所有站点进行客源调查，并对调查资料进行全面整理和分析，旧线可进行日常统计，新辟线路调查资料要进行核对、整理，确保全面正确。根据核实的调查资料，编制"沿线各站日均发送旅客人数表"；

2) 根据"各站日均发送旅客人数表"编制"旅客运量计划综合表"，绘出"客流密度图"；

3) 编制"客运班次计划表"；

4) 进行运力运量平衡测算，编制"客班运行时刻简表"；

5) 编制"客车运行周期表"。

下面举两例对客运班次计划的编制作详细说明。

例 8-1　编制 AE 线路的客运班次计划（AE 线路各站点位置与站间距离参见图 8-2）。

解　（1）进行客源调查并进行核对、整理　根据核实的调查资料，编制"AE 线各站日均发送旅客人数表"。

假设经过调查和资料汇总计算，得知 AE 线路日均发送旅客人数如表 8-5 所示。

表 8-5　AE 线各站日均发送旅客人数表

起　讫　站	站距/km	日均发送人数/人		合　　计	
		下行	上行	运量/人	周转量/（人·km）
A ~ B	70	136	138	274	19180
A ~ C	120	64	70	134	16080
A ~ D	150	48	42	90	13500
A ~ E	210	52	47	99	20790
B ~ C	50	36	33	69	3450
B ~ D	80	12	10	22	1760
B ~ E	140	14	16	30	4200
C ~ D	30	9	8	17	510
C ~ E	90	12	10	22	1980
D ~ E	60	26	24	50	3000
合计	1000	409	398	807	84450

（2）根据上述"各站日均发送旅客人数表"，分两步进行：

1）编制"AE 线旅客运量计划综合表"，如表 8-6 所示。

表 8-6　AE 线旅客运量计划综合表

年　　月

到站下行／发站上行	A	B	C	D	E	日均发送人数/人			区段流动人数/人	
						合计	下行	上行	下行	上行
A	⊠ 300 / 297	136	64	48	52	300	300			
									300	297
B	138	136 / 138 ⊠ 62 / 59	36	12	14	200	62	138		
									226	218
C	70	33	100 / 103 ⊠ 21 / 18	9	12	124	21	103		
									147	133
D	42	10	8	69 / 60 ⊠ 26 / 24	26	86	26	60		
									104	97
E	47	16	10	24	104 / 97 ⊠	97		97		

注：1. 表中所列人数均为日平均数。

2. 表中交叉斜线栏中，上、下格填写下、上行到达该站的下车人数；左、右格填写由该站发送的上、下行人数。

3. 区段流动人数 = 车辆到站时的车上实际人数 − 下车人数 + 上车人数，即由该站发车时车上的总载客人数。

2）绘制客流密度图，如图 8-2 所示。

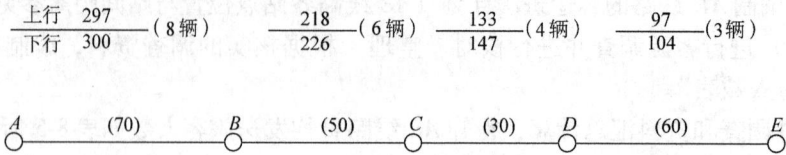

$$\frac{上行\ 297}{下行\ 300}（8\ 辆）\qquad \frac{218}{226}（6\ 辆）\quad \frac{133}{147}（4\ 辆）\qquad \frac{97}{104}（3\ 辆）$$

A (70) B (50) C (30) D (60) E

图 8-2　客流密度图

制图说明：

1）每一区段上面都画有一条横线，横线上面填注上行流动人数，横线下面填注下行流动人数。

2）本例均按车辆定员 40 人安排班次。根椐区段上、下行流动人数，取其较多的流动人数折算成需要的车辆数，标注在各区段上。

3）应尽量安排直达班次，故本例每日应安排的对开班次是 $A \sim E$ 为 3 班，$A \sim D$ 为 1 班，$A \sim C$ 为 2 班，$A \sim B$ 为 2 班，共对开 8 班。

（3）编制 AE 线客运班次计划表，见表 8-7。

表 8-7　AE 线客运班次计划表

年　　月

线别	日均计划运量/人			计划周转量/(人·km)	安排班次计划					日总行程/km	每日需要运力/(客位·km)
	合计	下行	上行		起	止	运距/km	额定客位/座	每日对开班次		
A					A	E	210	40	3	1260	50400
E					A	D	150	40	1	300	12000
线					A	C	120	40	2	480	19200
					A	B	70	40	2	280	11200
合计	807	409	398	84450					8	2320	92800

根据"客流密度图"所安排的班次填入表 8-7 相应栏内，并计算日总行程和每日需要运力，作为运力运量平衡和确定开行班次的依据。

对已开客运班车线路的经常性调查资料，因其已采用统计方法加以汇总，故只要根据"客运班车载客动态整理表"（见第二章表 2-4）及时进行分析即可。

1）流时分析。只要查看整理表中所有班次的载运动态，当始发人数最高和中途有超载情况而集中反映在某几个时刻的班车上，并与调查期内的动态基本一致时，则可认定这几个时刻的班车最适应流时，应考虑增班；相反，某几个时刻班车的始发人数最少，沿途上车的旅客也不多，而且与调查期内的动态基本一致时，则可认定这段时刻的班次应予调整。

2）流量流向分析。根据汇总数据，考虑某些站点因经常满载和超载，旅客为其他运输工具所吸收的因素，以及客流发展趋势，按一般规律确定增长系数而计算出下月计划数，填入"旅客运量计划综合表"。通过客流密度图编制客运班次计划表，再与原订班次表相对照，即可分析出新订班次对客流的适应程度和客班运行效果，提出客班调整意见。

对驻点观察法的汇总分析与以上方法基本相同，只是要先将观察表的流动人数（包括待运人数）填入"客运班车载客动态整理表"内，再进行汇总分析。

（4）进行客运运力运量平衡　可用简化的方法测算，即只要分别计算各线使用同类车型的班次所需要的正班车数及预测的专线客运、包车等车数，与本企业营运客车的车型、车数相比较，得出车数差额，然后采取平衡措施，确定正班班次和机动运力。需要车数的计算公式为

$$C = \frac{L}{\overline{L}_d \alpha_d} \tag{8-1}$$

式中　C——需要车数（辆）；

　　　L——日总行程（km）；

　　　$\overline{L}_d$——平均车日行程（km）；

　　　α_d——工作率（%）。

例8-2　某运输公司经营的 AI 线（包括 AJ、AK、AL、AM 等支线）线路示意图如图 8-3 所示。根据客源调查资料已经编制出的客运班次计划如表 8-8 所示。运输公司计划部门提供某 40 座客车的季度生产效率指标为：工作率 90%，平均车日行程 220km，实载率 92%，按表 8-8 确定 AI 正班车需要的车辆数和机动运力。

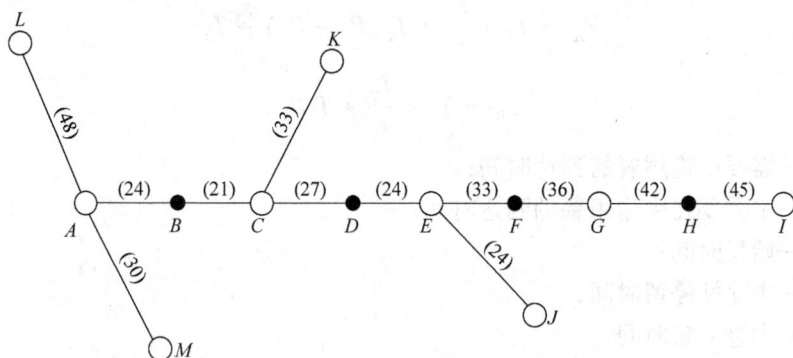

图 8-3　AI 线路营运里程示意图

表 8-8　AI 线客运班次计划表
年　　　月

线别	日均计划运量/人			计划周转量/(人·km)	安排班次计划						日总行程/km	每日需要运力/(客位·km)
	合计	下行	上行		起	止	运距/km	额定客位/座	每日对开班次			
					A	I	252	40	1		504	
					A	G	165	40	1		330	
A					A	J	120	40	1		240	
I					A	E	96	40	2		384	
线					A	K	78	40	3		468	
					A	C	45	40	3		270	
					A	L	48	40	2		192	
					A	M	30	40	1		180	
合计	1315	672	643	95572					16	2568	102720	

解 根据公司资料，客车为 40 座，工作率为 90%，平均车日行程 220km，则需要车数为

$$C = \frac{L}{L_d \alpha_d} = \frac{2568}{220 \times 0.9} 辆 \approx 13 \ 辆$$

另外，估计需要机动车 3 辆，共 16 辆。

（5）编制客班运行时刻简表　客班运行时刻简表是客运班次计划的初始方案，主要是拟订各班次的始发时间，沿途停靠站点，并预计到达时间，凭此衔接班次。

始发时间是以各站提出的建议时间为基础，经研究分析符合旅客流时要求，并查核各站一次发出的班次数与车位数相协调而拟订。预计到达时间是安排日运行计划时，研究两轮班次衔接间隔时间是否符合要求的必要资料，其计算依据是：

1）分线、分区段测定的平均技术速度。

2）中途停靠站上下旅客和装卸行包需要的时间。

3）途中用餐休息时间。一般在 11:00～13:00 的时间内安排午餐休息 1h。

预计到达时间可以按各停靠站分段计算，也可以全程一次计算。全程一次计算又有需在中途用餐和不需在中途用餐两种情况，其计算公式分别为

$$T_A = T_1 + \frac{L_2}{v_t} + T_2(P_1 - P_2) + T_3 \tag{8-2}$$

$$T_B = T_1 + \frac{L_2}{v_t} + T_2 P_1 \tag{8-3}$$

式中　T_A——需要中途用餐的到达时间；

　　　T_B——不需要在中途用餐的到达时间；

　　　T_1——始发时间；

　　　T_2——中途站停留时间；

　　　T_3——中途用餐时间；

　　　L_2——起讫站距离（km）；

　　　v_t——车辆技术速度（km/h）；

　　　P_1——沿途停靠站数（个）；

　　　P_2——中途用餐站数（个）。

例 8-3　接例 8-2，AI 线 101 次班车始发时间为 6:30，车辆行驶的技术速度为 36km/h，沿途停靠站点为 4 个，每站停留 10min，中途午餐休息 1h。求 AI 线 101 班次的到达时间。

解　101 班次的到达时间为

$$T_A = T_1 + \frac{L_2}{v_t} + T_2(P_1 - P_2) + T_3 = \left[6\frac{30}{60} + \frac{252}{36} + \frac{10}{60} \times (4-1) + 1\right]时 = 15 \ 时$$

即 101 班次的到达时间为 15:00。其余各班次均按以上公式计算，得出预计到达的时间如表 8-9 所示。

表 8-9　AI 线客班运行时刻简表

年　　月

班车路线			每日对开班数	下行			上行			营运方式	沿途停靠站点
起	止	运距/km		班次编号	始发时间	到达时间	班次编号	始发时间	到达时间		
A	I	252	1	101	6:30	15:00	102	6:30	15:00	直快	E, F, G, H

（续）

班车路线			每日对开班数	下行			上行			营运方式	沿途停靠站点
起	止	运距/km		班次编号	始发时间	到达时间	班次编号	始发时间	到达时间		
A	G	165	1	111	9:40	15:35	112	7:00	12:00	直快	E, F
A	J	120	1	121	7:00	10:50	122	12:00	15:50	普客	C, D, E
A	E	96	2	131 133	7:00 9:30	10:00 12:30	132 134	11:30 13:30	14:30 16:30	普客	C, D
A	K	78	3	141 143 145	7:00 10:30 14:00	9:30 13:00 16:30	142 144 146	7:00 10:30 14:00	9:30 13:00 16:30	普客	B, C
A	C	45	3	151 153 155	8:00 10:40 15:30	9:25 12:05 16:55	152 154 156	7:00 10:00 13:10	8:25 11:25 14:35	普客	B
A	L	48	2	161 163	6:30 13:30	7:50 14:50	162 164	8:20 15:20	9:40 16:40	普客	
A	M	30	3	171 173 175	6:30 13:10 15:10	7:20 14:00 16:00	172 174 176	6:30 7:50 14:30	7:20 8:40 15:20	普客	
合计			16	16							

（6）编制客车运行周期表　编制客车运行周期表是充分发挥车辆运行效率，搞好班次之间衔接的一个重要步骤，需要有一定技巧，主要应掌握以下要领：

1）不同的营运方式（如普通班车、长途直达班车、城乡公共汽车、旅游班车等），使用不同车型的班次，应分别编制运行周期。

2）同一天内两轮班次之间的衔接，一般要有 1h 左右的间隔时间，短途班车不得少于0.5h，以便有序组织旅客上车、装卸行包和驾驶员进行车辆技术检查与适当休息。

3）编制运行周期的重点是安排好日运行计划。编制日运行计划必须满足以下条件：

① 除一个工作车日不能到达终点站的长途直达班车外，其余班车必须在终点站停宿，使旅客当天能到达目的地。这样，既方便了旅客，又便于组织运行周期和调车维修或换班。

② 综合平均车日行程应略高于计划指标，才能完成和超额完成生产计划。

③ 各个日运行计划的工作时间要在 8h 左右，不宜过长或过短。

4）各班次的始发时间基本上要与拟订的客班运行时刻简表相一致（为便于安排日运行计划，这一条可在最后调整）。

要满足以上条件，可采取如下方法：

1）车日行程指标按日行程的班次多少分档确定。例如，长途直达班车（包括一天到达终点站的班次）的车日行程应高于计划指标 15% 以上；一天往返一趟或运行两个班次的车日行程应高于计划指标 10% ~ 15%；一天运行 3 ~ 4 个班次的车日行程应高于计划指标5% ~ 15%；短途多趟运行的车日行程可接近或略低于计划指标。如受班次运程的限制，也可灵活掌握。这样用车日行程一项条件来控制调节，既能保证完成生产计划，又可使各个日运行计划的工作时间基本相近，容易安排。

2）暂不考虑两轮班次的衔接时间，只计算车日行程达到分档指标，就可安排一个日运行计划。如车辆当天回到原始发站停宿，即是一个运行周期；如车辆在外地终点站停宿，次日即可逆向返回原始发站，两天组成一个周期；如外地某站是一个小区的中心，分支线汇集的班次较多，可以小区中心点为主组成周期。虽然各地营运线路的分布情况不同，但这一基本方法是比较适用的。运行周期的组织灵活多样，最好能拟订几种草案，以供选择采用。

3）考虑到班次有长有短，安排日运行计划时要采取先长后短、先易后难、循序渐进的方法。一般的安排顺序是先长途，次往复和环行，再次短套班，然后将剩余的短途班次组织多趟运行，并应使各个班次的车日行程大体相等，各单车均衡地完成生产任务。

按照以上方法，组成 *AI* 线的客车运行周期表见表 8-10。

表 8-10 *AI* 线客车运行周期表

周期编号	日运行计划编号	班次	运行路线及开到时间	车日行程/km
一	1	101	6:30 开　　　　　　　　15:00 到 *A* ——————— *I*	252
	2	102	6:30 开　　　　　　　　15:00 到 *I* ——————— *A*	252
二	3	121 122	10:50 到　　15:50 到 7:00 开　　12:00 开 *A* ——————— *J* ——————— *A*	240
三	4	141 144 145	9:30 到　13:00 到　16:30 到 7:00 开　10:30 开　14:00 开 *A* ——— *K* ——— *A* ——— *K*	234
	5	142 143 146	9:30 到　13:00 到　16:30 到 7:00 开　10:30 开　14:00 开 *K* ——— *A* ——— *K* ——— *A*	234
四	6	171 174 111	7:20 到　8:40 到　15:35 到 6:30 开　7:50 开　9:40 开 *A* ——— *M* ——— *A* ——— *G*	225
	7	112 173 176	12:00 到　14:00 到　15:20 到 7:00 开　13:10 开　14:30 开 *G* ——— *A* ——— *M* ——— *A*	225
五	8	131 132 155	10:00 到　14:30 到　16:55 到 7:00 开　11:30 开　15:30 开 *A* ——— *E* ——— *A* ——— *C*	237
	9	152 133 134	8:25 到　12:30 到　16:30 到 7:00 开　9:30 开　13:30 开 *C* ——— *A* ——— *E* ——— *A*	237
六	10	161 162 153 156 175	7:50 到　9:40 到　12:05 到　14:35 到　16:00 到 6:30 开　8:20 开　10:40 开　13:10 开　15:10 开 *A* ——— *L* ——— *A* ——— *C* ——— *A* ——— *M*	216
	11	172 151 154 163 164	7:20 到　9:25 到　11:25 到　14:50 到　16:40 到 6:30 开　8:00 开　10:00 开　13:30 开　15:20 开 *M* ——— *A* ——— *C* ——— *A* ——— *L* ——— *A*	216
合计	11	32		2568

　　表 8-10 中各班次的衔接时间可进行适当调整，对同一起讫点开行多班次的班线，要选择其中衔接时间较好的班次填列。在不影响旅客流时规律的情况下，可将班次的始发时间适当提前或移后。客车运行周期表可作为模板保存，以备编制客车运行作业计划时用。

　　表 8-10 中"日运行计划编号"又称"车辆运行路牌"或"循环序号"，是指一辆客车在一天内的具体任务，运行指定的一个或几个班次。一般一个运行线路相同的运行任务编为同一个编号。编号按顺序排列，便于循环。有了日运行计划编号，才能进一步编制单车运行作业计划和进行车辆调度。

　　编制客车运行周期表须满足以下条件：

　　1）保证全部客运班次均有车辆参运。

　　2）充分发挥每辆客车的运输效率，使它们的各项效率指标尽可能相近。

　　3）循环周期不宜过长，以便安排车辆的保修作业以及驾、乘人员的食宿和公休。

　　4）确保行车安全、正点。

二、客车运行作业计划的编制

　　客车运行作业计划，是将客运生产任务具体落实到单车的日历计划。换言之，客车运行作业计划是单车运行作业计划的总表。由于客运以班车为主要营运方式，其班期班次固定，而且必须保证正点开行，所以客车运行作业计划一般按月度编制。

　　客运调度室应依据日运行计划编号、车辆状况及其运用情况（车辆型号、技术性能、额定座位、完好率、工作率、平均车日行程、实载率、车客位产量等），预计保留一定数量的机动车辆，以备加班、包车及其他临时用车，经统筹安排、综合平衡后，编制各单车运行作业计划。

　　编制客车运行作业计划表，首先要确定客车运行方式。客车运行的方式主要有：大循环、小循环与定车定线等三种形式。

　　（1）大循环运行　是指将全部计划编号统一编成一个周期，全部车辆按确定的顺序循环始终的运行方式。这种循环方式适用于各条线路道路条件相近、车型基本相同的情况。其优点是每辆客车的任务安排基本相同，车日行程接近，驾驶员的工作量比较平均；缺点是循环周期长，驾、乘人员频繁更换运行线路，不利于掌握客流及道路变化等情况，影响客运服务效果，而且一旦某局部计划被打乱，会影响整个计划的进行。

　　（2）小循环运行　是指把全部计划编号分成几个循环周期，将车辆划分为几个小组分别循环的运行方式。这种循环方式一般在营运区域内各条线路的道路条件、车型等情况不同时采用。这种循环的优点是有利于驾、乘人员了解和掌握运行范围的线路和客流变化等情况，有利于安全运行和提高服务质量；缺点是有时客车运用效率不如大循环。

　　（3）定车定线运行　是指将某一车型固定于某条线路运行的方式，一般在营运区域内道路条件复杂或拥有较多车型时采用，或在多班次班线时采用。其优点是有利于驾、乘人员较详细地了解、掌握运行线路客流变化等情况，有利于搞好优质服务；缺点是客车不能套班使用，对提高车辆运用效率有一定影响。

　　不论采取何种编制方式，都应以二保日期的先后次序为基准，把各车的保修日排成梯形表，而不宜按车号顺序编排。对当月不进二保而只需一保的车辆排在最前面，需要三保和大修的车辆排在最后面。梯形表排好后，先安排上月底在外地夜宿车辆的回程任务，这时必定有一部分车辆不能从月度开始时即按新定任务安排，需要作适当的调整。

计划编好后，还要逐日检查日运行计划有无漏号和重号。经复核无误后，方可据此编制月度客车运行效率计划综合表。

现以 *AI* 线所有班次为例，采取定线运行和大循环运行两种方式进行编制。按以上方法编制的客车运行作业计划表见表 8-11 和表 8-12。

表 8-11　*AI* 线客车运行作业计划表（定线）

车辆动态	车号	任务号／日期／座位数	1	2	3	4	5	6	7	8	9	10	11	12	13	14	15	…	31	工作车日	车月行程
A	006	40	二保	1	2	1	2	1	2	1	2	1	2	1	2	1	2	…			
A	003	40		二保	1	2	1	2	1	2	1	2	1	2	1	2	1	…			
A	007	40	3	3	二保	3	3	3	3	3	3	3	3	3	3	3	3	…			
A	001	40		4	5	二保	4	5	4	5	4	5	4	5	4	5	4	…			
A	005	40	4	5	4	5	二保	4	5	4	5	4	5	4	5	4	5	…			
M	009	40	11	6	7	6	7	二保	6	7	6	7	6	7	6	7	6	…			
A	002	40	6	7	6	7	6	7	二保	6	7	6	7	6	7	6	7	…			
C	011	40	9	8	9	8	9	8	9	二保	8	9	8	9	8	9	8	…			
A	004	40	8	9	8	9	8	9	8	9	二保	8	9	8	9	8	9	…			
G	012	40	7	10	11	10	11	10	11	10	11	二保	10	11	10	11	10	…			
A	008	40	10	11	10	11	10	11	10	11	10	11	二保	10	11	10	11	…			
K	010	40	5		3	4	5	6	7	8	9	10	11	二保				…			
A	014	40	1	2					机　　动												
A	015	40							机　　动												
I	013	40		2					机　　动												
A	016	40							机　　动												

注：1. 车辆动态表示上月底留宿的地点。

　　2. 空格为机动车日。

　　3. 任务号为日运行计划编号。

表 8-12　*AI* 线客车运行作业计划表（大循环运行）

车辆动态	车号	座位数	1	2	3	4	5	6	7	8	9	10	11	12	13	14	15	16	…	31	工作车日	车月行程
A	006	40	二保	1	2	3	4	5	6	7	8	9	10	11					…			
A	003	40		二保	1	2	3	4	5	6	7	8	9	10	11				…			
A	007	40			二保	1	2	3	4	5	6	7	8	9	10	11			…			
A	001	40				二保	1	2	3	4	5	6	7	8	9	10	11		…			
A	005	40					二保	1	2	3	4	5	6	7	8	9	10	11	…			
M	009	40	11					二保	1	2	3	4	5	6	7	8	9	10	…			
A	002	40	10	11					二保	1	2	3	4	5	6	7	8	9	…			
C	011	40	9	10	11					二保	1	2	3	4	5	6	7	8	…			
A	004	40	8	9	10	11					二保	1	2	3	4	5	6	7	…			
G	012	40	7	8	9	10	11					二保	1	2	3	4	5	6	…			
A	008	40	6	7	8	9	10	11					二保	1	2	3	4	5	…			
K	010	40	5	6	7	8	9	10	11					二保	1	2	3	4	…			
A	014	40	4	5	6	7	8	9	10	11					二保	1	2	3	…			
A	015	40	3	4	5	6	7	8	9	10	11					二保	1	2	…			
I	013	40	2	3	4	5	6	7	8	9	10	11					二保	1	…			
A	016	40	1	2	3	4	5	6	7	8	9	10	11					二保	…			

注：1. 车辆动态表示上月底留宿的地点。

　　2. 空格为机动车日。

　　3. 任务号为日运行计划编号。

编好客车运行作业计划表后，应将单车完好率、工作率、车日行程等指标分车型汇总，与企业下达的生产计划指标相比较，如低于计划指标，对运行计划应作适当调整，然后正式填制"月度客车运行效率计划综合表"（表 8-13），与客车运行作业计划表一起送有关科室复核后转送企业领导审阅。

表 8-13　月度客车运行效率计划综合表

队别	车型	车别	营运车数	编制计划车数	编制计划		完成率		工作率		车日行程		说　明
					车日	占营运车日率(%)	运行计划	比计划高(＋)低(－)	运行计划	比计划高(＋)低(－)	运行计划	比计划高(＋)低(－)	
	合　计												
备注													

三、客车运行调度

调度工作是企业生产管理活动中一个非常重要的环节，其中最为核心的部分就是车辆的调度工作。它不仅以车辆运行为中心，而且通过科学的运行作业计划，将企业内部各职能科室、车队、车站、车间等基层生产单位连结成一个有机的整体，同时保持与企业外港口、火车站、飞机场相衔接和配合。

车辆运行调度工作的任务是：通过汽车运输企业建立的各级调度机构，及时而全面地了解运输生产进程，并不间断地组织、指挥和监督检查，正确处理生产中出现的各种矛盾，使各个生产环节和作业能协调地工作，在确保运输质量的前提下，争取完成和超额完成运输任务。具体地说，客运调度工作是通过运行作业计划和调度命令，对营运客车进行安排和管理。通过调度工作，可使客车在统一组织指挥下，按照一定的要求有序运行，把旅客安全、及时地运达目的地。因此，它是行车现场组织工作的基本内容和整个生产活动的中心环节。

1．调度机构

调度机构是运输活动的指挥中心。目前，运输企业中的客运调度室（或类似机构）是代表企业执行指挥职能的机构。各地都实行集中领导，统一指挥，分级管理，逐级负责。各级调度室有权在计划和职责范围内调度客车运行，特殊情况时，还可采取紧急措施，实行计划外调度。驾驶员、乘务员对调度命令必须严格执行，即使有不同意见，在调度未作出更改之前，仍应执行调度命令，以确保运行组织工作顺利进行。

现阶段我国各地一般仍为三级调度，省（自治区、直辖市）运输（客运）公司总调度室或客运（业务）科为一级调度机构，地区级运输（客运）公司调度室或客运（业务）科为二级调度机构，客运车站（含客、货兼营站）及县级运输（客运）公司调度室（股）为三级调度机构。

2. 客运车辆调度工作的内容

调度工作的重要性，客观上要求必须建立和健全以调度工作为中心的生产指挥系统，明确其承担的主要任务，具体包括：

1）贯彻执行党和国家的方针、政策、法令以及有关交通运输的各项规定。

2）参与班次时刻表和客车运行作业计划的编制，以便能事先对运行作业计划有所了解，组织客车按计划运行。同时，将以前在计划实施、监督和检查过程中总结的经验教训用于指导运行计划的编制，从而使所编定的计划既切实可行，又能最大限度地提高客车的运用效率。

3）做好运力和运量的平衡工作。该项任务要以保证运输任务的圆满完成为出发点，按照上级下达的旅客运输计划，根据车辆运行动态和技术状况，科学合理地调配车辆，预备足够的运力，安排好旅客运输工作，指挥客车有条不紊地运行，并随时监督和检查客运服务活动，及时处理发现的各种问题。

4）根据旅客流量、流向、流时的变化及道路情况，及时组织人员，调整运力，实现合理运输。在调度工作中，要注意长短途、干支线班车的相互配合以及公路客运与其他客运方式的紧密衔接。

5）深入调查研究。通过调查，掌握旅客对公路旅客运输的要求，全面了解各条公路上的道路、桥梁、涵洞、隧道、渡口等的通过能力及使用情况、营运区域内的气象资料。明确有关情况后，对不合适的计划进行适当调整，对发现的问题，必要时修改运行作业计划，以减少客车运行的盲目性及由此而造成的浪费现象。

6）按照上级主管部门的要求，积极参加当地临时性、紧急性的客运工作，完成节假日、抢险救灾等方面的旅客运输任务。

7）认真执行客车保修计划，保证客车严格按计划进行保养、修理，不因调度工作失误而使客车脱保失修，影响车辆技术状况，以致埋下事故隐患。

8）加强对客车活动的指挥，建立健全客运调度值班制度。同时，加强劳动组织工作，运用行为科学理论来指导生产，充分调动广大职工的积极性和创造性。

9）检查运输生产前的各项准备工作，协助和配合有关部门正常、有序、高效地工作。检查车辆运行作业计划的执行情况，发现问题及时处理，努力缩短运输生产中断时间，保证运输生产的顺利运行。

10）搞好资料积累和整理工作，确保客车运行的记录资料种类完备、数字准确。

3. 行车路单

行车路单是记录驾驶员驾驶客车所要担任的班次任务，详细记载和反映客车运输量（含旅客及行包）和燃、润料消耗、行驶里程等方面情况的单据，是计算客运各项技术经济指标的原始记录，是考核客车运输效率、进行经济核算、做好计划管理工作的重要依据。

行车路单的使用，是加强调度工作和搞好客车运行组织的有力手段。因此，加强行车路单管理对提高运输企业管理水平具有重要意义。行车路单的内容、格式，通常由各省（自治区、直辖市）运输（客运）公司或运输管理局统一颁发，主要的形式有矩形和梯形两种，其中又可分定线和通用两个类型。通用式由起运站和中途站填写到达站名；而定线式则按线路将各站名称一次印好，以便使用时减少填写到达站名的工作量。

行车路单是在班车执行任务时由调度人员签发作为派车依据，也是所发出的行车命令。

严禁营运客车无行车路单进行班次营运。行车路单式样样例见表 8-14 和表 8-15。

表 8-14 行车路单式样样例（正面）

车号		座位		××公司客运行车路单 编号				车次		应发时间		实发时间	
驾驶员		乘务员						晚点原因					
时间		起站	止站	里程/km	运送旅客/人	运送行包/(kg·件⁻¹)	业务员签章	时间		起站	止站	里程/km	运送旅客/人	运送行包/(kg·件⁻¹)	业务员签章
月	日							月	日						

表 8-15 行车路单式样样例（背面）

	日期		发油地点	发油及存量结算/L			经办人签章		日期		车站名称	开 到 时 间		业务员签章
	月	日		汽油	柴油	机油			月	日		时	分	
行车燃料、润料记录								沿线站点报到情况				开		
												开到		
												开到		
												开到		
												开到		
												开到		
												开到		
												开到		
												开到		
												到		
合计	行程合计		人	人·km		t	t·km	汽油实耗/L		柴油实耗/L		机油实耗/L		备注

在完成一趟往返任务后，客车行车路单应立即收结，不得连续使用。

第四节　稽查工作管理

一、组织机构和工作范围

地、州（市）级运输公司及一、二级车站，均应设置稽查职能机构，配备必要的稽查人员，由单位领导分管这项工作。根据二级管理原则，应在辖区范围内开展客货运输稽查活动，及时处理和研究运输稽查中存在的问题及改进措施。

稽查人员应选那些工作认真负责、坚持原则、作风正派、熟悉汽车运输业务、敢同不良倾向作斗争的人员担任。稽查人员应报经上级主管公司审定，发给证件。

公司所属的车站和车辆工作人员，必须接受并配合稽查人员执行稽查任务。

稽查工作的主要内容有：

1）检查客、货运输规章制度及运行执行情况。

2）票据的管理、使用和营收报结情况。

3）站务组织，行车管理，站、车秩序，安全，卫生，宣传等情况。

4）站务人员，驾、乘人员的服务工作质量。

5）纠正无票乘车、私运旅客、贪污舞弊等违章、违纪、违法行为。

二、稽查工作的方法与纪律

稽查工作的有效方法及有关纪律包括：

1）可采取"定期与不定期"、"定点与流动"检查等形式，必要时可组织全省范围内的联合大检查或分片、分区的互查。

2）一、二级车站应经常组织稽查人员上路、上车、下站开展稽查工作，但必须有两名以上的稽查人员，佩戴稽查工作证，共同执行任务。

3）稽查人员应模范执行运输法规。从维护法纪、改进工作出发，态度和蔼，实事求是地处理问题，不得假公济私或变相进行私人报复。

4）发现问题，应认真填写稽查记录。对违反公路运输规章的单位和个人，视情节轻重有权对其进行批评教育，建议有关部门给予处理；对无票或持无效客票乘车的旅客，有权责成服务员、乘务员办理补票、罚款手续；对拒绝检查、态度蛮横、无理取闹、一再说服无效及严重违纪案件，稽查人员有权暂扣车辆、路签和票据，当面出具处置收据，并立即用电话报请上级处理。

5）每次稽查工作结束后要有报告，内容包括时间、地点、任务、参加成员、发现的问题及处理情况和意见等。报告一般一式三份，一份稽查单位存查，一份送被查单位，一份报主管运输公司。

6）各级稽查部门应认真处理信访工作，并定期召开稽查工作会议，交流、总结经验，表彰先进，不断改进稽查工作。

第五节　公路快速客运系统

一、公路快速客运的内涵及基本特征

依托于高速公路建立起来的客运系统，称之为公路快速客运系统。但高速公路要占全线多大的比重才称之为快速客运，仍缺乏一个量的界限。从理论上说，应当以在正常的条件下运送速度及服务水平不低于一定标准界限来定义公路快速客运。关于公路快速客运运送速度的最低标准，一般认为是 70km/h。

以生产力水平提高为根本的推动因素，整个公路运输系统的运作能力及对其相应的要求提高，使公路快速运输有别于传统运输，由此而延伸出公路快速客运的基本特征：

（1）客流量大并具备高密度发车的前提条件　营运速度是指乘客从进站候车直到抵达终点站所花费的时间与距离的比值。如果候车时间过长，不论运行速度多快，都将很难保证运送速度的提高。因此，公路快速客运在乘客出行时段首先要求要有一定的发车密度。显然，没有一定的客流量，就不可能开展真正的快速客运。

（2）具备良好的道路通行条件　要使客车的运送速度达到一定的限度，就要求运行全程有良好的道路通行条件。若按运送速度 70km/h 为低限，在一般情况下，全程绝大部分道路都应是高速公路或车辆平均运送速度能达到 80km/h、90km/h 以上的道路。

（3）运输工具高速化与高档化　要使平均运送速度达到 70km/h，在运输途中车辆运行技术速度一般要达到 100km/h 左右，只有高速客车才能具备这种能力。高速客车整体配置都比较高，属于高档客车。

（4）优质的运送服务　与一般公路客运相比，公路快速客运投入和消耗都比较高，按照市场经济的基本规则，运价亦必然高。从消费者的角度来看，他们必然要求要有与价位相称的运送服务。因此，公路快速客运的优质服务不是需不需要的问题，而是由其经济特征延伸出来的必备的品质特征。

综上所述，公路快速客运不只是速度提高了的一般公路客运，而是由其技术经济特征所决定的具有专门品质特征的运输"升级产品"。

二、我国公路快速客运发展的基本情况

20 世纪 80 年代末，我国高速公路实现零的突破。1990 年成规模的第一条高速公路沈大线建成通车，投入了一批进口的伊卡路斯大客车从事客运。这批车的档次及价位都远远高于当时公路客运普遍使用的客车，并配以较好的服务，对平行的沈大铁路客运产生了较强的冲击。在沈大路客运市场的启发下，广深高速公路建成前夕，参与该路客运的竞争明显比沈大线激烈，要求进入市场的投资及经营者远远超过市场的承受能力。获准进入的经营者投入车辆的档次远远高于沈大线，有的单车价位在 250 万元以上，服务措施也比较多。由于广深线连接我国经济发达区，初期经营者获利颇丰，使高速公路客运市场进一步升温。

1995 年，成渝公路建成通车。它与铁路相比，在里程上具有绝对优势。高速公路客运市场竞争进入白热化程度。政府主管部门对此几乎难以有效地调控。获得经营资格的业主，在投入车辆的档次、服务方式、价格等方面展开竞争。高速公路客运已经成为我国公路运输

业发展的热点。

　　高速公路客运有其自身的规律，它对经营组织与管理模式有特殊的要求。在沪宁高速公路建成投入营运之前，为了避免重复以往高速公路客运发展的怪圈："火爆——下滑（客源减少）——陷入困境"，开始探讨研究高速公路客运发展的深层问题，认识到要规模化、集约化经营，才能体现公路快速客运的技术经济优势。

　　1996 年，沪宁高速公路建成通车。此前，各条高速公路客运经营、组织与管理的共同特点是：把一般公路上形成的客运模式直接引入高速公路客运，可以说是传统模式向高速公路客运的延伸。而沪宁高速公路客运则采用一种新的经营、组织与管理模式，对原有高速公路客运市场进行了调整，通过有效的宏观调控和集约化、规范化经营，在与沪宁铁路的激烈竞争中进入了高投入、高产出的良性循环。自此以后，湖北、浙江、黑龙江、河北、广西、江西、福建、河南、安徽等一批省区陆续建成高速公路并投入营运，在发展客运方面都借鉴了沪宁模式，结合本地的具体情况加以改造，形成各具特色的高速公路客运市场，公路快速客运进入稳定发展阶段。

　　随着我国高速公路总量增加并逐步实现联网，在部分省域内初步形成了以高速公路为主骨架的公路网，使公路快速客运具有大幅度发展的空间。2004 年，我国新增公路通车里程为 4.6 万 km，总通车里程达 185.6 万 km；高速公路新增里程 4400km，总通车里程已超过 3.4 万 km，继续保持世界第二。另外，根据交通部最新公布的《国家高速公路网规划》，从 2005 年起到 2030 年，国家将斥资两万亿元，新建 5.1 万 km 高速公路，使我国高速公路里程达到 8.5 万 km。

　　公路快速客运的蓬勃发展，不仅受到了交通主管部门和运输企业的重视，也受到广大旅客的欢迎，极大地提高了道路客运在综合运输体系中的竞争力，并且创造了一批如快鹿、捷龙、龙运、虎跃、新干线、河北快客等服务精品。

　　从已投入使用的各条高速公路的客运来看，公路快速客运的基本模式大致可分为以下三类。

1．传统模式

　　一般公路客运经营企业直接参与高速公路客运。我国一般公路客运企业的营运车辆，在经营方式上一般都是承包或租赁，基本上是一辆车一个经营主体，企业掌握的经营权限并不完整。这种模式的企业参与高速公路客运并未摆脱一般道路的运输条件下形成的"单兵作战"的特点。

2．自由模式

　　这种模式产生于高速公路客运经营权公开拍卖的条件下，投资者通过竞争获得高速公路客运经营班次的权力，自购车辆，在规定班次、规定运价的约束下，自行组织高速公路客运经营活动。投资者及经营主体大都以企业的形式出现，经营规模大小差异很大，营运车辆数从一辆、几辆到几十辆；经营主体有国有企业、集体企业以及合资企业等不同类型。

3．集约化经营模式

　　这一模式最显著的特征是按照高速公路客运的基本要求，专门组建具有一定规模且实行集约化经营的企业。这些企业在某一高速公路客运市场中起主导作用。

三、公路快速客运的系统结构

　　与一般公路客运系统相比，公路快速客运系统具有鲜明的特殊性，主要表现在两个方面：其一是对相关系统素质的要求不同，它们必须与快速、优质、高投入、快回收的特征相适应；其二是存在一些公路快速客运特有的系统要素。

1．发达的售票系统

公路快速客运与一般公路客运相比，实载率对效益的影响远远大于后者，必须通过发达的售票系统、良好的售票服务、完善的客票体系来尽可能提高上座率。

2．便利的疏导系统

公路客运的优势之一是"门到门"运输，乘客关心的是整个出行（"门到门"）的时效。要提高这一时效，公路快速客运不仅要提高途中运送速度，而且还必须在两端具备良好的疏导系统，应从站点选择和专设疏导系统两方面来考虑。

3．标准、规范的"软"服务体系

从过程来看，软服务包括候车服务、上车服务、途中服务、下车出站服务等环节。要做到优质运送服务，必须建立标准、规范的服务制度，避免服务过程的随意性或因人、因时而异的服务。

4．公路快速客运系统其他要素的配置

（1）站场配置　总体原则是小候车室、大停车场、足够的发车位，不得已时可考虑分设停车场。既要满足快速客运的需要，又要尽可能节约站场投资。

（2）运力配置　要根据客流的特征选择车型及其档次。运力投放时，应正确处理规模与效益的关系，切忌盲目追求规模。

（3）投资配置　公路快速客运是公路运输行业新的经济增长点，存在着巨大的获利潜力。在投资配置上，应将发展公路快速客运与搞活国有大中型汽车运输企业结合起来，适当吸收其他投资主体，实现投资主体多元化。

（4）经营主体配置　公路快速客运是一个特殊的经营市场，既要维持市场经济的基本特征——竞争发展，又要尽可能避免由于经营主体过多而在利益驱动下破坏必要的发展秩序。因此，在一个相对独立的公路快速客运市场中，经营主体不宜过多。政府对此应保持必要的干预控制力，强化对这一领域的管理。在配置经营主体时，应把握两个基本点：一是适度竞争；二是经营主体的规模与效率。

（5）管理系统配置　这一方面主要涉及运输市场管理的政策及措施、路政管理、安全管理、通信系统、沿线服务系统（维修、加油、途中休息等），还应特别重视塑造公路快速客运的文化特征。

四、建立公路快速客运经营组织的根本原则

经营组织属于生产关系的范畴，必须与生产力相适应，这是最根本的原则。公路快速客运，是以公路运输先进的生产力水平为基础发展的，它对客运经营组织及由此决定的管理方式必然不同于生产力水平相对较低的一般公路运输。从理论上分析，实现规模化、集约化经营，应作为建立公路快速客运经营组织的基本指导原则。

规模化、集约化经营是社会发展的基本趋势。因此，对于任何一个产业领域来说，不存在应不应该实现规模化、集约化经营的问题，而是该产业领域的生产力水平是否达到了应有的要求。对此应有明确的认识。

另外，公路快速客运的经营组织还要求有序化。快速，要求必须有序，有序才可能安

全，才能出效益。

有序主要包括：车辆配置及管理有序，旅客运送组织有序，司乘人员的选择、培训、管理有序，经济有序等。

复习思考题

8-1 公路汽车客运站的功能是什么？如何分类和分级？

8-2 公路客运班车怎样分类和选型？

8-3 公路客运车站有哪些站务作业？简述其操作要点。

8-4 公路客运车辆乘务工作有哪几种组织形式？各有何优、缺点？

8-5 编制公路客运班次计划应遵循什么原则？

8-6 试述客运班次计划的编制程序。

8-7 如何编制客车运行作业计划？

8-8 客车运行方式有哪几种？各有何特点？

8-9 简述客运车辆调度工作的基本内容。

8-10 什么是行车路单？行车路单有何作用？

8-11 公路快速客运有哪些基本特征？建立公路快速客运经营组织的根本原则是什么？

第九章 城市公交客运组织

城市公共交通是城市建设的重要组成部分，也是衡量城市经济发展程度和城市现代化建设的重要标志。合理组织城市公交客运，对于人们安全、迅速地乘车，吸引人们乘坐公共交通工具，引导自备车辆的发展，促进交通畅通，减少交通事故，发挥城市功能等，都具有重要的作用。

第一节 城市公交客运概述

城市客运主要由公共交通客运、单位客运、私人自运三部分组成，其中公共交通客运是城市客运的主体。城市公共交通客运的基本任务是：以营运服务为中心，组织城市公共交通客运方式，为乘客提供安全、迅速、方便、准点、舒适、经济的运输服务，满足城市社会经济发展及公众出行的需要。与单位客运和私人自运比较，公共交通客运有以下几方面特点：

1）面向社会公众服务，具有准公费服务特性和社会效益。

2）运载工具时间利用率高，运力浪费较少。

3）公共交通客运工具载客能力大，完成单位旅客周转量所消耗的能源少，排放的废气也少。

4）单位运输成本低，运价便宜。

5）完成单位客运量占用的道路空间少，有利于减少机动车交通量，缓解城市交通拥挤。

6）节省土地资源。

国内、外城市客运成功的经验充分证明，为了提高城市客运的整体效益，保证城市交通高效、有序、充分合理地使用城市有限的道路空间和土地资源，城市客运必须坚持以公共交通为主，私人交通和非专业客运为辅的原则。尽管在工业发达国家中私人小汽车数量很多，但各城市在政策上和交通管理措施上都积极扶植公共交通客运，以改善城市的交通状况。

一、城市公交客运方式及选择

城市公共交通客运方式主要有公共汽车、无轨电车、有轨电车、轻轨电车、出租汽车、地铁、市郊铁路等。

1. 公共汽车

公共汽车是大、中城市的主要公共客运方式，在特大城市也可以在干线上与地铁、电车平行行驶，以增加线路重复系数和线路网密度，其单向运送能力为 $800 \sim 2000$ 人次/h，平均运送速度为 $16 \sim 25km/h$，具有机动性好、原始投资比较少、可以迅速开辟新线路或改变已有线路、运输组织比较灵活等优点；其主要缺点是能耗大、对环境的污染也较大。

目前，一些工业发达国家在推进公共汽车交通上作了很大努力，采取了不少有力的措施。车型设计方面，在研制大容量、高性能、低污染、舒适方便大型公共汽车的同时，生产了各种微型、小型公共汽车，以增加使用上的灵活性和经济性；在交通管理方面，设置了公共汽车专用道路或专用车道等，实行公共汽车优先放行的交通政策。此外，为了吸引更多的乘客，还对票价进行了修订。

2．无轨电车

无轨电车具有起动平稳、速度较快、运量适中等特点，在城市主要干线上可以代替有轨电车，适用于特大及大、中城市单向最大客流量为10000～15000人次/h的线路运输。与地铁和有轨电车比较，无轨电车还具有投资省、技术成熟、机动性好的优点。但是，无轨电车所需的架空线和两根集电杆，给城市的空间利用带来了一定影响，同时影响城市美观，而且一旦发生脱线故障，还会引起城市交通阻塞。为了消除这一缺陷，有些国家开发并已试行了双动力源车辆，它具有除集电杆外的另一个集电系统（蓄电池或柴油机驱动），增加了机动性，具有一定的实用意义。

3．有轨电车和轻轨电车

有轨电车具有行驶平顺性好、运行可靠、污染较小、运量适中等特点，适用于大城市单向客流量为6000～12000人次/h的线路运输，也适用于特大城市地铁或轻轨运输线路的延续线。有轨电车一度得到了蓬勃发展，对于一些国家城市的形成和发展起到重要作用，曾掀起了一场城市公共交通的革命。但也存在着机动性差、行驶速度低、噪声较大等缺点，使得有轨电车一度由盛变衰。随着近年来具有低噪、低振、高速、节能等特点的轻轨电车的开发及应用，以轻轨电车为代表的有轨电车又成为一种很有发展前途的现代化城市交通工具。轻轨交通与传统的有轨电车相比，具有容量较大、速度快、乘坐舒适、运行经济等优点，是大、中城市解决城市交通问题的有效途径之一。

4．地下铁道

地下铁道具有容量大、速度快、安全、准点、污染少、可不占用城市土地或少占用城市土地等优点，且有一定的战备意义，因而在城市公共交通系统中得到了逐步的发展，适用于特大和大城市主要干线及近郊大型工矿企业与大的居民点间单向客流量为15000～60000人次/h的线路运输。目前，城市规模越来越大，世界人口城市化倾向越来越严重，导致城市拥挤，客运量急剧上升，因此，地铁交通在城市公共交通中的地位也变得更为显著。但是，地下铁道初始投资额高，工程量大，施工期长，加之地铁交通网密度低，故它不可能独立承担客运任务，必须有其他客运方式为其集散旅客。

5．出租汽车

现代化城市应有一个多元的城市公共交通系统，才能适应居民出行日益增加的需要。出租汽车作为一种较高层次的服务方式，在城市公共客运交通中起着辅助作用。它与基本公共交通相辅相成，构成一个更加完善的客运体系。出租汽车可以由各种不同的车型，根据租用者在时间和空间上的不同需要，提供灵活的客运服务。它是城市公共交通系统中，惟一能为乘客提供"门到门"服务的一种形式。但是，鉴于出租汽车流动运行的特性以及完成单位运量所占用的道路时空资源大、能耗高、废气污染严重等缺点，出租汽车应有控制地发展。

6．市郊铁路

市郊铁路是连接城市与郊区，或连结中心城市与卫星城镇的铁路。市郊铁路往往是干线铁路的一部分，因此它具有干线铁路的技术特征，如通常采用重型轨道、站间距较长以及市郊旅客列车与干线旅客列车和货物列车混跑等。

7．单轨铁路

单轨铁路是借助于橡胶轮胎或钢制车轮在单根轨道横梁上行驶的城市客运交通系统。单轨的线路采用高架结构，按构造形式不同可分为跨骑式与悬挂式两种，跨骑式是列车跨坐在高架轨道上运行，车辆的走行部在车体的下部；而悬挂式则是列车悬吊在高架轨道下运行，车辆的走行部在车体的上部。

8．自动导向交通

自动导向交通是指新交通系统中的那些利用导轨导向和自动控制运行的新型轨道交通类型。自动导向交通线路大多采用高架结构，轨道通常为混凝土整体道床，在轨道的中央或两侧矮墙上安装导向轨；车辆通常采用轻小型和橡胶轮胎，实现无人驾驶。在一些技术文献资料中，自动导向交通也被称为新交通系统。

二、城市公交客运的营运方式

城市公共交通客运的营运方式主要有：

（1）定线定站式　这是一种营业线路固定，乘客上、下车地点固定，在客流比较稳定的线路上服务的营运方式。这种方式通常采用载客量较大的车辆，票价相对便宜，是国内、外城市公共汽车的主要营运方式。

（2）不定线不定站式　主要指出租汽车运输，其营运线路与乘客上、下车地点均不固定，是一种可以满足乘客"门到门"运输服务需求的营运方式。这种营运方式的乘车舒适性、快速性及方便性最好，但完成单位运量的运输成本较高。

（3）定线不定站式　主要指在城市客运支线上组织的一种小型客运形式，其线路固定，但乘客上、下车地点不固定，一般采用小型客运车辆（如面包车等）。这种营运方式的乘车舒适性、快速性及方便性介于前两种营运方式之间。

三、无人售票的运作方式和实施条件

无人售票是以投币箱或验票（卡）机代替人工服务的一种乘行售验票方式。推行无人售票是实现城市公共客运服务（半）自动化的重要措施，也是深化城市公共客运改革、改善人车比例、提高资本技术构成和降低运输成本的出路之一。

（一）无人售票的运作方式

无人售票的运作方式，通常可有以下两种分类方法。

1．按乘客购票投币监督形式分类

（1）标准型无人售票　采用后置式发动机的无人售票专用公共汽车，实行前门上车、后门下车的乘车规则，在客车前门处设置乘客投币箱［或验票（卡）机］，由司机监督投币（验卡），车上装设（半）自动报站器。

（2）准无人售票　仍采用人工售票的原公共汽车车型结构，设专职监督员监督乘客投币（验卡），即对单机式公共汽车，实行前门上车、后门下车的乘车规则，在前门处装置投币箱［或验票（卡）机］，设一监督员监督乘客投币（验卡）；对通道式公共汽车，可实行前、后门上车，中门下车，在前、后门分别装置投币箱［验票（卡）机］，各设一监督员或在前门由司机兼任监督员，监督投币（验卡）和控制开关车门。

2．按车上售验票自动化程度分类

（1）投币式无人售票 即在车上装置机械式投币箱，由乘客自觉向投币箱投入货币（纸币或硬币）或代用币（塑料或双金属制品），票务结算采用人工或计算机辅助进行。

（2）卡式无人售票 即在车上采用一种自动收费卡代替现钞收费的一种车上无人售票形式。自动收费卡可有磁卡、接触式 IC 卡及非接触式 IC 卡等类型，乘客可预先在城市公共汽（电）车公司售卡站点购买具有一定储值额的收费卡，乘车时在车上通过插入或感应方式在验卡（票）机上自动验交当次乘车费用（即从收费卡储值中自动检出），其票务结算完全由计算机自动进行。自动收费卡的使用寿命可高达 10 万次以上。

（二）无人售票的实施条件

实施无人售票的基本条件主要如下所述。

1．车辆结构

依据无人售票实行前门上车、后门下车的乘车规则，要求车辆采用后置式发动机，车辆前门设于靠近驾驶员的右侧，以方便驾驶员监督投币或验卡；后门须设在车厢中后部，以方便乘客下车；同时还要求自车辆前门至投币箱（或验卡机）之间装设专门导向通道，以保证必须的上车秩序。

2．运力与票制

为了保持乘车秩序稳定，在实行无人售票线路需相应增加 20% ~ 40% 的车辆，以缩小行车间隔、降低车厢乘客密度、减少候车乘客数量、稳定乘车秩序。在票制选择方面，尽可能以单一票制为宜，以简便乘车手续、加快上车速度、减少停站时间。

3．法规保障

无人售票作为与传统乘车方式根本不同的乘车制度，牵涉到市民乘车习惯的改变、社会公德意识的形成和自觉投币（验卡）观念的确定，必须有政府颁布的相关法规为保障。如深圳市政府运输局、公安局、工商局及城管办联合发布通告，杭州市政府公用事业局、公安局及工商局联合发布关于公共汽（电）车无人售票乘车规则的通告等，均对无人售票的乘车方式、购票办法及违规处罚等项作出明确规定，使得无人售票有法可依，顺畅实施。

在公共汽（电）车运输企业内部，由于实行无人售票，对相关工作岗位的设置与职责分工、线路车辆调度、车辆及专用设备的技术管理以及票款的收取、结算与缴存等，均提出了新的要求，对此也需要建立相应的管理制度予以规范和保障。

4．专用设备

公共汽（电）车上的无人售票专用设备，主要指投币箱、验卡（票）机和（半）自动报站器。当采用投币式无人售票时，由于我国发行的人民币以纸币为主，纸币不仅是轻抛物品，而且旧币占有相当比重，因此投币箱的结构须方便乘客投币，钱币进入投币口后应能迅速安全地进入钱胆，钱胆结构与自锁性能应有利于防盗。验卡机又称读卡机（POS 机），有接触（插卡）式与非接触（接近）式两种类型。其中，接触式读卡机设有进卡口、出卡口及余额显示屏，乘客上车后只需将票卡插入进卡口，读卡机即可迅速完成收费、票卡余额显示及由出卡口自动弹出票卡等项程序；接近式读卡机允许的读卡距离约为 10cm，乘客可倾斜一定角度出示票卡，也可放在口袋里由读卡机读取收费，并由显示屏显示出票卡储值余额，对储值不足的予以提示。（半）自动报站器，主要用于向乘客预报本次车预定停靠站点及其附近的社会单位、旅游景点概况以及乘行中上、下车应注意的事项等。

第二节　城市公交线路网

一、城市公交线路网的类型

由各种城市公共客运方式（公共汽车、无轨电车、有轨电车及地铁等）的线路和停车站点组成的系统，称为城市公交线路网。客运任务的完成通过运输工具沿公交线路网运送乘客来实现。其中，公共汽车线路网是整个城市公交线路网的重要组成部分。

城市公交线路网的主要类型如下所述。

1. 网格形线网

网格形线网是由若干条相互并行排列的线路与另外若干条具有相同特点的线路大致相交成直角而形成的，如图 9-1 所示。

网格形线网的主要优点是：乘客不管去任何地方，只要转换一次车，且不需要通过人为的市中心，线路两端基本上都设在城市边缘地区，用地容易，征地方便。同时，这种线网具有较高的通行能力，当客流集中时，还可以组织平行线路上的复线运输。

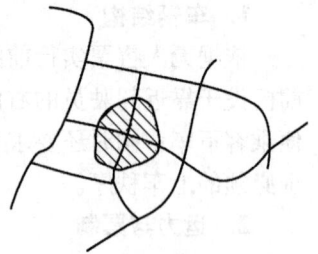

图 9-1　网格形线网

这种线网的缺点是：非直线系数较大，限制了主、次干道的明确分工，对角线交通不便，大部分乘客均需换车。另外，如线网密度过大时容易造成交通阻塞，影响道路通行能力。

2. 放射形线网

放射形线网是指大部分的线路汇集于城市的中心区，另一端分别延伸到城市的边缘区，与市郊、市区边缘的客流集散点相连，如图 9-2 所示。

放射形线网的主要优点是：它有可能为任何地区的居民组织方便的公交服务，各区居民能直达往返于市中心地区，同时可使边远地区的居民不需换乘就一次乘车到达市中心。

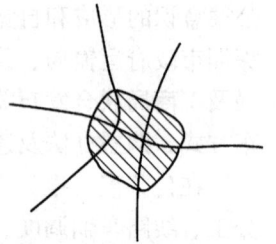

图 9-2　放射形线网

这种线网的主要缺点是：给改建后的城市出现的新的商业文化中心的交通带来了多次转换乘的麻烦，增加了乘客上、下车的交替频率，同时要求市中心有足够的土地用于停车和回车，影响道路的通行能力，引起交通阻塞。

3. 环形线网

环形线网是由若干围绕市中心的环形线构成的一族同心圆。

环形线网的优点是：营运线路可以沿环形线布置，在同一环线上的任意两点可直达；其缺点是：环线间的联系比较困难。环形结构很少在线网中单独使用。

4. 混合形线网

混合形线网指根据城市的具体条件，由多种线型构成的综合性线网。通常以放射形和环形构成的放射环形线网最常见，如图 9-3 所示。

放射环形线网的主要优点是：克服了纯放射形线网的缺点，使各个人流集散点都与公交线路相连接，东西向和南北向转换乘较方便；另外，市中心区与各区以及市区与郊区之间的联系方便、直达，非直线系数平均值最小。

该线网的缺点是：容易造成市中心压力过重，其交通的机动性较网格形差，如在小范围采用这种形式，则很容易造成许多不规则的街道。

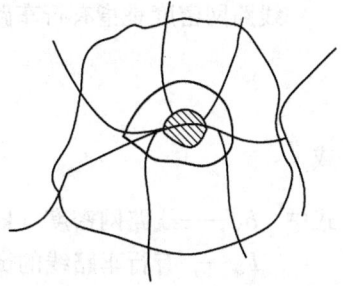

图9-3　混合形线网

二、客运路线的组织

（一）客运路线的组织原则

公共交通网布设的质量，直接关系到运输服务的质量和企业的经济效益，也是衡量一个城市功能是否健全的标志之一。城市公共交通网线路的设计，会受到城市发展规划、城市布局特点、道路网形状、街道纵横断面特征、各种运输方式的配置、道路拥挤程度等方面的制约和影响。从经营上看，客运路线的组织应尽量考虑如下原则：

1）路线的走向要与主要客流方向相符，特别要使工作性乘客的乘车得到可靠保证。

2）路线应直接沟通城市各主要客流集散点（如市中心、铁路车站、港口码头、工业区、商业区、文化中心、居民区等），以减少中转。

3）路线长度不宜过长或过短，平面上的路线不宜过多迂回和曲折，应使大部分客流能节省乘车时间。

4）密切城市内外各种客运网间的协作与配合，保证乘客在不同运输工具间换乘的方便。

5）在保证行车安全的前提下，应使沿线运行车辆有较高的运送速度和大致均匀的载客量利用程度。

（二）客运路线的线形

按照客运路线的平面形状，可以将其分为以下几种类型：

（1）直径式路线　通过市中心连接城市边缘。

（2）辐射式路线　由城市边缘各点与城市中心直通。

（3）绕行式路线　绕过市中心区连接城市两个区域。

（4）环形式路线　把市中心区以外需要有直接交通的各点以环形路线连接起来。

（5）切线式路线　即与环形路线相切，连接城市边缘而不通过城市中心。

（6）辅助式路线　担负主要交通干线之间的交通联系或客流较小区域与交通干线之间交通联系的辅助连结式路线。

以上各种路线的线形示意图如图9-4所示。

（三）客运路线的技术参数

客运路线的技术参数主要包括线路网密度、线路的长度和数目、非直线系数等。合理选择这些参数，对乘客的乘车方便、快速运达、行车安全、提高公交车辆的运输效率和效益、改善驾驶员的劳动强度等，均有重

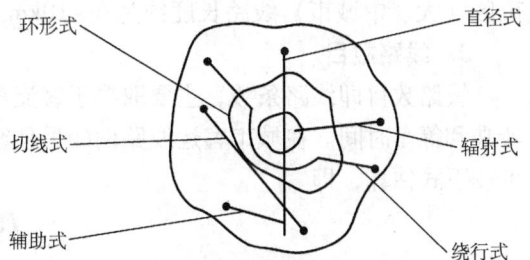

图9-4　城市客运路线的线形示意图

大影响。

1. 线路网密度

线路网密度是指有行车路线的街道长度与服务地区（城市）用地面积之比，即

$$\delta_N = \frac{L_{sr}}{F} \tag{9-1}$$

或

$$\delta_N = \frac{L_N}{F\mu_r} \tag{9-2}$$

式中　δ_N——线路网密度（km/km^2）；

　　　L_{sr}——有行车路线的街道长度（km）；

　　　F——服务地区（城市）区域面积（km^2）；

　　　L_N——服务地区（城市）客运线路网总长度（km）；

　　　μ_r——线路重复系数，是指客运线路网总长度与有客运行车路线的街道长度之比，即

$$\mu_r = \frac{L_N}{L_{sr}} \tag{9-3}$$

虽然线路重复系数越大，有客运路线的街道单位长度上平均拥有的线路也越多，可以相应减少乘客转乘，但运输企业的经济效益要相应降低，所以公共汽车的线路重复系数要有一定的限制，一般取 1.2 ~ 1.5。

线路网密度是用以评价乘客乘车方便程度的指标。线路网密度越大，表明营运线路之间的距离越短，乘客步行到营运线路的时间越少，乘车越方便。但对既定人口的城市或地区来说，其乘客周转量基本上是一定值，故其所需的车辆数也大体一定。在此前提下，随着线路网密度的增大，乘客步行时间将会随之减少，但由于单位里程线路上的车辆数减少，而使乘客的候车时间增加。反之，随着线路网密度减小，虽然乘客候车时间缩短，但步行时间增加。因此，任何一个城市的线路网密度应保持适中，以使广大乘客出行的平均时间达到最省。在路网分布较均匀的情况下，线路网最佳密度 δ_N^0 约为 2.5 ~ 3km/km^2。

2. 线路长度

确定客运线路长度，应综合考虑客运服务地区或城市的大小、形状、行车组织、乘客交替情况、车辆载客量利用程度等因素。实践表明，线路越长，行车越难以准点，沿线客流量波动变化越大；反之，如果线路过短，又会造成乘客转乘较多，车辆在始末站停歇时间相对增加，营运速度下降，同时也相应增加了行车管理工作量。因此，线路的平均长度 $\overline{L_n}$ 一般应根据城市大小和形状确定，取其直径（中、小城市）或半径（大城市、特大城市）为线路平均长度；也可以参照线路上乘客的交替情况来确定，一般约为平均运距的 2 ~ 3 倍。通常市区（大、中城市）线路长度约为 6 ~ 10km。

3. 线路数目

线路数目即线路条数，主要取决于客流量的大小及其分布情况，并应考虑尽量减少乘客转乘和等车时间。在城市客运线路网的最佳密度和客运线路平均长度基本确定后，线路数目可按下式估算，即

$$n_c = \frac{F\delta_N^0\mu_r}{\overline{L_n}} = \frac{L_N}{\overline{L_n}} \tag{9-4}$$

式中　n_c——线路数目（条）；

δ_N^0——线路网最佳密度（km/km^2）；

$\overline{L_n}$——平均线路长度（km）。

客运线路数目应根据客流量设置。当在服务地区的个别区域（如城市中心区），职工上、下班期间客流超过一条线路的最大运送能力时，可考虑在同一条道路上设置重复线路或区间车线路，也可以开设不同运输方式的并行线路。

4. 非直线系数

非直线系数是指行车路线起讫点间的实际距离与两点间的空间直线距离之比，用以表示客运线路走向是否符合乘客利益，即

$$\eta_n = \frac{L_r}{L_I} \tag{9-5}$$

式中　η_n——非直线系数；

L_r——线路起讫点间的实际距离（km）；

L_I——线路起讫点间的空间直线距离（km）。

由于城市客运的乘行时间与有些客运线路的运费基本上与乘行里程成正比，即随 η_n 值的增大而增加，因此线路非直线系数的大小，直接影响到乘客的乘车费用和乘车时间的经济性。因此，η_n 值以尽可能小为宜。若合理布置行车路线，η_n 值可接近于1，一般不应超过1.3。

不同类型的线网，其非直线系数也不一样。例如，对于网格形线网，当实际里程为正方形的相邻两边之和时，η_n 为1.41；而对于放射环形线路网，η_n 约为1.1~1.2。与网格形线网相比，放射环形线路网的运输经济性较好，因此采用较多。

三、停车站的设置

客运线路上的停车站包括设在线路中途的中间站和设在线路两端的始末站。

（一）中间站设置

中间站设置是否合适，直接影响车辆的行驶速度、乘客的步行时间和道路的通行能力。设置中间站主要应解决好平均站距和站址确定两方面的问题。

1. 平均站距的确定

确定站距时，应全面考虑乘客的整体利益需要。乘客在上车前，希望尽早上车，即步行时间与等车时间短，因而站距越小，上车越方便；而乘客上车后，则希望尽早到达目的地，即乘行时间短，因而站距越长越好，最好是中途不停车。综合起来说，乘客的愿望是希望出行时间最少，即当乘客平均等车时间 $t_w = 0$ 时，

$$t_{sr} = 2t_{st} + t_{ri} = 最小值 \tag{9-6}$$

式中　t_{sr}——乘客出行时间（min）；

t_{st}——乘客步行时间（min）；

t_{ri}——乘客乘行时间（min）。

考虑车上与车下乘客的整体利益需要，站距的长短应满足车上乘客乘行时间与车下乘客步行时间都最少的要求。由于 t_{st} 及 t_{ri} 均为平均站距 $\overline{L_c}$ 的函数，因此欲求得 t_{sr} 为最小的最佳平均站距 $\overline{L_c}$，可令

$$\frac{\mathrm{d}(2t_{\mathrm{st}}+t_{\mathrm{ri}})}{\mathrm{d}\overline{L_{\mathrm{c}}}}=0$$

得

$$\overline{L_{\mathrm{c}}}=\sqrt{\frac{v_{\mathrm{st}}\overline{L_{\mathrm{p}}}\ \overline{t_{\mathrm{s}}'}}{30}}\tag{9-7}$$

式中　$\overline{L_{\mathrm{c}}}$——平均站距（km）；

　　　v_{st}——乘客步行的平均速度（km/h）；

　　　$\overline{L_{\mathrm{p}}}$——乘客的平均乘距（km）；

　　　$\overline{t_{\mathrm{s}}'}$——平均每站停站的损失时间（min），即在平均运距内，乘客因车辆停站而延误
的乘行时间，包括停站时间及车辆因起步加速与停车减速而损失的时间。

近年来，随着城市的迅速发展，市区范围不断扩大，居民出行次数日益增多，道路交
通量也迅速增加。这不仅使连接市区及近邻的公共客运路线增加，同时也造成车辆行驶速度
逐年降低。为适应上述情况并加速车辆周转，国内各城市客运企业实际采用的平均站距一般
都略大于按式（9-7）计算的理论值。因此，实际应用时，须对式（9-7）进行相应的修正，
即

$$\overline{L_{\mathrm{c}}}=\lambda\sqrt{\frac{v_{\mathrm{st}}\overline{L_{\mathrm{p}}}\ \overline{t_{\mathrm{s}}'}}{30}}\tag{9-8}$$

式中　λ——站距修正系数。对于市区线路，一般 $\lambda=1.0\sim1.3$；通过市中心或闹市区的线
路，可取较低值；接近市区边缘或平均运距较长的线路则可取较高值。

除上述算法外，也可以采用经验的方法来确定平均站距，即以国内、外同类型的城市采
用的平均站距值（市区为 0.3~0.8km，郊区为 1~2km）作为参考。选其中一值作为平均站
距，然后根据路线实际情况选定各停车站站址，经过试运行再最后确定下来。

在美国，普通公共汽车的平均站距不超过 0.8km；在人口稠密区，平均站距小至 120m，
每个主要交叉路口有一个站点。根据美国的情况，取得最大客运能力的平均站距为 0.72~
1.27km。对于快速公共汽车线路，其平均站距要长一些。

2. 站址的确定

中间停车站，按其利用情况可分为固定站、临时站与招呼站。固定站是指车辆在每单程
运输过程中均须按时停车的停车站。临时站是指在一天中的某些时刻或一年中的某季节需停
车的停车站。招呼站是指仅在线路上有乘客招呼上、下车时才停车的停车站。具体确定站址
时，应注意考虑如下几项因素：

（1）设置合适的停车站类型　一般情况下，固定站应设在一天中往返乘客较多、乘客
经常交替的地方，如火车站、商店、文化娱乐场所、机关、企业等附近；临时站应设在一天
中某些时刻或一年中某季节客流交替较多的地方，如集市、庙会、大型文体活动场所等；招
呼站则宜设置在较长站距之间或沿线乘客不多但发生周期性客流的地方。

（2）便于乘客乘车、换车　为此，最好将中间站设在乘客较集中的地点和十字路口附
近，如在同一地点有不同线路或不同形式车辆设站时，应尽量设在相邻处，以便于乘客换
车。

（3）便于车辆起动和加速　中间站应尽量避免设在上坡处。

（4）减少十字路口红绿灯对车辆运行速度的影响　中间站设在十字路口附近时，一般

应尽量设在十字路口前，以减少红绿灯的影响，减少速度损失。但为了不妨碍交叉路口的交通安全，即不阻挡交叉路口视距三角形内车辆和行人的视线及道路通行能力，一般宜设在距十字路口前停车线一个车长以上处。

（5）上下行方向的对设站一般应错开　对设站的车头相对距离一般应为 30～50m 左右。只有在路面宽阔的情况下，才可考虑在道路两侧相对应的位置设站，以保证交通安全。

（6）不宜设站的地段　如桥梁、涵洞、陡坡、消防栓旁、铁路道口、狭路及危险地段、车辆进出口及大型建筑物门前等，不宜设站。

（二）始末站设置

设置始末站需综合考虑营运现场条件、始末站功能以及企业的建设能力等因素。

客运线路两端的始末站是车辆调头之处，因而要有可供调车的场地。如果场地紧张，可组织绕附近街道单向行驶，也可以利用交通情况不太复杂的交叉路口调车。始末站还是线路行车调度人员组织车辆运行和行车人员休息的地方，因此应设置供调度人员工作和行车人员休息的必要设施，如调度通信设备、照明设备、饮食供应设备等。

始末站还应设有停车场地，供高峰后抽调下来的车辆暂时停放。如果设置专用场地困难，可以利用线路附近交通量较少的道路支线停车。北方地区的始末站还应设有车辆冬季运行所必须的供暖设施等。

在候车乘客较多的始末站，应适当设置排队场地、护栏、站台、防雨蓬及向导牌等设施。

第三节　公共汽车营运组织

城市公共交通企业的营运组织工作，是企业组织营运生产、实现计划管理、改善服务质量的一项中心工作。在客运网合理布设的基础上，线路营运组织工作的好坏，在很大程度上取决于能否采用适应客流规律的车辆行驶方式、准确优质的作业计划和及时有效的现场调度。

一、公共汽车调度形式及选择

（一）调度形式的基本类型

公共汽车调度形式，是指营运调度措施计划中所采取的运输组织形式。依据车辆沿线工作时间及运停方式的不同，公共汽车调度形式可有以下两种分类方法。

1. 按车辆工作时间的长短与时段分类

（1）正班车　主要指车辆在日间营业时间内，连续工作相当于两个工作班的一种基本调度形式，所以又称双班车、大班车。

（2）加班车　指车辆仅在某种情况下，在某段营业时间（通常为客运高峰时间）内上线工作，并且一日内累计工作时间相当于一个工作班的一种辅助调度形式，所以又称单班车。

（3）夜班车　指车辆在夜间上线工作的一种辅助调度形式。在一个工作日内，如车辆夜班时间不足一个工作班时，常与日间加班车相兼组织。只有在夜间客运量较大的营运线路上，夜班车连续工作时间才能相当于一个工作班。

上述三种车辆调度形式的基本分类关系见表 9-1。

表 9-1 车辆调度形式分类关系

调 度 形 式	班 制	工 作 时 间
正班车	双班	日间或以日间为主
加班车	单班	日间或日夜相兼
夜班车	单班	夜间或以夜间为主

2. 按车辆运行与停站方式分类

（1）全程车 指车辆从线路起点发车直到终点站止，必须在沿线各固定停车站依次停靠，按规定时间到达各站点，并驶满全程的调度形式，因此又称慢车或全站车，是公共汽车营运组织的基本调度形式。

（2）区间车 指车辆仅在某一客流量的高区段间行驶，是一种辅助调度形式。

（3）快车 指为适应长乘距乘客的需要而采取的一种越站快速运行的调度形式，包括大站车与直达车两种形式：

1）大站车是指车辆仅在客运线路上几个乘客集散量较大的停车站（包括起、终点站）停靠的调度形式。

2）直达车是快车的一种特殊形式，指车辆仅在线路起、终点停靠，直达运行。

（4）定班车 是为接送有关单位职工上下班或学生上下学而组织的一种专线调度形式。车辆可按定时间、定路线、定班次或定站点的原则进行运输服务。

（5）跨线车 是为平衡相邻线路之间客流负荷，减少乘客转乘而组织的一种车辆跨线运行的调度形式。跨线车不受原来行驶路线的限制，根据当时客流集散点的具体情况确定起讫点。

实验证明，上述调度形式在平衡车辆及线路负荷、缓解乘车拥挤、提高运输生产率、提高运输服务质量以及促进客运发展方面都发挥了积极作用。

（二）调度形式的选择

凡公共汽车营运线路均需以全程车、正班车为基本调度形式，并根据线路客流分布与客运需求的特殊性辅以其他调度形式。

1. 区间车调度形式的确定

通过计算路段客流量差或路段客流不均匀系数的方法，可以确定是否采用区间车调度形式。

（1）通过计算路段客流量差确定 路段客流量差是指在统计时间内营运线路某路段客流量与沿线各路段平均客流量之差，即

$$\Delta Q_{Li} = Q_{Li} - \overline{Q_L} \tag{9-9}$$

式中　ΔQ_{Li}——第 i 路段客流量差（人次）；

　　　Q_{Li}——第 i 路段客流量（人次）；

　　　$\overline{Q_L}$——沿线各路段平均客流量（人次）。

凡采用区间车调度形式必须满足下述条件：

$$\Delta Q_{Li} \geqslant (2 \sim 4) q^0 \tag{9-10}$$

式中　q^0——计划车容量，即车辆的计划载客量定额（人），可按式（9-19）确定。

（2）通过计算路段不均匀系数确定　由第二章式（2-6）可知，路段不均匀系数

$$K_{\mathrm{L}i} = \frac{Q_{\mathrm{L}i}}{\overline{Q}_{\mathrm{L}}}$$

当路段不均匀系数满足

$$K_{\mathrm{L}i} > K_{\mathrm{L}}^0 \tag{9-11}$$

时，应开设区间车。

K_{L}^0 为根据路段不均匀系数判定是否采用区间车的界限值，可根据客运服务要求及具体客运供需条件来确定。通常 K_{L}^0 取 1.3～1.5。

2. 快车调度形式的确定

通过计算方向不均匀系数或通过客流量调查计算站点不均匀系数的方法，可以确定快车调度形式。

（1）通过计算方向不均匀系数确定　由第二章式（2-8）可知，方向不均匀系数

$$K_{\mathrm{f}} = \frac{Q_{\mathrm{fmax}}}{\overline{Q}_{\mathrm{f}}}$$

当 K_{f} 满足

$$K_{\mathrm{f}} > K_{\mathrm{f}}^0 \tag{9-12}$$

时，应采用快车调度形式。

K_{f}^0 为根据方向不均匀系数判定是否采用快车调度形式的界限值，可根据客运服务要求及具体客运供需条件来确定。通常 K_{f}^0 取 1.2～1.4。

（2）通过计算站点不均匀系数确定　由第二章式（2-7）可知，站点不均匀系数

$$K_{zj} = \frac{Q_{zj}}{\overline{Q}_{z}}$$

当长距离乘客较多，站点不均匀系数 K_{zj} 满足

$$K_{zj} > K_{z}^0 \tag{9-13}$$

时，可沿同方向客流集散量较大的几个站点开设快车。

K_{z}^0 为根据站点不均匀系数判定是否采用快车调度形式的界限值，可根据客运服务要求及具体客运供需条件来确定。通常 K_{z}^0 取 1.4～2.0。

3. 高峰加班车调度形式的选择

通过计算客流的时间不均匀系数（时间单位可取 h）的方法，可以确定高峰加班车调度形式。由第二章式（2-11）可知，时间不均匀系数

$$K_{\mathrm{t}i} = \frac{Q_{\mathrm{t}i}}{\overline{Q}_{\mathrm{t}}}$$

如果时间不均匀系数 $K_{\mathrm{t}i}$ 满足

$$K_{\mathrm{t}i} > K_{\mathrm{t}}^0 \tag{9-14}$$

时，应开设加班车。

K_{t}^0 为根据客流时间不均匀系数判定是否采用加班车调度形式的界限值，可根据客运服务要求及具体客运供需条件来确定。通常 K_{t}^0 取 1.8～2.2。

例 9-1　已知某公共汽车线路高峰期间高单向数据如表 9-2 所示，试确定有无必要采用区间车与快车调度形式。

表9-2 线路数据统计表

项目 \ 停车站	A	B	C	D	E	F	G	H	I
停车站序号 j	1	2	3	4	5	6	7	8	9
站点集散量 Q_{zj}/人次	1864	465	467	924	1459	1010	674	616	1874
路段序号 i		1	2	3	4	5	6	7	8
路段客流量 Q_{Li}/人次		1864	2231	2262	2649	2450	2386	1746	1874
路段满载率 γ_i（%）		0.61	0.76	0.78	0.87	0.81	0.80	0.48	0.62

解 （1）区间车调度形式的确定 首先计算各路段的平均客流量，即

$$\overline{Q}_L = \frac{\sum Q_{Li}}{n} = \frac{1864+2231+2262+2649+2450+2386+1746+1874}{8} 人次$$

$$\approx 2182.8 人次$$

然后分别计算各路段的路段不均匀系数，即

$$K_{L1} = \frac{Q_{L1}}{\overline{Q}_L} = \frac{1864}{2182.8} \approx 0.85$$

同理类推可得：$K_{L2} \approx 1.02$；$K_{L3} \approx 1.04$；$K_{L4} \approx 1.21$；$K_{L5} \approx 1.12$；$K_{L6} \approx 1.09$；$K_{L7} \approx 0.8$；$K_{L8} \approx 0.86$。

由于 $K_{L1} \sim K_{L8}$ 均小于1.3，未达到开行区间车的界限值 K_L^0，因此无必要采用区间车调度形式。

（2）快车调度形式的确定 首先计算各站点的平均乘客集散量，即

$$\overline{Q}_z = \frac{\sum Q_{zj}}{m} = \frac{1864+465+467+924+1459+1010+674+616+1874}{9} 人次$$

$$\approx 1039.22 人次$$

然后分别计算各站点的站点不均匀系数，即

$$K_{z1} = \frac{Q_{z1}}{\overline{Q}_z} = \frac{1864}{1039.22} \approx 1.79$$

同理类推可得：$K_{z2} \approx 0.45$；$K_{z3} \approx 0.45$；$K_{z4} \approx 0.89$；$K_{z5} \approx 1.4$；$K_{z6} \approx 0.97$；$K_{z7} \approx 0.65$；$K_{z8} \approx 0.59$；$K_{z9} \approx 1.8$。

由此计算结果可知，K_{z1} 和 K_{z9} 计算值接近判别标准 K_z^0 较高限，K_{z5} 计算值达到判别标准 K_z^0 低限，但该站车辆满载率较高（即 $\gamma > 0.8$），所以有必要考虑在 A、E 及 I 站间采用大站快车调度形式。

二、公共汽车行车作业计划的编制

公共汽车行车作业计划，是指在已定线路网布局的基础上，根据企业的运输生产计划要求和基本的客流变化规律编制的生产作业性质的计划，是企业营运组织工作的基本文件。它具体规定了公共汽车运输企业各基层运输生产单位和车组在计划期内应完成的一系列工作指标，从而为线路营运管理提供依据，并为乘客乘车创造良好的条件。

编制公共汽车行车作业计划必须力求保证：线路营业时间内正常的乘客运输条件，公共汽车行车人员正常的劳动条件，公共汽车的有效利用，实施企业运输工作计划指标，沿线各

公共汽车间良好的行车配合，同其他线路公共汽车及其他客运方式间运行的良好配合，以及实现所要求的客运安全条件等。

公共汽车行车作业计划具有一定的稳定性，一般每季度调整一次，有的城市只在冬、夏两季调整，即半年调整一次。行车作业计划一经制定，调度员和行车人员以及企业全体职工必须严格按照行车作业计划规定的线路班次、时间，按时出车，正点运行，保证计划的完整实现。

编制公共汽车行车作业计划，必须在线路客流调查（即掌握线路客流情况）的基础上，分别按不同车辆调度形式进行，主要包括：确定车辆运行定额、计算线路运行参数及编制行车计划图表等。

（一）确定车辆运行定额

车辆运行定额是指在运营线路具体工作条件下为完成运输任务所规定的运输劳动消耗标准量。

车辆运行定额是定线式公共汽车客运企业合理组织运输服务与计划管理、贯彻劳动分配原则的重要依据。制定先进、合理的车辆运行定额，将有利于促进运输劳动生产率和运输服务质量的提高。

车辆运行定额主要包括车辆运行时间定额和车辆载客量定额两种类型。其中，车辆运行时间定额又包括单程时间、始末站停站时间和周转时间。

1. 单程时间 t_n

单程时间是指车辆完成一个单程运输工作所耗费的时间，包括单程行驶时间 t_{nt} 和中间站停站时间 t_{ns}（min），即

$$t_n = t_{nt} + t_{ns} \tag{9-15}$$

其中，单程行驶时间为车辆在一个单程中沿各路段行驶时间之和；路段行驶时间是指车辆由起步开始，经过加速行驶、稳定行驶、行车减速至到达停车站点完全停止运行所耗费的全部时间。单程行驶时间与路段行驶时间的关系为

$$t_{nt} = \sum_{i=1}^{k} t_{ti} \tag{9-16}$$

式中　t_{ti}——车辆沿第 i 路段的行驶时间（min）。

在实际工作中，通常采取观测统计方法确定单程行驶时间，原则上应按路段与时间段分别确定，即首先按不同季节或时期确定行驶时间按路段与时间段的分布规律，然后相对不同路段与时间段取其均值作为标定行驶时间定额的依据，再根据沿线交通情况按各时间段分别确定行驶时间定额。在交通情况比较稳定时，可只按客流峰期（如高、平、低峰）确定。

中间站停站时间包括：停车后从开车门、乘客上下车以及乘客上下车完毕关车门至车辆起动前的全部停歇时间。据统计观测表明，乘客平均每人次的上下车时间，当一个车门时约为 1.5s，二个车门时约为 0.9s，三个车门时约为 0.7s，停车后从开车门至关车门后车辆起动前的准备时间，平均每站（或每路段）为 6s 左右。

2. 始末站停站时间 t_t

线路始末站停站时间，包括为调度车辆、办理行车文件手续、车辆清洁、行车人员休息与交接班、乘客上下车以及停站调节等必须的停歇时间，计量单位为 min。

在客流高峰期间，为加速车辆周转，车辆在始末站的停站时间原则上不应大于行车间隔

的 2 ~ 3 倍；而在平峰期间始末站停站时间的确定，需要考虑车辆清洁、行车人员休息、调整行车间隔以及车辆例行保养等因素综合确定。

通常可依据单程时间，按下式确定平峰期间始末站平均停站时间 $\bar{t_t}$ 为

$$\bar{t_t} = \begin{cases} 4 + 0.11 t_n & (10 \leqslant t_n \leqslant 40) \\ 0.21 t_n & (40 < t_n \leqslant 100) \end{cases} \tag{9-17}$$

另外，在平峰期间还规定每一正班车的上、下午班车，各留出一次就餐时间，通常每次就餐时间至少为 15 ~ 20min。

在气温较高的季节，一般在每日中午前后一段时间里应适当增加始末站停站时间，以保证行车人员必要的休息，增加的时间一般不宜超过原停站时间的 40%。

3. 周转时间 t_0

周转时间等于单程时间与平均始末站停站时间之和的二倍，即

$$t_0 = 2(t_n + \bar{t_t}) \tag{9-18}$$

由于在一日内，沿线客流及道路交通量的变化均具有按时间分布的不均匀性，因此车辆的沿线周转时间须按不同的客运峰期分别确定。在早晚客运（流）低峰及各峰期之间的过渡时间段，为了在满足客流需要的前提下尽量减少运力浪费，线路车辆数或车次数将有明显的增减变化。此时，为便于组织车辆运行，常允许此期间的车辆周转时间在一定范围内变化，即规定此期间的周转时间为一区间值。因此，各不同客运峰期内的周转时间应尽可能与该峰期的总延续时间相匹配，或不同峰期的相邻时间段周转时间与相应时间段总延续时间相协调。

4. 计划车容量 q^0

计划车容量是指公共汽车行车作业计划限定的车辆载客量，又称计划载客量定额。这是根据计划期内线路客流的实际情况、行车经济性要求和运输服务质量要求规定的计划完成的载客量，即

$$q^0 = q_0 \gamma^0 \tag{9-19}$$

式中　q^0——计划车容量（人）；

　　　q_0——车辆额定载客量（客位）；

　　　γ^0——车厢满载率定额。

一般规定高峰期车厢满载率定额 $\gamma_s^0 \leqslant 1.1$，平峰期车厢满载率定额平均为 $\gamma_f^0 \geqslant 0.5 \sim 0.6$。

车辆额定载客量 q_0，首先取决于车辆载质量的大小。对于有确定载质量和车厢有效载客面积的车辆，q_0 主要取决于坐位数与站位数之比。

由于城市内乘客的乘车时间比较短，平均为 15 ~ 20min 左右，所以站位比例可较高些。目前，我国市区公共汽车坐位与站位之比为 1:2 ~ 1:3 左右；郊区线路乘客由于乘车时间较长，公共汽车的坐位与站位之比约为 1:0.5 ~ 1:0.7。

车厢内有效站立面积的乘客站位数，根据有关国家标准确定。我国城市客运车辆的站位定额标准（GB/T 12428—1990）规定，每平方米有效站立面积的乘客站位数最高限定为 8人。

（二）计算线路运行参数

公共汽车线路运行参数，是指为编制行车作业计划所需有关线路行车组织的规范性数

据。线路运行参数主要包括：线路车辆数、行车间隔以及车班数等。

1．线路车辆数

确定线路车辆数包括确定分时间段线路车辆数和线路车辆总数。在实际工作中，一般以高峰小时高峰路段客流所需车辆数为准来确定线路总车辆数；确定营运时间内各时间段所需车辆数，则根据该段时间内最高路段客流量及计划车容量等确定。

（1）分时间段线路车辆数 A_i　在一个客运工作日内，可以将整个营业时间按小时划分为若干时间段，假定只有全程车（可按正、加班车调度形式运行），那么任意 t_i 时间段线路所需车辆数（计量单位为辆）可通过该时间段的行车频率 f_i 和车辆周转系数 η_{0i} 确定，即

$$A_i = \frac{f_i}{\eta_{0i}} \qquad (9\text{-}20)$$

1）行车频率 f_i（辆/h），是指单位时间内通过营运线路某一站点的车辆次数。任意时间段内的行车频率为

$$f_i = \frac{Q_i''}{q_0 \gamma_i^0} \qquad (9\text{-}21)$$

式中　Q_i''——第 i 时间段内营运线路高峰路段的客流量（人次）；

　　　γ_i^0——第 i 时间段内客流量最高路段的计划车厢满载率定额。

2）周转系数 η_{0i} 是指单位时间内车辆沿整条线路所完成的周转数，即

$$\eta_{0i} = \frac{60}{t_{0i}} \qquad (9\text{-}22)$$

式中　t_{0i}——第 i 时间段内的车辆周转时间（min）。

将 f_i 和 η_{0i} 分别代入式（9-20），得

$$A_i = \frac{Q_i'' t_{0i}}{60 q_0 \gamma_i^0} \qquad (9\text{-}23)$$

（2）线路车辆总数 A　对于一条营运线路，车辆总数代表了该线路的最大运力水平，因此，可以通过该线路最大运输需求确定线路车辆总数。通常营运线路最大运输需求可用高峰小时高峰路段客流量代表。

当营运线路所有车辆都采用全程车运行方式时，高峰小时对应的线路车辆数即为线路车辆总数，即

$$A = \frac{Q_s'' t_{0s}}{60 q_0 \gamma_s^0} \qquad (9\text{-}24)$$

式中　Q_s''——高峰小时高峰路段客流量（人次）；

　　　t_{0s}——高峰小时的车辆周转时间（min）；

　　　γ_s^0——高峰小时计划满载率定额。

当营运线路上除全程车外，还有多种车辆调度形式时，线路车辆总数为各种调度形式所有车辆数的总和，即

$$A = A_t + A_a + A_e \qquad (9\text{-}25)$$

式中　A_t——高峰小时运行的全程车车辆数（辆）；

　　　A_a——高峰小时运行的区间车车辆数（辆）；

A_e——高峰小时运行的快车车辆数（辆）。

可按下式确定 A_t、A_a、A_e 的值：

1）如果营运线路仅采用全程车和区间车，无快车形式，则

$$A_t = \frac{\overline{Q''_s}t_{0s}}{60q_0\gamma_s^0} \tag{9-26}$$

式中　$\overline{Q''_s}$——高峰小时双向平均路段客流量（人次）。

$$A_a = \frac{Q''_a t_{0a}}{60q_0\gamma_s^0} \tag{9-27}$$

式中　Q''_a——高峰小时高峰路段区间双向平均路段客流量与线路双向平均路段客流量的差值（人次）；

　　　t_{0a}——高峰小时车辆沿高峰路段区间运行时的周转时间（min）。

2）如果营运线路上全程车与快车配合使用，无区间车，则

$$A_e = \frac{Q''_e t_{0e}}{60q_0\gamma_s^0} \tag{9-28}$$

式中　Q''_e——高峰小时高单向平均路段客流量与线路双向平均路段客流量的差值（人次）；

　　　t_{0e}——高峰小时车辆按快车形式运行的线路周转时间（min）。

（3）正、加班车数　正班车数 A_n 通常可根据线路车辆总数 A、客流的时间不均匀系数 K_t 及客流高峰与平峰车厢计划满载率定额 γ_s^0 及 γ_f^0 按下式确定：

$$A_n = W_a \frac{A\gamma_s^0}{K_t\gamma_f^0} \tag{9-29}$$

式中　W_a——车辆系数，一般取 $1.0 \sim 1.25$。当线路客流处于平峰期间时，可取较低值；反之应取较高值。

然后，可确定加班车数 A_w，即

$$A_w = A - A_n \tag{9-30}$$

2. 行车间隔

（1）行车间隔的计算　行车间隔指正点行车时前后两辆车到达同一停车站点的时间间隔，又称车距。任意时间段内的行车间隔为

$$I_i = \frac{t_{0i}}{A_i} \quad 或 \quad I_i = \frac{60}{f_i} \tag{9-31}$$

式中　I_i——第 i 时间段的行车间隔（min）；

　　　A_i——第 i 时间段路线上的车辆数（辆）；

　　　f_i——第 i 时间段内的行车频率（辆/h）。

行车间隔的确定是否合理，直接影响营运线路的运送能力和运输服务质量。

一般行车间隔的最大值取决于客运服务质量的要求，而行车间隔的最小值则应满足下列条件：

$$I_{min} \geq \overline{t}_{ns} + t_f + t_y \tag{9-32}$$

式中　I_{min}——行车间隔的最小值（min）；

　　　$\overline{t}_{ns}$——线路中间站的平均停站时间（min）；

　　　t_f——车辆尾随进出站时间（min），指前车出站时间及后车尾随进站时间；

t_y——必要时等待交通信号的时间（min）。

在乘车秩序正常的情况下，对于大、中城市的客运高峰线路，I_{min} 以不低于 $1 \sim 3min$ 为宜。

另外，由于在营业时间内不同峰期车辆数及车辆周转时间各不相同，因此不同峰期内的行车间隔应分别确定。

（2）行车间隔的分配　当行车间隔的计算结果为整数或半数时，行车间隔可以按计算值等间隔排列；当行车间隔计算值为非整数和半数时，为了便于掌握，可对其进行整数化处理，但处理后的行车间隔应尽量接近原计算值。例如，若行车间隔计算值 $I = 3.47min$，这时可采用 3min、4min 两种大小不同的时间间隔代替计算值，此时行车间隔的排列为不等间隔排列。

通常取两个接近原计算值的行车间隔之后，还需将该时间段的车辆（次）数在两个行车间隔之间进行分配。假设某周转时间内行车间隔的计算值为非整数，现要求按整数行车间隔发车，处理方法如下：

首先用取整函数 $INT(X)$，对原非整数行车间隔进行整数化处理，得到一大一小两个整数行车间隔 I_b 和 I_c，即

$$I = \begin{cases} I_b = INT(I + X_b) \\ I_c = INT(I - X_c) \end{cases} \tag{9-33}$$

式中　X_b、X_c——分别为分解 I 值所采用的非负数，即 $X_b \geq 0$、$X_c \geq 0$。

显然 $I_b > I > I_c$，又设 $\Delta I = I_b - I_c$，则按大间隔 I_b 运行的车辆（次）数 A_b 和按小间隔 I_c 运行的车辆（次）数 A_c 为

$$A = \begin{cases} A_b = \dfrac{t_0 - AI_c}{\Delta I} \\ A_c = A - A_b \end{cases} \tag{9-34}$$

式中　A——周转时间 t_0 内的发车数（辆）。

由于 X_b、X_c 的取值不同，ΔI 值的大小也各不相同。一般在 $\Delta I = 1$ 的情况下，A_b 与 A_c 值均为整数；但当 $\Delta I > 1$ 时，A_b 值可能为小数，此时除将 A_b 取为整数外，尚需在行车间隔 I_b 和 I_c 之间增加一种行车间隔 I_y，即 $I_b > I_y > I_c$，然后可按下式计算按此行车间隔运行的车辆数 A_y，即

$$A_y = \frac{(t_0 - I_b A_b) - (A - A_b)I_c}{I_y - I_c} \tag{9-35}$$

则

$$A_c = A - A_b - A_y \tag{9-36}$$

这时，应有 $t_0 = \sum IA = I_b A_b + I_y A_y + I_c A_c$ 成立。

为便于掌握和计算时间间隔，除个别情况（如客运低峰时间段）外，通常选取 $\Delta I = 1$。

（3）行车间隔的排列　行车间隔的排列，指不同大小的行车间隔计算值在同一时间段（或周转时间）内的排列次序与方法，通常包括下列三种形式：

1）由小到大顺序排列。主要用于客流量逐渐减少的场合，如高峰向平峰或平峰向低峰的过渡时间段。

2）由大到小顺序排列。主要用于客流量逐渐增加的场合，如低峰向平峰或平峰向高峰

的过渡时间段。

3）大小相间排列。主要用于客流量比较稳定的时间段，应在同一时间段（或周转时间）内，尽可能使各行车间隔镶嵌均匀。

例 9-2 已知某公共汽车线路在晚低峰期间的周转时间 $t_0 = 46\text{min}$，车辆总数 $A = 11$ 辆，试确定其行车间隔（要求为整数）。

解 首先计算行车间隔 $I = \dfrac{t_0}{A} = \dfrac{46}{11}\text{min} = 4.18\text{min}$

因 I 值不为整数，需进行整数化处理。下面用两种方法分解 I 值：

1）当取 $X_b = X_c = 1$ 时，由式（9-33）可得

$$I = \begin{cases} I_b = INT(I+1) = INT(4.18+1)\text{min} = 5\text{min} \\ I_c = INT(I-1) = INT(4.18-1)\text{min} = 3\text{min} \end{cases}$$

此时有

$$A_b = \frac{t_0 - AI_c}{I_b - I_c} = \frac{46 - 11 \times 3}{5 - 3}\text{辆} = 6.5\text{辆}$$

由于 A_b 为小数，说明需要在 I_b 和 I_c 之间增加一种行车间隔 I_y。因此，令 $A_b = 6$ 辆，增设行车间隔 $I_y = 4\text{min}$（$I_b > I_y > I_c$），则按 I_y 行驶的车辆数 A_y 为

$$A_y = \frac{(t_0 - I_b A_b) - (A - A_b)I_c}{I_y - I_c} = \frac{(46 - 5 \times 6) - (11 - 6) \times 3}{4 - 3}\text{辆} = 1\text{辆}$$

则

$$A_c = A - A_b - A_y = 4\text{辆}$$

因该车周转时间处于客运晚低峰，客流量逐渐减少，故行车间隔应由小到大顺序排列，即

$$t_0 = \sum IA = I_c A_c + I_y A_y + I_b A_b = (3 \times 4 + 4 \times 1 + 5 \times 6)\text{min} = 46\text{min}$$

由上述计算结果可知，行车间隔为 3min 的应有 4 辆车，行车间隔为 4min 的应有 1 辆车，行车间隔为 5min 的应有 6 辆车。

2）当 $X_b = 1$、$X_c = 0$ 时，由式（9-33）可得

$$I = \begin{cases} I_b = INT(I+1) = INT(4.18+1)\text{min} = 5\text{min} \\ I_c = INT(I-1) = INT(4.18-0)\text{min} = 4\text{min} \end{cases}$$

此时有

$$A_b = \frac{t_0 - AI_c}{I_b - I_c} = \frac{46 - 11 \times 4}{5 - 4}\text{辆} = 2\text{辆}$$

$$A_c = A - A_b = (11 - 2)\text{辆} = 9\text{辆}$$

则按行车间隔由小到大顺序排列，得

$$t_0 = \sum IA = I_c A_c + I_b A_b = (4 \times 9 + 5 \times 2)\text{min} = 46\text{min}$$

即行车间隔为 4min 的应有 9 辆车，行车间隔为 5min 的应有 2 辆车。

上述两种行车间隔方案的选择，可根据线路有关营运的实际情况确定。

3. 车班数

车班数包括车班总数及按不同车班工作制度运行的车班数。

车班总数的计算方法如下：

$$\sum B = \frac{(\sum T_d + \sum T_e)}{t_B} \tag{9-37}$$

式中　$\sum B$——车班总数（车班）；

$\quad\quad \sum T_d$——线路工作总时间（h），即全部车辆在线路上的工作时间之和；

$\quad\quad \sum T_c$——全部车辆的收发车调空时间之和（h）；

$\quad\quad t_B$——车班工作时间定额（h）。

车辆的线路工作总时间 $\sum T_d$ 为

$$\sum T_d = \sum_{j=1}^{k_0} t_{0j} A_j \text{ 或 } \sum T_d = \sum_{i=1}^{k} t_i A_i \tag{9-38}$$

式中　t_{0j}——第 j 次周转时间（h）；

$\quad\quad A_j$——第 j 次周转时间内的车辆数（辆）；

$\quad\quad t_i$——第 i 时间段的营业时间（h）；

$\quad\quad A_i$——第 i 时间段内的发车辆（次）数（辆或次）。

确定车班总数（$\sum B$）之后，即可通过计算车班系数（ΔA）选定车班工作制度，从而确定按各车班工作制度运行的车班数 B_i，即

$$\Delta A = \sum B - 2A \tag{9-39}$$

式中　A——线路车辆总数（辆）。

1）如果 $\Delta A > 0$，则车班工作制度为三班工作制。其中，第一和第二工作班的车班（辆）数均为 A，即 $B_1 = B_2 = A$，而第三工作班的车班（辆）数 $B_3 = \Delta A$。

2）如果 $\Delta A = 0$，则全部车辆实行双班制，每工作班车班数均为 A，即 $B_1 = B_2 = A$。

3）如果 $\Delta A < 0$，且 $|\Delta A| < A$，则为单班与双班兼有的车班工作制。其中，按单班工作的车班数 $B_1 = |\Delta A|$，按双班工作的车班数 $B_2 = B_3 = A - |\Delta A|$。

4）如果 $\Delta A < 0$，且 $|\Delta A| = A$，则为单班制工作，车班数 $B_1 = A$。

（三）编制行车计划图表

1. 编排行车时刻表

编排行车时刻表，就是根据车辆沿线运行定额及运行参数，排列各分段（周转）时间内各车辆（次）的行车时刻序列，通常将其制成表格形式使用。编排行车时刻表是合理组织车辆运行、便于对驾乘人员进行劳动组织、提高服务质量的重要手段。

（1）行车时刻表的类型　城市公共汽车行车时刻表通常有车辆行车时刻表及车站行车时刻表两种基本类型。

1）车辆行车时刻表是指按行车班次（路牌）制定的车辆沿线运行时刻表。它规定各班次车辆的出场（库）时间、每次周转（单程）中到达沿线各站的时间与开出时间、在一个车班（或一日）的营业时间内需完成的周转数以及回场（库）时间等。

公共汽车的行车时刻表按各行车班次（路牌）制定，即同一营运线路每天出车序号相同的车辆按同一时刻表运行，见表9-3。

2）车站行车时刻表是指线路始末站及重点中间站（车辆）行车时刻表。表内规定了在该线路行驶的各班次公共汽车每次周转中到达和开出该站的时间、行车间隔以及换班或就餐时间等，见表9-4。

（2）编排行车时刻表的方法

1）安排和确定行车班次（路牌）。起排的方法有两种，一种是从头班车的时间排起，自上而下、从左向右顺序地填写每一车次的发车时刻，直到末班车；另一种是从早高峰配足

表 9-3　××路公共汽车行车时刻表

始末站：A 站—F 站　　　　　　　　　　　　　　　　　　　　出场时间：5 时 30 分
行车班次：4　　　　　　　　　　　　　　　　　　　　　　　　回场时间：20 时 30 分

周转	方向	停车站 站距/km		A 1	B 0.6	C 0.9	D 0.8	E 1.2	F
1	上行 →	到		5:35	5:43	5:45.5	5:49	5:52	5:56
		开		5:40	5:43.5	5:46	5:49.5	5:52.5	6:01
	下行 ←	到							
		开							
2	上行 →	到							
		开							
	…	…							

表 9-4　××路××站公共汽车行车时刻表

班次	周转 时间	1		2		…		16		17	
		开	到	开	到	…		开	到	开	到
1		5:00	5:55								
2		5:10	6:05								
3				…							

车辆的一栏排起，然后向前套算到头班车。这种方法能较好地安排每辆车的出车顺序，也能较经济地安排运行时间，待全表排好后，再定车辆的序号（俗称路牌），并填进车辆进、出场时间，这样比先定序号后排时间的方法要简便一些。

确定各车辆行车班次序列（路牌）时，应注意与车辆在停车场（库）的停车方式及行车人员的工作制度相适应。

2）行车间隔的排列。行车间隔必须按规定的计算方法确定，不得随意变动，避免车辆周转不及或行车间隔不均匀。

3）均匀增减车辆。线路上运行的车辆是按时间分组的，随着客流量的变化有增有减。车辆不论加入或抽出，均要考虑前后行车间距的均衡，要做到既不损失时间，又不产生车辆周转时间不均的矛盾。车辆均匀地加入或抽出，就能做到配车数量、行车间距虽有变化，但行车仍保持其均匀性。

4）全程车与区间车的排列。在编制行车作业计划时，由于全程车与区间车的周转时间不等，混合行驶时，不仅要注意区间断面上的行车间隔均衡，而且要求区间车与全程车相间合理，充分发挥区间车的效能，以方便乘客。如果区间断面上的发车班次与全程车无法对等，不能镶档行驶时，也要注意行车间隔分布合理。

5）行车人员用餐时间的排列。连班路牌安排行车人员用餐时间，一般有三种方法，第一种是增加劳动力代班用餐；第二种是增车增人填档，替代用餐的车辆上线运行；第三种是不增车不增人，用拉大行车间距的方法，让出用餐所需要的时间。必须注意，选用任何一种方法均应考虑线路用餐时运能与运量要保持供需平衡，同时应避开客运高峰时间，无疑第三种方法对企业是最经济的。

2. 编制行车作业计划运行图

有的公共汽车运输企业将行车作业计划制成运行图的形式，如图9-5所示。运行图的横坐标为营业时间，纵坐标上按线路全长依次排列线路始末站与重点中间站（即设有中间调度检查点的中途停车站）。车辆运行图就是依次把每班次车辆在沿途各站的发车与到站时刻用直线连接起来所构成的运行网络图。在图9-5中，连接两相邻停车站间的直线，表示车辆的行驶路线，而且该直线的斜率还表示车辆行驶速度的大小。斜率越小，行驶速度越低；反之，车辆的行驶速度

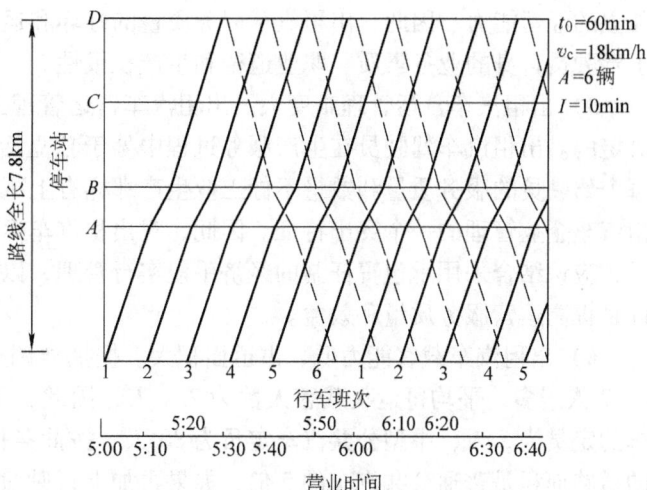

图9-5　公共汽车运行图

就越高。车辆在起、终点站的停站时间以横坐标表示，但车辆在各中间站的停站时间均小于1min，所以在运行图上一般没有表述。

第四节　出租汽车客运组织

出租汽车客运是以小轿车为主要载运工具，按里程、时间或里程和时间兼用计费（在夜间或郊区等行驶，则还要按照规定标准加收空驶里程费用），可在任何时间、任何地点、任何路线上为个体或集体乘客提供运输服务，能够满足乘客"门到门"运输要求的高层次公共客运服务方式。

出租汽车客运在城市客运系统中所占的比重较小，但它在承担多样化的零散乘客运输和"门到门"服务方面成为最有效的方式，且具有乘坐舒适、方便快捷、比公车和私车客运形式的车辆利用率高、节约能源等优点，因此，出租汽车客运已成为城市公共客运的一个重要组成部分。适当发展出租汽车运输，对限制私人轿车的发展具有良好的作用。

一、出租汽车的营运特点

与其他城市客运方式相比较，出租汽车的营运组织具有以下特点：

1）出租汽车运输是以不定线、不定站的流动作业为主。由于出租汽车乘客的需求目的和待乘状态是多种多样的，而且需求分布广泛，从而要求出租汽车运输实行随机性流动服务，不受行车路线和服务地点、服务时间限制，既可及时上门接客，又可快速送客到指定地点，还具有多种与乘客需求相适应的服务方式，从而为乘客提供了较其他客运方式更为方便

的出行服务。

2）出租汽车营运独立性强。出租汽车实行单车作业，一人一车。在营运工作中，驾驶员既要驾驶车辆，又要招揽业务、结算租车费用，因此在一定程度上讲，驾驶员是一个独立的生产经营者。驾驶员不但要具备熟练的驾车技术和一定的排除车辆技术故障的能力，还要熟悉城市道路或服务地区的地理环境，要掌握丰富的业务知识和及时了解市场信息，要具有独立的经营能力。因此，出租汽车服务质量的好坏和运营效率的高低，在相当大程度上取决于驾驶员自身的业务素质、职业道德和生产积极性。

3）出租汽车营运管理难度大。出租汽车营运管理工作复杂，是由其独立的工作性质所决定的。出租汽车驾驶员在生产服务过程中处于独立活动状态，脱离企业领导和群众监督，每个驾驶员的服务质量和数量不像工业生产那样有上下工序之间和生产任务的制约，这是出租汽车企业管理的一个突出特征。因此，对出租汽车运输生产的管理，不能单纯依靠行政手段，应该结合采用承包责任制的经济手段实行管理，以调动出租汽车驾驶员运输生产的积极性，提高运营服务质量和效益。

4）出租汽车载客能力低、占道面积大。据抽样调查统计，出租汽车每运次载客人数以 1~2 人居多，平均每运次载客人数为 2.4 人，因此，单位运输成本高。另外，一般出租汽车的定员为 5 人，中型公共汽车定员为 80 人，按此条件进行比较，出租汽车每个乘客占用的道路面积是普通公共汽车的 5 倍，如果再加上行驶过程中前后车保持车距所占用的面积，那么出租汽车是普通公共汽车的 9 倍。

5）出租汽车营运的安全系数较低。由于出租汽车运输服务多为单人作业，流动性强，无固定的行车路线和站点，常远离人群密集的地区，给犯罪分子以可乘之机，容易成为歹徒抢劫、偷盗的对象，夜班驾驶员工作的危险性则更大。另外，在出租汽车上作案隐蔽性好，逃离速度快，常被歹徒用做走私贩毒、赌博绑架的交通作案工具。因此，运输安全问题严重干扰了出租汽车运输服务。

针对上述治安问题，各地出租汽车运输管理部门和企业均制定了有关出租汽车治安防范管理制度，以保护正常的出租汽车运营服务秩序。例如，规定中、小型出租汽车必须安装反劫防盗及报警装置、核查去易发犯罪案件地区的乘客身份等项，并教育出租汽车运输企业各级管理人员及驾驶员要有高度的警惕性，在为乘客提供优质服务的同时，能主动防止意外事故的发生。

二、出租汽车的营运方式

出租汽车的营运服务方式主要有以下几种：

（1）沿途招手租车　沿途招手租车是出租汽车（服务供给者）广泛采用的服务方式，尤其在出租汽车业务量大、车辆多的大城市应用较广，一般在车上配备顶灯标志和空车标志，以便于乘客识别。

（2）电话要车　乘客可打电话向出租汽车营业服务站点及时要车或预约租车，这种服务方式比较适于租车业务分散、车辆不多的中、小城市或服务区域。出租汽车营业服务站点接到乘客租车要求后，可就近及时派车或按预约时间派车前去乘客候车地点提供租乘服务。这种服务方式适于各类出租汽车客运企业采用，有条件的个体出租汽车经营者联合体也可采用。

（3）乘客到营业服务站点租车　指乘客步行到机场、码头、火车站等出租汽车营业站租车的服务方式。营业站点工作人员按其到站先后顺序及租车要求（或预约时间要求），依次派车提供服务。这种服务方式多由市、区（镇）出租汽车行业统一进行组织，或由相关出租汽车运输企业进行组织。

（4）委托代办租车服务　由出租汽车运输企业或经营联合体委托旅店、医院等常有租车业务的单位代办预约租车。

（5）包乘或包车服务　包乘及包车服务，是对经常用车的单位或个人签订用车合同（协议）定期包车，或使用乘车单证乘车，定期结算的服务方式。

（6）定点专项服务　是在出租汽车业务供不应求情况下，为保证病人、产妇、上下火车（飞机、轮船）旅客乘车，在医院、火车站、机场、码头等地，由出租汽车运输企业配置若干车辆，不接其他业务而专门为上述乘客服务的租车方式。

（7）车辆租赁　车辆租赁即出租汽车运输企业将车辆直接租赁给用车客户，租期较长（可达一年左右），客户可自行驾驶或雇请驾驶员驾驶车辆的一种服务形式。客户租赁出租汽车需出具驾驶证明、预交相当于车价的押金和按期支付租金，由出租汽车运输企业负责车辆维修、保险、税费以及车辆保管等。此类租车客户多为外国或外地的暂住商务机构或公务机构，从事商务、业务、观光旅游的外地或本地人员，他们仅依靠临时租车已不能满足需要，而且买车、用车均需支付很高的费用，不如租车经济。这种车辆租赁式服务目前已在国外广泛应用，在国内一些经济发达城市也获得了较快发展。

三、出租汽车的营运组织

由于出租汽车没有固定的行驶路线，而是按照乘客的需要在任何地点上、下车，完全满足乘客"门到门"的运输要求，使得出租汽车运输的组织和管理工作极为复杂。因此，在组织出租汽车运输时，为保证迅速向乘客提供车辆，应着重研究并做好下列各项工作。

1．在服务地区合理地设置出租汽车停车场和营业站

设置出租汽车停车场和营业站，应保证尽可能地方便乘客、减少乘客等车时间和出租汽车的空驶里程，应根据对乘客流量的观测和统计数据资料的分析处理，来确定停车场、营业站和在站车数的配置。停车场和营业站配置的合理性，可按乘客步行到站和等车时间来评价，也可按出租汽车开回停车场所需时间和空驶里程的大小或其他表示乘客满意程度的指标来评价。停车场或营业站应合理分布在整个城市范围内，一般在城市的繁华区和居民稠密地区或其他乘客集中的地点，如火车站、机场、客运码头、贸易中心、文化娱乐场所、宾馆和旅游中心等位置，均可设置营业站。

2．加强调度联系

出租汽车调度室（总站）与各营业站应有无线电通信设备或电话联系，使调度部门能随时了解各营业站的客流量和车辆数，以便根据客流的变化情况，由调度部门来调整各营业站的车辆数，以适应客流的需要。

出租汽车调度室或主要营业站与路上的出租汽车之间，也应配备无线电通信联系设备，使调度部门能与在路上工作的车辆相互联系，掌握工作车辆的所在位置、工作状态、完成任务情况及车辆技术故障情况等，以便根据客流需要调整车辆去向和分配任务，并根据驾驶员报告的故障情况，通知修理厂派出检修车辆及时检修，从而减少车辆空驶里程，提高车辆利用率。

如果将无线电话与电子计算机联网，组成电子计算机辅助调度系统，能够迅速、准确、全面掌握车辆动态和完成调度作业，及时对每日车辆的运行资料进行统计、处理，为不断改进营运服务质量、提高车辆生产率和降低运输成本提供科学的依据。

3. 正确地制定和调整出租汽车运行作业计划

出租汽车运输与其他客运方式一样，有运输需求高、低、平峰之分。不同的地区出租汽车运输需求高峰出现的时间有所不同，一般情况下一天当中早晚上、下班时的需求量最大，一年当中周末和节假日的需求量较大。因此，调度员的重要任务之一，就是分析研究客流的变化规律，正确制定和适时调整作业计划，使在路上工作的出租汽车数与需求相适应。只有这样，才能提高出租汽车的生产率，满足乘客的租乘需要，提高营运服务质量。

4. 为出租汽车驾驶员选择最短行驶路线提供帮助

由于出租汽车运输没有固定的行驶路线和始到地点，选择最短行驶路线是一个很重要的问题，直接关系到乘客的利益和运力的经济使用，因此出租汽车运输企业应预先编制服务区域内各主要站点间的最短距离网络图表，以供驾驶员使用参考。

第五节　城市轨道交通运输组织

城市轨道交通是指以电力为动力，轮轨运行方式为特征，车辆在固定导轨上运行的城市公共交通系统。自 19 世纪中叶世界上先后出现城市地下铁道与有轨电车以来，经过 100 多年的研究、开发、建设和运营，以地铁、轻轨和市郊铁路为主体，多种城市轨道交通类型并存的现代城市轨道交通发展格局已经形成。尽管城市轨道交通经历了兴盛、衰退和复兴这样一个螺旋式发展过程，但它始终占有重要的位置。城市轨道交通具有运能大、速度快、安全准时、乘坐舒适、节约能源以及能够缓解地面交通拥挤和有利于环境保护等多方面技术经济上的优点，因此，采用立体化的快速轨道交通来解决日益严重的城市交通问题是城市交通发展的大趋势。

一、城市轨道交通类型

城市轨道交通按不同的标准有不同的分类方法。

1. 按技术特征分类

城市轨道交通可分为市郊铁路、地下铁道、轻轨电车、有轨电车、单轨铁路、自动化导向交通等。这部分内容前已述及，这里不再赘述。

2. 按路权及列车运行控制方式分类

城市轨道交通可分为以下三种类型：

（1）路权专用、按信号指挥运行　其特点是运行线路与其他城市交通线路没有平面交叉，路权专用。由于路权专用及按信号指挥运行，行车速度高且行车安全性好。属于该类型的轨道交通系统有市郊铁路、地下铁道、高技术标准的轻轨等。

（2）路权专用、按可视距离间隔运行　其特点是运行线路与其他城市交通线路没有平面交叉，路权专用，行车安全性好；但由于不设信号，按可视距离间隔运行，故行车速度稍低。属于该类型的轨道交通系统主要是中等技术标准的轻轨。

（3）路权共用、按可视距离间隔运行　其特点是运行线路与其他车辆和行人共用，与其他城市交通线路有平面交叉；除在交叉口设置信号进行控制外，其余线路段按可视距离间隔运行，行车速度较低、行车安全性稍差。属于该类型的轨道交通系统主要是低技术标准的轻轨和有轨电车。

3．按高峰小时单向运输能力分类

城市轨道交通可分为大运量、中运量和低运量三种类型：

（1）大运量轨道交通系统　其高峰小时单向运输能力为 30000 人以上，属于该类型的轨道交通系统主要有重型地铁和轻型地铁等。

（2）中运量轨道交通系统　其高峰小时单向运输能力为 15000～30000 人，属于此类型的轨道交通系统主要有微型地铁、高技术标准的轻轨和单轨铁路。

（3）小运量轨道交通系统　其高峰小时单向运输能力为 6000～15000 人，属于该类型的轨道交通系统主要有低技术标准的轻轨和有轨电车。

二、地铁与轻轨的技术特征

（一）地铁的技术特征

随着科学技术的发展，地铁技术目前也呈多元化发展的态势，有重型地铁、轻型地铁和微型地铁三种类型。

重型地铁就是传统的普通地铁，轨道基本采用干线铁路技术标准，线路以地下隧道和高架线路为主，仅在郊区地段采用地面线路，路权专用，运量最大；轻型地铁是一种在轻轨线路、车辆等技术设备工艺基础上发展起来的地铁类型，路权专用，运量较大；微型地铁又称小断面地铁，隧道断面、车辆轮径和电动机尺寸均小于普通地铁，路权专用，运量中等，行车自动化程度较高。

鉴于重型地铁在地铁现有三种类型中仍占主导地位，尤其是我国修建的地铁目前均为重型地铁，因此，下面以重型地铁为主对地铁的技术特征进行分析。

1．线路

根据运营的功能不同，地铁线路分为正线、辅助线和车场线。正线通常都是专用线路，没有平面交叉。线路除修建在地下隧道外，也有部分是修建在地面或高架轨道上。地铁正线一般是双线，个别城市也有四线的情况。正线的最小曲率半径一般为 300～400m，最大坡度一般为 30‰。

地铁轨道较多采用混凝土整体道床和焊接长钢轨，以保证列车运行平稳和减少轨道的日常维修工作量。钢轨的线质量根据年通过客运量的大小进行选择，正线钢轨通常选择 60kg/m类型，以适应客运量的日趋增长。

2．车站

地铁车站按其运营功能分为终点站、中间站和换乘站。车站位置的设置应综合考虑客流量、城市交通和既有建筑物等相关因素进行确定。车站一般应设置在直线段上。为使列车能在进站前上坡减速和出站后下坡加速，地下车站一般还应设置在凸形纵断面上。

车站设备由出入口、站厅、通道、楼梯、自动扶梯、站台、售检票设备、行车作业用房和机电设备用房等组成。车站各部位的通过能力应适应远期高峰客流的需要，并留有余地。

车站的站台设计为高站台，有侧式、岛式和混合式等类型，如图 9-6 所示。早期地铁多为侧式站台，现在较多选择的是岛式站台，但高架中间站的站台宜采用侧式站台。站台长度应满足远期列车编组长度的需要。站台宽度根据远期预测客流量、列车编组辆数和运行间隔时间确定，岛式站台的宽度通常在 10～15m 之间。

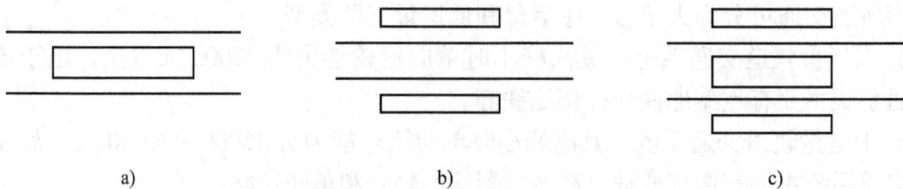

图 9-6　车站站台类型示意图
a）岛式站台　b）侧式站台　c）混合式站台

3．信号

信号系统由信号、联锁、闭塞、行车指挥和列车运行控制等设备组成。地铁信号系统主要有两种类型，第一种是在色灯信号和自动闭塞设备基础上，能实现人工集中调度控制的信号系统；第二种是采用自动闭塞设备和列车自动控制系统，能实现列车运行和行车指挥自动化的信号系统。列车自动控制系统（ATC）由列车自动防护（ATP）、列车自动驾驶（ATO）和列车自动监控（ATS）三个子系统组成。

4．车辆

地铁车辆按有无动力分为动车和拖车两种类型，动车和拖车均又有带司机室和不带司机室两种车型，动车还有带受电弓和不带受电弓两种车型。新型地铁车辆通常容量较大，车辆宽度在 2.8～3m 左右，车辆定员为 200～350 人。

在牵引调速、制动方式和故障诊断等方面，地铁车辆广泛采用了各种先进技术，具有自动化程度较高的特点。国际上 20 世纪 90 年代水平的地铁车辆，在牵引调速上，采用交流变频调速的 VVVF 系统，能以恒力矩恒功方式工作；在制动方式上，以再生电阻复合的电气制动为主，空气制动辅助；在故障诊断上，可随时显示车辆状态及主要部件的故障，并能将故障及当时的背景数据储存下来供维修人员在分析和维修时使用。此外，为适应列车运行自动控制，车辆上还安装车载 ATP 和车载 ATO 等设备。

地铁车辆的速度参数为：最高运行速度 80～100km/h，运送速度 35～40km/h，加速度 $1.0m/s^2$，常用减速度 $1.0m/s^2$，紧急减速度不小于 $1.2m/s^2$。

5．行车组织

列车通常采用动车加拖车的方式编组，若干辆动车和拖车构成一个动力单元，数个动力单元编组成为列车。列车编组辆数通常是 4～8 辆。高峰小时列车运行最小间隔时间为 1.5～3min。线路单向最大运输能力在 30000～60000 人/h 之间。列车运行正点率高，行车安全。

（二）轻轨的技术特征

轻轨（light rail transit，LRT）是一种可以从新式有轨电车逐步发展到路权专用、自动化程度较高及车辆在地下或高架轨道上运行的城市轨道交通形式。轻轨多种技术标准并存，是一种涵盖范围较宽的城市轨道交通形式，低技术标准的轻轨接近于现代有轨电车，而高技术标准的轻轨则接近于轻型地铁。

1．线路

轻轨线路的设计方案较多，没有固定的模式。线路修建往往是因地制宜，既可修建在市区街道上，也可修建在地下隧道或高架轨道上，后者通常是路权专用、高技术标准轻轨线路的情况。地面轻轨线路主要有无平面交叉的专用线路、有平面交叉的专用线路、与其他机动车辆共用线路三种类型。

轻轨线路大多采用双线，在道路上的布置有三种方式：轻轨双线布置在道路的两侧、轻轨双线布置在道路的一侧、轻轨双线布置在道路的中间。但支线、短程区间或道路用地较为紧张的地段也有采用单线的情况。正线的最小曲线半径一般为 30~50m，最大坡度一般为 60‰~80‰。

路权专用的轻轨线路，轨道结构类似于地铁，但正线钢轨通常选择线质量较小的 50kg/m 类型。路权共用的轻轨线路，为了不影响其他交通，通常是将槽形钢轨嵌铺在道路面上。

2．车站

轻轨车站有地面站、高架站和地下站三种形式，车站规模根据预测的远期客流量来确定。地面站的设施通常比较简陋，简单的风雨棚是地面站的标准设计。车站站台大多为低站台。站台宽度在 2.5~3m 左右；站台长度按列车长度加上一定余量来确定。站台有侧式、岛式和混合式等布置。侧式站台又有横列式、纵列式和单列式几种形式。

3．信号

在路权专用的情况下，轻轨列车按信号控制运行，运行控制有列车自动防护系统（ATP）控制和列车自动控制系统（ATC）控制两种类型。在路权共用的情况下，轻轨列车采用人工视觉控制运行，仅在平交道口安装信号。道口信号包括视觉信号和听觉信号两种，道口信号控制有轻轨列车优先运行和根据道口交通流情形确定优先通过权两种方式。

4．车辆

新型轻轨车辆具有轻型化、铰接式、大容量、低地板和宽敞舒适等特点。

轻轨车辆的构造有单节式和铰接式两种，铰接式是发展方向，铰接式又有单铰接、双铰接和三铰接的不同类型，因而有四轴车、六轴单铰接车和八轴双铰接车等车型。为适应客运量增加的需求，新型轻轨车辆有向长和宽发展的趋势。单铰接式轻轨车辆长度在18~30m之间；车辆宽度当每排三座时为2.3m、每排四座时为2.6m；车辆定员为150~300人。

轻轨车辆的速度参数为：最高运行速度 60~70km/h，运送速度 15~35km/h，加速度 1.2m/s²，常用减速度 1.5m/s²，紧急减速度 2~3m/s²。

5．行车组织

列车编组辆数通常是 1~4 辆。高峰小时列车运行最小间隔时间一般为 1.5~3min。线路单向小时最大运输能力在 6000~30000 人之间。

三、列车运行计划

1．列车交路

在列车运行计划中，列车交路规定了列车的运行区段、折返车站和按不同列车交路运行的列车对数。在线路各区段客流量不均衡程度较大的情况下，采用合理的列车交路，能在不降低服务水平的前提下提高车辆运用效率，充分利用运能，使行车组织做到经济合理。

列车交路有长交路、短交路和长短交路三种。长交路是指列车在线路的两个终点站间运行；短交路是指列车在线路的某一区段内运行，在指定的车站折返；而长短交路是指列车在线路上的运行距离有长、短两种情形。

长交路列车运行图如图 9-7a 所示，从行车组织的角度而言，长交路要比短交路列车运行组织简单，对中间站折返设备要求也不高；但在各区段客流量不均衡程度较大的情况下，会产生部分区段运能的浪费。短交路列车运行图如图 9-7b 所示，将长交路改为短交路，能适应不同客流区段的运输需求，运营也比较经济；但要求中间折返站具有两个方向的折返能力以及具有方便的换乘条件，从乘客的角度而言，服务水平有所降低。长短交路列车运行图如图 9-7c 所示，长短交路混跑的组织方案，既能满足运输需求，又能提高运营效益。因此，在线路各区段客流量不均衡程度较大的情况下，可以采用以长交路为主、短交路为辅的列车交路安排，组织列车在线路上按不同的密度行车。同样，当高峰期间客流在空间分布上比较均匀，而低峰期间客流在空间上分布相差悬殊时，也可以在低峰时间采用长短交路列车运行方案，组织开行部分在中间站折返的短交路列车。

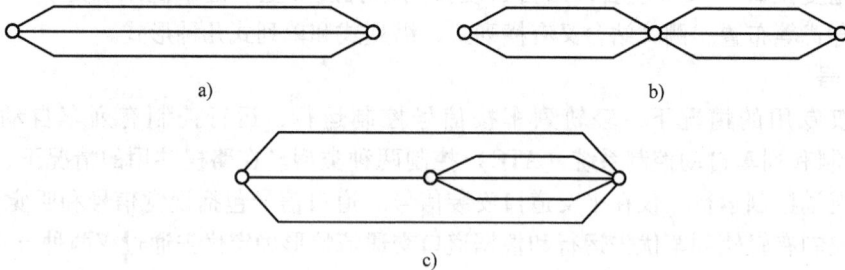

图 9-7 列车交路
a）长交路 b）短交路 c）长短交路

2. 列车运行方案

在传统的列车运行计划中，总是安排列车站站停车，但从优化列车运行组织、提高列车运行速度、节约乘客出行时间出发，根据具体线路的客流特点，也可比选采用下面两种列车运行方案。

（1）跨站停车列车运行方案 该方案将全线车站分成 A、B、C 三类。A、B 两类车站按相邻分布原则确定，C 类车站按每隔 4 座车站选择一站的原则确定。所有列车均应在 C 类车站停车作业，但在 A、B 两类车站则分别停车作业，如图 9-8 所示。

跨站停车列车运行方案减少了列车停站次数，因而能压缩乘客乘车时间，提高旅行速度。同时，由于车辆周转加快，能够减少车辆全程运行时间，降低运营成本。该方案的问题是：由于 A、B 两类车站的列车到达间隔加大，乘客候车时间有所增加；此外，在 A、B 两类车站间乘车的乘客需在 C 类车站换乘，带来不便。因此，该方案比较适用于 C 类车站客

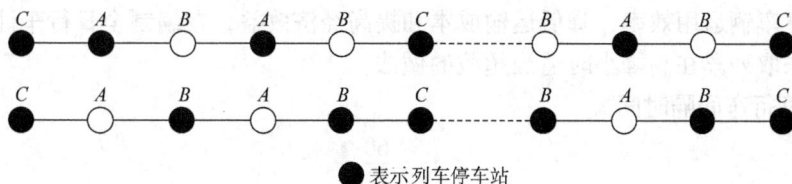

●表示列车停车站

图9-8　跨站停车列车运行方案停车示意图

流较大，而A、B两类车站客流较小，并且乘客平均乘车距离较远的情况。

（2）分段停车列车运行方案　该方案在长短列车交路的基础上，规定长交路运行列车在短交路区段外每站停车作业，在短交路区段内不停车通过；而短交路运行列车则在短交路区段内每站停车作业；短交路列车的中间折返点作为换乘站，如图9-9所示。

●表示列车停车站

图9-9　分段停车列车运行方案停车示意图

分段停车列车运行方案减少了长交路列车的停站次数，因而能压缩长途乘客在列车上耗费的时间，加快长交路运行车辆的周转。该方案的主要问题是：上下车不在同一交路区段的乘客需要换乘，增加了在车站内耗费的时间。因此，采用分段停车列车运行方案的基本依据是乘客时间得到的总节约应大于增加的总消耗。

3. 全日行车计划

全日行车计划是营业时间内各个小时开行的列车对数计划，它规定了轨道交通线路的日常运输任务，是编制列车运行图、计算运输工作量和确定车辆运用的基础资料。

全日行车计划根据营业时间内各个小时的最大断面客流量、列车定员人数、车辆满载率以及希望达到的服务水平综合考虑编制。

全日行车计划编制程序如下：

（1）计算营业时间内各小时应开行列车数 n_i 为

$$n_i = \frac{p_{max}}{p_L \beta} \tag{9-40}$$

式中　n_i——全日分时开行列车数（列或对）；

　　　p_{max}——单向最大断面客流量（人次）；

　　　p_L——列车定员数（人）；

　　　β——线路断面满载率（％），即单位时间内特定断面上的车辆载客能力利用率，可按下式计算：

$$\beta = \frac{p_{max}}{c_{max}} \times 100\% \tag{9-41}$$

式中　c_{max}——高峰小时线路输送能力（人次）。

为了提高车辆运用效率、降低运输成本和提高经济效益，在编制全日行车计划时，轨道交通系统可采取列车在高峰小时适当超载的做法。

（2）计算行车间隔时间 t_{jg}

$$t_{jg} = \frac{60}{n_i} \qquad\qquad (9\text{-}42)$$

式中　t_{jg}——行车间隔时间（min）。

（3）最终确定全日行车计划　在已经计算得到各小时应开行列车数和行车间隔时间的基础上，应检查是否存在某段时间内行车间隔时间过长的情况。行车间隔时间过长会增加乘客的候车时间，降低乘客的出行速度，不利于吸引客流。为方便乘客，提高服务水平，轨道交通系统在非高峰运营时间内，如9:00～21:00间，最终确定的行车间隔时间标准一般不宜大于6min；而在其他非高峰运营时间内，最终确定的行车间隔时间标准也不宜大于10min。另外，对全日行车计划中的高峰小时行车间隔时间，应检验是否符合列车在折返站的出发间隔时间。

例9-3　已知某地铁线路早高峰小时（7:00～8:00）客流量为40000人，全日分时最大断面客流分布模拟图如图9-10所示，列车编组辆数为6辆，车辆定员为300人，线路断面满载率高峰小时为110%，其他运营时间为90%。试编制全日行车计划。

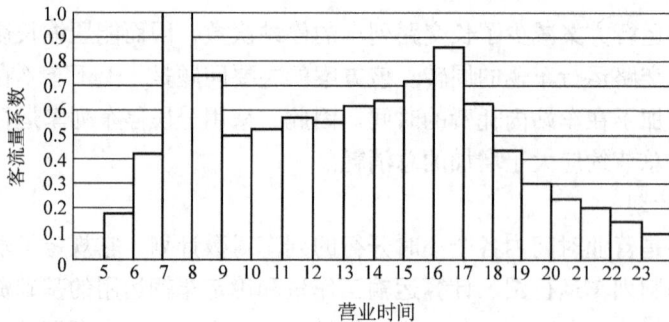

图9-10　全日客流分布模拟图

解　1）根据全日客流分布模拟图计算全日分时最大断面客流量，计算结果见表9-5。

2）根据式（9-40）计算营业时间内各小时应开行的列车数，计算结果见表9-6。

3）根据式（9-42）计算行车间隔时间，计算结果见表9-7。

4）最后确定全日行车计划。

检查计算得到的全日分时开行列车数及行车间隔时间，在非高峰运营时间内的5:00～6:00和19:00～23:00时间段行车间隔时间较长，为保持一定的服务水平，根据前面提出的列车开行数调整原则，最终确定全日行车计划，见表9-7。

编制完毕的地铁某线路全日行车计划全天开行列车234对，其中，早高峰小时开行列车20对，行车间隔时间为3min；晚高峰小时开行列车18对，行车间隔时间为3min 20s。全日客运量按早高峰小时全线各站乘车人数总和占全日客运量的一定比例估算，比例系数一般可取值为0.15～0.20，也可通过客流调查来确定。

表9-5　全日分时最大断面客流量

营业时间	单向最大断面客流量/人次	营业时间	单向最大断面客流量/人次
5:00~6:00	7200	14:00~15:00	25600
6:00~7:00	16800	15:00~16:00	28800
7:00~8:00	40000	16:00~17:00	34400
8:00~9:00	29600	17:00~18:00	25200
9:00~10:00	19600	18:00~19:00	17600
10:00~11:00	20800	19:00~20:00	11600
11:00~12:00	22800	20:00~21:00	10000
12:00~13:00	22000	21:00~22:00	8400
13:00~14:00	24800	22:00~23:00	6400

表9-6　全日分时开行列车数

营业时间	分时开行列车数/对	营业时间	分时开行列车数/对
5:00~6:00	5	14:00~15:00	16
6:00~7:00	11	15:00~16:00	18
7:00~8:00	20	16:00~17:00	18
8:00~9:00	18	17:00~18:00	16
9:00~10:00	12	18:00~19:00	11
10:00~11:00	13	19:00~20:00	7
11:00~12:00	14	20:00~21:00	6
12:00~13:00	14	21:00~22:00	5
13:00~14:00	15	22:00~23:00	4

表9-7　全日行车计划

营业时间	列车对数	行车间隔时间	营业时间	列车对数	行车间隔时间
5:00~6:00	6	10min	14:00~15:00	16	3min45s
6:00~7:00	11	5min25s	15:00~16:00	18	3min20s
7:00~8:00	20	3min	16:00~17:00	18	3min20s
8:00~9:00	18	3min20s	17:00~18:00	16	3min45s
9:00~10:00	12	5min	18:00~19:00	11	5min25s
10:00~11:00	13	4min35s	19:00~20:00	10	6min
11:00~12:00	14	4min15s	20:00~21:00	10	6min
12:00~13:00	14	4min15s	21:00~22:00	6	10min
13:00~14:00	15	4min	22:00~23:00	6	10min

四、轨道交通输送能力的计算

输送能力是指在一定的车辆类型、信号设备、固定设备和行车组织方法的条件下，按照现有活动设备的数量和容量，轨道交通线路在单位时间内（通常是高峰小时、一昼夜或一年）所能运送的乘客人数。输送能力是衡量轨道交通线路的服务水平和技术水平的重要指标。

通过能力反映的是线路所能开行的列车数，它是输送能力的基础。输送能力是运输能力的最终体现，它反映了在开行列车数一定的前提下，线路所能运送的乘客人数。在通过能力一定的条件下，线路的输送能力主要取决于列车编组辆数和车辆定员数，即

$$p = n_{max} m p_{ch} \tag{9-43}$$

式中　　p——线路在单位时间内单方向的最大输送能力（人次/h）；

　　n_{max}——线路在单位时间内单方向能够通过的最大列车数（列/h 或对/h）；

　　　m——列车编组的辆数（辆）；

　　p_{ch}——车辆定员数（人）。

最终输送能力还与车站设备的设计容量存在密切关系。这些设备包括站台、楼梯、自动扶梯、通道和出入口等。

1. 列车编组辆数

列车编组辆数 m 确定的主要依据是规划年度早高峰小时最大断面客流量，计算公式如下：

$$m = \frac{p_{max}}{n_{gf} p_{ch}} \tag{9-44}$$

式中　　p_{max}——年度早高峰小时最大断面客流量（人次）；

　　n_{gf}——早高峰小时内单方向能够通过的最大列车数（列或对）。

此外，在确定列车编组辆数时还应考虑如下制约因素：

（1）站台长度限制　在大多数的线路上，当列车编组达到 8 辆时，列车长度将和站台长度相等。

（2）对线路通过能力的影响　当列车长度接近站台长度时，要求列车在车站指定位置准确停车，通常要增加停车附加时间。并且，列车长度也影响线路的通过能力。

（3）经济合理性　采用长编组列车，车辆满载率在非运营高峰小时内一般较低。

2. 车辆定员人数

车辆定员人数由车辆的坐位人数和站位人数组成。站位面积为车厢面积减去坐位面积，站位人数可按 6 人/m² 计算。显然，轨道交通车辆的尺寸大小、座椅布置方式是决定车辆定员人数多少的主要因素。表 9-8 是部分地铁系统的车辆尺寸和车辆定员情况。

表 9-8 中所列的美国洛杉矶地铁采用大型车辆，但车辆定员相对较少，其原因是为了提高乘客的乘车舒适程度，以吸引私人汽车方面的客流，其他几个城市地铁的资料基本上反映了车辆尺寸和车辆定员的关系。20 世纪 80 年代前后修建的新加坡、中国香港和中国上海的地铁均采用大容量地铁车辆，车体宽度在 3.0～3.2m 之间。而前苏联的莫斯科等城市在修建地铁时，尽管各个城市的客流量差别较大，但均采用统一的小型地铁车辆，输送能力水平则是通过在运输组织上调整行车密度和列车编组辆数以及改变车辆内的坐位数和站位密度等

表 9-8　部分城市地铁车辆尺寸和定员情况

城市 参数	美国洛杉矶	新加坡	中国香港	中国上海	俄罗斯莫斯科
车宽/m	3.08	3.2	3.11	3.00	2.71
车长/m	22.78	23.65	22.85	24.14	19.21
坐位人数/人	68	62	48	62	47
站位人数/人	164	258	279	248	187
定员/人	232	320	327	310	234

措施来达到的。

五、列车运行组织

正常情况下的列车运行组织是指在营业时间内，采用基本列车运行控制方式和基本行车闭塞法情况下的列车运行组织。

1. 调度集中时的列车运行组织

调度集中是指挥列车运行的一种远程遥控设备。在调度集中时，自动闭塞为基本闭塞法。调度集中系统由调度集中总机、进路控制终端、显示盘与显示器、描绘仪、打印机和电气集中联锁设备等构成。

在调度集中情况下，由行车调度员人工排列列车进路，指挥列车运行以及进行列车运行调整。行车调度员通过进路控制终端键盘输入各种控制命令，控制管辖线路上的信号机、道岔以及排列列车进路；通过显示盘与显示器，准确掌握线路上列车的运行和分布情况、区间和站内线路的占用情况以及信号机的显示状态和道岔开通位置等。

在调度集中情况下，列车进入区间的行车凭证为出站信号机的绿灯显示。如出站信号机故障，凭行车调度员的命令发车。追踪运行列车间的安全间隔由自动闭塞设备实现。

2. 行车指挥自动化时的列车运行组织

行车指挥自动化是利用电子计算机控制调度集中设备，指挥列车运行的一种自动远程遥控设备。在行车指挥自动化时，自动闭塞为基本闭塞法。行车指挥自动化子系统（ATS）包括控制中心 ATS 设备、车站 ATS 设备和车载 ATS 设备三部分。控制中心 ATS 是一个实时控制系统，由调度控制和数据传输电子计算机、工作站、显示盘和绘图仪等构成，电子计算机按双机备份配置。车站 ATS 由列车与地面间数据传输设备和电气集中联锁或微机联锁设备等构成。车载 ATS 由列车与地面间数据传输设备等构成。

在行车指挥自动化情况下，由电子计算机通过调度集中设备实现当日使用列车运行图、列车进路自动排列和列车运行自动调整，指挥列车运行。控制中心 ATS 通常储存数个基本列车运行图，经过加开或停运列车等修改后的基本列车运行图称为计划列车运行图。使用列车运行图是当日列车运行的计划，由基本列车运行图或计划列车运行图生成。行车调度员通过显示盘和工作站显示器，准确掌握线路上列车的运行和分布情况、区间和站内线路的占用情况以及发车表示器的显示状态和道岔开通位置等。行车调度员也可应用人工功能，通过工作站终端键盘输入各种控制命令，控制管辖线路上的发车表示器、道岔以及排列列车进路，进行列车运行调整。

3. 调度监督时的列车运行组织

调度监督是一种行车调度员能监视现场设备和列车运行状态，但不能直接进行控制的远程监控设备。轨道交通系统采用调度监督组织指挥列车运行，通常是新线在信号系统尚未安装情况下投入运营时采用的过渡期调度指挥方式。为了实现调度监督，除控制中心的显示盘等设备外，需在车站安装出站信号机等临时信号联闭设备。在调度监督时，双区间闭塞为基本闭塞法。

在调度监督情况下，由车站行车值班员排列列车进路、开闭出站信号，行车调度员通过显示盘，监督线路上各车站信号机开闭显示、区间闭塞情况和列车运行状态，组织指挥列车运行。

在按双区间闭塞法行车时，列车正线运行限速 60km/h。列车接近车站时，司机应加强对接近车站的瞭望，控制进站速度，遇有险情立即制动停车。列车进入通过式车站的限速为 40km/h，列车进入尽头式车站的限速为 30km/h。

复习思考题

9-1　城市公交客运与私人自运相比有哪些优势？为什么许多国家都提倡公交优先发展？

9-2　城市公共交通客运有哪些形式？它们各有哪些优缺点？

9-3　城市公交客运路线的组织原则是什么？有哪些技术参数？

9-4　怎样确定城市公交客运中间站的平均站距？

9-5　城市公共汽车有哪些基本调度形式？应怎样选择？

9-6　城市公共汽车线路运行参数包括哪些内容？

9-7　怎样确定城市公共汽车的行车间隔时间？

9-8　出租汽车营运有哪些特点？其营运组织应重点做好哪些工作？

9-9　简述地铁和轻轨的技术特征。

9-10　简述全日行车计划的编制程序。

第十章　其他运输方式的旅客运输组织

第一节　铁路旅客运输组织

铁路旅客运输是铁路运输业的重要组成部分。在世界范围内，铁路运输正沿着两个方向发展：在国土面积比较大的国家，铁路运输主要服务于中、长途货运，如美国、加拿大、澳大利亚和俄罗斯（在这些国家，中、短途客运以公路运输为主，长途客运主要依靠航空运输）等；而在国土面积比较小的国家（如日本），铁路运输主要服务于中、长途客运。在我国，由于铁路旅客运输具有运量大、运行速度较高、安全性好、费用较低、能全天候服务等优点，所以它在中、长途旅客运输中占主导地位，其客运量和旅客周转量仅次于公路客运。

铁路旅客运输的工作性质和组织原则与货物运输有着如下较大的区别：

1）铁路旅客运输的主要对象是旅客，其次是行李、包裹及邮件。

2）铁路旅客运输在时间上有较大的波动性。为此，铁路的客运技术设备及客运能力应留有一定的后备，对不同季节应编制不同的列车运行图，并及时调整客运站的技术作业过程。

3）客运车辆都是按铁路局固定配属给各客运车辆段，以便于掌握客运车辆的运用及维修情况，确保客运车辆质量良好。这与铁路大部分货物车辆实行全路通用、不固定配属的运用和管理办法有较大的区别。

4）旅客列车的编组一般是固定的，其始发、终到站以及到、发和途中运行的时刻也是固定的。

5）铁路客运站的位置要求靠近城市，设在离城市中心 2~3km 处较为合适，并要求与市内交通及其他各种交通工具能良好地衔接与配合。

6）应合理选择旅客列车的质量标准和速度、发车密度，对各种列车的质量与速度应按其等级作出规定，并逐步提高列车的运行速度。

7）旅客列车到发线及站台一般应按方向和车次予以固定，不宜随便变动。

一、客流分类及旅客列车种类

1. 客流分类

客流是旅客根据其旅行需要，选用一定的运输方式，在一定时间和空间范围内作有目的的移动。客流信息是旅客运输系统的基本信息。目前，我国铁路对客流的分类，是按旅客的乘车行程是否跨越铁路局管辖范围为界限，将客流分为直通、管内和市郊三种。

（1）直通客流　是指旅客行程跨及两个及两个以上铁路局的客流。一般来说，直通客流旅行距离较长，旅客在途时间也较长，要求列车中挂有卧车及餐车，对列车服务标准要求较高，并要求有一定的舒适度。

（2）管内客流 是指旅客行程在一个铁路局范围之内的客流。一般情况下，管内客流旅行距离较短，旅客在途时间也较短，对列车服务标准要求较低，注重旅行方便快捷，一般可不挂餐车及卧车。

（3）市郊客流 是指往返于大城市和附近郊区之间的客流。市郊客流主要由通勤职工、通学学生以及去城镇赶集的商贩、郊游的旅客形成。旅客乘车距离短，但时间性较强，要求开行列车次数多，时刻适宜。旅客特别注重列车的准点、便捷。

目前，在全国铁路范围内，从完成的旅客运送人数来看，直通客流人数约占23%，管内客流约占70%，市郊客流约占7%。直通客流所占比例仍有上升趋势。管内客流，尤其是市郊客流，因公路运输的发展，所占比例相对在下降。

2. 旅客列车种类

铁路根据铁路线路的技术设备条件以及客流的不同需求，开行不同种类的旅客列车。目前，我国旅客列车分为准高速、快速、特快、快车和普客等几种。

（1）准高速列车 是指最高运行速度为160km/h的旅客列车。准高速列车是目前国内速度最高，车内设备完善、服务水平也较高的列车。准高速列车在广深线上开行，采用摆式列车，最高速度达到200km/h。

（2）快速列车 是指最高运行速度为140～160km/h的旅客列车。目前，在京广、京哈、京沪、京九等铁路干线上均开有快速旅客列车，其中在相距1000～1500km的大城市间开行了多对夕发朝至的快速列车，方便了旅客旅行。

（3）特别旅客快车（简称特快） 这种列车停站次数少，运行速度高，车内设备较完善，服务水平也较高，一般在首都与各大城市以及国际之间开行，因此又分为国际和国内两种特别旅客快车。国内特快又分直通特快和管内特快两种。

（4）旅客快车（简称快车） 是在各大、中城市间开行的列车。按其行程不同，又可分为直通旅客快车（简称直快）和管内旅客快车（简称管快）。

（5）普通旅客列车（简称普客） 主要用于输送各中间站的客流，停站次数多，直通速度较低，可分为直通旅客列车（简称直客）和管内旅客列车（简称管客）。

（6）市郊旅客列车 是在城市与郊区之间运行的列车，主要用于输送通勤职工、通学学生。市郊旅客列车定员较多，在各站及乘降所均停车，要求运行时刻适宜、准点，方便旅客乘车。

（7）混合列车 是在客流量很小的支线及临管线上运行的列车。由于沿线旅客少，列车编组除客车外，还编挂货车。

（8）旅游列车 是在大、中城市与名胜古迹、旅游胜地所在站之间开行的列车，主要用于输送旅游观光的旅客。旅游列车在速度、车内设施和服务质量方面都优于其他列车。

上述各种旅客列车按运行方向不同分为上行列车和下行列车。在我国，以向首都北京方向行驶为上行，由北京向全国各方向行驶为下行。每一列车都按统一规定编定车次。在同一个铁路方向上，为了服务于不同的客流，往往同时开行几种不同的旅客列车。

二、旅客运输计划

铁路为了有计划、有组织、均衡地运送旅客，必须编制旅客运输计划。旅客运输计划是确定旅客列车对数和客运机车、车辆需要数的基础，也是确定客运设备、客运机车、车辆修造计划及客运运营支出计划的重要依据。

（一）旅客运输计划的分类及编制依据

1．旅客运输计划的分类

旅客运输计划分为长远计划、年度计划和日常计划三种，不编制月度计划。

（1）长远计划　一般为5年、10年或更长时期的规划，是铁路客运的发展计划，主要规定旅客运输的发展方向、技术政策，旅客列车的速度、质量及有关的主要指标。

（2）年度计划　依据长远计划，结合年度具体情况编制，是旅客运输的任务计划。它是确定旅客列车行车量和客运机车、车辆需要数以及客运设备改建、扩建的主要依据。

（3）日常计划　根据年度计划任务，考虑假期、季节及日常波动情况而编制，是指导日常旅客运输的工作计划。在日常计划中，还根据各站提报的日计划，按照各次旅客列车的运输能力，对各站、各区段客流进行统一的平衡调整，以保证旅客运输任务的完成和旅客列车运送能力的充分利用。

2．编制旅客运输计划的依据

编制铁路旅客运输计划的主要依据有下列几项：

（1）客流调查资料　客流调查是编制旅客运输计划的基础。根据客流调查资料，可以掌握客运量的变化和发展情况。对于大批团体客流和节假日、双休日客流，可通过专门的客流调查直接确定流量和流向，从而为制定计划客流提供可靠的资料。

（2）旅客运输统计报告资料　旅客运输统计报告资料，是掌握旅客运输变化规律的重要资料，包括车站根据售出客票记录和各次列车上、下车人数等日常统计分析资料和局统计部门根据各站的售出客票报告、退票报告和局内交换资料（输入和通过客流）编制的客流统计报表。根据这些资料，可以分析历年来实际客流的流量、流向及其变化规律和客流增长率，可以查明旅客运输的季节性波动情况。通过分析各方向各次列车乘车人数的统计资料，可以确定各区段各次列车的利用情况。

（二）客流计划的编制

客流计划是旅客运输计划的重要组成部分，是实现旅客运输计划的技术计划，又是旅客运输能力的分配计划和旅客运输组织的工作计划。

客流计划的编制工作是在铁道部的集中统一领导下，根据客流资料，采取上下结合集中编制的方法进行的。客流计划可一年编制一次。其编制步骤分为三个阶段：

（1）下达任务，准备资料　在编制新运行图确定旅客列车开行方案前，由铁道部指定用某月份（称客流月）的客流统计资料作为编制依据，于客流月前下达编制客流计划和客流图的任务，同时公布全路直通客流区段。管内和市郊客流区段则由各局统计，与运输部门共同商定。铁路局根据铁道部下达的任务，督促各站、段认真填写客票和表报单据，并及时完整地向统计部门（统计工厂）寄送。客票和表报单据主要有常备客票月报、代用票、市郊定期客票及车补小票等。

（2）铁路局编制客流图和客流计划　各铁路局统计部门按铁路客货运输统计规则的要求，提出客流月的直通、管内和市郊分客流区段的发送旅客流向统计资料。各客运部门根据分客流区段的旅客流向资料，按日均数编制客流图，为编制列车运行图提供确定旅客列车对数和运行区段所需的计划客流量。

（3）铁道部汇总　铁道部组织各铁路局将所编制的直通客流图资料进行交换，并汇总在按局别的全路客流汇总图上。各局根据交换的资料，计算出直通客流区段的客流密度，连同管内和市郊客流量一起，汇总在全国铁路区段客流密度图上。然后各局分析客流调查和统计资料，并与过去几年的同期实际资料相比，预计客观形势可能的发展，推算计划期间客流的增长率，从而编制客流计划。最后按干线、支线分客流区段汇总成直通客流计划表，编制计划客流密度与现行运行图规定的旅客列车运送能力比较表，以提供编制列车运行图所需的资料。

（三）客流分配计划

客流分配计划又称票额分配计划，是旅客运输计划的重要组成部分。

票额分配工作是在编制新运行图时进行的。在旅客列车对数、行驶区段和列车编组内容确定后，根据旅客列车运送能力以及编制新运行图所使用的客流图、客流计划资料，按局别分不同车次、上下行、软（硬）卧铺、软（硬）座进行票额分配。其中，跨三局以上的旅客列车由铁道部负责，跨局的旅客列车由两局协商进行，并分别以部、局命令公布，与新运行图同时实行。

硬座票额的分配应认真贯彻先中转、后始发、保证重点的运输原则，做到长短途列车合理分工，确保长途旅客乘坐长途列车，短途旅客乘坐短途列车。硬座票额的分配数量以列车的实际定员数为基础，按各等级列车的超员率分配。优质优价列车不得超员，对非优质优价全程对号列车，为防止运力浪费，在始发站（或指定中途站）每辆硬座车厢可增加 10 个无座号票额。

软、硬卧铺和和软座票额的分配，应首先保证列车始发站长途旅客的需要，对途中省、市、自治区、铁路局和较大城市所在地的车站，适当分配一定数量的票额。软、硬卧铺和软座票额的分配数量为软、硬卧车和软座车的标记定员数。

总之，票额分配计划的编制是一项复杂而细致的工作。编制人员必须牢固地树立全局观念，正确地处理局部和全局的关系，从方便旅客出发，按照保证重点、全面安排的原则进行编制。

三、旅客列车的运行组织

旅客列车的运行组织是铁路旅客运输工作的主要组成部分。为满足旅客的旅行要求，铁路除要做好列车乘务工作外，还应做好旅客列车的运行组织工作。旅客列车的运行组织应以各方向客运量和客流规律为依据，着重解决下列几个问题：

1）合理地选择旅客列车的质量与速度。

2）恰当地确定各种旅客列车的运行区段和列车对数。

3）正确地编制旅客列车运行图和时刻表。

4）经济合理地确定客运机车、客运车辆的需要数。

（一）旅客列车质量和速度的选择

选择合理的旅客列车质量和速度，对组织旅客运输有着重要的意义，因为列车的质量和速度将决定机车的主要特征，决定着对线路、列车制动以及站线和站台有效长度的要求，决定着旅客列车的编成辆数及旅客在途时间的消耗，直接影响到铁路的客运能力、服务质量和客运设备的使用效率。选择旅客列车最有利质量和速度的方法不同于货物列车，应考虑的主要因素是提高旅客列车的直通速度，以缩减旅客列车的在途时间。

旅客列车质量和速度的确定方法是：

（1）拟定设计直通速度　在牵引类型和机车功率一定的条件下，列车质量越大，其运行速度越低。确定列车质量时，应以提高直通速度为主，其次应考虑旅客站台及站线的有效长度，并按列车种类和等级，参照现行各项技术标准，分别拟定其设计直通速度。

（2）审查修正直通速度　对初步拟定设计的直通速度，再按旅客列车在始发站、终到站的发车及到达时刻对旅客是否方便的条件加以审查及修正。修正直通速度，可采取减少列车停站次数、停站时分、区间运行时分和慢行时分等措施。

（3）确定合理的开车时间范围　合理的开车时间范围随旅客列车的运行距离和直通速度不同而不同，应从方便旅客乘车的条件出发，确定每列旅客列车合理开车的时间范围。

（4）确定列车质量和编组辆数　根据修正的直通速度，确定各区段的区间运行速度。通过牵引计算，求出列车质量理论上的允许值，并根据线路、站台的长度，加挂预留吨位等因素按列车种类和等级加以确定。

目前，我国铁路对旅客列车质量标准和编组辆数规定如下：特快、直快列车质量标准为800～1000t，编组辆数为15～20辆；普通旅客列车质量标准为800t，编组辆数为15辆。《铁路技术管理规程》规定，旅客列车最大编组数为20辆。

（二）旅客列车运行区段和行车量的确定

旅客列车的运行区段和行车量，基本上取决于客流计划。根据客流计划所绘制的客流图，能清楚地反映旅客的流量、流向，以及客流的发生和消失地点。客流图为划分各种旅客列车的运行区段、确定列车种类及行车量的工作提供了有利的条件。

1．运行区段的确定

直通旅客列车运行区段的确定，主要取决于各客流区段的直通客流量，其次是主要站所在地的政治、经济、文化情况及客运段设备条件。铁道部规定，跨两局的列车，其直通客流量不少于600人，跨三局的列车不少于500人，跨四局及其以上的列车不少于400人，可开行直通列车。

管内旅客列车输送沿途变动的客流时，运行区段的确定也应考虑其客流量的大小以及政治、经济、国防上的需要。

市郊旅客列车的运行区段，应考虑市郊客流递远递减的特点，可以按客流大小划分几个地段，组织市郊地段运输。

2．行车量的确定

在确定各类列车运行区段后，即可按整个方向上各客流区段的最小客流密度计算行车量，也就是为了最大限度地以直达运输吸收直通客流，一般将某个铁路方向的两端站定为旅客列车的始发站和终到站，然后再将客流密度变化较大的站间定为较短的旅客列车运行区段，并计算相应的行车量，要求整个方向上确定的旅客列车运行区段和行车量提供的客运能力应与各客流区段的客流密度相适应。对于市郊旅客列车行车量，主要是确定在早、晚两个高峰时间内开行的列车数，并根据市郊旅客列车的平均定员，计算其他时间内应开行的列车数。

铁路为适应市场的变化，开行不同种类和档次的旅客列车，如速度不同的普客、快车、特快、快速、准高速列车，质量不同的普通、空调、卧铺、豪华列车、旅游列车等。列车种类不同，运行距离不同，其列车编组内容的要求也不同，各种列车的平均定员也就不同。因此，在具体确定行车量时，应按列车种类分别确定。

（三）旅客列车运行图的编制

在确定了旅客列车运行区段和行车量之后，需要确定各次列车的运行时刻，即编制旅客列车运行图。由于我国铁路是客、货列车共线运行，因此，列车运行图上同时铺画有客、货列车运行线。列车运行图规定了各种列车占用区间的次序，列车在每个车站的到达、出发或通过时刻，列车在各区间的运行时间，列车在车站的停站时间标准以及机车交路等。

在编制列车运行图时，一般首先铺画旅客列车运行线。具体编制工作分两步进行：

1）铺画旅客列车运行方案图（简称客车方案图）。客车方案图主要是解决列车整体布局问题，是整个列车运行图的骨架。它用小时格运行图铺画，只是对每一方向画出各技术站间的列车运行线。

2）以客车方案为基础，具体铺画表示每一列车在各个车站到发或通过时刻的列车运行线，即列车运行详图。

（四）确定列车车底需要组数

旅客列车编组的客车车种［如软（硬）座车、软（硬）卧车、餐车、行李车、邮政车等］、辆数和编挂顺序一般是固定的，并由旅客列车编组表加以规定。这种固定连挂在一起的车列，叫客车固定车底，它在固定的运行区段内来回行驶，平时不进行改编。

车底在配属段所在站和折返段所在站之间往返一次所经过的全部时间，称为车底周转时间。周转时间的长短是决定某一对列车所需车底数目的依据。

设某到达站、某种旅客列车的车底周转时间为 Q_{CD}，在一个周转时间内平均每天发出的列车数为 K，则该到达站、该种旅客列车的车底需要数 n_{CD} 为

$$n_{CD} = KQ_{CD} = N \tag{10-1}$$

式中　N——车底周转时间内发出的该到达站、该种旅客列车的总数。

四、铁路客运调度工作

铁路客运调度工作是铁路旅客运输日常工作的重要组成部分，实行集中领导、分级管理，其组织系统结构如图10-1所示。

各级客运调度机构分别设置主任客运调度员和客运调度员。他们的基本任务是正确地编制和执行客运工作日常计划，有预见地组织客流，经济合理地使用客车和客运设备。

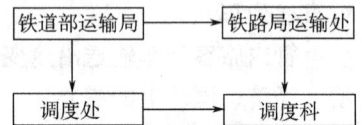

图 10-1　铁路客运调度组织系统结构

组织客运各部门紧密配合、协同动作，保质保量地完成旅客运输任务。在组织实现日班计划中，下级客运调度员必须服从上级客运调度员的指挥，部、局两级客运调度员分别由各级调度长统一指挥。

部、局客运调度分别负责全路、局管内的日常客运组织指挥工作。各级客运调度员是旅客和行包运输工作的指挥者、组织者。

（一）各级客运调度员的具体职责

1. 部客运调度员职责

掌握全路客流变化情况和国际旅客列车及直通旅客列车的运行情况，组织各局有计划地、均衡地输送旅客，处理跨局旅客列车的加挂、停运、变更径路、客车甩挂及调拨。

2. 局客运调度员职责

掌握团体旅客运输工作，分级监督组织旅客列车按运行图安全、正点运行，经济合理地使用客车和客运设备；掌握旅客列车编组和车辆检修、整备情况，及时调整车组的配挂；检查掌握专运列车和加开临时旅客列车及中转站的合理接续；掌握客流动态和行李、包裹运输的变化，及时提出增减车辆计划。

（二）客运调度的日常工作

1. 正确组织旅客及行李、包裹运输

铁道部和铁路局客运调度部门应经常分析发送旅客人数及行包波动情况，掌握和处理旅客列车的编组调整及车辆调拨，对节假日和大批旅客、行包的运送，做到有计划地安排和加开临时旅客列车。

铁路局客运调度部门还应做好日常及节假日发送旅客人数及行包波动情况分析、总结和汇报，制定旅客和行包输送日计划，督促检查各站做好计划运输工作，严格按批准的票额和规律数售票，掌握各次列车的区段密度、分界站报告，严格控制超员率，及时安排支农、抢险救灾和团体旅客、行包的输送计划，组织本局管内旅客的均衡运输。

2. 经济合理地使用客车

各铁路局客调部门应组织好本局配属客车的使用，掌握客车动态，建立专门的报表，用以了解和掌握客车运用情况，分析旅客列车晚点原因，统计本局出入客车，登记检修客车等。客调部门应了解各次旅客列车乘车人数的波动情况，根据乘车人数和区段密度，及时发布调度命令，调整"全国旅客列车编组表"规定的编组，增减或换挂车辆。

3. 监督旅客列车按运行图行车

旅客列车如果运行晚点，不仅打乱整个运行图，而且给旅客带来不便。因此，客调在监督旅客列车按运行图运行的日常指挥、组织工作中，应做好以下工作：

1）了解掌握旅客列车运行情况，摸规律，抓关键旅客列车、车站，发现问题及时解决。

2）对始发的旅客列车，应及时检查客车底的整备及取送情况，督促车站及时取送。检查机车交路，了解机车运用和整备情况，发现问题，及时通过有关部门联系解决。

3）检查和督促车站安全迅速地组织旅客乘降及行包装卸工作，保证旅客列车正点始发。

4）加强与相邻铁路局的联系。如遇接入晚点旅客列车，应及时与行车调度员联系，调整列车运行，并事先了解该列车行包件数，以便组织前方有关车站提前做好卸车准备，及时采取措施，恢复列车正点运行。

第二节　水路旅客运输组织

水路旅客运输是旅客运输体系中的一种既现代又古老的方式。随着公路、航空和铁路旅客运输的发展，水路旅客运输的运量和周转量呈下降趋势，但在旅游观光和在陆岛间、岛屿间及海峡间的中、短途客运航线以及内河、湖泊等的某些客运航线仍没有间断，起着不可替代的作用。

一、水路旅客运输分类和运输船舶类型

（一）水路旅客运输分类

水路旅客运输按其航行区域，大体可划分为四种类型：远洋旅客运输、近海旅客运输、

沿海旅客运输和内河旅客运输。

远洋旅客运输通常是指国家或地区之间，经过一个或数个大洋的海上旅客运输，如我国与东西非洲、欧洲、南北美洲、地中海、红海、澳大利亚等地区之间的运输。远洋旅客运输航程长、船舶周转慢，受航空客运发展的冲击，现已基本退出客运市场。

近海旅客运输是指国家或地区之间，只经过沿海或太平洋或印度洋的部分水域的海上旅客运输，如我国与韩国、日本等地区之间的运输。

沿海旅客运输是指沿海区域各地（港）之间的旅客运输。我国沿海旅客运输的范围包括：自辽宁的鸭绿江口起，至广西壮族自治区的北仑河口止的大陆沿海，以及我国所属的沿海岛屿及其与大陆间的全部水域内的旅客运输。我国沿海旅客运输以上海、大连、广州为中心，有主干航线16条。

内河旅客运输是指在江河、湖泊、水库及人工水道上从事的内陆旅客运输。我国目前的内河旅客运输，以长江、珠江、大运河等航线为主。

（二）旅客运输船舶类型

旅客运输船舶按服务种类不同，可分为运输船、旅游船、游览观光船；按航程不同，可分为干线运输船、区间运输船、近郊运输船、市区运输船、渡船；按航速及运载对象不同，大致可分为客船、客货船和高速船。

1. 客船

客船是专门用于载运旅客及其行李和邮件的运输船舶。由于客船多为定期定线航行，通常也称为客班船。客船上除设有旅客舱室外，还设有餐厅、娱乐等文化生活设施和活动场所，同时船上还应设有足够数量的消防、通讯、救生等设备。为保证旅客安全，船体结构必须设双层底。客船与其他交通工具比较，具有客运量大、费用低、安全性较好、旅客的活动面积大等优点。

客船有远洋客船（用于近海客运）、沿海客船和内河客船等几种类型。远洋客船正向豪华旅游型发展，大型国际豪华客船一般还设有影剧院、花园、咖啡馆、游泳池、各类球场、健身房、运动场、医院、商场和银行等，像一座繁华的城市。现代客船一般在船的中部和尾部设有跳板，供旅客自备的小型旅游车辆驶进船上的车库。远洋客船的（总）吨位一般为2~3万t，最大的可达7万t，航速达29kn左右；沿海客船（总）吨位也在1万t左右，航速为18~20kn；内河客船的吨位较小，航速也较低，因航行于江河湖泊之上，水面风浪小，航行比较平稳，故在建造结构方面不如海船要求那样高。客船中除了大型船舶外，还有作为短途运输的客船和渡船，如城市的对江渡船。这类船舶设施简单，一般只设座位，不设铺位，但船舶要有灵活的操纵性。

2. 客货船

客货船是以载送旅客为主，兼运一定数量货物的运输船舶。客货船除了与客船同样需要具有专为旅客生活服务和安全运输的各种设备外，还设有货舱及起重设备。

3. 高速船

目前，世界上各航运发达国家都十分重视高速船的开发和应用，并从初期的内河、港湾、岛屿之间单一的短途高速客运向高速货运和高速客货运输发展，航速也由25~35kn提高到35~45kn，甚至更高。

目前，国内外批量投入商业性营运的高速客船大致可分为三类：水翼船、气垫船、双体船。

（1）水翼船 水翼船在船底部装有浸在水中的水翼，航行时靠水翼产生的升力使船体全部或部分升离水面而实现高速航行。目前，水翼船主要用于内河或沿海旅客运输。它的满载排水量约在 100～300t，最多设有 300 个客位，属于小型高速客船。

（2）气垫船 利用高压空气在船底和水面（或地面）间形成全部或部分垫升而实现高速航行的船舶叫气垫船。目前，气垫船类型有侧壁式和全浮式两种，前者采用刚性侧壁，喷水或由水中螺旋桨推进，故只能在水上航行；而后者因为船体全部浮在水上，所以不能用水中螺旋桨推进，采用柔性围裙空气螺旋桨推进，其最大特点是具有两栖性能。

（3）双体船 双体船由两艘并列的相同尺寸的船体所组成，用设在水线以上的中间联桥把两个船体连接成一个整体。双体船分别有两个船首、两个船身和两个船尾。每个船体各装有一台主机和一个推进器，行驶时左右两台主机同时工作。双体船是适合沿海和内河航运的高速客船，也是目前我国高速水路客运中使用最多的船种。

二、客运航线规划设置与配船

客运船舶运行组织形式与货船相同，也分为航线形式和航次形式两种。

（1）客运航次形式 是指客运船舶的运行没有固定的出发港和目的港，客船仅为完成某一次旅客运输任务，按照预先安排的航次计划运行。一个航次完成后客运船舶便处于空闲状态，它可以开始新的航次。

航次形式是船舶运行组织的一种辅助形式，对航线形式能够起到调整和补充作用。因市场需要，或因航线长、稳定客流少或客流高峰而客船数量少时，可按航次形式组织运行。

（2）客运航线形式 是指在固定的港口之间，为完成一定的旅客运输任务，选配一定数量的、性能接近的、适合具体营运条件的客运船舶，并按一定的工艺过程组织它们的生产活动。航线形式是船舶运行组织的基本形式。

客运航线按航行区域分为远洋航线、近海航线、沿海航线、内河航线；按是否定期到发船可分为定期航线与不定期航线；按管辖范围或航线距离分为长途航线、短途航线、市郊航线、市区或轮渡航线；按照客流和航行条件的不同分为直达航线和非直达航线；按运输对象不同可分为客运航线、客货运航线、旅游航线、车客渡航线。组织航线客运的首要条件，是要有稳定而量大的客流。

客运船舶运行组织的主要内容就是规划客运航线、选配适当的客运船型、制定客运船舶运行时刻表。

（一）客运航线规划设置

1. 客运航线规划的基本原则

在制定或组织客运航线时，应遵循如下基本原则：

1）最大限度地方便旅客，满足社会各阶层旅客的水运需要。

2）使船舶的利用效率最高，经济效益好。

3）能充分利用港口客运设施并尽量使港口工作均衡。

4）客运航线能与其他运输方式合理衔接、协调配合。

5）客运航线系统布局合理，在整个客运交通网络系统中应具有较强的竞争能力。

2. 客运航线系统规划的方法

研究水上客运航线系统，不能孤立地从以往的航运系统来推断其今后的发展趋势，而应从整个客运系统出发，采用系统分析的方法进行规划。客运航线规划的步骤大致如下：

1）分析现有客运航线的营运情况。

2）综合分析客运航线两端点港间的各种客运方式。

3）分析航区经营环境的变化。

4）分析旅客需求的变化。

5）新航线的构想及航线多方案设计。

6）对设计的方案进行分析和评估。

7）选择方案。

（二）客运航线配船特点

每一条客运航线都有其特点，在这些航线上经营的船舶必须符合航线的特征。因此，客船是专门为特定的航线设计建造的，是专用型的。

客运航线选配船舶的特点有以下几方面：

1）同一航线上，船舶的性能应相同或力求一致，以保证船舶能按相同的规律而有节奏地运行。

2）航线配船时，应考虑航线上的发船密度与计划期的发船次数，以满足航线上的运输要求，并使船舶得到最好的利用。此外，客货运航线还应考虑船货的适应问题。

3）在长途客运航线，应配置设备较完善、速度较高、配备有卧铺的船舶；在游览、休养航线上的船舶，设备配置亦应完善，为便利旅客观看沿途风光，航速不要太快。

4）短途客运航线，特别是支农航线，服务对象主要是农民，他们自带东西较多，应采用比较经济实惠的船型，即不论是舱室或走廊，均希望宽敞些，桌椅等设备最好还能随时拆装，以利存放东西，同时甲板层数不能过多。

5）市郊或市内客运航线，因为旅客多数是工人、干部、学生及居民，他们乘船时携带的东西较少，故舱室内座位的布置应力求紧凑，以利提高船舶的营运经济效果。除此之外，在短距离、客运量大的航线上，为了及时输送旅客，要求发船密度大，旅客上船、上岸迅速，而不宜选配载客量太大的船舶。

此外，在客运工作中还必须重视高峰期的客流组织，如旅游季节、双休日和节假日等会出现客流高峰，要事先作好计划和安排。除了需要增运船外，还应加强船舶的运行组织以及港口客运站的工作（客运业务和客运服务工作）安排，以最大限度地满足旅客的乘船要求。

客运航线的发船规律，应尽量便于旅客掌握。因此，航线上更应重视定期、定时地发船，即要求航线上的发船间隔时间为一昼夜的整数倍或为 $24/n$（n 是能除尽 24 的整数）。同时，船舶往返航次时间，应为发船间隔的整数倍。

三、客运航线船舶运行时刻表的编制

为了使客运航线的船舶运行准确及时，并与航道、港口工作密切配合，要求船舶必须按照规定的运行时刻表运行，以提高船舶正点率，保证正点运行，不能借故早到、早开和无故迟到。运行时刻表规定了船舶在各自航线上的始发港、中途港，终点港的到、发时间和停泊时间以及各航段上的航行时间（见表 10-1）。

从表 10-1 可以看出，船舶运行时刻表是先从航线始发港取一适当的发船时间记入表内，然后加上航行至下一港口的航行时间，即得到下一中途港的到达时间，再加上规定的停泊时

表 10-1　内河船运行时刻表

下水				航线港名	上水			
航行时间	到船时间	停泊时间	发船时间		发船时间	停泊时间	到船时间	航行时间
			18:00	E		12h	06:00	
11h								14h50min
	05:00	30min	05:30	D	15:10	30min	14:40	
14h10min								17h45min
	19:40	30min	20:10	C	20:55	30min	20:25	
4h								5h20min
	00:10	1h10min	01:20	B	15:05	1h10min	13:55	
16h40min								20h55min
	18:00	23h		A	17:00			
45h50min		25h10min		合计		14h10min		58h50min

间，即得到此港的发船时间，依次类推。终点港的下水（上水）发船时，系以上水（下水）到船时间加上在终点港预定停泊时间求出。

编制和确定的船舶运行时刻表，既要保证航行安全，又要最大限度地方便旅客。安排船舶在各港的到发时间及经过某些航段的时间，要求做到：

1）长途航线一般始发港的发船时间最好在傍晚，到达终点港的时间最好在早上，进入主要中途港和经过风景区的时间尽可能安排在白天。

2）在中转港或与其他运输方式相连的地点，应与相邻的其他航线和其他运输方式的运行时刻表相衔接，以保证旅客能及时并有足够的时间换乘车船。

3）对于短途或市郊的客运航线，应当使农民能在早上赶到集镇，而晚上又能方便地乘船回去；对于某些设备简陋的小站，由于夜晚旅客候船和上下船极不方便，船舶不宜在深夜进出。

4）对于市内或市郊航线，其早晨发船应保证职工有足够的时间在上班前赶到工作地点，晚上收班应在市区公共娱乐场所散场之后。

5）运行时刻表的编制，必须特别注意保证船舶安全，尽量使船舶不在夜间通过险要航道（如有暗礁、浅滩、急流、狭窄的航段），也不要在险要航道处会船或超越，并力求减少或消除通过限制航段和船闸的等待时间。

6）在安排运行时刻表时，对船籍港应给予足够的停泊时间，以便船舶检修、清扫、补给，并让船员得到适当的休息。

7）由于内河水道在不同季节，其水位和流速一般都有较大的差别，因此船舶运行时刻表应按不同的水位历期分别制定。

编制好的船舶运行时刻表，应在候船室和船舶明显之处向旅客公布。若因故船舶晚点亦应及时向旅客公布，以便旅客了解船舶的运行情况。

四、客运船舶生产调度

水运生产调度部门的基本任务是：以客（货）运输为中心，科学地组织船舶的生产活动，编制和执行水运生产计划，经济合理地利用船舶和港口设备能力，搞好有关部门的协作，加速船舶周转，多快好省地完成客（货）运输任务，努力为国民经济、对外贸易、人民生活和国防建设服务。

目前，我国港口调度系统实行分级管理。交通部设有生产调度局，实行"部调"职权；各海运局、航运局、远洋运输公司以及各港务局均设置调度机构，通常称为"局调"；而各海（航）运局下属的分局和港务局下属的作业区的调度部门则分别称为"分局调度"、"区调"。各级调度在生产业务上实行集中指挥、分级管理。

1. 港口船舶调度（港调）

港调主要组织内港拖轮（也叫港作拖轮）进行拖带作业，因为有些大型客货船，有时要借助港作拖轮才能靠码头。港调的任务很繁重，他应熟悉港作拖轮的性能，如吃水、抗风力、控制力（船体强度）、驾驶台高度等，同时也要熟悉被拖船的性能。

港调工作主要按照"指泊"确定的停靠码头，按计划派出适当的拖轮，将船舶或驳船拖带到指定的泊位进行作业，作业完毕应及时将其拖离，以免妨碍其他船只进入作业。因此，港调要经常不断地掌握停泊船的作业动态。

有的在港调中还分有"锚调"，即港口锚地调度，其主要任务是掌握港作拖轮接送船舶的情况，负责船队的编解工作和锚位的使用。锚调对进港船舶来说是港口调度工作的开始，对出港船舶来说是港口调度工作的结束。

2. 运行船舶调度（运调）

运调主要负责选定船舶航线，决定船舶到、离港时间，掌握船舶运行动态等。它负责管内船舶的安全航行，并昼夜不停地组织所属船舶的运输生产。

运行调度与航行中的船舶保持通信联系。船舶一般在每日 6 时、12 时、18 时、24 时分四次向运调报告自己的船位。"船位报"的内容是：船名、船位、航向、速度、风浪状况、预计何时到达下一港口。

运调还要经常向上级调度部门汇报生产情况，一般每日港、航间有三次固定通话时间，分别为 8 时、14 时、20 时。临时发生的重要问题，应随时通话联系。

运调还要协助处理港口生产中出现的各种矛盾，制定船舶旬度周转计划，并考虑各种指标，力求在完成运输计划的过程中，不断压缩船舶停港时间，降低运输成本。

第三节　航空旅客运输组织

民航业在国家综合交通体系中具有不可替代的地位和作用，尤其是在长距离高速旅客运输和国际旅客运输中占据特殊而重要的地位。在我国，航空客运的发展已成为某地区经济是否发达、对外开放是否有利的重要标志。

近几年来，我国民航运输发展迅速。民航旅客周转量已由 2000 年的 970.5 亿人·km 迅速增加到 2004 年的 1782 亿人·km，旅客运量由 2000 年的 6722 万人增加到 2004 年的 1.21 亿人。2004 年，中国民航总周转量和旅客运量突破 200 亿 t·km 和 1 亿人次大关，进入世界前 3 名，已成为民航大国。

截至 2004 年底，我国定期航班航线达到 1200 条，其中国内航线（包括中国香港、中国澳门航线）975 条，国际航线 225 条，境内民航定期航班通航机场 137 个（不含中国香港、中国澳门），形成了以北京、上海、广州机场为中心，以省会、旅游城市机场为枢纽，其他城市机场为支干，联结国内 127 个城市，联结 38 个国家 80 个城市的航空运输网络。

截至 2004 年底，中国民航拥有运输飞机 754 架，其中，大、中型飞机 675 架，均为世界上最先进的飞机。

随着社会经济的发展、人民生活水平的提高和工作节奏的加快，航空运输将会越来越普及。

一、民用航空运输生产体系

根据生产性质，民航运输生产可以分成以下 5 大体系。各生产体系分别由民航局的有关部门负责管理。

1．机场保障体系

机场是航空运输生产的重要基地。机场保障为空中客、货、邮运输的地面准备和空中飞行提供跑道和必要的场所与设施，还包括场地、水电、灯光、特种车辆，以及旅客候机的场所和相关服务设施，并提供安全检查和安全救援服务。在国际机场，还设有边防、海关、检疫等派出机构，为国际航班旅客运输提供必要的服务。

机场保障工作主要由机场当局负责组织、管理和实施。

2．机务维修管理体系

机务维修管理体系的任务是，维护航空器正常运转，实施对航空器、发动机、通信导航和驾驶控制等机械与电子电气设备的检测与维修，使航空器保持适航状态，是保证空中飞行安全的重要环节。

机务维修是航空公司的重要生产部门，一般分布于航空公司的基地机场和经停机场。一般来说，航空公司从维修力量和运营成本考虑，通常将经停机场的机务维修委托给其他航空公司或专业机务维修企业代理。航空器的机务适航性能管理，则由民航管理当局的适航部门专门负责。

3．航行业务管理体系

航行业务管理主要负责航行调度、通信导航、气象保证、航行情报服务与空勤人员管理等工作，为民用航空运输提供一个完整的飞行保障体系。

为了便于理解民航运输生产管理过程，下面对航务管理的几个概念进行简要介绍。

（1）航行调度　航行调度主要负责飞行调度（又称签派业务）和空中交通管制。调度管理部门通过审定飞行计划，进行有序的飞行安排和组织实施。其主要工作有：掌握飞机的起飞和空中飞行动态，确定飞机的接受和放行；协调和维护空中交通秩序，防止飞行碰撞和危险接近；协助处理特殊情况，及时进行紧急告警，并提供准确而有效的飞行情报。

我国的空中交通管制，由空军统一领导。中国民航系统实行民航总局、地区管理局、省（市，自治区）管理局和航空站的四级管理体制，设立航行指挥调度室，实施民用航空运输飞行活动的航行调度业务管理。

（2）通信导航　民航通信导航是保障空中安全飞行、维持空中正常交通秩序的重要指挥工具。

民航通信分为地面通信和地空通信。地面通信主要用于传递飞行、气象、生产和各种业务信息。地面通信网由国际通信线路、国内干线和地方航线通信线路，以及航行调度电话通信等专用线路组成。地空通信用于地面的空中交通管制指挥塔台对空中交通进行指挥，传递飞行指令、飞行动态和飞行情报等。

民航导航业务分为机场导航、航路导航和航行管制监视等。机场导航为飞机的起飞和降落提供方位、距离和定位信息；航路导航为飞机提供导航信息，以使空中飞行的飞机能够安全地、正确地沿着既定航路飞行；航行管制监视是对主要航路的飞机进行监视，实行空中交通管制，维护空中交通秩序，保证飞行间距，提高飞行效率。

（3）航行情报服务　为了保证运输飞行任务安全顺利的完成，有关部门专门收集整理有关机场、航路、航线、通讯、导航、气象、空中管制、飞行禁区、飞行限制区以及空中走廊等方面的资料和数据，提供给机组、指挥调度部门和有关航空技术单位，以便在计划、组织和指挥飞行过程中使用。

4．油料供应体系

油料供应的中心任务是向民航运输飞行提供优质的航空燃油服务。在我国民航管理体制改革以后，民航总局成立了专业航油公司，负责我国民航运输企业航空燃油的集中供应和专业管理工作。

5．运输服务体系

运输服务部门负责制定运输生产计划，组织客货运输，提供运输飞行，控制服务质量，开拓运输市场，创造经济效益。实质上，运输服务是航空运输企业回收生产投资的主要途径。

航空公司是提供运输服务的主体。它通过在航线机场的生产部门和各地的销售代理，实施公司的生产计划，进行具体生产的组织实施与过程管理。

二、民航旅客运输生产组织

民航运输生产的组织过程，就是各生产职能部门根据各自的生产计划和工作任务，组织人力、物力实现工作目标的过程，也是航空公司、机场管理局、航务管理、油料供应等单位的合作过程。

（一）民航旅客运输生产组织工作的主要内容

就航空公司的运输生产这一过程而言，民航旅客运输生产组织主要包括以下几方面的工作。

1．市场营销组织

航空公司的主要经济收益来源是依靠运送旅客。为了达到预计的经济收益目标，市场销售工作十分重要。

航空运输企业在对市场进行了周密的调查分析和预测之后，根据企业的发展目标，制定可行的市场计划。根据市场计划，对销售网点分布、销售渠道拓展、制定促销方案和销售价格政策等工作进行部署，组织客源，安排运力，具体实施。

2．制定航班计划

航班计划是航空运输企业组织生产的核心，是安排、协调生产部门和管理部门各项工作任务的行动纲领，是企业赖以生存的基础。因此，航空公司根据市场计划、旅客（货物）运量，科学地安排运力，在与机场、航务、油料等业务管理部门充分协调的基础上，制定出有一定时间规则的航班运输计划，这就是航班计划。航班计划经过有关当局审批后，以航班时刻表的方式向社会公众公布，在规定的期间内向社会提高航班服务。

3．座位管理

航班座位管理一般通过计算机订座系统（CRS）来实现。通常采用集中控制、规定配额和始发控制等方法，对航班座位进行有效的控制。乘客通过多种订座方式进行航班机票预定或预购。

（1）航班订座方式　就其本质而言，航班订座就是预定和预售航班座位。我国民航客运订座可以分为以下几种方式：

本地订座：旅客向航空公司在当地的销售代理或售票处订座。

改留订座：取消旅客原先要求预定的座位，改订其他航空公司的航班。

重复订座：对同一航班预定多次。

电话订座：通过电话向航空公司的销售代理或售票处订座。

协议订座：大型企业或政府机关等团体单位与航空公司签订某种协议，对某一或某些航班预定一定数量的座位，并在票价价格方面达成一定的协议，保证航空公司和顾客的共同利益。

不管采用哪一种订座方式，所预定的航班座位，旅客必须在规定的时限内办理购票手续，否则订座效用终止，航空公司将有权处理这些超期未购的座位。

（2）订座控制　无论是通过 CRS 系统订座还是手工订座，销售代理进行航班座位预定或客票销售的数量与权限均有一定的限制。目前，航班订座的控制方式有以下几种：

1）集中控制。航班的座位销售由订座中心或航空公司本身的销售部门集中控制。根据规定或与销售代理的销售协议，订座中心或航空公司向销售代理或售票处分配销售权限和数额。这种方式有利于掌握航班销售动态，及时调整市场销售，达到最大化销售，最大限度地提高航班乘坐率。

2）航班始发站控制。在一些手工订座的航班始发站，航空公司为了掌握市场销售，将航班座位控制权集中在始发站的销售管理部门，由航空公司在始发站的售票处或销售代理销售。这种方法仅仅是对没有 CRS 系统的一种补充，不利于及时掌握航班的销售情况。

3）配额控制。航空公司对旅客较为集中的始发站或航班中停站给予一定数量的航班座位销售配额，并在规定的时限内将多余的座位返还给航空公司的座位控制部门。

在我国，国内航班的订座与销售工作越来越多地利用中国民航 CRS 分销系统，显著地提高了订座效率和销售水平，提高了航班乘坐率。

（3）订座管理　航班订座并不等于销售。只有在旅客办理了购票手续之后，预定的座位才算真正地被销售出去。在实际销售过程中，往往有下列几种情况发生：有的旅客不进行订座，直接购票乘机；有的旅客进行订座，但最终并没有购票或购票后未登机。对于航空公司来说，最坏的情况是，在航班飞机起飞时，一方面飞机有不少空座，另一方面却有旅客买不上票而乘不上该航班。

这里存在几个问题。一是订座与实际销售存在的差距，就是如何根据订座信息预测销售形势；二是订座控制部门与销售部门的市场信息沟通。解决这些问题的途径，一方面是充分利用现代化售票系统，分析市场销售信息，及时采取相应的促销手段；另一方面，根据市场销售经验，对订座进行灵活管理，采取"超售"策略。

4．吨位控制

吨位控制的目的是在保证运送乘客的基础上，充分利用飞机的运载能力，配以足够的货物或邮件，以提高飞机的载运率，降低飞行成本。吨位控制过程是通过对航班飞机进行配载平衡实现的。通过合理的吨位管理，不仅充分而有效地利用了运力，而且能够保证航班飞行安全。

5．运输飞行组织管理

根据我国民航系统的生产规范，运输飞行通常由四个阶段的工作组成：

（1）运输飞行预先准备阶段　飞行预先准备阶段的工作，通常在执行飞行任务的前一天进行。航空公司根据航班时刻表，编排次日的飞行计划，准备飞机，安排机组，确定航线，通报航务管理部门。相关机场当局和油料供应部门，应协调配合地做好相应的准备工作。

（2）运输飞行直接准备阶段　在飞行预先准备工作的基础上，为飞机的安全放飞进行起飞前的准备。有关部门和人员将根据飞行计划和地面保障工作计划，检查飞机和地面保障实施情况，组织旅客登机，装载货邮，研究航线天气情报和航路情况，了解前方机场和备降机场情况，准备特殊情况处置方案，调配相关空域活动，准备飞机起飞。

（3）运输飞行实施阶段　飞行实施阶段是完成运输生产任务的关键环节。在这一阶段，飞机处于空中飞行状态，主要是飞机机组人员和航务人员密切配合工作，共同完成安全飞行运输任务。

（4）运输飞行总结讲评阶段　这一阶段的工作主要是对飞行安全、服务质量、航班正点、地面保障等方面的工作进行总结与评估，以便总结经验教训，改进组织管理工作，提高运输生产质量。

6. 生产调度

我国民用航空运输飞行活动，由民航总局的总调度部门统一监控，协调管理全国各大区域的飞行计划和飞行活动。在总调度部门的管理基础上，民航各地区（地方）管理局的调度部门对本管辖区域内的飞行活动进行协调与管理。

在民航运输生产的具体过程中，航空公司、机场当局、航务管理、油料供应等单位在统一协调下，各相关生产部门联合行动，配合完成各项相关任务。

航空公司是最终完成具体运输任务的主体。其生产调度部门的职责，是根据航班计划、生产计划和生产现场的需要，指挥、部署、协调和组织运输生产力量，以保证生产第一线能够正点、高效、经济、顺利地按照要求完成生产任务，为公众提供最佳服务，为企业创造最佳效益。

（二）航班计划

如前所述，民航运输飞行有定期航班和不定期航班之分。定期航班飞行是航空公司的主要生产方式，其生产量应是全企业生产总量的主要部分。民用航空运输企业的生产行为，都是围绕实现航班计划而共同努力的。民航运输企业的计划部门，根据企业的发展目标和市场要求确定运输飞行航线、机型、航班班次、航班班期以及航班时刻等具体内容，供生产部门安排和实施。

1. 航线选择

航线选择是航班计划的基础。航空公司在获得了航线经营许可权之后，才有可能根据航线的特点，制定具体的航班计划。对于航空公司来说，航线就是市场。满足航班飞行的航线必须满足以下几点要求：

1）有能够供民用客机起飞和降落的机场和地面保障措施。

2）具备满足民用客机飞行的航路条件，如导航、气象等。

3）具有有关当局审批的飞行许可权。

航班的航线飞行主要有以下几种方式：

（1）直达航线　这类航线是指在始发机场和终点机场之间往返直飞，没有经停点，一般处于运输量较大的城市对之间，如图 10-2 所示。其特点是，中间没有经停点，旅途时间短，成本低，具有较好的经济效益，颇收市场欢迎。

（2）间接对飞航线 这类航线在始发机场和终点机场之间有经停点，回程按原路飞行，如图10-3所示。采用这类航线的主要原因，一般是由于直飞时没有足够的客货运量，通过提供中途机场的停靠，补充载运业务，以降低飞行成本。

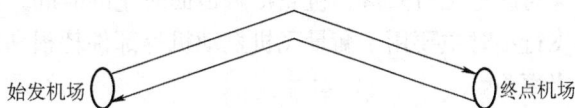

图10-2 直达航线示意图

（3）环形航线 这类航线回程不按原路返回，如图10-4所示。其主要原因，一般是由于单向运量不足。

图10-3 间接对飞航线示意图

2. 机型选择

在航线选择的基础上，根据航线运量、停降机场、航线距离、备用机型、航线维修能力等情况，选择航班飞机的机型。

3. 航班班次、班期和时刻表的确定

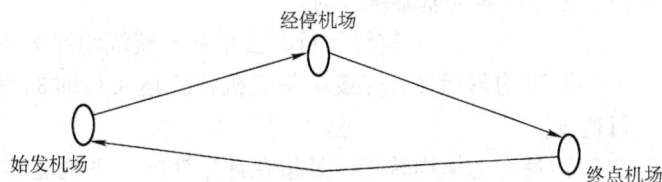

图10-4 环形航线示意图

航班班次、班期和起飞时刻这三者相互联系，反映航班的飞行频率、飞行时间。通常以周（7天）为单位，具有一定的规则。

确定航班班次多少，主要依据航线的运量、班期和起飞时刻、季节、机场条件、航班衔接等因素来确定。

在制定航班计划时，除了考虑以上几个主要方面之外，还必须综合考虑航线机场负荷以及航务等因素。

航班计划经民航管理局审批后，以航班时刻表的形式向社会公布，并付之实施。

（三）航线生产计划

航线生产计划是一项综合性计划。通常是确定一系列生产指标，用于衡量民航运输企业的生产量、生产能力、生产效益和生产质量。它不仅用于确立企业运输生产的各项目标，而且用于考核各项生产指标的完成情况。航线运输生产计划性指标通常有以下一些内容：

（1）飞行班次 计划性飞行班次，应该是航班时刻表上规定的每周飞行航班次数。在实际运营中，可能会有取消航班或加班飞行的情况。在制定航线生产计划过程中，飞行班次的计算是以始发站的飞行次数为基准的，即

$$飞行班次 = 2 \times (航班计划每周班次 \times 实际执行周数) \qquad (10-2)$$

（2）航线距离 航线距离是民航管理局颁布的直接飞行距离，也是民航运输企业的法定运营收益里程。这是制定票价、统计运输周转量等生产指标的统一里程标准。在实际运输飞行中，由于天气、故障、等待等原因，可能有绕飞、盘旋等情况。因此，实际飞行里程不一定完全与航线距离公里数相等。

（3）飞行小时　飞行小时就是飞机在空中飞行的小时数。计算方法是从飞机起飞、机轮离地时起至飞机降落、机轮接触地面时止的时间，通常由飞机仪表记录。

飞行小时主要用于衡量飞机发动机等部件耗损和计划检修时间，以及油耗和空勤人员的任务定额等。

（4）最大可用商载量　是指飞机的最大商业载运量（也称最大业务载重量），也就是飞机的营利性客货运载总量，用于衡量飞机的经济性能，即

$$最大可用商载量 = 最大可用载质量 - 燃油质量$$

$$= （最大起飞质量 - 营运空重）- 燃油质量 \qquad (10\text{-}3)$$

式中　最大起飞质量——适航核定的飞机起飞时所允许的最大质量；

　　　营运空重——装载商务载重和燃油之前的飞机质量，包括机组、机组行李、机务用油、随机辅助设备、空中服务用具用品等。

$$最大可用载质量 = 最大起飞质量 - 营运空重 \qquad (10\text{-}4)$$

（5）飞行万公里　是指飞机在一定计划时间内的运营飞行总公里数，通常以万公里为单位。在以航线为基础统计时

$$航线飞行万公里数 = 航线距离 \times 飞行班次 / 10000 \qquad (10\text{-}5)$$

（6）平均营运飞行速度　是飞机在营运飞行时的平均飞行速度，有时也称为平均营业飞行速度。

（7）最大运输周转量　是指在计划期内，飞机能够提供的营利性飞行运载能力，即

$$最大运输周转量 = \sum （最大可用商载量 \times 航段距离） \qquad (10\text{-}6)$$

复习思考题

10-1　铁路旅客运输的工作性质和组织原则与货物运输有何不同？

10-2　铁路旅客运输计划是怎样进行票额分配的？

10-3　旅客列车运行组织应解决哪些主要问题？

10-4　水路客运航线规划的步骤是什么？

10-5　简述水路客运航线选配船舶的特点。

10-6　简述民用航空运输生产体系的构成。

10-7　民用航空旅客运输生产组织工作有哪些主要内容？

第十一章　装卸工作组织

装卸工作是货物运输生产过程中一个不可缺少的环节，货物只有在完成其装载或卸下作业后，才能开始或结束其运送。装卸工作组织，就是要通过对运载工具、机械、劳力、货物的合理调配和使用，充分利用运载工具的载质量和容积，努力缩短装卸工作停歇时间，不断提高货物装卸效率，提高装卸质量。本章主要介绍装卸搬运的基本知识以及汽车运输的装卸工作组织。

第一节　装卸搬运概述

一、装卸搬运的概念及其对货物运输的意义

1. 装卸搬运的概念及特点

在同一地域范围（如车站、港口码头、工厂、仓库等）内，以改变"物"的存放、支承状态的活动称为装卸，以改变"物"的空间位置的活动称为搬运，两者的全称为装卸搬运。有时候或在特定场合，单称"装卸"，也包含了"装卸搬运"的完整含义。搬运的"运"与运输的"运"的区别之处在于，搬运是在同一地域的小范围内发生的，而运输则是在较大范围内发生的，两者是量变到质变的关系，中间并无一个绝对的界限。

装卸搬运工作包括主要作业和附属作业两部分。主要作业是指把货物自堆垛或保管的地方取出，搬移到装货地点，装上运载工具；或者从运载工具上卸下，搬移到堆放地点，进而堆垛或放入保管处。附属作业是指检查货物包装、做标记、填写表单，为接收货物准备场地，货物捆扎或解捆，在车上用篷布盖好货物等。

装卸搬运主要有以下特点：

（1）装卸搬运是附属性、伴生性活动　装卸搬运是物料运输开始及结束时必然发生的活动，因而有时易被人忽视，被看做是其他操作时不可缺少的组成部分。例如，一般而言的"汽车运输"，就实际包含了相随的装卸搬运；仓库中泛指的保管活动，也含有装卸搬运活动。

（2）装卸搬运是支持性、保障性活动　装卸搬运的附属性不能理解成被动的，实际上，装卸搬运对运输组织有一定的决定性。装卸搬运会影响货物运输的质量和速度，例如，装车不当，会引起运输过程中的损失；卸放不当，会引起货物转换成下一步运动的困难。许多物流活动在有效的装卸搬运支持下，才能实现高水平服务。

（3）装卸搬运是衔接性的活动　在任何其他物流活动相互过渡时，都是以装卸搬运来衔接的。因此，装卸搬运往往成为整个物流过程的"瓶颈"，是运输以及物流其他各功能之间能否形成有机联系和紧密衔接的关键。

2. 装卸搬运对货物运输的意义

装卸搬运对货物运输的意义在于：

（1）装卸搬运工作效率直接影响运输成本　这是因为装卸搬运活动所消耗的人力、物力很多，每次装卸活动都要花费很长时间，所以装卸搬运费用在运输成本中所占的比重较大。以我国为例，铁路运输的始发和到达的装卸作业费用大致占运费的 20% 左右，水运可占到 40% 左右。因此，要降低运输成本，装卸是个重要环节。

（2）装卸搬运工作的质量关系到货物在运输过程中的完整性　这是由于进行装卸搬运操作时往往需要接触货物。装卸搬运是在货物运输过程中造成货物破损、散失、损耗、混合等损失的主要环节。

（3）装卸搬运工作所耗费的时间影响货物的运送速度　例如，我国目前汽车货运中人力装卸还占相当比重，装卸效率不高，装卸质量不好，尤其在短途运输或装卸长大、笨重货物时其影响更为明显。有时车辆装卸工作停歇时间竟占到全部出车时间的 40% ~ 50%。又如，美国与日本之间的远洋船运，一个往返需 25 天，其中运输时间 13 天，装卸搬运时间12 天，几乎占了船运总时间的一半。

（4）装卸工作的水平影响运载工具的载重能力和容积的利用率　要提高运载工具的载质量利用水平，就应不断改进货物装载技术和操作方法，充分利用运载工具的载重能力和容积，提高运输生产率。

因此，加强对装卸工作的组织和管理，实现装卸机械化与自动化，对运输生产意义重大。

二、装卸活动的分类与装卸的基本方法

（一）装卸活动的分类

装卸活动可按装卸施行的物流场所、装卸的机械及作业方式、装卸搬运作业对象等进行分类。

1. 按装卸施行的物流场所分类

可分为仓库装卸、铁路装卸、港口装卸、汽车装卸、飞机装卸等。

（1）仓库装卸　是配合出库、入库、维护保养等活动进行的，并且以堆垛、上架、取货等操作为主。

（2）铁路装卸　是对火车车厢的装进和卸出，特点是一次作业就实现一车皮的装进或卸出，很少有像仓库装卸时出现的整装零卸或零装整卸的情况。

（3）港口装卸　包括码头前沿的装船，也包括后方的支持性装卸，有的港口装卸还采用小船在码头与大船之间"过驳"的办法，因而其装卸的流程较为复杂，往往经过几次的装卸及搬运作业才能最后实现船与陆地之间货物过渡的目的。

（4）汽车装卸　一般一次装卸批量不大，由于汽车的灵活性，可以少量或根本省去搬运活动，而直接、单纯利用装卸作业达到车与物流设施之间货物过渡的目的。

2. 按装卸的机械及作业方式分类

按装卸的机械及作业方式不同，装卸搬运的基本方法有"吊上吊下"、"叉上叉下"、"滚上滚下"、"移上移下"及"散装散卸"等方式。

（1）吊上吊下方式　是采用各种起重机械从货物上部起吊，依靠起吊装置的垂直移动实现装卸，并在起重机运行的范围内或回转的范围内实现搬运，或依靠搬运车辆实现搬运。由于吊起及放下属于垂直运动，这种装卸方式属垂直装卸。

（2）叉上叉下方式　是采用叉车从货物底部托起货物，并依靠叉车的运动进行货物位移，搬运完全依靠叉车本身，货物可不经中途落地直接放置到目的处。这种方式垂直运动不大而主要是水平运动，属水平装卸方式。

（3）滚上滚下方式　主要指港口装卸的一种水平装卸方式。利用叉车或半挂车、汽车承载货物，载货车辆载着货物一起开上船，到达目的港后再从船上开下，称"滚上滚下"方式。利用叉车的滚上滚下方式，在船上卸货后，叉车必须离船；利用半挂车、平车或汽车的滚上滚下方式，拖车将半挂车、平车拖拉至船上后，拖车开下离船而载货车辆连同所载货物一起运到目的地，再原车开下或拖车上船拖拉半挂车、平车开下。

（4）移上移下方式　是在两车（如火车及汽车）之间进行靠接，然后利用各种方式，不使货物垂直运动，而靠水平移动从一个车辆推移到另一个车辆上，称移上移下方式。移上移下方式需要使两辆车水平靠接，因此，对站台或车辆货台需进行改变，并配合移动工具实现这种装卸。

（5）散装散卸方式　是对散装货物进行装卸。一般从装点直到卸点，中间不再落地，这是集装卸与搬运于一体的装卸方式。

此外，还可按被装物的主要运动形式划分，可分为垂直装卸和水平装卸；按装卸搬运作业对象划分，可分为散装货物装卸、单件货物装卸、集装货物装卸；按装卸搬运的作业特点划分，可分为连续装卸与间歇装卸等。

（二）装卸作业的基本方法

装卸作业的基本方法有多种。

1. 按装卸作业对象不同分类

（1）单件作业法　单件作业法指的是对计件货物逐个进行装卸操作的作业方法，也是人工装卸搬运阶段的主导方法。单件作业对机械、装备、装卸条件要求不高，因而机动性较强，可在很广泛的地域内进行而不受固定设施、设备的地域局限。

单件作业可采取人力装卸、半机械化装卸及机械化装卸。由于逐件处理，装卸速度慢，且装卸要逐件接触货体，因而容易出现货损。反复作业次数较多，也容易出现货差。

单件作业的装卸对象主要是件杂货，多种类、少批量货物及单件大型、笨重货物。

（2）集装作业法　集装作业法是指将货物先进行集装，再对集装件进行装卸搬运的方法。每装卸一次是一个经组合之后的集装货载，在装卸时对集装件逐个进行装卸操作。集装作业法与单件作业法的主要异同在于，都是按件处理，但集装作业"件"的质量或体积远大于单件作业件。

集装作业由于集装单元较大，一般不能进行人力手工装卸，尤其对大量集装货载而言，只能采用机械进行装卸，因此受作业地点装卸机具和集装货载存放条件的限制，机动性较差。但是集装作业一次装卸作业量大，装卸速度快，且在装卸时并不逐个接触货体，因而货损和货差较小。

集装作业的对象范围较广，一般除特大、重、长的货物和粉、粒状货物以及液、气态货物外，都可进行集装。粉、粒状货物和液、气态货物经一定包装后，也可集合成大的集装货载；特大、重、长的货物，经适当分解处置后，也可采用集装方式进行装卸。

集装作业主要有以下几种方法：

1）托盘装卸作业法。利用叉车对托盘货载进行装卸，属于"叉上叉下"方式。由于叉车本身有行走机构，所以在装卸的同时可以完成小搬运，而无需落地过渡，因而有水平装卸的特点。

2）集装箱装卸作业法。集装箱装卸主要利用港口岸壁集装箱装卸桥、轨道式龙门起重机、轮胎式龙门起重机等各种垂直起吊设备进行"吊上吊下"式的装卸，同时，各种起吊设备还都可以作短距离水平运动，因此可以同时完成小范围的搬运。如需有一定距离的搬运，则还需与集装箱跨运车、搬运车相配合。小型集装箱也可以和托盘一样采用叉车进行装卸。港口集装箱装卸，利用叉车或半挂车，还可以进行"滚上滚下"方式的装卸。

3）货捆装卸作业法。主要采用各种类型的起重机进行装卸。货捆的捆具可与吊具、索具有效配套进行"吊上吊下"式装卸。短尺寸货捆可采用一般叉车装卸，长尺寸货捆可采用侧式叉车进行装卸。货捆装卸适于长尺寸货物、块条状货物、强度较高而无需保护的货物。

4）集装网、袋装卸作业法。主要采用各种类型的起吊设备进行"吊上吊下"作业，也可与各种搬运车配合进行吊车所不能及的搬运。

货捆装卸与集装网袋装卸有一个共同的突出优点，即货捆的捆具及集装袋、集装网本身质量轻，又可折叠，因而无效装卸少，装卸作业效率高，且相对货物而言，货捆具与集装袋、集装网成本较低，装卸后又易返运，因而装卸上有优势。

其他集装装卸方式还有滑板装卸、无托盘集装装卸、集装罐装卸等。

（3）散装作业法　散装作业指对大批量粉粒状货物进行无包装散装、散卸的装卸方法。装卸可连续进行，也可采取间断的装卸方式。但是，都需采用机械化设施、设备。在特定情况下，且批量不大时，也可采用人力装卸。

散装作业法主要有以下几种：

1）气力输送作业法，其主要设备是管道及气力输送设备，以气流运动裹携粉状、粒状物沿管道运动而达到装、搬、卸的目的；也可采用负压抽取办法，使散货沿管道运动。管道装卸密封性好，装卸能力大，容易实现机械化、自动化。

2）重力作业法，是利用货物的势能来完成装卸作业的方法。如重力法卸车就是指底开门车或漏斗车在高架线或卸车坑道上自动开启车门，煤或矿石依靠重力自行流出的卸车方法。

3）机械装卸作业法，是指利用能承载粉粒货物的各种机械进行装卸。作业方式一是用吊车、叉车改换不同机具或用专用装载机，进行抓、铲、舀等形式的作业，来完成装卸及一定的搬运作业；二是用传动带，刮板等各种输送设备，进行一定距离的搬运卸货作业，并与其他设备配合装货。

4）倾翻作业法，是将运载工具载货部分倾翻，从而将货物卸出的方法。例如，铁路敞车被送入翻车机，夹紧固定后，敞车和翻车机一起翻转，货物倒入翻车机下面的受料槽；带有可旋转车钩的敞车和一次翻两节车的大型翻车机配合作业，可以实现列车不解体卸车；而自卸汽车靠液压缸顶起货厢可实现货物卸载。

2. 按作业手段和组织水平分类

（1）人工作业法　这是一种完全依靠人力和人工使用无动力器械来完成装卸搬运的方法。

（2）机械化作业法　指以各种装卸搬运机械，采用多种操作方法来完成物资的装卸搬运作业。机械化作业方法是目前装卸搬运作业的主流。

（3）综合机械化作业　这是代表装卸搬运作业发展方向的作业方式。综合机械化作业要求作业机械设备和作业设施、作业环境的理想配合，要求对装卸搬运系统进行全面的组织、管理、协调，并采用自动化控制手段（如电子计算机控制与信息传递），取得高效率、高水平的装卸搬运作业。

3．按装卸设备作业特点分类

（1）间歇作业法　指在装卸搬运作业过程中有重程和空程两个阶段，即在两次作业中存在一个空程准备过程的作业方法，如门式和桥式起重机的作业。

（2）连续作业法　指在装卸搬运过程中，设备不停地作业，物资可连绵不断、持续流水般地实现装卸的方法，如带式输送机、链斗装车机的作业。

三、装卸搬运的基本原则

为了提高装卸搬运作业效率，减少作业消耗，降低成本，提高作业质量和安全性，装卸搬运应遵循以下基本原则：

（1）集装单元的原则　把物件排列堆积起来，按一定的质量和体积标准把物件集中成一个整体单元或放置在托盘上进行整体搬运和存储，以提高装卸搬运效率。

（2）系统均衡的原则　追求全系统的协调和整体作业的均衡，避免形成隘路，以便发挥最高作业效率。

（3）利用重力的原则　装卸搬运物料必须尽可能利用重力或消除重力的不利影响。这是降低装卸搬运成本最有效的方法。

（4）水平直线的原则　直线搬运距离最短，要尽量减少引起不必要交叉、曲折和往复的、拥挤混杂的搬运路线。

（5）减少空载的原则　尽量减少人员和设备的空载运输，尽量利用搬运需装货和卸下货的空程捎带需卸下的货物或待装的货物，以提高设备利用率。

（6）利用空间的原则　要充分利用现有的场地，不但要利用好平面，还要重视立体空间的利用。

（7）系统安全的原则　作业中确保人的安全和装卸搬运物件的安全，尽量做到人流、车流和物流分道通行。

（8）自动化的原则　在投资允许的情况下，尽量提高装卸搬运系统的自动化水平，减轻工人的劳动强度，提高作业质量。

（9）标准化的原则　将装卸搬运和储存作业统一化。应使货物的外形尺寸标准化，以尽可能采用标准的设备、器具和设施，降低成本，提高设施、设备利用率，同时便于使用、维护和管理。

四、装卸搬运机械的选择

1．典型装卸搬运机械简介

一般而言，典型的装卸搬运机械有叉车、起重机、堆垛机、连续输送设备、跨运车、牵引车和（半）挂车、非动力装卸搬运设备（主要指各种手动设备，如手推车）等。

（1）叉车　是指具有各种叉具，能够对货物进行升降和移动以及装卸作业的搬运车辆。

叉车广泛地应用于港口、车站、机场、货场、工厂车间、仓库、流通中心和配送中心等，可进入船舱、车厢和集装箱内进行托盘货物的装卸搬运作业，是托盘运输、集装箱运输必不可少的设备。叉车的主要技术性能指标包括起重量、起升高度、行驶速度、最小转弯半径、稳定性等。

（2）起重机　是指提升或移动重物的机器，种类很多，广泛应用于仓库、码头、车站、矿山、建筑工地等，俗称吊车。起重机适合于装卸大件、笨重物品，借助于各种吊索具也可用于装卸其他货物。最常见的起重机有龙门式起重机、轮胎式起重机、门座式起重机、桥式起重机等。起重机的主要技术性能指标包括起重量、跨度、起升高度和工作速度等。

（3）堆垛机　是指专门用来堆码或提升货物的机械。普通仓库使用的堆垛机是一种结构简单、用于辅助人工堆垛、可移动的小型货物垂直提升设备；立体仓库主要使用桥式堆垛机、巷道式堆垛机等。堆垛机的主要技术性能指标包括水平运行速度、垂直提升速度、最小转弯半径、起升高度、起重量等。

（4）连续输送设备　是沿一定的路线，对散货或中小成件物品进行连续运送的机械设备。在货运站或配送中心的出入库系统中，大多采用自动化连续输送机械，除完成货物的出入库输送外，还能进行货物的自动称量、自动计数、外形检测、自动卸载等工作。在港口、车站、库场，连续输送机械可以用来输送煤炭、黄砂、碎石等散粒物料以及中、小型成件物品，主要机型有带式输送机、链式输送机、螺旋输送机、气力输送机等。

（5）跨运车　是一种机动车辆。它可以跨过物品上部，通过液压操纵的各种夹具或吊具提起货物。跨运车装有减震装置和悬挂型起升装置，能在一般路面上快速行驶而不会损坏货物。跨运车为四轮转向，转弯半径小，主要用于跨运长而重的货物和集装箱。

2. 装卸搬运机械的选择依据

装卸搬运机械的选择，主要依据五个条件：

（1）作业性质　明确是单纯的装卸或单纯的搬运，抑或需要更为机动一些的装卸、搬运多功能机械。

（2）作业对象　装卸搬运的货物，按其形态可分为粉粒体、液体、散状体、包装体（袋装、箱装、灌装等）等不同类型，应根据实际情况选择不同的装卸搬运机械及工作方式。

（3）现场作业条件与要求　根据作业现场的具体作业条件不同，可根据作业需要，选择合适的装卸机械类型。例如，在有铁路专用线的车站、仓库，可选择门座式起重机；在库房内则可选择桥式起重机。同时，在能完成同样作业效能的前提下，应选择性能好、节省能源、便于维修、有利于环境保护、利于配套、成本较低的装卸机械。

（4）装卸搬运作业量　在选择装卸搬运机械时，应做到装卸搬运机械的作业能力与现场作业量之间形成最佳的配合状态。这就是说，当机械作业能力达不到现场作业要求时，装卸搬运工作受阻；当超过现场作业的要求时，表现为生产能力过剩，设备利用率低下。一般来说，吞吐量较大的车站、码头、货场，应选择较大吨位的装卸机械，这样可满足在作业次数相对较少的情况下，完成较大的装卸作业量。影响物流现场装卸搬运作业量的因素，通常有吞吐量、堆码和拆垛量、搬运量等。

（5）搬运距离　一般搬运距离在500m以下。应根据搬运距离大小不同，选择不同搬运能力的机械。常用的搬运机械有手推车、电动搬运车、叉车、手推平板车、电动平板车、各种类型的输送机、牵引车和（半）挂车等。

第二节　汽车运输装卸工作组织

装卸工作组织手段通常有两种，其一是采取必要的技术措施，对装卸设备进行技术改造，购置比较先进的装卸机械，有计划地逐步做到装卸机械化与自动化；其二是加强对既有人力、物力、财力的组织，同时，因地制宜，采用科学的组织方法，一方面充分利用车辆载质量和容积，巧装满载，另一方面提高装卸效率，把装卸停歇时间压缩到最低限度。前者是应予以坚持和发展的方向，但要受到客观条件的制约；后者则不论在什么情况下都具有很大的实际意义。

货物装卸虽然是运输过程中不可缺少的重要组成部分，但是在总运输时间中，装卸时间只能作为辅助生产时间，故应在满足货物装卸要求的前提下尽量缩短。特别是对于短途运输，缩短装卸作业时间，更有极为显著的经济效果。因此，必须清楚地了解装卸停歇时间的构成及影响因素。

一、装卸工作停歇时间的构成及影响因素

1. 装卸工作停歇时间的构成

在汽车运输过程中，装卸工作停歇时间的长短主要取决于装卸作业次数和平均每次装卸工作停歇时间长短两个因素。装卸作业次数具有客观性，不易更改，因此，减少车辆装卸工作停歇时间的主要途径是力求缩短平均每次装卸工作停歇时间。

车辆装卸工作停歇时间，大致由以下几部分构成：

1）车辆到达作业地点后，等待装卸货物的时间。

2）车辆在装卸货物前后，完成调车和摘挂作业时间。

3）完成货物装卸作业的时间。

4）办理商务等作业时间。

2. 影响因素

车辆等待装卸时间的长短，取决于作业点的装卸能力与需要进行装卸作业车辆数之间相互适应和协调的程度。如果装卸能力大于（或等于）需要进行装卸作业的车辆数，则车辆等待时间一般不该发生。但当车辆到达时间分布不均衡时，某段时间内车辆到达过于集中，使某单位时间内的装卸能力反而小于该段时间内需要进行装卸作业的车辆数，从而也会出现等待装卸现象。如果装卸能力小于需要进行装卸作业的车辆数，不仅会产生等待装卸现象，甚至会造成一些车辆的装卸无法进行。影响作业点装卸能力大小的因素，主要有作业场地的大小，进出通道的完善程度，作业线的长度与位置，作业的工段数，人员与装卸机械的配备，作业点规定的作息制度等。

车辆进行调车和摘挂作业时间，通常在装卸现场作业能力较弱或开展甩挂运输的情况下容易发生。这部分作业耗费时间的长短，与调车场地面积大小、装卸作业线布置形式、车辆带挂情况、进出装卸现场通道的完善程度等因素有关。一般来说，这项作业时间不会太长，但也应力求缩短。

完成货物装卸作业的时间，是车辆装卸工作停歇时间的主要构成部分，取决于货物的特性、工人技术的熟练程度、装卸工作的组织水平、装卸作业机械化的程度等。

　　办理有关商务等作业时间的长短，取决于承、托、收三方在业务上协作的程度，与业务作业内容和繁简程度也有很大关系。必须办理的业务手续，尽可能与装卸货物作业时间平行进行。

　　由上述可见，要缩短装卸作业停歇时间，一方面应努力提高装卸作业效率，将装卸货物作业时间缩短到最低限度；另一方面应尽量减少或避免等待装卸时间、调车摘挂时间及办理商务等业务手续时间。

二、货物装卸的基本要求

　　装卸工作不但要缩短作业时间，而且要采用合理、科学的操作方法，符合一定的要求，以保证货物的完整无损。

　　对货物装卸的基本要求是：

　　1）承、托双方和装卸单位应密切配合，改善装卸条件，做到车辆随到、随装、随卸，不断改进装卸方法，快装、快卸。

　　2）承运方应根据货物的性质、种类，调配适当的清扫干净的车辆予以装运。装车前，装车工人及托运方应对车辆的整洁进行检查。

　　3）装车作业过程中，应充分利用车辆的载质量和容积，装载方法要安全牢固，装载质量要均匀平衡。轻重货物配装，要前重后轻，下重上轻。货物装载要轻拿、轻放，堆码整齐，标志向外，箭头向上，捆扎牢固，关好车门，盖好蓬布，挂好拖车。严禁危险货物与其他货物混装。

　　4）凡装过活动物、污秽品和有毒物品的车辆，应由驾驶员请收货单位负责对车辆进行特殊的清洗和消毒处理。装载后的棚车和罐车，应由发货人施封。

　　5）装卸货物要实行文明装卸，反对野蛮装卸。

　　6）装卸货物时，驾驶员要负责点件交接，并检查装载情况。对货物质量和内容、件数有疑义时，承，托双方均可提出查验和复磅。其发生的费用或延误的时间，由差错的责任方负责。

三、装卸工作组织措施

1. 提高车辆载质量利用水平

　　要提高车辆载质量利用水平，就应不断改进货物装载技术和操作方法，充分利用车辆载质量和容积。

　　在不影响货物质量的前提下，改善货物包装及其状态，是争取车辆满载的一个重要方法。例如，对于轻抛件杂货物，可采用压缩包装方法；对于包装无一定规格，或包装尺寸不适应车辆容积的件杂货物，可制定统一的包装规格，做到包装标准化；对于大型机械类货物，可采用机械拆卸方法等等。要做好这项工作，必须加强运输部门和物资单位的合作与配合。

　　散装类货物在汽车运输总运量中所占比重很大，正确测定货物装载体积，对于加速装车作业，防止车辆超载和亏吨，合理利用车辆载质量是十分重要的。就一定车型而言，关键是正确计算货物装载高度，通常可用下面的公式进行计算：

$$货物应装载高度 = \frac{车辆额定载质量}{车厢长度 \times 车厢宽度 \times 货物单位体积质量}$$

式中，货物单位体积质量确定得是否正确，将直接关系到车辆载质量能否得到合理利用。因此，对于不同品种的货物，应根据它们的湿度、块粒大小等因素分别测定。即使对于同一品种的货物，也应采用多批测量方法，以取得比较符合实际的平均数据。

2．缩短装卸工作停歇时间

为压缩装卸时间，提高装卸效率，一般采取如下组织措施：

（1）制定科学合理的装卸搬运工艺方案　首先，要确定计划期内的装卸任务量。同时，还要把装卸作业货物的品种、数量、规格、质量指标以及搬运距离作出详细的规划，并根据装卸任务、装卸设备生产率和需用台数，编制装卸作业进度计划包括装卸搬运设备作业时间表和作业顺序。编制的工艺方案要合理，尽量减少二次搬运和临时停放，使搬运次数尽可能减少。

其次，要制定各种装卸作业时间定额。装卸作业时间定额是指在一定装卸技术组织条件下，装卸不同品种单位质量货物所需要的作业时间。一定装卸技术组织条件是指装卸车辆、装卸设备、装卸方法、装卸工人及技术水平、作业环境等因素。通过装卸作业时间定额的制定，使方案建立在先进合理的水平上，加强和改善了装卸劳动组织管理，提高了装卸搬运效率。

（2）合理规划装卸搬运作业现场　装卸作业现场的平面布置是直接关系到装卸搬运距离的关键因素。装卸机械要与货场长度、货位面积等互相协调，要有足够的场地集结货物，并满足装卸机械工作面积的要求。场内的道路布置要为装卸、搬运创造良好的条件，以有利于加速货位的周转。装卸搬运距离的平面布置要适当，以减少装卸搬运距离。要做好装卸搬运现场组织工作，使现场的作业场地、进出口通道、作业线长度、人机配置等布局设置合理，能使现有的和潜在的装卸能力充分发挥，避免由于组织管理工作不当造成装卸现场拥挤、阻塞、混乱现象，确保装卸工作能够安全、顺利地进行。

（3）应用现代通信技术，及时掌握装卸任务信息　建立现代通信系统对装卸搬运组织工作有重要的影响。及时掌握车辆到达时间等有关信息，是减少车辆等待装卸作业时间的一个有效措施。应当根据有关技术条件的应用情况，建立车辆到达预报系统，根据车辆到达时间、车号、货物名称、收发货单位等的报告，及时与收货单位取得联系，事先安排装卸机具和劳力，做好装卸前的准备工作，保证车到即可及时装卸。

（4）加强装卸工作的调度指挥，合理支配装卸劳动力和机具　要充分发挥装卸搬运现场组织人员的作用，根据货物信息和车辆预报到达时间，对所需装卸工人的人数，装卸点的作业能力，装卸工人的技术专长和体力状况，装卸工具、设备和防护用品的配备等统一调配。装卸作业的安排，应尽可能采用分班作业的办法，以适应运输车班的需要。即使在装卸劳力比较紧张的情况下，也应适当留有一部分机动装卸工人，以备临时装卸车急需或其他情况所用。

（5）逐步实行装卸机械化、自动化　实现装卸机械化和自动化，是提高装卸质量和装卸效率、减轻工人的劳动强度、降低装卸成本的有效措施。这项工作对于装卸任务量大的场站来说尤其重要。总而言之，在进行汽车运输装卸机械化建设时，既要立足于现在，又要看到将来；既要充分挖潜，又要引进和采用新技术；既要作业效率高，又要经济效益好。具体来讲，装卸机械的选择和应用，应注意如下一些原则：

1）应充分考虑汽车运输生产的特点；

2）应充分考虑营运地区内的主要货流及其特征；

3）应充分考虑综合运输发展的需要；

4）应充分考虑全社会的经济效益。

（6）采用"就近装卸"法或"一次作业"法进行装卸　将车辆直接停靠于货物堆存地点（站台或仓库）旁进行装卸作业的组织工艺，称为"就近装卸"法。它可避免货物由于搬运距离过长而导致装卸作业时间的延长。当车辆不能直接停靠在站台或仓库旁时，则可采用"就地装卸"法。这种"先卸后搬"或"先搬后装"的操作工艺，要求车辆到达卸车作业地点后先就地卸货，待卸货完毕车辆驶离之后，再将卸下的货物搬运至堆存地点；或进行装车作业时，先将待装货物搬运至车辆停车地点，待车辆到达后即可直接装车。"就地装卸"法虽可减少整个车辆装卸作业停歇时间，但它不符合物料搬运"作业量最少"原则，所以应根据具体情况灵活运用。

"一次作业"法也就是"连卸带装"的组织工艺。它是指在同一地点进行装卸作业时，利用装卸工人卸货搬运后返回的机会，将应装运的货物随即捎运至待卸车旁，待该车卸货完毕后立即装车。这种方法装卸工人劳动强度较大，故采用机械搬运时较为合适。

四、装卸机械与运输车辆配合的简要计算

（一）运输工作的时间定额

在完成运输工作过程中，汽车与装卸机械工作的协调配合，主要通过汽车的运行时间定额和装卸停歇时间定额予以保证。

1. 运行时间定额

运行时间系指汽车在两货运点间的行驶时间，主要取决于汽车的技术速度和行驶距离。汽车的行驶距离由货运任务的客观情况决定，而汽车的技术速度，则取决于多种因素的综合影响。主要的影响因素有：汽车的技术特性，驾驶员的心理学和生理学特征，道路的几何参数和路面特性，道路的交通情况和交通量，运行的时间安排和气候条件等。

这些众多的影响因素之间又是相互影响和多变的，因此，难以用单纯的计算方法全面考虑它们对技术速度的影响。通常是应用统计分析方法，把技术速度作为服从某种分布规律的随机变量来确定。掌握了汽车技术速度的分布规律，便可通过一般的数学处理方法确定运行时间的分布密度函数和运行时间的均值。大量的统计研究表明，在既定条件下，汽车技术速度的分布服从正态分布。

假定在既定条件下，技术速度 v_t 是连续型随机变量，其分布服从正态分布，概率密度函数为 $f(v_t)$，则汽车行驶 1km 所耗费的时间 t_1 即为 v_t 的函数，应有

$$f(v_t) = \frac{1}{\sigma_v \sqrt{2\pi}} e^{-\frac{(v_t - \bar{v}_t)^2}{2\sigma_v^2}} \tag{11-1}$$

式中　σ_v^2，σ_v——分别为技术速度的方差和标准差；

$\bar{v}_t$——技术速度的均值（km/h）。

汽车行驶时间的分布密度函数 $\varphi(t_t)$ 为

$$\varphi(t_t) = \frac{1}{t_1^2 \sigma_v \sqrt{2\pi}} e^{-\frac{(L/t_1 - \bar{v}_t)^2}{2\sigma_v^2}} \tag{11-2}$$

如果根据统计观测结果，汽车行驶时间超过了要求的值，那么尽量减少行驶时间，就成

为运输过程组织的重要任务。

2．装卸停歇时间定额

汽车的装卸停歇时间，因装卸方法、车辆类型、车辆载质量、货物类型及装卸机械的不同而各不相同。

由于装卸停歇时间与很多因素有关，所以可将其作为随机数处理。统计研究结果表明，在大多数情况下，实际耗费的装卸货时间（不考虑等待时间）服从正态分布。

（二）运输车辆与装卸机械需要量的计算

运输车辆与装卸机械需要量，除了与其工作对象本身的特性有关外，还取决于相互间工作的配合程度。为了提高运输生产率，运输车辆的工作制度应与装卸点的工作制度协调一致，以尽量减少非生产停歇时间损失。采用统一工作进度表进行运输与装卸工作组织，可以保证运输车辆与装卸机械工作的有效配合，有助于减少车辆等待装卸的时间和装卸机械等待车辆进入装卸货工位的时间。

影响运输车辆与装卸机械工作间配合程度的因素很多，其中主要有：在货运点同时服务的车辆数、货运点间距离、车辆行驶时间的分布以及随机变化的装卸停歇时间等。

实际需要的车辆数与装卸机械数量，可以根据近似配合条件确定的简便算法进行计算。

假设在任一连续的足够大的时期 T（例如，从最先到达货运点车辆的首次装或卸货时刻算起，至该车末次装或卸货时刻止）内，车辆平均周转时间为

$$\overline{t_0} = \frac{\sum\limits_{i=1}^{n} t_{0i}}{n} \tag{11-3}$$

式中　$\overline{t_0}$——车辆平均周转时间（min）；

　　　n——车辆在 T 时间内的周转次数；

　　　t_{0i}——第 i 运次的周转时间（min）。

装卸机械平均每车次装（卸）货及等车时间为

$$\overline{t'_s} = \frac{\sum\limits_{i=1}^{n} t'_{si}}{n} \tag{11-4}$$

式中　$\overline{t'_s}$——平均每车次装（卸）货及等待车辆进入装（卸）货工位时间（min）；

　　　t'_{si}——第 i 运次的装（卸）货时间及等车时间（min）。

为提高运输与装卸工作生产率，在 T 时间内运输车辆与装卸机械的配合工作，应保证两者的平均工作节奏相一致，即满足条件

$$\frac{\overline{t_0}}{A} = \frac{\overline{t'_s}}{N} \tag{11-5}$$

式中　A——工作车辆数（辆）；

　　　N——装（卸）货机械数（台）。

由于车辆平均周转时间为

$$\overline{t_0} = \overline{t_r} + \overline{t_{lu}} \tag{11-6}$$

式中　$\overline{t_r}$——车辆在货运点装（卸）货结束至它又返回该点的平均间隔时间（min）；

　　　$\overline{t_{lu}}$——平均每车次装（卸）货停歇时间（min）。

平均装（卸）货停歇时间$\overline{t_{lu}}$包括车辆在货运点平均等待装（卸）货时间$\overline{t_w}$及装（卸）货作业本身所耗费的时间$\overline{t_A}$，即

$$\overline{t_{lu}} = \overline{t_w} + \overline{t_A} \tag{11-7}$$

则车辆平均周转时间又可表示为

$$\overline{t_0} = \overline{t_r} + \overline{t_w} + \overline{t_A} \tag{11-8}$$

另外，装卸机械等待车辆进入装（卸）货工位及进行装（卸）货作业的平均时间$\overline{t'_s}$也可表示为

$$\overline{t'_s} = \overline{t'_w} + \overline{t_A} \tag{11-9}$$

式中　　$\overline{t'_w}$——装卸机械等待车辆依次进入装（卸）货工位的平均时间（min）。

为使时间定额$\overline{t_w}$和$\overline{t'_w}$合乎车辆与装卸机械数量的最佳配合关系，可令$\overline{t_w} = \overline{t'_w} = 0$，即

$$\overline{t'_s} = \overline{t_A} = \overline{t_{lu}} \tag{11-10}$$

那么式（11-5）可以改写为

$$\frac{\overline{t_0}}{A} = \frac{\overline{t_A}}{N} \tag{11-11}$$

由于影响运输车辆与装卸机械工作配合程度的因素很多，要达到上述充分、有效的配合是很困难的。为简化计算手续，可确定一个配合条件系数，并结合式（11-8）和式（11-10）将式（11-11）改写为

$$\frac{\overline{t_r} + \overline{t_A}}{A} \varepsilon = \frac{\overline{t_A}}{N} \tag{11-12}$$

式中　　ε——运输车辆与装卸机械工作配合条件系数。

因此，与确定的装卸机械协同工作的车辆数和为保证汽车运输工作所需要的装卸机械数，可以根据式（11-12）来确定。

ε值的选取应符合运输车辆与装卸机械工作停歇时间的最佳关系值。由于要实现工作中车、机之间充分协调一致（即$\overline{t_w} = \overline{t'_w} = 0$，$\varepsilon = 1$）是很困难的，所以为使配合条件有利，一般应取$\varepsilon < 1$；在个别情况下，为了保证最小的装卸机械工作停歇时间，可取$\varepsilon > 1$。

在某装货点，如果保证与规定的装卸机械协调配合的汽车数少于从各卸货点供给该装货点的汽车总数，则应减少所供汽车数或提高该装货点的装卸效率，以保证满足条件：

$$A_i \leqslant \sum_{j=1}^{n} A_{ij} \qquad (i = 1, 2, \cdots, m; j = 1, 2, \cdots, n) \tag{11-13}$$

式中　　A_i——第i装货点固定汽车数的计算值；

A_{ij}——在第i点装货在第j点卸货的汽车数。

各卸货点都必须满足类似条件，利用式（11-13）确定所需车辆数及装卸机械数。

五、装卸搬运机械的配套方法

一个大型的货场每年吞吐量达几十万吨甚至上百万吨货物，装卸作业仅靠一两台机械设备是不能胜任的。这样，在采用几台相同设备或数台不同类型的设备协同作业时，机械设备如何做到配套，便成了一个非常重要的课题。

例如，为了能使物流顺畅地进行，各种机械在作业区就必须要相互联系、相互补充、相互衔接，如用叉车和各种运输机械，配合门座式起重机作业，在许多仓库、车站被广泛采

用。装卸搬运机械的配套还表现在装卸机械在吨位上的配套、在作业时间上的紧凑性等。

常用的装卸机械配套的方法有下述三种。

1. 按装卸作业量和被装卸物资的种类进行机械配套

在确定各种机械生产能力的基础上，按每年装卸 1 万 t 货物需要的机械台数和每台机械所担任装卸物资的种类应与每年完成装卸货物的吨数进行配套。

装卸机械配置的计算公式如下：

$$Z_P = (Q_N \eta - Q_D) Z_1 \tag{11-14}$$

或

$$Z_P = \frac{Q_N \eta - Q_D}{G_T} \tag{11-15}$$

式中　Z_P——配置机械数（台）；

　　　Q_N——年装卸总作业量（万 t）；

　　　η——某种货物占 Q_N 的百分数；

　　　Q_D——货主或地方单位担任的年装卸量（万 t）；

　　　Z_1——每年装卸 1 万 t 需要的机械台数（台/万 t）；

　　　G_T——1 台机械每年完成的装卸作业量（万 t/台）。

2. 运用线性规划方法设计装卸作业机械的配套方案

运用线性规划方法是根据装卸作业现场的要求，列出数个线性不等式，并确定目标函数，然后求其最优解。

例如，以寻求物资装卸的最少费用为目标函数的设计方法如下：

目标函数：
$$\min G = \sum_{i=1}^{n} G_i X_i \tag{11-16}$$

$$\begin{cases} \sum_{i=1}^{n} X_i r_i \geqslant Q \\ \sum_{i=1}^{n} X_i t_i \leqslant T \\ \sum_{i=1}^{n} X_i u_i \leqslant U \\ X_i \geqslant Y_i, X_i \geqslant 0 \end{cases} \tag{11-17}$$

式中　G——各种设备的作业费用（元）；

　　　X_i——设计方案中的第 i 种机械设备数（台）；

　　　G_i——第 i 种设备的作业费用（元）；

　　　r_i——第 i 种设备的日作业量（t）；

　　　Q——现场要求的日最高装卸量（t）；

　　　t_i——第 i 种设备的耗电定额（kW/h）；

　　　T——现场耗电指标（kW/h）；

　　　u_i——第 i 种设备的油耗定额（L）；

　　　U——现场油耗指标（L）；

　　　Y_i——对第 i 种设备的限定台数（台）。

应指出，用线性规划方法求出的各种设备的种类和台数，很可能与装卸作业现场的具体要求有一定差距。因此，在具体设置配套机械时，可在求解的基础上作适当的、必要的调整。

3. 运用综合费用比较法来确定装卸机械的配套方案

运用综合费用比较法的原则是先比较初步方案的作业费用，再比较初步方案的利润情况，最后选出最佳方案。

复习思考题

11-1 装卸搬运对运输生产有何意义？

11-2 装卸搬运的基本方法有哪些？

11-3 装卸搬运的基本原则是什么？

11-4 如何选择装卸搬运机械？

11-5 汽车运输装卸工作停歇时间由哪几部分构成？简述压缩装卸停歇工作时间的组织措施。

11-6 怎样实现运输车辆与装卸搬运机械工作的协调配合？

11-7 装卸搬运机械组织配套方法有哪些？

第十二章　电子信息技术在运输中的应用

多年来，随着交通基础设施投资规模的不断扩大，交通运输中的瓶颈制约和全面紧张状况得以缓解，但是运输组织、服务和管理水平仍然落后于基础设施发展水平，在一定程度上制约着运输整体功能的发挥和整体效率的提高。因此，加快信息化建设是实现交通运输跨越式发展的重要基础之一。

交通运输业是使用电子信息技术及设备数量最多的行业之一。电子信息技术的应用是促进运输量增长、运输服务质量提高和成本下降的重要因素。

早在 20 世纪 50 年代，部分国家便开始把军用无线电通信系统移植到民用车辆和汽车运输组织管理工作之中。运输控制中心通过该系统对所属车辆实行实时调度。这项技术首先在出租客运中应用，目前已广泛应用于汽车运输服务。

随着计算机技术的发展，计算机在国内外运输业中也得到了广泛应用。在我国大、中型汽车运输企业中，计算机应用范围已扩展到汽车运输组织与管理的各个方面，如运输规划、车辆调度、运输生产计划编制、计算机售票、联网售票和站场管理，以及各项运输数据的统计、分析和处理等。多数快速客运公司开办了服务网站，在网上刊登各种客运信息、客运政策法规等。

全球定位系统（GPS）在发达国家的汽车运输中得到了普遍应用，我国目前主要应用在警车、军车、银行运钞车和危险品运输等一些营运车辆上。该系统以多种形式应用于车辆导航、定位、报警、指挥调度与交通管理等领域。

我国铁路运输现代化管理信息系统（TMIS）是建立有巨大处理能力的中央处理系统和中央数据库，从全路 6000 多个站段中选取 2000 个站段建立信息报告点，通过计算机网络对全路列车、机车、货车、集装箱及所运货物进行追踪管理，实现了对全路旅客列车和客票的现代化管理，从而为运输生产指挥和管理人员提供及时、准确、完整的信息和辅助决策方案，实现均衡运输、紧密运输，提高运输效率和现代化管理水平。

电子数据交换（EDI）是水运信息化建设的重点内容，世界上许多大型的港口都建立了为海运业服务的 EDI 中心和网络，开发了具有 EDI 功能的信息网络系统，如荷兰的鹿特丹港、美国新奥尔良港、比利时安特卫普港等。在水运计算机管理信息技术发展的基础上，大力推广和普及 EDI 技术，使水运管理信息系统的功能和网络进一步扩大到货主、保险、银行、商检、海关、外贸、货运代理及其他有关业务部门。另外，航运企业信息化向纵深发展，多数企业建立了企业内部网，利用公用网发布本企业的公开信息，并采集有关数据，将信息化与运输服务结合起来，拓展了服务范围，如电子商务、物流系统等。

智能化的快速轨道交通（地铁、轻轨）系统，包括列车自动驾驶系统 ATO、列车自动防护系统 ATP、列车自动监控系统 ATS、信息自动显示系统、电子收费（IC 卡）管理系统和防灾报警监测系统，以"人、车、路"的三要素为基本出发点，对整个交通进行动态检测处理，达到保障安全、提高效率、节约能源、优化环境的目标。

航空运输管理信息系统目前应用最为普遍的有以下几类：计算机订座系统、航空和旅游产品全球分销系统、旅客离港系统、计算机收入结算系统和民航电子商务系统。

据交通部统计资料介绍，截止到 2005 年初，在公路信息化方面全国已有 38%的省区应用了货运配载系统，41%的省区应用了物流系统/平台信息化系统，57%的省区应用了客运监控系统；全国有 73%的省区应用了 GPS 平台，建设了 13 个 GPS 监控中心，GPS 终端总数达 58050 个。在水运信息化方面，全国有 8 个省区使用集装箱业务管理系统，6 个省区使用 EDI 系统，7 个省区使用港口电子商务系统，8 个省区使用港口生产业务管理系统。

智能运输系统是目前国际公认的解决地面交通运输中交通拥挤、改善行车安全、提高车辆运行效率、减少空气污染等的最佳途径，也是世界交通运输领域研究的前沿。一些发达国家正在加紧建设智能运输系统（ITS）。我国的 ITS 建设也已经取得了一定的成果。

总之，电子信息技术已经渗透到交通运输的各个领域，对现代运输业的发展起着不可估量的促进作用，尤其是智能运输系统的建成和应用，将会使交通运输发生一次深刻的历史性变革。

第一节　无线通信技术在运输中的应用

一、车用电话系统

车用电话系统，指目前国内外在出租汽车运输中采用的车用无线电话系统，有"新式"车用电话系统和一般车用电话系统两种形式。两者的主要区别在于新式车用电话系统将车用无线电话与公用有线电话网结合统一编码。由于它首先在出租客运汽车中应用，因而又称"应招客运系统"。

车用电话系统主要由车用电话设备、公用电话网、指挥调度控制中心和无线电发射、接收电台几部分组成，通过无线电通信技术，使运输企业的计划调度室与运输车辆能进行双向通话。无线信号管理部门通过科学地划分无线频率来实现无线频率的有效利用。

一些出租汽车运输企业统一设置电子计算机控制中心，并在所属车辆上装置车用电话设备，将车用电话号码与公用电话号码统一编码。居民可以从家中或利用公用电话网打电话给控制中心，说明要乘车的人数、动身时间、等车地点以及随身携带的行李物品件数和质量等。控制中心根据运行车辆移动通信装置反馈的有关车辆位置和状态的信息，由电子计算机自动找出与约车乘客等车地点距离最近的出租车辆，然后用无线电话对其发出调度指示，该车即开往乘客等车地点为之服务。

由于受无线发射功率的限制，车用电话系统只适用于小范围的通信联络，如城市内的车辆调度管理。我国很多城市大型出租汽车运输企业都采用了车用电话系统。

二、GPS 车辆运行管理系统

GPS 车辆运行管理系统借助于全球定位系统（GPS）来完成对运行车辆的监控跟踪和指挥调度。GPS 技术是智能运输系统的关键技术之一。

（一）GPS 技术原理

GPS（Global Position System）全球定位系统是美国国防部于 1973 年 11 月授权开始研制的全球性、连续、全天候无线电导航定位系统，历经 20 余年，耗资超过一百亿美元，可提供实时的三维位置、三维速度和高精度的时间信息。由于 GPS 定位技术具有精度高、速度快、成本低的显著优势，已成为目前世界上应用最广泛、实用性最强的全球精密授时、测距、导航、定位系统。近几年来，全球卫星定位系统获得了迅速发展，GPS 定位技术已经渗透到了经济建设和科学技术的许多领域。

1. GPS 定位系统的构成

GPS 定位系统由三大子系统构成：空间卫星系统、地面监控系统和用户接收系统。

（1）空间卫星系统 空间卫星系统由均匀分布在 6 个轨道平面上的 24 颗高轨道工作卫星构成，每条轨道上拥有 4 颗卫星，能够保证在地球上的任何地点、任何时刻都可以同时接收到来自 4 颗卫星的信号。也就是说，GPS 的卫星所发射的空间轨道信息覆盖着整个地球表面。

（2）地面监控系统 地面监控系统由均匀分布在美国本土和三大洋美军基地上的 5 个监测站、1 个主控站和 3 个注入站构成。该系统的功能是对空间卫星系统进行监测、控制，并向每颗卫星注入更新的导航电文。

（3）用户接收系统 用户接收系统主要由以无线电传感和计算机技术支撑的 GPS 接收机和 GPS 数据处理软件构成，其主要功能是接收卫星发射的信号，据以进行导航和定位。

GPS 最初只在军事上应用，但后来逐渐扩展了一些民用用途。但在信号编码和发射上，军用和民用还是有区别的，其中用于美国及其盟国军方或一些经美国军方特别许可的组织的测距码称为精码（也叫 P 码），其精度可达到 ±1m，而提供给民用无偿使用的编码为粗码（也叫 C/A 码），其定位精度相对较低。另外，美国国防部为了国家安全的需要，还有意在 C/A 码基础上加以 SA（Selective Availability）干扰，使其定位精度进一步下降。最近，美国政府已开始有条件地逐渐停止对民用用户的 SA 干扰，这对于民用用户来说将更加有利。

2. GPS 定位系统的定位方式

GPS 的定位方式有单点定位方式和相对定位方式两种。

（1）GPS 单点定位方式 GPS 的工作概念是基于卫星的距离修正。单点定位方式即用户通过测量到太空各个可视卫星的距离来计算他们的当前位置。卫星的作用相当于精确的已知参考点。每颗 GPS 卫星时刻发布其位置和时间数据信号，用户接收机可以测量每颗卫星信号到达接收机的时间延迟，根据信号传输的速度就可以计算出接收机到不同卫星的距离。只要车载 GPS 接收机同时接收到至少 4 颗卫星的数据，就可以解算出该车的三维坐标、速度和时间。

由于电离层、对流层、星历误差、SA 干扰、地球自转以及接收机相关误差（如通道偏差、量测噪声等）的影响，GPS 单点定位精度较低，在有 SA 干扰时定位精度为 ±100m，解除 SA 干扰后定位精度也仅达到 ±27m 左右。

（2）GPS 相对定位方式 GPS 相对定位方式就是在两个地点同时进行测量，并且求出两点间的相对位置关系，目前主要采用差分技术。所谓差分 GPS（Differential GPS，DGPS）就是将一个已精确测定的已知点作为差分基准点，在此点安装 GPS 接收机，连续接收 GPS 信号，经过处理再与已知的精确位置作比较，不断确定当前的误差，然后把它通过通信链路传送至该地区的所有移动 GPS 用户，以修正他们的定位解。采用 DGPS 系统，定位精度明显提高，可达 ±（3~10）m。

DGPS 实时定位技术基本上可分为两种类型，即局域差分 GPS 和广域差分 GPS。局域差分的技术特点是向用户提供综合的差分 GPS 改正信息——观测值改正，而不是提供单个误差源的改正。它的作用范围比较小，一般在 150km 之内。广域差分的技术特点是将 GPS 定位中主要的误差源分别加以计算，并分别向用户提供这些差分信息，它作用的范围比较大，往往在 1000km 以上。

GPS 信号传输系统包括专用通信网和公共通信网两种主要途径。专用通信网主要包括大区制常规无线电台（异频单工电台）通信系统和集群电台通信系统；公共通信系统主要包括公用移动通信网（GSM，GPRS）、CDPD 无线数据网通信系统、短波电台通信方式和卫星通信方式等。目前实际应用中 GPS 信号传输主要通过公用移动通信网，即 GSM 和 GPRS 两种途径。GPRS 作为最近发展起来的一项新技术，无论在实时性、准确性，还是在经济性方面都体现了较大的优势。

总之，GPS 系统受地形、地物的影响较小，测距范围大，定位精度高，使用方便。但采用 GPS 技术的车辆运行管理系统初期投资大，通信费用高，目前我国只有大型物流运输企业采用该系统进行车辆运行管理。

（二）GPS/DR 组合定位系统

在动态路径诱导系统中，实时、准确、连续、可靠地提供移动物体的位置信息是非常重要的。但不论是在城市还是在郊区，GPS 卫星信号都会受到高楼和隧道的遮挡。因此，仅用 GPS 来实现连续不间断的定位是不可能的。车辆航位推算导航系统（DR）是一种独立的车辆导航系统，它利用陀螺及里程表的传感信息来记录和推算当前的导航位置，具有短时间内精度高，但导航误差随时间积累的特点。因此，将 GPS 和 DR 组合来构成车辆定位系统，可以很好地解决车辆短时间内会丢失 GPS 卫星信号的问题，从而实现连续地对车辆进行定位。

GPS/DR 组合定位系统由 GPS 定位系统、航位推算系统（DR）和信息处理系统三部分构成。

航位推算系统包括角速率陀螺、里程表、V/F 转换器、低通滤波器、计数器、微处理器等。

信息处理系统接收来自 GPS 定位系统和航位推算系统（DR）两种定位数据，根据组合定位系统的数学模型进行两种定位结果的数据融合。当车辆行驶时，由于林荫、路边隧道及路边高层建筑因素造成 GPS 信号丢失，GPS 定位系统无法正常工作时，能够利用 DR 系统的独立定位结果得以维持正常导航。此外，当 GPS 系统由于可见卫星少于 4 颗而定位精度较低时，还可利用 DR 系统在一定距离内较高的定位精度改善 GPS 的定位精度。由于 DR 系统推算结果误差会随时间积累，故可定时对其进行标定和校正。

（三）全球定位系统在运输管理中的应用

1. GPS 公交车辆定位系统

随着 GPS 全球定位系统的开发与应用，采用 GPS 技术成为公交企业进行车辆定位的主要手段之一。北京公交车辆定位系统中采用了差分 GPS（DGPS）。

DGPS 公交车辆定位系统如图 12-1 所示，共分 4 部分：GPS 差分站、总调中心、区域监控站、车载设备等。集群网的基站、区调平台均为与车辆定位系统相关，用于实现数据传输及其他辅助功能的设施。系统中的数据传输包括无线传输与有线传输两部分。无线传输是利用 MOTOROLA 公司的 SMARTNET-II + 模拟集群网，有线传输利用帧中继和计算机网络实现，其中差分数据的传输利用 RS485 串行口和帧中继（专用的 9.6kHz 带宽）；车辆信息上行传输到区调平台以及调度命令下行到区域监控站均利用计算机网络。

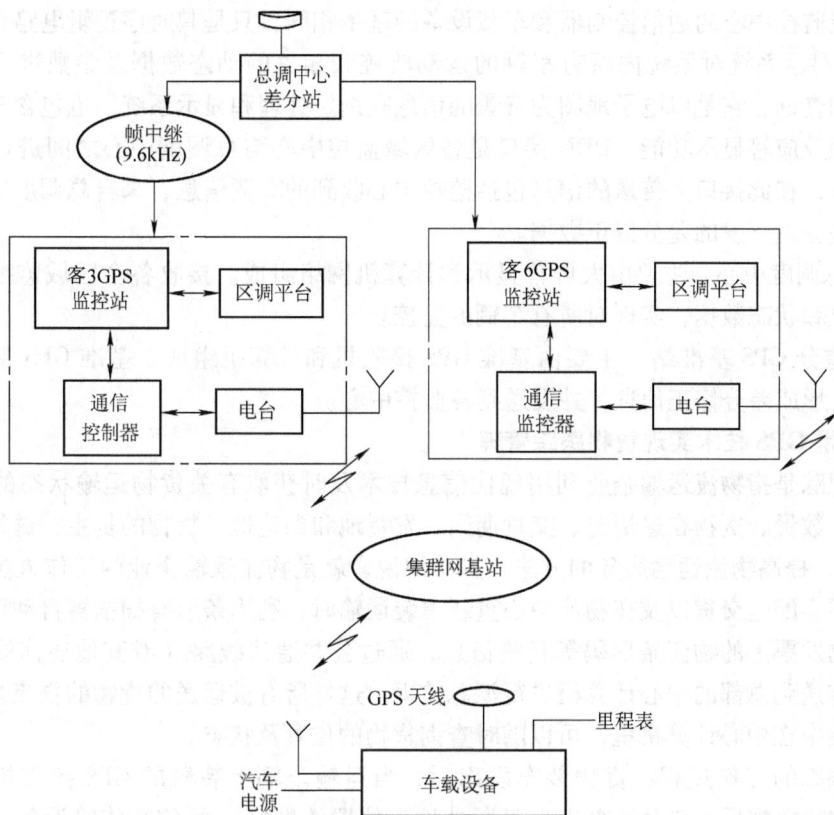

图 12-1　GPS 公交车辆定位系统

　　系统中基本的数据传输流向为：差分信息由差分站下发，通过 RS232 串行口扩展为 RS485 接口，再传输到两个客运中心（客3和客6），到客6的传输直接由 485 模块到 485 模块完成（距离约 100m），到客3的传输利用帧中继和 RS485 串行口来共同实现（距离约为 5km）。存储在 GPS 监控站的差分信息由通信控制器定时来读取并下发到各运营车辆。车辆信息通过集群网传输，由通信控制器解调后传送到 GPS 监控站、区调平台。调度命令由区调平台通过 GPS 监控站转发。

　　各主要模块介绍如下：

　　（1）车载设备　车载设备由定位模块（GPS 接收机和 DR 传感器）、通信控制器、收发信机（即集群电台）、驾驶员接口和电源模块组成。GPS 接收机接收 GPS 卫星所发射的导航电文，经处理后形成一定格式的综合数据流（包括位置、时间、速度等），经串口送至通信控制器。通信控制器将综合数据流和本车的车号及其他运营数据按照通信协议重构，经收发信机发射到监控中心站；并将差分 GPS 基准站发来的差分修正信息经解调后送至 GPS 接收机；调度中心发来的调度信息也由通信控制器解调后以语音提示。驾驶员接口提供驾驶员与调度中心之间进行联络和短信息传送、车辆快慢显示、语音提示等接口。

　　（2）区域监控中心站　监控中心站由 DDN 接口、通信控制器、收发信机（即集群电台）、GIS 显示系统组成。通信控制器对接收到的各车辆数据进行处理后，按一定的格式送往 GIS 显示系统，并对差分修正信息和调度命令进行编码和调制，经收发信机发送到各车载设备。区域监控中心的通信控制器和车载设备的基本相同，只是其时序逻辑电路和软件有所区别。GIS 显示系统对系统内所有车辆的运动轨迹和相关的动态数据及参数进行显示、存储、处理和查询，它是以电子地图为背景的信息查询、处理和显示系统，也包含车辆短信息的自动处理及应答显示功能。DDN 接口是各区域监控中心与总调度中心之间进行信息交换的有线接口，在此接口上传送的信息包括监控中心收到的车辆信息、来自总调度中心的调度命令以及差分站下发的差分修正数据。

（3）总调度中心　主要由大屏幕显示和计算机网络组成。接收各个区域监控中心传输的车辆定位和状态数据，实现对所有车辆的监控。

（4）差分 GPS 基准站　主要由基准 GPS 接收机和计算机组成。基准 GPS 接收机接收 GPS 信号，形成差分修正信息，并发送到各监控中心。

2. 利用 GPS 技术实现货物跟踪管理

货物跟踪是指物流运输企业利用现代信息技术及时获取有关货物运输状态的信息（如货物品种、数量、货物在途情况、交货期间、发货地和到达地、货物的货主、送货责任车辆和人员等），提高物流运输服务的方法。具体地说，就是物流运输企业的工作人员在向货主取货、向顾客配送交货以及在物流中心重新集装运输时，利用条形码扫描器自动读取货物包装或者货物发票上的物流条形码等货物信息，通过公共通信线路（或其他通信线路）把货物的信息传送到总部的中心计算机进行汇总整理，这样所有被运送的货物的物流全过程的各种信息都集中在中心计算机里，可以随时查询货物的位置及状态。

货物跟踪的工作过程：货物装车发出后，当运输车辆上装载的 GPS 接收机在接收到 GPS 卫星定位数据后，自动计算出自身所处地理位置的坐标，由 GPS 传输设备将计算出来的位置坐标数据经移动通信系统（GSM）发送到 GSM 公用数字移动通信网，移动通信网再将数据传送到基地指挥中心，基地指挥中心将收到的坐标数据及其他数据还原后，与 GIS 系统的电子地图相匹配，并在电子地图上直观地显示车辆实时坐标的准确位置，在电子地图上清楚而直观地掌握车辆的动态信息（位置、状态、行驶速度等），同时还可以在车辆遇险或出现意外事故时进行种种必要的遥控操作。GPS 货物跟踪系统原理如图 12-2 所示。

货物跟踪系统提高了运输企业的服务水平，其具体作用表现在以下四个方面：

1）当顾客需要对货物的状态进行查询时，只要输入货物的发票号码，马上就可以知道有关货物状态的信息。查询作业简便、迅速，信息及时、准确。

2）通过货物信息可以确认货物是否将在规定的时间内送到顾客手中，能即时发现延时送达情况，便于马上查明原因并及时改正，从而提高运送货物的准确性和及时性，提高顾客服务水平。

3）作为获得竞争优势的手段，提高物流运输效率，提供差别化物流服务。

4）通过货物跟踪系统所得到的有关货物运送状态的信息丰富了供应链的信息分享源，有关货物运送状态信息的分享有利于顾客预先作好接货以及后续工作的准备。

三、射频识别技术（RFID）在运输中的应用

1. 技术原理

RFID（Radio Frequency Identification）是一种非接触式的自动识别技术，其实质是利用无线电波对记录媒体进行读写。RFID 可自动识别目标对象并获取相关数据，识别工作无须

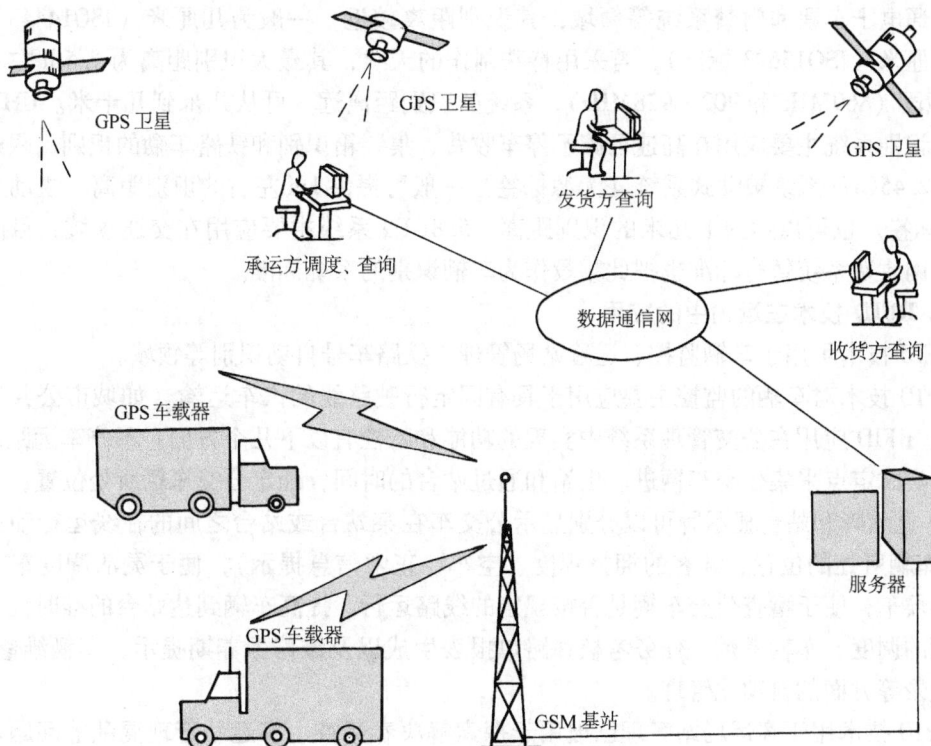

图 12-2　利用 GPS 技术进行货物跟踪示意图

人工干预，能工作于各种恶劣环境，具有远距离识别、可存储携带较多的信息、读取速度快、可应用范围广等优点，还可识别高速运动物体并能够同时识别多个标签，操作快捷方便。目前，RFID 技术被广泛应用于生产线自动化管理、仓储管理、交通运输信息化、邮件和邮包的自动分拣系统、门禁保安、安全防伪等众多领域。

　　RFID 系统一般都由信号发射机（典型的形式是电子标签）、信号接收机（也称读写器）、数据传输和处理系统三部分组成。电子标签用来存储需要识别传输的信息，按供电方式可分为有源标签和无源标签两类。无源标签所需工作能量要从读写器发出的射频波束中获取，经过整流、存储后提供电子标签所需的工作电压。与有源标签相比，它具有成本低、不需要维护、使用寿命长等特点；其缺点是读写器要发射更大的射频功率，识别距离相对较近等。然而，目前的集成电路设计技术能使所需工作电压进一步降低至 1V 甚至 0.42V，这使得无源 RFID 系统可以达到 20m 以上的识别距离。这在不同的无线电规则限制情况下，可以满足大部分实际应用系统的需要。有源标签本身带有微型电池，由于不需射频供电，其识别距离更远，读写器需要的功率较小。读写器与电子标签可按约定的通信协议互传信息，当电子标签进入读写器磁场区域后，读写器读取信息并译码后，送至中央信息系统进行相关处理，但在实际应用中需要其他的软硬件支持。

　　射频识别系统的工作频率主要有 125kHz、13.56MHz、869MHz、902 ~ 928MHz、2.45GHz、5.8GHz 等，允许的最大发射功率电平和频率分配因国家和地区的不同而有所不同。其中，125kHz 系统主要应用在动物识别和商品流通等领域。13.56MHz 系统一般应用在公共交通电子车票和门禁系统等领域，其识别距离较近，一般为几厘米（ISO14443 标准）到几十厘米（ISO15693 标准）；若采用特殊制作的天线，其最大识别距离为 1.5m 左右。在 UHF 频段（869MHz 和 902~928MHz），系统的识别距离远，可从几米到几十米。UHF 频段的自动识别系统主要应用在高速公路不停车收费、集装箱识别和铁路车辆的识别、跟踪等业务中。2.45GHz 系统被动式系统（无源标签）一般可提供 1m 左右的识别距离，主动式系统（有源标签）也可以达到十几米的识别距离。5.8GHz 系统主要应用在交通领域，目前我国公路联网收费系统暂行标准也把此频段作为车辆识别的系统标准。

2. RFID 技术在运输中的应用

RFID 技术可用于车辆监控、运输站场管理、铁路车号自动识别等领域。

RFID 技术对车辆的监控主要应用于具有固定行驶路线的汽车运输（如城市公共汽车客运等）。RFID 应用在公交管理系统中实现的功能和特性有以下几个方面：不停车远距离自动识别，实时定点采集公交车辆进、出站和通过站台的时间，确定公交车辆所处位置；调度中心 LED 显示牌和站台显示牌可以分别显示公交车在某站台或站台之间的在线运行动态信息（包括车辆所处的位置、载客的拥挤程度、空车、正常信息提示），便于灵活调度车辆和方便乘客候车；便于稽查公交车辆是否按规定的线路运行，提高车辆到达站台的准时性；便于对车辆的调度、车辆考勤、任务考核、路单报表生成以及维修保养期提示、车辆维修记录、审验记录等方面的自动化管理。

RFID 技术用于客运场站管理已被用于探索解决春运难、客运站管理混乱等问题。通过在车辆前窗上粘贴一个透明、小巧的 RFID 标签，运输场站内架设的 RFID 识读设备就可即时、自动获取车辆的进场、出场、停靠地点、时间等信息，并对进出运输场站的车辆进行实时调度管理，从而解决因车辆晚点、提前发车、乱停靠等原因造成的调度信息混乱、滞后等问题。

铁路车号自动识别系统是 RFID 技术在铁路运输中的成功应用，共计约 17000 多辆机车、50 万节车厢被贴上电子标签，读写器安装在铁路沿线，当列车通过时就可得到列车的实时信息及车厢内装的物品信息，从而大大提高了列车调度管理的信息化水平，取得了明显的经济和社会效益。

此外，RFID 技术在航空运输的行李识别、集装箱识别系统、公交车电子车票收费系统、高速公路不停车收费（ETC）系统等方面均有应用。

目前对 RFID 频段尚未划分，标准有待确立，产业基础比较薄弱，这三大因素制约着 RFID 在我国的大规模应用。中国国家标准化管理委员会已正式成立"电子标签"国家标准工作组，负责起草、制定中国有关"电子标签"国家标准，使其既具有中国的自主知识产权，同时也与目前国际上的相关标准互通兼容，促使中国的"电子标签"发展纳入标准化、规范化的轨道。信息产业部无线电管理局也已经开始了针对 RFID 频率规划的研究工作。

第二节　电子数据交换（EDI）技术

电子数据交换（EDI）是国际商业贸易方式的重大变革。由于使用 EDI 可以减少甚至消除贸易过程中的纸面单证，因而 EDI 也被通俗地称为"无纸贸易"。

目前，在发达国家已经建立起了大量的连接各子公司、同行业对手（如银行、航空公司等）及相关合作伙伴（如海关、货运代理、船公司、集装箱经营人等）的 EDI 系统。在发展中国家，尤其是在亚洲，EDI 的发展速度很快。如今，EDI 的应用水平已经成为衡量一个企业在国际、国内市场上竞争能力大小的重要标志。在有些国家，甚至对不使用 EDI 的行业和企业采取一定的限制和制裁措施。比如，美国、澳大利亚等国相继规定：国内必须使用 EDI 方式报关才能靠港装卸，否则将推迟受理或另增费用，由此造成的船舶延迟损失由船东负责。另外，有些国家的船舶公司开辟航线，对挂靠我国港口提出的首要条件就是要有 EDI。

一、EDI 技术原理

1. EDI 概念

EDI（Electronic Data Interchange）意为"电子数据交换"。国际标准化组织（ISO）于 1994 年确认了电子数据交换（EDI）的技术定义："根据商定的交易或电文数据的结构标准实施商业或行政交易从计算机到计算机的电子传输"。这表明 EDI 应用有它自己特定的含义和条件：

1）使用 EDI 的是交易的两方，是企业之间的文件传递，而非同一组织内的不同部门。

2）交易双方传递的文件是特定的格式，采用的是报文标准，现在多采用联合国的 UN/EDIFACT 标准。

3）双方各有自己的计算机（或计算机管理信息系统），且能发送、接收并处理符合约定标准的交易电文的数据信息。

4）双方计算机之间有网络通信系统，信息传输则是通过该网络通信系统实现的。这里要说明的是，信息处理是由计算机自动进行的，无需人工干预、人为地介入。

这里所说的数据或信息是指交易双方互相传递的具备法律效力的文件资料，可以是各种商业单证，如订单、回执、发货通知、运单、装箱单、收据发票、保险单、进出口申报单、报税单、缴款单等，也可以是各种凭证，如进出口许可证、信用证、配额证、检疫证、商检证等。

2. EDI 应用领域

EDI 之所以在世界范围内得到如此迅速的发展，是因为使用 EDI 具有现行的纸面单证处理系统所无法比拟的优势：

1）可避免数据的重复录入，节约办公费用，同时，提高信息处理的准确性，降低差错率。

2）改善企业的信息管理及数据交换的水平，有助于企业实施诸如"适时管理"（Just In Time）或"零库存管理"等全新的经营战略。

3）确保有关票据、单证的处理安全、迅速，从而加速资金周转。

4）提高海关、商检、卫检、动植物检验等口岸部门的工作效率，加快货物的验放速度。

EDI 技术发展到今天，已被应用于以下产业领域：

（1）制造业　JIT（适时管理），以减少库存量及生产线待料时间，降低生产成本。

（2）贸易运输业　快速通关报检，经济使用运输资源，降低贸易运输空间、成本与时间的浪费。

（3）流通业　QR（快速响应），减少商场库存量与空架率，以加速商品资金周转，降低成本。建立物资配送体系，以完成产、存、运、销一体化的供应链管理。

（4）金融业　EFT（电子转账支付），减少金融单位与其用户间交通往返的时间与现金流动风险，并缩短资金流动所需的处理时间，提高用户资金调度的弹性；在跨行服务方面，更可使用户享受到不同金融单位所提供的服务，以提高金融业的服务品质与项目。

3. EDI 系统的类型

EDI 系统的发展大体经历了早期的点对点直接专用型 EDI、基于增值网的 EDI 和基于 Internet 的 EDI 系统三种类型。

（1）点对点直接专用型 EDI 系统　用户与用户之间通过租用数据传输专线、电话专线或自己铺设的专线直接进行电子数据交换，而不与其他系统相联系。这种电子数据交换系统封闭性较强，但因为是专线系统，所以成本很高，只有少数实力雄厚的大公司才能享用。

（2）基于增值网的 EDI 系统　这种方式是协议用户之间通过数据交换中心进行间接连接。由于交换中心可以提供增值的信息服务，这种网络连接方式又称为增值网（Value Added Network，VAN）。

中国公用电子数据交换业务网（CHINAEDI）是全国电子协会与八个部委确立的国家电子数据交换平台。CHINAEDI 业务范围是全国性的，面向全社会各行业并提供优质服务，是公用 EDI 网络，在全国 14 个大城市设立了 EDI 服务中心，有国际和港澳出口。国内 EDI 用户可以通过它与国外 EDI 用户通信，所以 CHINAEDI 可作为专用 EDI 网的公共转接和交换中心。

CHIANEDI 具有多种 EDI 标准格式的转换功能，包括支持中文报文、提供信箱管理、存储转发、用户检索以及文件跟踪、确认、防篡改、防冒领等 EDI 通信的安全功能。目前，CHINAEDI 的应用范围涉及电子报关、电子报税、银行托收、港口集装箱运输、铁路货运、制造业以及商业订单等。用户可通过公用电话网、分组交换网、CHINADDN、CHINAFRN 等方式接入 CHINAEDI。CHINAEDI 设有专门的入网特服号，凡是有电话网或分组交换网的地方，用户均可以上网进行 EDI 应用。

（3）基于 Internet 的 EDI 系统　由于增值网的安装和运行费用较高，许多中小型公司难以承受；而 Internet 的发展则提供了一个费用更低、覆盖面更广的通信网络系统，使最小的家庭公司和个人都能使用电子商务。

Internet 与 EDI 结合主要有两种方式：Internet Mail 和 Web-EDI。其中，Web-EDI 方式是目前最流行的方式，被认为是目前 Internet EDI 中最好的方式。它使用 Web 作为 EDI 单证的接口，只需一个浏览器与 Internet 连接即可完成。

4. EDI 的工作原理

EDI 是按照统一规定的一套通用标准格式，将标准的数据信息通过通信网络的传输，在贸易伙伴的计算机系统之间进行信息交换和自动处理。一个典型的 EDI 系统工作过程包括如下几方面：

（1）文件的结构化和标准化处理　用户首先将原始的纸面商业和行政文件，经计算机处理形成具有标准格式的 EDI 数据文件。

（2）传输和交换　用户用自己的本地计算机系统将形成的标准数据文件，经由 EDI 数据通信和交换网，传送到登录的 EDI 服务中心，继而转发到对方用户的计算机系统。

（3）文件的接收和自动处理　对方用户计算机系统收到发来的报文后，立即按照特定的程序自动进行处理。越是自动化程度高的系统，人的干预就越少。如有必要，则输出纸面文件。

二、EDI 技术在运输中的应用

世界各国 EDI 技术的发展，基本都是以交通运输业、外贸、海关等应用 EDI 为龙头。近年来，电子商务不断升温，EDI 技术也是发展电子商务的重要技术之一。

"国际集装箱运输电子信息传输和运作系统及示范工程"（简称 EDI 示范工程）是为满足我国集装箱运输高速发展，适应随之而来的信息处理要求与国际集装箱运输接轨的需要，1995 年 8 月由原国家计委批准立项、交通部承担，于 1997 年 12 月底全部建成的"九五"国家科技攻关项目。

该工程的研究、开发和建设是针对国际集装箱运输业务中的主要单证，按照 UN/EDI-FACT 国际报文标准，结合我国实际情况，确定了 21 个电子交换报文标准，在上海口岸、天津口岸、青岛口岸、宁波口岸和中国远洋运输（集团）总公司（简称"四点一线"）建立 EDI 示范工程，实现港、航、内陆集疏运、海关、商检、卫检、动植物检等各相关单位间集装箱运输信息的电子数据交换，满足了运输生产和政府监管部门对于集装箱运输信息的快速、准确、及时、完整的需求和省工、省时、省钱的具体要求，并与国际集装箱运输接轨。

项目实施后，先后与当地口岸的国内外船运公司、船舶代理、货运代理、集装箱码头、集装箱场站、港务局调度、海监、海关、商检、卫检、动植物检等相关单位联网，进行电子数据交换。其应用范围涉及订舱、装卸箱、箱体跟踪、进出口舱单和船图、装卸报告、报关与放行等除收费以外各个运输环节的应用。EDI 已成为运输生产不可缺少的技术手段，用户数已超过了 1000 多个，在国内外影响较大，收到明显的社会和经济效益。

根据"四点一线"EDI 示范工程良好的社会和经济效益，交通部组织技术力量，投入一定的资金，实施了"交通运输信息网络 EDI（一期）工程"，对"国际集装箱运输电子信息传输和运作系统及示范工程"成果进行了推广，先后在大连港、营口港、烟台港、连云港港、南京港、广州港、厦门港、中海集团、汕头港、南通港进行推广，各自形成了规模不等的用户群。

此外，EDI 也已被应用于公路快速货运系统和航空运输中。例如，山东省公路快速货运 EDI 系统的运作效益使全省零担货源、集装箱货源以及可纳入快运的其他货源量的综合年增长率达到 13%；实现了 500km 以内 24h 内运达，每增加 600km，再增加 24h，缩短了运达时间，按时到货率也达到了 95% 以上；货损货差率小于 2‰，提高了运输质量和服务水平。

第三节　电子商务与运输

一、电子商务基本知识

1. 电子商务的概念

电子商务虽然正在以令人难以置信的速度渗透到人们的日常生活中，但是至今还没有一个统一的定义。

对于很多人来说，电子商务就是在 Internet 上购物。虽然 WWW 使很多企业和个人的在线购物成为可能，但从更广泛的意义上讲，电子商务的存在已经有很多年了。近几十年来，国内外的银行业已经在利用电子手段进行资金转账；而在国际贸易领域，企业使用电子数据交换（EDI）也有很多年了，这也是电子商务的一种形式。因此，电子商务并不是一个陌生的领域，也不是仅仅局限在网上购物这个层面上。

对电子商务的概念，1997 年国际商会在巴黎举行的世界电子商务会议（The World Business Agenda for Electronic Commerce）上，到会的专家和代表作了最有权威的阐述：电子商务（Electronic Commerce），是指实现整个贸易过程中各阶段的贸易活动的电子化。从涵盖范围方面可以定义为：商务交易各方以电子交易方式而不是通过当面交换或直接面谈方式进行的任何形式的商业交易。从技术方面可以定义为：是一种多技术的集合体，包括交换数据（如电子数据交换、电子邮件等）、获得数据（如共享数据库、电子公告牌等）以及自动捕获数据（如条形码）等。电子商务涵盖的业务包括：信息交换、售前售后服务（提供产品和服务的细节、产品使用技术指南、回答顾客问题）、销售、电子支付（使用电子资金转账、信用卡、电子支票、电子现金）、运输（包括商品的发送管理和运输跟踪，以及可以电子化传送的产品的实际发送）、组建虚拟企业（组建一个物理上不存在的企业，集中一批独立的中小公司的权限，提供比任何单独的公司多得多的产品和服务）、公司和贸易伙伴可以共同拥有和运营共享的商业方法等。

2. 电子商务的类型

先进的数字技术和数字时代的企业和消费者是推动电子商务的动力。像数字技术一样，电子商务的实现不可能一步到位，它有一个逐渐成熟的过程。对企业和消费者来说，不同种类、不同层次的电子商务过程，蕴含着不同的发展机遇。

按照不同的标准，电子商务可划分为不同的类型。

（1）按照商业活动的运作方式分类　电子商务可分为间接电子商务和直接电子商务。间接电子商务是指有形货物的电子订货与付款等活动，它仍然需要利用传统渠道（如邮政服务和商业快递车等）送货；直接电子商务是指无形货物或服务的订货和付款等活动，如计算机软件、娱乐内容的联机订购、付款和交付，或者是全球规模的信息服务。间接电子商务和直接电子商务均提供特有的机会，同一公司往往二者兼营。前者要依靠一些外部要素，如运输系统的效率等；后者能使双方越过地理界线直接进行交易，充分挖掘全球市场的潜力。

（2）按照使用网络类型分类　根据使用网络类型的不同，电子商务目前主要有三种形式：基于 EDI（电子数据交换）的电子商务、基于 Internet 的电子商务以及基于 Intranet（企业内部网）的电子商务。

基于 EDI 的电子商务，通信主要采用增值网（VAN）方式进行，使用者均有较可靠的信用保证，并有严格的登记手续和准入制度，加之多级权限的安全防范措施，从而实现了包括付款在内的全部交易工作的计算机化。因此，相对于 Internet 而言，较好地解决了网络传输的安全保障问题，但运作成本较高。基于 Internet 的电子商务，就是利用 Internet 进行电子交易。Internet 是一种采用 TCP/IP 协议组织起来的松散的、独立国际合作的国际互联网络，消费者可以不受时间、空间、厂商的限制，广泛浏览、充分比较、模拟使用，力求以最低的价格获得最为满意的商品和服务。此种形式的电子商务常被小企业采用。Intranet 是在 Internet 基础上发展起来的企业内部网。它在原有的局域网上附加一些特定的软件，将局域网与因特网连接起来而形成企业内部的虚拟网络。Intranet 与 Internet 之间最主要的区别在于：Intranet 内的敏感或享有产权的信息受到企业防火墙安全网点的保护，它只允许有授权者介入内部 Web 网点，外部人员只有在许可条件下才可进入企业的 Intranet。

Intranet 将大、中型企业分布在各地的分支机构及企业内部有关部门和各种信息通过网络予以连通，使企业各级管理人员能够通过网络读取自己所需的信息，利用在线业务的申请和注册代替纸张贸易和内部流通的形式，有效地降低了交易成本，提高了经营效益。

（3）按照交易对象分类　按照交易对象不同，电子商务可以分为四种类型：

1）企业与消费者之间的电子商务。它类似于联机服务中进行的商品买卖，是利用计算机网络使消费者直接参与经济活动的高级形式。这种形式基本等同于电子化的零售，它随着万维网（WWW）的出现迅速地发展起来。目前，在因特网上遍布各种类型的商业中心，提供从鲜花、书籍到计算机、汽车等各种消费商品和服务。

2）非特定企业间的电子商务。它不以持续交易为前提，是在开放的网络中针对每笔交易寻找最佳伙伴，并与伙伴进行从订购到结算的全部交易行为。

3）特定企业间的电子商务。它是在过去一直有交易关系或者今后一定要继续进行交易的企业间，为了相同的经济利益，共同进行设计、开发或全面进行市场及库存管理而利用的信息网络。企业可以使用网络向供应商订货、接收发票和付款。电子商务在这方面已经有了多年运作历史，使用得也很好，特别是通过专用网络或增值网络运行的电子数据交换（EDI）。

4）企业与政府方面的电子商务。这种商务活动覆盖企业与政府组织间的各项事务。例如在美国，政府采购清单可以通过因特网发布，公司可以以电子化方式回应。在公司税的征收上，政府也可以通过电子交换方式来完成。

还有一种形式是政府机构与消费者之间的电子商务。这类电子商务活动目前还没有真正形成，但随着电子商务的发展，政府将会把电子商务的形式扩展到社会福利基金的发放以及个人报税等领域。

3. 电子商务的层次

可以根据企业电子商务的运作程度将其划分为三个层次。

（1）初级层次　是指企业开始在传统商务活动中一部分引入计算机网络信息处理与交换技术，代替企业内部或对外部分传统的信息存储和传递方式。例如，企业建立 Intranet 进行信息共享和一般商务资料的存储和处理，通过 Internet 传送电子邮件，在 Internet 上建立网页，宣传企业形象等。

（2）中级层次　是指企业利用计算机网络的信息传递部分代替某些合同成立的有效条件，或者构成履行商务合同的部分义务。例如，企业实施网上在线交易系统、网上有偿信息提供、贸易伙伴之间的约定文件或单据的传输等（这种方式仍需要不同程度的人工干预，如在线销售环节与产品供应不能有效衔接）。这一层次的电子商务要涉及一些复杂的技术问题（如安全）和法律问题。

（3）高级层次　是电子商务发展的理想阶段。在这一阶段，企业商务活动的全部程序将被计算机网络的信息处理和信息传输所代替，从而最大程度地消除了人工干预。在企业内部和企业与企业之间，从交易的达成，到原材料供应和产品的生产、贸易伙伴之间单据的传输、贷款的清算、产品提供的服务等，均实现了一体化的计算机信息传输和处理。这一层次实现了企业最大程度的内部办公自动化和外部交易的电子化连接。

二、电子商务在运输中的应用

交通部制定的《2010 年公路水路交通信息化发展思路及 2004 ~ 2005 年规划方案》中明确指出，"十一五"期间交通信息化发展目标之一为：充分利用交通电子政务信息资源，推动电子商务在交通行业中的应用，引导交通企业在生产、管理和营销等方面应用信息技术，提高交通运输效率。

根据行业特点和已开展的工作，公路、水运、民航电子商务运作体系将包括两个层次：一是直接面向消费者的，提供诸如网上销售、出行信息查询、信息公告、集疏运管理、物流配送管理等公共服务；二是企业与企业之间的电子商务，也就是以公路、水运、民航 EDI 信息网络为基础，进一步与电子转账系统等有机结合，进行资金的划拨和结算，解除商务旅行和时间、空间等诸多限制，营造面向全球的网上商贸环境。

中国远洋运输集团（简称中远集团）的电子商务系统，就是运输业电子商务系统的杰出代表。

中远集团于 1996 ~ 1997 年间完成了对中远集团 EDI 中心和 EDI 网络的建设。该 EDI 网络基本覆盖国内 50 多家大、中、小货运和外代网点，实现了对海关和港口的 EDI 报文交换，并通过北京 EDI 中心实现了与 GEIS EDI 中心的互联，联通了中远集团海外各区域公司。目前，中远集团已经通过 EDI 实现了对舱单、船图、箱管等数据的 EDI 传送，在电子商务方面已走在国内运输行业的前列。

1997 年，中远集团投入大量资金和人力，建成中远集团全球通信专网，并以该网络为基础，构建了中远集团 Internet 网络平台。该平台的建成，促进了中远集团全球 E-Mail 中心的建设。截止到 1999 年 10 月，中远集团已经建成以北京为中心，覆盖中国大陆、中国香港、新加坡、日本、美洲、欧洲、澳大利亚等国家和地区的电子邮件网络，中远集团海内外的大部分业务人员已经通过电子邮件进行日常的业务往来。尤其是在 1997 年 1 月，中远（集团）总公司正式开通其电子商务网站（www. COSCO. com. cn）。北美、欧洲、中远集运、中远散运、广远等集团各所属单位的因特网网站也相继建成。中远集团的因特网站点自发布以来，在树立中远集团良好的企业形象、扩大中远集团的影响、为用户提供高效、便捷的服务等方面取得了一定的成效，同时为中远开辟了一条通过因特网与外界通信，加速中远信息流转的新途径。

1998 年 9 月，中远集运在网站上率先推出网上船期公告和订舱业务。这一业务的开展，突破了传统服务中的速度慢、效率低、工作量大、差错率高的问题，将货运服务直接送到客户的办公桌上，使客户足不出户便可办理货物出口业务流程中的委托订舱、单证制作、信息查询等多种业务手续。在网上订舱业务的基础上，他们又向全球客户推出了中转查询和信息公告、货物跟踪等多项业务，从而使全球互联网用户均可直接在网上与公司开展商务活动。同时，公司推出的整套网上营销系统，已初步具备虚拟网上运输（E-Transport）的雏形，具有较强的双向互动功能和较高的服务效率。货物运输及中转查询系统则体现出方便、快捷、准确的操作特色。这项功能可使客户对货物实行动态跟踪，在网上随时查询单证流转、海关申报状况、进出口及中转货物的走向等相关信息。信息公告系统则可以在最短的时间内将中远有关船期调整、运价变化等情况在互联网上及时发布。

电子商务的成功开展，极大地提高了中远市场营销的科技含量，新开发的客户群正逐渐由全球互联网上集中而来。目前，"中远网"的建设已初具规模，中远集团近 20 个所属单位网站的建设已基本完成，各站点间也已实现了相互链接，组成了"中远网"的基本框架。无论从形象上还是内在的功能上，中远集团已经在国际互联网上占据了位置，向全世界辐射着中远的影响。

第四节　智能运输系统（ITS）

一、智能运输系统的概念及功能

智能运输系统（Intelligent Transportation System，简称 ITS）是通过对关键基础理论模型的研究，将先进的信息技术、通信技术、电子控制技术和系统集成技术等有效地应用于交通运输系统，从而建立起大范围内发挥作用的实时、准确、高效的交通运输管理系统。

智能运输系统借助现代科学技术在道路、车辆和驾驶员（乘客）之间建立起智能的关系。借助智能系统，车辆可以在道路上安全行驶，靠智能化手段将车辆运行状态调整到最佳，保障人、车、路的和谐统一，在极大地提高运输效率的同时，充分保障交通安全、改善环境质量、提高能源利用率。由于该系统可以使交通的功能智能化，是目前国际公认的解决城市以及公路交通问题的最佳途径，也是全世界交通运输领域研究的前沿课题。

智能运输系统的功能主要有以下几方面：

（1）提高公路交通的安全水平　ITS 可为驾驶员和交通管理人员及时提供准确的交通信息，而且具备车辆防撞和安全控制功能，可使车辆运行避开拥挤，大幅度减少交通事故的数量和严重程度。

（2）减少交通堵塞，使公路交通保持畅通　交通堵塞使运输效率降低，美国每年因此而损失数十亿美元。ITS 能使交通控制系统自动、有效地适应各种交通状况，对车辆进行合理的疏导和调度，以及通过自动收费等各种途径来减少交通延误和堵塞，从而改善了地面交通的通畅性、便利性，做到车便于行，货畅其流。

（3）降低汽车运输的环境污染　尽管汽车产品本身的技术进步降低了污染排放量，但由于交通量的急剧增长，道路环境的空气污染问题已越来越引起人们的关注。ITS 通过及时提供智能信息，增强了交通选择能力，使路网交通流畅，从而降低了能源消耗，减少了排污量，也就使汽车运输对环境污染的影响明显减小。

（4）提高公路网络的通行能力　由于 ITS 可使出行者随时随地获得各种交通信息，做到合理选择行车路线，避开拥挤；使交通控制指挥系统更加完善，减少了交通延误、堵塞和事故，从而可以大幅度地提高路网的通行能力。

（5）提高汽车运输生产率和经济效益　交通运输效率对一个国家的经济发展具有十分重要的影响。ITS 可有效地促使交通通畅，将大大提高汽车运输的生产效率和经济效益。

表 12-1 为欧洲、美国、日本 ITS 应用效益的预测指标。

表 12-1 欧洲、美国、日本 ITS 应用效益预测指标

效益的表现	欧洲（2017 年）	美国（2015 年）	日本（2020 年）
减少阻塞	出行时间减少 25% 每车每年减少交费时间 40h 公共交通延误减少 50%	出行时间减少 41%	拥挤时间减少 10%
能耗与环保	空气污染减少 25%	能源节约 6% 废气减少 6%	油耗减少 15% CO_2 排放减少 15% 氮化物排放减少 30%
降低运输成本	营运成本减少 25%	营运成本减少 5%	
新增市场商机	—	约 4300 亿美元	约 50 万亿日元 （3700 亿美元）

ITS 涉及道路建设、交通管理、通信、电机、电子、汽车、汽车零部件、信息服务、软件等诸多领域，是具有巨大经济效益的未来新兴产业群。

二、智能运输系统的研究和发展

人们对提高现有公路功能和效率的设想，早在 20 世纪 60 年代就产生了。当时的城市路口交通控制和后来的高速公路监控系统，就是公路交通管理局部智能化的开始。从 20 世纪 80 年代后期开始，一些经济发达国家（如日本、美国、加拿大、德国、法国等）相继投入大量资金和人力，从事智能化公路运输系统的开发和应用，其他一些国家和地区（如韩国、新加坡和芬兰等）也相继开展了 ITS 的研究。特别是最近几年，ITS 技术研究以惊人的速度发展，世界上许多国家争先恐后地进行开发研究，出现激烈竞争的局面，并逐渐形成了日本、欧洲、美国三大体系。

智能运输系统（ITS）的名称是由日本人井口雅一先生于 1990 年命名的，后被作为统一的术语在世界上得以广泛应用。在 ITS 这个名称出现之前，美国的 IVHS（Intelligent Vehicle—Highway Systems）、欧洲的 RTI（Road Transport Informatics）、ATT（Advanced Transport Telematics）、日本的 RACS、AMTICS、UTMS、ARTS、SSVS、ASV 等，都是与 ITS 意义等同的称谓。

下面结合美国"智能运输系统"的研究和实践，对其系统构成和研究内容作简要介绍。

1. 美国 ITS 的研究与发展

20 世纪 60 年代末期，美国就开始了智能运输系统方面的研究，当时称为电子路线引导系统（Electronic Route Guidance System，ERGS）。美国在 20 世纪 60~80 年代期间，在道路交通的信息化、智能化方面几乎没有任何进展。但是受到日、欧进展的触动，产生了危机感，又由于冷战结束后军转民的要求，在 1987 年成立了 Mobility 2000 组织，该组织后来演变成为现在的 ITS America。ITS America 不但是美国运输部的国家 ITS 研究发展规划的咨询机构，而且还负责协调美国工业部门和大学、科研机构的 ITS 研究。

目前，美国已经在 ITS 的整体组织及规划以及研究、开发、运作试验方面进行投资、部署，并已在电子收费、商业车辆运营等一些 ITS 实际应用方面处于国际领先地位。

美国"智能运输系统"的结构功能和服务领域，随着试验研究的不断深入也在不断发展。它已由最初的 5 个服务领域（基本系统）发展到 7 个服务领域，包含了 29 项用户服务

功能，而这些用户功能又分为近期、中期和远期能力。每个服务领域由一个或几个服务功能构成，以满足各地区、城市、市郊和乡村的不同需要。这 7 个服务领域及其服务功能如表 12-2 所示。

表 12-2　美国 ITS 的服务领域及其服务功能

服务领域	服务功能
先进的交通管理系统 （Advanced Traffic Management Systems，ATMS）	1）城市区域的中央化交通信号控制系统 2）高速公路管理系统 3）交通事故处理系统 4）电子收费及交通管理系统
先进的出行者信息系统 （Advanced Traveler Information Systems，ATIS）	1）出行者信息系统 2）车载路径诱导系统 3）停车场停车引导系统 4）数字地图数据库
先进的公共交通系统 （Advanced Public Transportation Systems，APTS）	1）车队管理系统 2）乘客出行信息系统 3）电子支付系统（例如采用智能卡） 4）运输需求管理系统 5）公交优先系统
先进的乡村运输系统 （Advanced Rural Transportation Systems，ARTS）	ARTS 是 ITS 技术在幅员辽阔的乡村地区的选择性应用，服务功能有： 1）出行者的安全与保护 2）紧急情况管理系统 3）旅游和出行者信息服务系统 4）基础设施的运营与保养 5）车队运营与管理系统 6）商业车辆运营 7）公共性的出行者服务系统
商业车辆运营 （Commercial Vehicle Operation，CVO）	1）商业车辆的电子通关系统 2）车载安全监控系统 3）路边安全检查的自动化系统 4）商业车队管理系统 5）商业车辆的行政管理程序 6）危险品的应急响应系统
先进的车辆控制和安全系统 （Advanced Vehicle Control & Safety Systems，AVCSS）	1）防碰撞系统 2）智能化行车控制系统 3）Mayday 系统 4）驾驶员视野加强系统 5）车辆防抱死制动系统（ABS） 6）驾驶员安全监控系统 7）车辆安全监控系统 8）车载路线诱导系统 9）协作驾驶
自动公路系统 （Automated Highway Systems，AHS）	AHS 有三种研究理念： 1）基于车辆智能化的匿名自动驾驶 2）基于公路基础设施智能化的公路控制自动驾驶 3）前两者的综合

2. 我国的 ITS 研究与发展

虽然我国的智能交通系统研究起步较晚，但是经过不懈的努力，已经取得了一定成果。我国开展 ITS 研究已具备了技术基础、国家政策倾向和颇具潜力的市场需求等条件。我国交通运输界和国家政府部门已认识到开展智能交通系统研究的重要性。国家科技部已于 1999 年 11 月批准成立了国家智能交通系统工程技术研究中心。该中心的主要目标是以国民经济、行业和市场需求为导向，针对智能交通系统存在的重大技术问题，对有市场价值的重要应用科技成果，进行共性技术、关键技术的后续工程化、产业化以及系统集成的研究开发。交通部曾在"九五"期间提出："建立智能公路运输的工程研究中心"，国家科技部已经立项进行 ITS 的研究，国家建设部与欧洲的 ITS 组织 ERTICO 联合建立了 EU-China 计划，国家计划委员会在 1999 年 4 月的科技立项会议中将 ITS 列为 100 个重点科研领域之一。

国家科技部于 2000 年 3 月组织全国交通运输领域的专家组成 ITS 专家组，针对"九五"国家科技攻关项目"中国 ITS 体系框架研究"，采用了面向过程的方法，起草了"中国智能交通系统体系框架"。该体系框架共分为 8 个服务领域、34 项服务内容、138 项子服务，具体内容见表 12-3。

表 12-3　中国智能交通系统体系框架中的服务领域与服务体系

服　务　领　域	服　务　内　容
交通管理与规划（Traffic Management and Planning，ATMS）	1）交通法规监督与执行（Policing/Enforcement Traffic Regulations） 2）交通运输规划支持（Transportation Planning Support） 3）基础设施维护管理（Infrastructure Maintenance Management） 4）交通控制（Traffic Control） 5）需求管理（Demand Management） 6）紧急事件管理（Incident Management）
电子收费	7）电子收费（Electronic Payment Service）
出行者信息（Traveler Information Systems，ATIS/APTS）	8）出行前信息服务（Pre-trip Information） 9）行驶中驾驶员信息服务（On-tip Information） 10）在途公共交通信息服务（On-trip Public Transport Information） 11）个性化信息服务（Personal Information Service） 12）路径诱导及导航服务（Route Guidance and Navigation）
车辆安全和辅助驾驶（Vehicle Safety and Driving Assistance，AVCSS）	13）视野范围的扩展（Vision Enhancement） 14）纵向防撞（Longitudinal Collision Avoidance） 15）横向防撞（Lateral Collision Avoidance） 16）交叉路口防撞（Intersection Collision Avoidance） 17）安全状况（检测）[Safety Condition（Inspection）] 18）碰撞前乘员保护（Pre-crash Restraint Deployment） 19）自动车辆驾驶（Automatic Vehicle Drive）
紧急事件和安全（Emergence and Security）	20）紧急情况的确认及个人安全（Emergence Notification and Personal Security） 21）紧急车辆管理（Emergence Vehicle Management） 22）危险品及事故通告（Hazardous Material & Incident Notification） 23）公共出行安全（Public Travel Security） 24）易受伤害道路使用者的安全措施（Safety Enhancement for Vulnerable Road Users） 25）交汇处的安全服务（Junctions Safety）

（续）

服 务 领 域	服 务 内 容
运营管理（Transport Operation Management，CVO/APTS）	26）公交规划（Public Transport Management） 27）车辆监视（Vehicle Monitoring） 28）公交运营管理（Public Transport Operation Management） 29）一般货物运输管理（Common Freight） 30）特种运输的管理（Special Transport Management）
综合运输（Inter-modal Transport）	31）交换客货运信息资源（Exchange Pass. Freight Transport Info.） 32）提供旅客联运服务（Passenger Inter-modal Transport） 33）提供货物联运服务（Freight Inter-modal Transport）
自动公路	34）自动公路〔Automated Highway Systems（AHS）〕

目前，在交通管理与规划领域，我国部分大城市已引入并使用国外先进的自适应城市交通控制系统；监控和电子收费系统也已经开始用于高速公路管理，并逐步实现高速公路联网收费；在运营管理领域，GPS 车辆运营管理系统正处于推广普及阶段；北京市公众出行交通信息服务系统于 2005 年 2 月通过交通部审批，开始了示范工程的建设。

可以预见，随着交通信息化的发展，ITS 在中国一定会受到越来越广泛的重视。

复习思考题

12-1　简述 GPS 的定位原理及其在运输中的应用。

12-2　什么是 DGPS 系统？什么是 GPS/DR 组合定位系统？

12-3　简述现阶段我国公交车辆是如何进行运营监控和调度管理的。

12-4　什么是 EDI？EDI 系统有几种类型？在运输服务中有哪些应用？

12-5　怎样理解电子商务的概念？电子商务是如何进行分类的？

12-6　你认为交通运输企业应如何开展电子商务活动？

12-7　什么是智能运输系统？智能运输系统具有哪些功能？

12-8　简述我国 ITS 的研究体系框架。

参 考 文 献

[1] 胡思继. 交通运输学 [M]. 北京：人民交通出版社，2001.

[2] 沈志云，邓学钧. 交通运输工程学 [M]. 2 版. 北京：人民交通出版社，2003.

[3] 陈唐民. 汽车运输学 [M]. 北京：人民交通出版社，2000.

[4] 李维斌. 公路运输组织学 [M]. 北京：人民交通出版社，2004.

[5] 黄世玲. 交通运输学 [M]. 北京：人民交通出版社，1988.

[6] 陈志红. 运输组织技术 [M]. 北京：人民交通出版社，2003.

[7] 陈京. 汽车运输组织管理 [M]. 北京：机械工业出版社，2004.

[8] 叶怀珍. 旅客运输组织 [M]. 成都：西南交通大学出版社，2000.

[9] 邵振一，董千里. 道路运输组织学 [M]. 北京：人民交通出版社，1998.

[10] 蒋正雄，刘鼎铭. 集装箱运输学 [M]. 北京：人民交通出版社，1997.

[11] 王耀南. 汽车运输组织学 [M]. 北京：人民交通出版社，1989.

[12] 关强，胡永举. 交通运输技术管理 [M]. 北京：人民交通出版社，2004.

[13] 张国宝. 城市轨道交通运输组织 [M]. 北京：中国铁道出版社，2000.

[14] 佟立本. 交通运输概论 [M]. 北京：中国铁道出版社，2001.

[15] 王之泰. 现代物流学 [M]. 北京：中国物资出版社，2001.

[16] 杨兆升. 智能运输系统概论 [M]. 北京：人民交通出版社，2003.

[17] 王槐林，刘明菲. 物流管理学 [M]. 武汉：武汉大学出版社，2003.

[18] 朱金玉. 现代物流基础 [M]. 北京：中国物资出版社，2003.

[19] 王丰，姜大立，杨西龙. 现代物流概论 [M]. 北京：人民交通出版社，2002.

[20] 张其善，吴今培，杨东凯. 智能车辆定位导航系统及应用 [M]. 北京：科学出版社，2002.

[21] 杨长春，顾永才. 国际物流 [M]. 北京：首都经济贸易大学出版社，2003.

[22] 张文杰. 电子商务下的物流管理 [M]. 北京：清华大学出版社，北方交通大学出版社，2003.

[23] 李冬. 电子商务与网上交易实务手册 [M]. 北京：机械工业出版社，2003.

[24] 秦明森. 物流技术手册 [M]. 北京：中国物资出版社，2002.

[25] 胡列格，刘中，杨明. 交通枢纽与港站 [M]. 北京：人民交通出版社，2003.

[26] 中华人民共和国交通部. 2004~2005 年度中国交通信息化发展报告 [R]. 北京：人民交通出版社，2005.

[27] 李杰. 汽车站务业务 [M]. 北京：人民交通出版社，1997.

[28] 刘良惠，等. 统计学原理 [M]. 北京：警官教育出版社，1994.

[29] 张远昌. 物流运输与配送管理 [M]. 北京：中国纺织出版社，2004.

[30] 朱新民. 物流运输管理 [M]. 大连：东北财经大学出版社，2004.

《运输组织学》信息反馈表

尊敬的老师：

　　您好！感谢您多年来对机械工业出版社的支持和厚爱！为了进一步提高我社教材的出版质量，更好地为我国高等教育发展服务，欢迎您对我社的教材多提宝贵意见和建议。另外，如果您在教学中选用了本书，欢迎您对本书提出修改建议和意见。

一、基本信息

姓名：＿＿＿＿＿＿　性别：＿＿＿＿　职称：＿＿＿＿＿　职务：＿＿＿＿＿＿＿＿＿＿

邮编：＿＿＿＿＿＿　地址：＿＿＿＿＿＿＿＿＿＿＿＿＿＿＿＿＿＿＿＿＿＿＿

任教课程：＿＿＿＿＿＿＿＿＿　电话：＿＿＿—＿＿＿＿＿＿（H）＿＿＿＿＿（O）

电子邮件：＿＿＿＿＿＿＿＿＿＿＿＿＿＿＿＿＿＿＿＿＿　手机：＿＿＿＿＿＿

二、您对本书的意见和建议

　　（欢迎您指出本书的疏误之处）

三、您对我们的其他意见和建议

请与我们联系：

100037　北京百万庄大街 22 号·机械工业出版社·高教分社　赵编辑　冯编辑　收

Tel：010－8837 9712，8837 9715（O），6899 4030（Fax）

E-mail：ainingzhao@sohu.com，fcs8888@sohu.com